当代齐鲁文库·20世纪“乡村建设运动”文库

The Library of Contemporary Shandong
Selected Works of Rural Construction Campaign of the 20th Century

山东社会科学院　编纂

/26

梁漱溟与山东乡村建设实验

梁培宽　等编

中国社会科学出版社

图书在版编目（CIP）数据

梁漱溟与山东乡村建设实验／梁培宽等编．—北京：中国社会科学出版社，2022.10

（当代齐鲁文库．20世纪“乡村建设运动”文库）

ISBN 978－7－5227－1139－3

Ⅰ．①梁…　Ⅱ．①梁…　Ⅲ．①农村—社会主义建设—研究—山东　Ⅳ．①F327.52

中国版本图书馆CIP数据核字（2022）第243275号

出 版 人　赵剑英
责任编辑　冯春凤
责任校对　张爱华
责任印制　张雪娇

出　　版　中国社会科学出版社
社　　址　北京鼓楼西大街甲158号
邮　　编　100720
网　　址　http://www.csspw.cn
发 行 部　010－84083685
门 市 部　010－84029450
经　　销　新华书店及其他书店

印刷装订　北京君升印刷有限公司
版　　次　2022年10月第1版
印　　次　2022年10月第1次印刷

开　　本　710×1000　1/16
印　　张　24.5
插　　页　2
字　　数　402千字
定　　价　128.00元

凡购买中国社会科学出版社图书，如有质量问题请与本社营销中心联系调换
电话：010－84083683

《当代齐鲁文库》编纂说明

不忘初心、打造学术精品，是推进中国特色社会科学研究和新型智库建设的基础性工程。近年来，山东社会科学院以实施哲学社会科学创新工程为抓手，努力探索智库创新发展之路，不断凝练特色、铸就学术品牌、推出重大精品成果，大型丛书《当代齐鲁文库》就是其中之一。

《当代齐鲁文库》是山东社会科学院立足山东、面向全国、放眼世界倾力打造的齐鲁特色学术品牌。《当代齐鲁文库》由《山东社会科学院文库》《20 世纪“乡村建设运动”文库》《中美学者邹平联合调查文库》《山东海外文库》《海外山东文库》等特色文库组成。其中，作为《当代齐鲁文库》之一的《山东社会科学院文库》，历时 2 年的编纂，已于 2016 年 12 月由中国社会科学出版社正式出版发行。《山东社会科学院文库》由 34 部 44 本著作组成，约 2000 万字，收录的内容为山东省社会科学优秀成果奖评选工作开展以来，山东社会科学院获得一等奖及以上奖项的精品成果，涉猎经济学、政治学、法学、哲学、社会学、文学、历史学等领域。该文库的成功出版，是山东社会科学院历代方家的才思凝结，是山东社会科学院智库建设水平、整体科研实力和学术成就的集中展示，一经推出，引起强烈的社会反响，并成为山东社会科学院推进学术创新的重要阵地、引导学风建设的重要航标和参与学术交流的重要桥梁。

以此为契机，作为《当代齐鲁文库》之二的山东社会科学院“创新工程”重大项目《20 世纪“乡村建设运动”文库》首批 10 卷 12 本著作约 400 万字，由中国社会科学出版社出版发行，并计划陆续完成约 100 本著作的编纂出版。

党的十九大报告提出：“实施乡村振兴战略，农业农村农民问题是关系国计民生的根本性问题，必须始终把解决好‘三农’问题作为全党工作重中之重。”以史为鉴，置身于中国现代化的百年发展史，通过深入挖掘和研究历史上的乡村建设理论及社会实验，从中汲取仍具时代价值的经验教训，才能更好地理解和把握乡村振兴战略的战略意义、总体布局和实现路径。

20 世纪前期，由知识分子主导的乡村建设实验曾影响到山东省的 70 余县和全国的不少地区。《20 世纪“乡村建设运动”文库》旨在通过对从山东到全国的乡村建设珍贵历史文献资料大规模、系统化地挖掘、收集、整理和出版，为乡村振兴战略的实施提供历史借鉴，为“乡村建设运动”的学术研究提供资料支撑。当年一大批知识分子深入民间，投身于乡村建设实践，并通过长期的社会调查，对“百年大变局”中的乡村社会进行全面和系统地研究，留下的宝贵学术遗产，是我们认识传统中国社会的重要基础。虽然那个时代有许多的历史局限性，但是这种注重理论与实践相结合、俯下身子埋头苦干的精神，仍然值得今天的每一位哲学社会科学工作者传承和弘扬。

《20 世纪“乡村建设运动”文库》在出版过程中，得到了社会各界尤其是乡村建设运动实践者后人的大力支持。中国社会科学院和中国社会科学出版社的领导对《20 世纪“乡村建设运动”文库》给予了高度重视、热情帮助和大力支持，责任编辑冯春凤主任付出了辛勤努力，在此一并表示感谢。

在出版《20 世纪“乡村建设运动”文库》的同时，山东社会科学院已经启动《当代齐鲁文库》之三《中美学者邹平联合调查文库》、之四《山东海外文库》、之五《海外山东文库》等特色文库的编纂工作。《当代齐鲁文库》的日臻完善，是山东社会科学院坚持问题导向、成果导向、精品导向，实施创新工程、激发科研活力结出的丰硕成果，是山东社会科学院国内一流新型智库建设不断实现突破的重要标志，也是党的领导下经济社会全面发展、哲学社会科学欣欣向荣繁荣昌盛的体现。由于规模宏大，《当代齐鲁文库》的完成需要一个过程，山东社会科学院会笃定恒心，继续大力推动文库的编纂出版，为进一步繁荣发展哲学社会科学贡献力量。

山东社会科学院

2018 年 11 月 17 日

编纂委员会

总　　序

从传统乡村社会向现代社会的转型，是世界各国现代化必然经历的历史发展过程。现代化的完成，通常是以实现工业化、城镇化为标志。英国是世界上第一个实现工业化的国家，这个过程从17世纪资产阶级革命算起经历了200多年时间，若从18世纪60年代工业革命算起则经历了100多年的时间。中国自近代以来肇始的工业化、城镇化转型和社会变革，屡遭挫折，步履维艰。乡村建设问题在过去一百多年中，也成为中国最为重要的、反复出现的发展议题。各种思想潮流、各种社会力量、各种政党社团群体，都围绕这个议题展开争论、碰撞、交锋，并在实践中形成不同取向的路径。

把农业、农村和农民问题置于近代以来的“大历史”中审视不难发现，今天的乡村振兴战略，是对一个多世纪以来中国最本质、最重要的发展议题的当代回应，是对解决“三农”问题历史经验的总结和升华，也是对农村发展历史困境的全面超越。它既是一个现实问题，也是一个历史问题。

2017年12月，习近平总书记在中央农村工作会议上的讲话指出，“新中国成立前，一些有识之士开展了乡村建设运动，比较有代表性的是梁漱溟先生搞的山东邹平试验，晏阳初先生搞的河北定县试验”。

“乡村建设运动”是20世纪上半期（1901到1949年间）在中国农村许多地方开展的一场声势浩大的、由知识精英倡导的乡村改良实践探索活动。它希望在维护现存社会制度和秩序的前提下，通过兴办教育、改良农业、流通金融、提倡合作、办理地方自治与自卫、建立公共卫生保健制度和移风易俗等措施，复兴日趋衰弱的农村经济，刷新中国政治，复兴中国文化，实现所谓的“民族再造”或“民族自救”。在政治倾向上，参与“乡村建设运动”的学者，多数是处于共产党与国民党之间的“中间派”，代表着一部分爱国知识分子对中国现代化建设道路的选择与探索。关于“乡村建设运动”

的意义，梁漱溟、晏阳初等乡建派学者曾提的很高，认为这是近代以来，继太平天国运动、戊戌变法运动、辛亥革命运动、五四运动、北伐运动之后的第六次民族自救运动，甚至是“中国民族自救运动之最后觉悟”。[①] 实践证明，这个运动最终以失败告终，但也留下很多弥足珍贵的经验和教训。其留存的大量史料文献，也成为学术研究的宝库。

“乡村建设运动”最早可追溯到米迪刚等人在河北省定县翟城村进行“村治”实验示范，通过开展识字运动、公民教育和地方自治，实施一系列改造地方的举措，直接孕育了随后受到海内外广泛关注、由晏阳初及中华平民教育促进会所主持的“定县试验”。如果说这个起于传统良绅的地方自治与乡村“自救”实践是在村一级展开的，那么清末状元实业家张謇在其家乡南通则进行了引人注目的县一级的探索。

20 世纪 20 年代，余庆棠、陶行知、黄炎培等提倡办学，南北各地闻风而动，纷纷从事“乡村教育”“乡村改造”“乡村建设”，以图实现改造中国的目的。20 年代末 30 年代初，“乡村建设运动”蔚为社会思潮并聚合为社会运动，建构了多种理论与实践的乡村建设实验模式。据南京国民政府实业部的调查，当时全国从事乡村建设工作的团体和机构有 600 多个，先后设立的各种实验区达 1000 多处。其中比较著名的有梁漱溟的邹平实验区、陶行知的晓庄实验区、晏阳初的定县实验区、鼓禹廷的宛平实验区、黄炎培的昆山实验区、卢作孚的北碚实验区、江苏省立教育学院的无锡实验区、齐鲁大学的龙山实验区、燕京大学的清河实验区等。梁漱溟、晏阳初、卢作孚、陶行知、黄炎培等一批名家及各自领导的社会团体，使“乡村建设运动”产生了广泛的国内外影响。费正清主编的《剑桥中华民国史》，曾专辟“乡村建设运动”一节，讨论民国时期这一波澜壮阔的社会运动，把当时的乡村建设实践分为西方影响型、本土型、平民型和军事型等六个类型。

1937 年 7 月抗日战争全面爆发后，全国的“乡村建设运动”被迫中止，只有中华平民教育促进会的晏阳初坚持不懈，撤退到抗战的大后方，以重庆璧山为中心，建立了华西实验区，开展了长达 10 年的平民教育和乡村建设实验，直接影响了后来台湾地区的土地改革，以及菲律宾、加纳、哥伦比亚等国家的乡村改造运动。

① 《梁漱溟全集》第五卷，山东人民出版社 2005 年版，第 44 页。

“乡村建设运动”不仅在当事者看来“无疑地已经形成了今日社会运动的主潮”,[①] 在今天的研究者眼中，它也是中国农村社会发展史上一次十分重要的社会改造活动。尽管“乡村建设运动”的团体和机构，性质不一，情况复杂，诚如梁漱溟所言，“南北各地乡村运动者，各有各的来历，各有各的背景。有的是社会团体，有的是政府机关，有的是教育机关；其思想有的左倾，有的右倾，其主张有的如此，有的如彼”[②]。他们或注重农业技术传播，或致力于地方自治和政权建设，或着力于农民文化教育，或强调经济、政治、道德三者并举。但殊途同归，这些团体和机构都关心乡村，立志救济乡村，以转化传统乡村为现代乡村为目标进行社会“改造”，旨在为破败的中国农村寻一条出路。在实践层面，“乡村建设运动”的思想和理论通常与国家建设的战略、政策、措施密切相关。

在知识分子领导的“乡村建设运动”中，影响最大的当属梁漱溟主持的邹平乡村建设实验区和晏阳初主持的定县乡村建设实验区。梁漱溟和晏阳初在从事实际的乡村建设实验前，以及实验过程中，对当时中国社会所存在的问题及其出路都进行了理论探索，形成了比较系统的看法，成为乡村建设实验的理论根据。

梁漱溟曾是民国时期宪政运动的积极参加者和实践者。由于中国宪政运动的失败等原因，致使他对从前的政治主张逐渐产生怀疑，抱着“能替中华民族在政治上经济上开出一条路来”的志向，他开始研究和从事乡村建设的救国运动。在梁漱溟看来，中国原为乡村国家，以乡村为根基与主体，而发育成高度的乡村文明。中国这种乡村文明近代以来受到来自西洋都市文明的挑战。西洋文明逼迫中国往资本主义工商业路上走，然而除了乡村破坏外并未见都市的兴起，只见固有农业衰残而未见新工商业的发达。他的乡村建设运动思想和主张，源于他的哲学思想和对中国的特殊认识。在他看来，与西方“科学技术、团体组织”的社会结构不同，中国的社会结构是“伦理本位、职业分立”，不同于“从对方下手，改造客观境地以解决问题而得满足于外者”的西洋文化，也不同于“取消问题为问题之解决，以根本不生要求

① 许莹涟、李竟西、段继李编述：《全国乡村建设运动概况》第一辑上册，山东乡村建设研究院 1935 年出版，编者“自叙”。

② 《梁漱溟全集》第二卷，山东人民出版社 2005 年版，第 582 页。

为最上之满足”的印度文化，中国文化是“反求诸己，调和融洽于我与对方之间，自适于这种境地为问题之解决而满足于内者”的“中庸”文化。中国问题的根源不在他处，而在“文化失调”，解决之道不是向西方学习，而是“认取自家精神，寻求自家的路走”。乡村建设的最高理想是社会和政治的伦理化，基本工作是建立和维持社会秩序，主要途径是乡村合作化和工业化，推进的手段是“软功夫”的教育工作。在梁漱溟看来，中国建设既不能走发展工商业之路，也不能走苏联的路，只能走乡村建设之路，即在中国传统文化基础上，吸收西方文化的长处，使中西文化得以融通，开创民族复兴的道路。他特别强调，“乡村建设，实非建设乡村，而意在整个中国社会之建设。”① 他将乡村建设提到建国的高度来认识，旨在为中国“重建一新社会组织构造”。他认为，救济乡村只是乡村建设的“第一层意义”，乡村建设的“真意义”在于创造一个新的社会结构，“今日中国问题在其千年相沿袭之社会组织构造既已崩溃，而新者未立；乡村建设运动，实为吾民族社会重建一新组织构造之运动。”② 只有理解和把握了这一点，才能理解和把握“乡村建设运动”的精神和意义。

晏阳初是中国著名的平民教育和乡村建设专家，1926 年在河北定县开始乡村平民教育实验，1940—1949 年在重庆歇马镇创办中国乡村建设育才院，后改名中国乡村建设学院并任院长，组织开展华西乡村建设实验，传播乡村建设理念。他认为，中国的乡村建设之所以重要，是因为乡村既是中国的经济基础，也是中国的政治基础，同时还是中国人的基础。“我们不愿安居太师椅上，空做误民的计划，才到农民生活里去找问题，去解决问题，抛下东洋眼镜、西洋眼镜、都市眼镜，换上一副农夫眼镜。”③ 乡村建设就是要通过长期的努力，去培养新的生命，振拔新的人格，促成新的团结，从根本上再造一个新的民族。为了实现民族再造和固本宁邦的长远目的，他在做了认真系统的调查研究后，认定中国农村最普遍的问题是农民中存在的“愚贫弱私”四大疾病；根治这四大疾病的良方，就是在乡村普遍进行“四大教育”，即文艺教育以治愚、生计教育以治贫、卫生教育以治弱、公民教育以

---

① 《梁漱溟全集》第二卷，山东人民出版社 2005 年版，第 161 页。

② 《梁漱溟全集》第二卷，山东人民出版社 2005 年版，第 161 页。

③ 《晏阳初全集》第一卷，天津教育出版社 2013 年版，第 221 页。

治私，最终实现政治、教育、经济、自卫、卫生、礼俗“六大建设”。为了实现既定的目标，他坚持四大教育连锁并进，学校教育、社会教育、家庭教育统筹协调。他把定县当作一个“社会实验室”，通过开办平民学校、创建实验农场、建立各种合作组织、推行医疗卫生保健、传授农业基本知识、改良动植物品种、倡办手工业和其他副业、建立和开展农民戏剧、演唱诗歌民谣等积极的活动，从整体上改变乡村面貌，从根本上重建民族精神。

可以说，“乡村建设运动”的出现，不仅是农村落后破败的现实促成的，也是知识界对农村重要性自觉体认的产物，两者的结合，导致了领域广阔、面貌多样、时间持久、影响深远的“乡村建设运动”。而在“乡村建设运动”的高峰时期，各地所开展的乡村建设事业历史有长有短，范围有大有小，工作有繁有易，动机不尽相同，都或多或少地受到了邹平实验区、定县实验区的影响。

20 世纪前期中国的乡村建设，除了知识分子领导的“乡村建设运动”，还有 1927—1945 年南京国民政府推行的农村复兴运动，以及 1927—1949 年中国共产党领导的革命根据地的乡村建设。

“农村复兴”思潮源起于 20 世纪二三十年代，大体上与国民政府推动的国民经济建设运动和由社会力量推动的“乡村建设运动”同时并起。南京国民政府为巩固政权，复兴农村，采取了一系列措施：一是先后颁行保甲制度、新县制等一系列地方行政制度，力图将国家政权延伸至乡村社会；二是在经济方面，先后颁布了多部涉农法律，新设多处涉农机构，以拯救处于崩溃边缘的农村经济；三是修建多项大型水利工程等，以改善农业生产环境。1933 年 5 月，国民政府建立隶属于行政院的农村复兴委员会，发动“农村复兴运动”。随着“乡村建设运动”的开展，赞扬、支持、鼓励铺天而来，到几个中心实验区参观学习的人群应接不暇，平教会甚至需要刊登广告限定接待参观的时间，南京国民政府对乡建实验也给予了相当程度的肯定。1932 年第二次全国内政工作会议后，建立县政实验县取得了合法性，官方还直接出面建立了江宁、兰溪两个实验县，并把邹平实验区、定县实验区纳入县政实验县。

1925 年，成立已经四年的中国共产党，认识到农村对于中国革命的重要性，努力把农民动员成一股新的革命力量，遂发布《告农民书》，开始组织农会，发起农民运动。中国共产党认为中国农村问题的核心是土地问题，乡村的衰败是旧的反动统治剥削和压迫的结果，只有打碎旧的反动统治，农民才能获得真正的解放；必须发动农民进行土地革命，实现“耕者有其田”，才能解放农村生产力。在地方乡绅和知识分子开展“乡村建设运动”的同时，中国共产党在中央苏区的江西、福建等农村革命根据地，开展了一系列政治、经济、文化等方面的乡村改造和建设运动。它以土地革命为核心，依靠占农村人口绝大多数的贫雇农，以组织合作社、恢复农业生产和发展经济为重要任务，以开办农民学校扫盲识字、开展群众性卫生运动、强健民众身体、改善公共卫生状况、提高妇女地位、改革陋俗文化和社会建设为保障。期间的尝试和举措满足了农民的根本需求，无论是在政治、经济上，还是社会地位上，贫苦农民都获得了翻身解放，因而得到了他们最坚决的支持、拥护和参与，为推进新中国农村建设积累了宝贵经验。与乡建派的乡村建设实践不同的是，中国共产党通过领导广大农民围绕土地所有制的革命性探索，走出了一条彻底改变乡村社会结构的乡村建设之路。中国共产党在农村进行的土地革命，也促使知识分子从不同方面反思中国乡村改良的不同道路。

“乡村建设运动”的理论和实践，说明在当时的现实条件下，改良主义在中国是根本行不通的。在当时国内外学界围绕乡村建设运动的理论和实践，既有高歌赞赏，也有尖锐批评。著名社会学家孙本文的评价，一般认为还算中肯：尽管有诸多不足，至少有两点“值得称述”，“第一，他们认定农村为我国社会的基本，欲从改进农村下手，以改进整个社会。此种立场，虽未必完全正确；但就我国目前状况言，农村人民占全国人口百分之七十五以上，农业为国民的主要职业；而农产不振，农村生活困苦，潜在表现足为整个社会进步的障碍。故改进农村，至少可为整个社会进步的张本。第二，他们确实在农村中不畏艰苦为农民谋福利。各地农村工作计划虽有优有劣，有完有缺，其效果虽有大有小；而工作人员确脚踏实地在改进农村的总目标下努力工作，其艰苦耐劳的精神，殊足令人起敬。”① 乡村建设学派的工作曾引起国际社会的重视，不少国家于二次世界大战后的乡村建设与社区重建中，注重借鉴中国乡村建设学派的一些具体做法。晏阳初 1950 年代以后应邀赴菲律宾、非洲及拉美国家介绍中国的乡村建设工作经验，并从事具体的指导工作。

---

① 孙本文：《现代中国社会问题》第三册，商务印书馆 1944 年版，第 93—94 页。

总起来看，“乡村建设运动”在中国百年的乡村建设历史上具有承上启下、融汇中西的作用，它不仅继承自清末地方自治的政治逻辑，同时通过村治、乡治、乡村建设等诸多实践，为乡村振兴发展做了可贵的探索。同时，“乡村建设运动”是与当时的社会调查运动紧密联系在一起的，大批学贯中西的知识分子走出书斋、走出象牙塔，投身于对中国社会的认识和改造，对乡村建设进行认真而艰苦地研究，并从丰富的调查资料中提出了属于中国的“中国问题”，而不仅是解释由西方学者提出的“中国问题”或把西方的“问题”中国化，一些研究成果达到了那个时期所能达到的巅峰，甚至迄今难以超越。“乡村建设运动”有其独特的学术内涵与时代特征，是我们认识传统中国社会的一个窗口，也是我们今天在新的现实基础上发展中国社会科学不能忽视的学术遗产。

历史文献资料的收集、整理和利用是学术研究的基础，资料的突破往往能带来研究的创新和突破。20 世纪前期的图书、期刊和报纸都有大量关于“乡村建设运动”的著作、介绍和研究，但目前还没有“乡村建设运动”的系统史料整理，目前已经出版的文献多为乡建人物、乡村教育、乡村合作等方面的“专题”，大量文献仍然散见于各种民国“老期刊”，尘封在各大图书馆的“特藏部”。本项目通过对“乡村建设运动”历史资料和研究资料的系统收集、整理和出版，力图再现那段久远的、但仍没有中断学术生命的历史。一方面为我国民国史、乡村建设史的研究提供第一手资料，推进对“乡村建设运动”的理论和实践的整体认识，催生出高水平的学术成果；另一方面，为当前我国各级政府在城乡一体化、新型城镇化、乡村教育的发展等提供参考和借鉴，为乡村振兴战略的实施做出应有的贡献。

由于大规模收集、挖掘、整理大型文献的经验不足，同时又受某些实际条件的限制，《20 世纪“乡村建设运动”文库》会存在着各种问题和不足，我们期待着各界朋友们的批评指正。

是为序。

李培林

2018 年 11 月 30 日于北京

编辑体例

一、《20 世纪“乡村建设运动”文库》收录 20 世纪前期“乡村建设运动”的著作、论文、实验方案、研究报告等，以及迄今为止的相关研究成果。

二、收录文献以原刊或作者修订、校阅本为底本，参照其他刊本，以正其讹误。

三、收录文献有其不同的文字风格、语言习惯和时代特色，不按现行用法、写法和表现手法改动原文；原文专名如人名、地名、译名、术语等，尽量保持原貌，个别地方按通行的现代汉语和习惯稍作改动；作者笔误、排版错误等，则尽量予以订正。

四、收录文献，原文多为竖排繁体，均改为横排简体，以便阅读；原文无标点或断句处，视情况改为新式标点符号；原文因年代久远而字迹模糊或纸页残缺者，所缺文字用“□”表示，字数难以确定者，用（下缺）表示。

五、收录文献作为历史资料，基本保留了作品的原貌，个别文字做了技术处理。

编者说明

1991 年 7 月，山东人民出版社出版由山东省政协文史资料委员会、邹平县政协文史资料委员会编辑的《梁漱溟与山东乡村建设》；1993 年 10 月，中国工人出版社出版由梁培宽主编的《梁漱溟先生纪念文集》。本次编辑，根据顾问梁培宽先生的建议，从上述两书和《河南文史资料》第二十辑、《山东文史资料选辑》第二十二辑中辑出与梁漱溟与山东乡村建设研究院邹平实验区等相关的回忆文章，合为一卷，以《梁漱溟与山东乡村建设实验》为名，收入《20 世纪“乡村建设运动”文库》。

目　　录

一　序言

二　乡村建设理论

三　从河南到山东

四　山东邹平实验区

五 山东其他实验区

六 追忆和悼念

一　序言

河南村治学院和山东乡村建设研究院*

梁漱溟

河南村治学院的创办是在民国十八年。当时我从广东回北方，正赶上参加村治学院的创建工作。我在思想上认为：要建设新中国，必须从地方自治入手。新中国就是皇帝专制改为立宪国家。从清末，全国就要求清政府立宪，宪政呼声很高。我认为要成立一个宪政国家，须从地方自治入手，真正的“地方”是乡村。我和李济深是朋友，在李济深掌管广东军政大权时，我有机会在广东开办乡治讲习所。后来广东局面变了，蒋介石与李济深有矛盾，李被蒋扣留，我就回北方了。当时是民国十八年的夏天，正好赶上河南村治学院的筹建，彭禹廷为院长，梁仲华为副院长。彭、梁要我担任教务长。我在广东用的名词是“乡治”，彭、梁他们用的是“村治”。因为学院是刚筹备，一切章则还没有定，他们要听取我的意见，我就写了一篇长文，题目叫《河南村治学院旨趣书》，我的思想和主张都在这篇文章里。院里的章则是我们大家商量，由我执笔写的。还在北平出了《村治月刊》。

河南村治学院只办了一年。为什么只办一年呢？蒋、阎、冯中原大战一起，学院办不成了，所以刚满一年就结束了。冯玉祥同蒋打仗，张学良在东北宣布拥蒋，冯部下将领韩复榘脱离冯投向蒋，蒋发表韩为山东省主席。梁仲华是河南孟津人，他去济南向韩报告，说河南村治学院办不成了。韩说，好，我现在山东，欢迎河南村治学院的一班朋友们到山东继续办。这时我们商谈把名称改了，不是广东的“乡治”，也不是河南的“村

---

* 此文原载于《河南文史资料》第二十辑，政协河南省委员会文史资料研究委员会编，1986年11月出版。该文发表时的编者按：1985年冬，本刊编辑马建干访问了梁漱溟先生。93岁的梁先生饶有兴味地回忆了本世纪20年代末30年代初河南村治学院和山东乡村建设研究院的情况。本刊编辑部将记录稿送梁先生审阅，并征得他的同意在此发表。

治”，改成“乡村建设”，在邹平成立了山东乡村建设研究院。

河南创办村治学院，王怡柯（柄程）是主要人物。王非常有才干，河南村治学院没他是办不起来的。王是河南辉县人，北京法政学堂毕业，同彭禹廷、梁仲华是同学，又非常友好，结成了盟兄弟。他在北京毕业后，回到了河南，担任中等学校教员。当时河南教育界各学校经费归省政府支出，省政府常拖欠各学校款项，学校常闹风潮。王怡柯出头倡议，说事情并不难办，我们教育界人士，可与省政府交涉，把教育经费划出来，成立一个河南教育款产处。款产处成立后，公推王怡柯为处长。王有办法，善理财，担任处长后，加以整顿，每月各校经费十足发放，不欠钱，且有节余。于是他就倡议以节余的款项办河南村治学院。王怡柯很有心思，他认为河南乃四战之地，南方革命军往北，奉军往南，陕西岳维峻往东，都要经过这里，老百姓受不了。全省各地地主为保卫自己的财产，也为保卫自己的家乡，组织红枪会。红枪会是一个有迷信色彩的组织，王怡柯写了一篇论文，叫《农村自卫论》，意思是要开明的知识分子来领导这支农村自卫力量。我写的《乡村建设理论》一书后边附有参考书名，其中就有王怡柯写的《农村自卫论》。他就是主张开明知识分子来领导、组织保卫农村的工作，为的是农村自卫力量不致落入迷信组织之手。这是河南村治学院成立的主要原因。可以说河南村治学院的真正后台是他。

河南村治学院停办之后，院长彭禹廷回到了镇平。彭先生主张“地方革命”，站在贫雇农立场，得罪了豪绅，所以被害。彭禹廷规定了一些章则，减轻农民负担，加重地主负担，这样，贫雇农当然拥护他了。全县原分成十个区，他慢慢成立了“十区自治办事处”，取代了县政府，减少贫民负担，把这种运动叫做“地方革命”。他死后农民大众都怀念他，还给他立祠堂——关于我说的彭先生在家乡办自治的一些事，都是我听说的。

乡村建设工作，不只在山东邹县一个县，还发展到鲁西，在菏泽县成立了一个乡村建设研究院分院，县长还是我们推荐给省府的。最后还发展到济宁（管辖十个县），梁仲华担任了济宁行政专员兼保安司令。卢沟桥事变后，日军南侵，韩复榘撤退到平汉路西边，日军占领山东大部，山东乡村建设研究院也就结束了。

1985 年 11 月

梁漱溟先生之所以成为思想家*

费孝通

梁漱溟先生是我一向尊敬的前辈，是当代中国一位卓越的思想家。我学生时代就读过他的书，虽然没有全都读懂。但梁先生的确是一位一生从事思考人类基本问题的学者，我们称他为思想家是最恰当不过的。

梁漱溟先生在他自己1984年出版的《人心与人生》一书的第72页这样说："我曾多次自白，我始未尝有意乎讲求学问，而只不过是生来好用心思；假如说我今天亦有些学问的话，那都是近六七十年间从好用心思而误打误撞出来的。"

好一个"好用心思"，好一个"误打误撞"！这几句简单的心里话，正道出了一条做学问的正确道路。做学问其实就是对生活中发生的问题，问个为什么，然后抓住问题不放，追根究底，不断用心思。用心思就是思想。做学问的目的不在其他，不单是为生活，不是为名利，只在对自己不明白的事，要找个究竟。宇宙无穷，世海无边，越用心思追根，便越问越深，不断深入，没有止境。梁先生是一生中身体力行地用心思，这正是人之异于禽兽的特点，是人之所以为人的属性。人原是宇宙万物中的一部分，依我们现有的知识而言，还只有人类有此自觉的能力。所以也可以说，宇宙万物是通过人而自觉到的，那正是宇宙进化过程本身的表现。进化无止境，自觉也无止境。思想家就是用心思来对那些尚属不自觉的存在，误打误撞，把人类的境界逐步升华，促使宇宙不断进化。

我正是从梁先生的做学问和他的为人中，看到了一个思想家之所以成为思想家的缘由。他的思想永远是活的，从不僵化；他可以包容各种学

---

* 此文原载于《梁漱溟先生纪念文集》，中国工人出版社1993年版。

科，各科学说，从前人用心思得到的结果中提出新问题，进行新思考，产生新的学问。环顾当今之世，在知识分子中能有几个人不唯上、唯书、唯经、唯典？为此舞文弄笔的人也不少，却常常不敢寻根问底，不敢无拘无束地敞开思想，进行独立思考。可见要真正做一个思想家，是多么不容易。正因为是物以稀为贵吧，我对梁先生的治学、为人，是一直抱着爱慕心情的。

我原本想就梁先生用心思打撞的问题提出一些我自己不成熟的看法，但这几个月来一直没有坐定过。我只能利用这个机会表达我为什么爱慕梁先生的心意。我认识到他是一个我一生中所见到的最认真求知的人，一个无顾虑、无畏惧、坚持说真话的人。我认为，在当今人类遇到这么多前人所没有遇到的问题的时刻，正需要有更多的这种人，而又实在不可多得。什么是文化，文化不就是思想的积累么？文化有多厚，思考的问题就有多深。梁先生不仅是个论文化的学者，而且是个为今后中国文化进行探索的前锋。限于我本身的水平，我对这位思想家的认识只到这个程度，仅能提供朋友们、同志们作参考。

今年是梁漱溟先生百年诞辰，这部纪念文集的编纂出版，就是对梁先生思想、道德、学术的最好纪念。谨借此机会，祝愿中国当代的学术事业繁荣发展起来，为中国思想界做出更多贡献。

（本文是费孝通先生在纪念梁漱溟先生的会议发言，作为《梁漱溟先生纪念文集》的代序——编者。）

二　乡村建设理论

追记1928年梁先生作“乡治十讲”[*]

郑天挺 遗作

1928年5月至8月，我应梁漱溟先生之邀，任中央政治会议广州分会建设委员会秘书。建委会主任由当时省主席李济深兼任，而以梁先生为代主任。此时梁先生开始抱有推行“乡村自治”的理想，因而曾在是年5月作过“乡治十讲”的连续讲演，此时我方到广州，因而得聆听这一讲演。在介绍此连续演讲各讲大意之前，将略述我应邀赴广州，及与梁先生在建委会共事之经过。

一 我与梁先生的关系

梁漱溟先生是我的表兄，长我6岁。他的长兄梁凯铭先生长我12岁，因此我叫梁漱溟先生为“梁二哥”。我是福建长乐县人，祖辈住福州多年。父亲郑叔忱（1863—1905），字扆丹，光绪十六年（1890）进士，后在翰林院任职多年。母亲陆嘉坤（1869—1906），字荇洲，广西桂林人，出身于官宦之家，书香门第。她的母亲即梁先生父亲梁济（字巨川）老先生之姑母。当时同住在京城，来往密切。我自幼父母早丧。父亲于1905年病故，次年母亲在天津北洋高等女子学堂任总教习时，突患白喉，全家均被传染，母亲及一个弟弟不幸死去。母亲病重时，梁济老先生闻讯急赶到天津，除受托孤外，并不顾个人及全家安危，毅然将我及一弟弟郑少丹（1904—1945）携回北京。当时我们兄弟年纪幼小，梁老先生除将我们寄养在姨表兄张耀曾（1885—1938）家外，又将我家为数不多的遗产“经营

---

* 此文原载于《梁漱溟先生纪念文集》，中国工人出版社1993年版。

挹注”，作我们的监护人长达十余年，直至我上大学为止。故梁、郑两家关系非同一般，往来甚密切。1950 年 4 月，梁先生由四川回北京不久，曾将家中所藏我母亲给梁老夫人所书之团扇和我父亲为梁老先生所书折扇检出，归还给我，并为我写了热情洋溢的跋语，从中亦可见彼此形同手足之情。其文如下：

右陆荇洲表姑为先母所书团扇面，又表姑丈郑扆丹先生为先父所书折扇面。先父母既故，并经先兄凯铭装裱，藏于家。愚一向奔走在外，颇少宁家。比以全国解放，自蜀中北返。春暇检理旧物，乃得见此两帧，以表姑乙未年（1895）6 月作书计之，盖五十有五年矣。此五十五年间，不独大局变化不知若隔几世，即就我两家言之，从亲长以至同辈，其得健在者亦唯愚与毅生表弟二人而已，可胜感慨。毅弟早失怙恃，其先人手泽存者不多，特举此以归之，愿更垂纪念于后昆。

1950 年 4 月　梁漱溟记

二　去广州之前

1924 年我任北大预科讲师，讲授人文地理及国文，并在女师大兼课，同时在法权讨论会（会长为张耀曾）任秘书。当时北洋政府对公务人员欠薪异常严重，有时仅发给工薪的十之一二，家中生活异常困难，难以糊口。至 1927 年 6 月，我往杭州任省民政厅秘书，当时厅长为马叙伦。但不久马辞职，我在杭州呆了两个月即又回京。这时北洋政府将几个大学合并，北大旧人多离校，我也未再回北大教书。同时又逢法权讨论会机构撤销，因此我失业了。当时生活异常拮据，全赖友好借贷资助度日。

1928 年春节后，得梁先生自广州来信，谓“粤事大定，有意从政”，希望我去帮忙，“或足有所展步”。并谓若有其他之“才士贤者，可与俱来”。3 月初，梁先生再来信，谓李沧萍先生来京敦聘黄晦闻（节）、林宰平（志钧）两位去广州，嘱我与李一谈。晤李后，知梁先生已将我推荐给李济深，任广州政治分会秘书，并促我速往，态度甚肯切。这时杭州诸师友亦多来信相邀，而老同学罗庸（字膺中，1900—1951）此时将南下，也劝我与他同行，于是先去沪杭，再做决定。

由于路费无着及家用短缺，起程前不得不告贷。几经周折始借得四百元，月息二分，即每百元实付九十八元，并须以有价证券作抵押。债主不仅提出苛刻条件，且态度傲慢，语多不驯。中人则吹毛求疵，百般刁难，且意存胁迫。遭此凌侮，令人难堪，我乃决计退还借款，另求助于亲友。是时我年不足三十岁，已深感处世之艰难。

我与罗庸于3月17日离京，经济南、青岛，于21日至上海，得与凯铭、漱溟兄弟聚会。梁先生仍力劝我去广州，而杭州师友又邀我去浙江大学。校长蒋梦麟及刘大白、邹裴子诸先生，约我出任浙大秘书。蒋与我虽有师生之谊，却并无深知。但他如此热情，使我难以将赴粤之事相告。而此时杭州诸友又再三挽留，于是暂留杭州，为此曾特去上海向梁先生说明一切。4月初，李济深来杭，我去拜访，也曾向他说明在杭州稍作逗留后定赴广州。

三　赴广州任建委会秘书

4月中旬，陈仲瑜（政）带来梁先生一信嘱我月内务必至广州。于是我4月25日离杭州，经香港，于30日到达广州。因水土不服，到广州后即胃疾发作，休息至5月中旬才上班。此时正逢梁先生作有关“乡治”问题的连续演讲，我即往听讲，并逐次将所讲大意记入日记。有关这一讲演的内容将于本文之末专作介绍。

上班后就出现了麻烦。梁先生告我省府初定我及高某等共四人为秘书，各掌一科，后又增至五人。但秘书长彭某说，旧有粤人必用其二，后我而来之钟某因某种关系亦必须留任，唯有我须请梁先生另作安排。

梁先生只好耐心向彭某解释，说明我乃是他本人向李济深推荐，并应李之面邀而来。且省府初立，须有一二练达之年青人辅佐之。不料来几天建委会开会，对秘书处章程又作修订，改为秘书一人。于是彭某向梁二哥重申前议，或留钟或留我。梁先生再次向彭某据理力争说：建委会事繁，且自己不愿放弃著述，因此须留郑君以自佐。同时向我表示，希望我无论如何要留下来，协助他工作，并对我作一评价：“性缓才敏。”我则说，自知不适合从政，此次之所以来广州，一在践前约，一在相助，并未考虑个人名位。如仅为我个人设想，则可不必。事后老友罗常培、丁山（均为中山大学教授）闻知我受排斥，均为我抱不平。未几天，梁先生终于通知我，李济深已委任我为建委会秘书，这已是5月下旬的事了。

四　建委会的工作

我就任秘书工作之后，曾代拟广东省政府办事细则、建设委员会办事细则及教育厅、建设厅、民政厅、财政厅组织法，并审查相应机构之组织条例，以及起草乡治讲习所建议书之组织大纲及章程等。

列席有关会议，或参加建委会会议，并作记录也是我的一项工作。建委会开会讨论往往不着边际，多流于空谈，即使有时颇有争论，亦是出于个人或本位主义，各有目的。因此开会每由午后拖到夜晚。如7月中旬一次委员会议，讨论县财政管理委员会章程。大抵发言者多希望加重其权限，民政厅长则唯恐因此其权限被缩小，而执意反对。争论自下午三时开至晚八时，仍无结果。其他内容的会议亦多议而不决，梁先生亦感束手无策。

当时建委会还搞过一些参观及调查活动。如7月20日，一些人曾去南浦参观慎修小学。南浦在省城西北六十余里，规模及内容均甚可观。7月29日，我们又与黄艮庸等往细墟乡调查。该乡道路房舍均较南浦为整齐，农民亦较为富庶。此地有化龙学校，设备及校舍均佳，乡村有此条件，亦甚不易。细墟为黄艮庸的家乡，故梁先生每下乡即住于此。

7月底某日，梁先生忽函告我他去番禺细墟乡间，将暂不回广州。我甚感怪讶。后来才知他所提“乡治”方案遭政治分会反对，但碍于情面，难于否决，遂将建议案上推中央决定。梁二哥甚感不悦，遂请假，离广州往细墟乡间。8月初他曾返广州一次，次日又回乡。前后在乡间小住约二十天。

五　离开广州

早在7月初，在杭州同学曾多次来信，希望速往浙大，蒋校长也屡次电催。表兄张耀曾此时亦寄我一长函，认为在广州工作不如在杭州。但当时我认为，既然为协助梁先生应邀到粤，即不应再做其他之想。但入8月，形势突变。李济深因与中央矛盾，拒绝出席中央全会。不久，政治分会决定于年内撤销，建委会也将改组，紧缩规模。于是我终于决定离开广州往浙大工作。同时又征得梁先生同意，遂于9月中离广州经香港，乘船至上海转杭州。梁先生等适因事赴沪，因而同船北上。

我自幼虽与梁二哥形同手足，但因他多奔走四方，彼此相聚机会并不多。唯有这一年（1928）在建委会与他共事，达四个多月之久，得日日相见。这一段经历每引起我对他的回忆。他做事认真，一丝不苟。这对我来说，也是一最好的教育。尔后，我亦多以他这种精神时刻自励。

在这经历数月从政生活之后，我又回到我所热爱的教育工作岗位，投身于教学与学术研究去了。

六　关于“乡治十讲”

现在补述有关梁先生所作“乡治十讲”事。

1928年5月14日，即我到广州半个月后，王平叔先生函告我是日晚梁先生要在建设委员会以“乡治十讲”为题，开始讲述个人近日之政治主张。当晚我与罗常培、丁山等人前往听讲。此后历次演讲我亦往听，并将所讲大意内容逐次写入日记中作简略纪录。现将当年日记中所记，摘录于下：

14日晚，讲导言部分。

略谓：国民党为孙中山先生指导下之中华民族自救团体，自兴中会以迄最近业经数变，其政策手段亦因时而异，惟其变化多有进步。

又云：个人政治主张与诸前人异。数十年来谈政者皆喜法西人，而迄无殊效。盖中国人有中国人之天性，中国之文化未可强效不同文化、不同天性之西人。

14日晚，又作演讲。

略谓：西洋政治可贵者有两点：一曰合理；二曰有妙性处。使私权尊重公权，此其合理处；使人向上不能作恶，政不待人而治，此其妙处。凡此皆中国旧日政治所不能及。昔人之欲效西法，亦以此。然而数十年终无成就者，则以不合于中国之实况。此不合可分两方面言之，一曰物质上之不合，一曰精神上之不合。物质上之不合有：曰中国人之生活低；曰中国交通不发达；曰中国工商业不发达。至于精神上之不合拟下次再讲。

又云：惟人类知识最发达，惟人类易为知识所误，每以假为真。

22 日晚，又作演讲。

略谓：西洋文明系有对的，中国文明系无对的。因有对，故凡事皆向对方求解决，政治亦然。而中国正相反，此根本不合也。西洋政治精神在彼此监督，互相牵制，所谓三权鼎立是也。而其动机，实在彼此不信任。中国不然。彼此尊崇，彼此信托，皆相待以诚。倘一存猜疑，必至于糟。今欲仿效西人政治，势必降低固有精神，绝难有所创获，此其一也。选举制度为西洋政治之中心，西人皆用自炫手段以求当选，而中国以自炫为可鄙，必欲效仿，则必弃自尊之美德，先自轻贱。然此最高之精神一落，则不可复振矣，此其二也。西洋政治以欲望为本，中国则于欲望外更有较高之精神，如舍欲望外不计其他，必不能行于中国。

又云：欲激发人之精神，必须打动其心，而后其真力量、真本事、真智慧始能出，然后始能有创造。

25 日晚，梁先生再作演讲。谈日本之所以能接受西洋式政治及对俄国政治之批评。

29 日晚六时，梁先生演讲。

略谓：今日中国之所谓政治家，对于政治上之主张约有二途：一曰全民政治，一曰一党治国。然二者皆不可通。近者国民之自由褫夺殆尽，而公权更无份，谈何全民政治。近日军权高于党权，个人高于一党，何云乎以党治国。况近日俄国、义国独裁之制方兴未艾，恐最近之未来，中国仍属割据式之军事长官主政政体，然此绝不可恃。可以挽救中国近日之局面者惟有乡治。

又谓：在今日欲振兴工商业实不可能。社会不安定，易于破坏，一也；受不平等条约之束缚，难与西人竞争，二也。或谓由国家经营之国家资本主义其法较善。不知政局不定，国家亦无力经营。且若由国家经营，则政权、财权皆聚于政府，恐谋之者益多，而政局亦益不能安定矣。故可以挽救中国近日之局面者，惟有振兴农业。

31日晚，再次演讲。

略谓：人类对于一切事物，皆具一种较高之理智，如吃饭，则不仅想如何吃而已，必思如何吃合理之饭。此种思合理之态度，是谓人类最高之精神。法律仅能使人做事合理，而不能使人做合理事。做事合理是谓法治；做合理事是谓人治。在法治派之政治理想以为，政权人人有份，政治自下而上，是为原则。而在人治派观之，因人类理智之有高下，则政权必交之理智最高者。人类理智不同，则政治不妨自上而下。中国自来为人治的政治，而非法治的政治。又谓：中国近日政治上经济上皆陷绝境，非从农村入手，无从整顿。一方面使农业发达，一方面使农民知识提高。

6月2日，晚六时至八时半。梁先生再作演讲。

略云：中国今后之政治必为人治，而于其下容纳西洋法治精神。治者与被治者不分而分，政治自下而上，同时自上而下。

又云：法律是假的，风俗习惯是真的，吾辈应创习惯，惟乡治能创习惯。欲人民之问公众事，必须使之先有此意志、兴趣、能力、习惯。今之所以欲先行乡治者，以乡之范围小，利害切身，引其注意易而力强，一也；活动力之所及以范围小为宜，二也；中国固有之精神，城市已丧失殆尽，所谓礼失而求诸野，三也；城市之心理习惯已近外国，惟乡村不然，四也；工商业为个人主义的，而农业为合作的、互助的，五也；乡里间尊师敬长，尚德尚齿，六也。有所信赖，有所信托，此吾人建筑新政治之基础。选举代表制度，选举人地位似较被选举人为高，与中国习惯上因某人之道高德重而公请其主持之意大相悬殊，盖无丝毫不信任意也，而彼此之精神，人格亦因此增高。与西洋人彼此不信任精神，人格因之降低者亦不同。至筹备乡治之办法，拟选二三十岁聪敏之青年，训练之使之了解农村经济之新办法，遣至乡里辅助中年高有德者办理乡治。对此辈青年有最要者三事：一、使之作二三等角色；二、培养其真心热肠；三、戒其自傲气盛及其他少年积习。必如此，然后可以得乡人之同情。近日自治之所以使人不满者，在不得其人，一也；收捐过巨，二也；所做之事非皆乡人所切要，三也。今欲免此人、钱、事三者之困难，必先慎选人与解决吃饭问题始可。

又云：吾之改造经济注意点在以私有经济制度为一切罪恶之源泉，

私有经济制度为生存竞争之起源，因之人人敌对，人人时在危险情状之下。今若逆社会罪恶产生道路而思改革，终必无成，故改造私有经济制度必自改竞存为共存，始乡治之意即在此。先从消费享受求合作，渐至生产之共营。

6月3日下午，梁先生先介绍日本人河西太一郎《农民问题研究》一书之大意。以我所见，与梁先生意见颇相合。继又略云：近代工业上有显然大规模经营之趋势，而农业就统计上观之，小规模经营者并不因大规模经营而减少。所以然者，在受资本主义之影响，欲农业之能大规模经营，农村之能改良城市与农村之能平均发达，必先经济改造。农业之所以不进步、不改良之原因甚多。农业生产受天然之制约，收获甚迟，经济周转不如工业之速，因之田主不愿多投资，一也；生活艰难，佃农日增，二也；小农资本少，不能采用新法，三也；小农之经营存在（工业上绝难存在过小经营，农业不然），四也。又经济上之原因，农人能率低，一也；农人候雇者少、工资廉，二也。又收获后之原因，农民受商人之剥削太烈，资本不向农业流通，因之都市盛而乡村衰，一也；田主多在城市，佃户收获必送之田主，是以乡村资本送之城市，因之城市益盛而乡村益衰，工商益盛而农业益衰，二也；农民本无余资，一遇事故必致负债，三也；国家赋税加于农者，多于工商业数倍，四也；国家取责于农，而以之发达城市，五也；城市每能引诱乡农不愿乡居，六也。又不能大经营之原因：土地不易扩张，一也；工人少，二也；因承继而土地分割，三也；资本周转不易，四也。在工业上，阶段观念甚盛，故工人团结以对资本家，而在农业上适相反，又有中农之介于劳资之间。在工业上，工人皆思生产机关公有，而农民仅望分得少许土地，两者目的不同，故求改造经济之心理亦不同。今就经济目标为改造办法，必先使小农之私人经营渐改至合作，使私有为公有，分作为合作。然欲行此法，乃勿强制，必告以实例，予以援助，丹麦曾有先例。其法使一村合并其土地，用新法经营，收获时按其土地、劳力、财力多少分配之，如此小农之所得较之自营为优。如此易发生劳力过剩，则使之营以自己消费为目的之副业，如铁工等，此改良农业最上之法也。（恩格斯说；以上见河西代书。）

总之，我国之精神文化皆与工商业无缘，除此文化已无前途外，今后局面必为农业复兴，而政治亦除乡治外无他路。必先发展乡村而至城市，先兴农业而至工商，农业之兴，必自合作社始。（如消费、贩卖器械方法等，由公家辅助之，奖励之，利导之。）虽然此尚非真正之理想政治也，欲由此成欧美式国家，则万不可能。

（此文为郑天挺先生哲嗣郑克晟应《梁漱溟先生纪念文集》编者梁培宽先生之请，据郑先生所存当年日记整理而成。）

梁漱溟的思想与行动*

林瑞明

一 前言

“我生有涯愿无尽；心期填海力移山。”这是中国现代史上怀有深心大愿的梁漱溟给友人的题字。从这短短十四个字里，颇可以看出他远大的抱负，以及一往直前的决心与毅力。

在西潮的浪花冲击底下，古老的传统濒临于解体的边缘；远从清朝末叶的洋务运动，以迄进入民国之后，西化的动力，随着一批又一批的留学生归国，日盛一日。

民国八年，胡适以英文写了“Wholesale Westernization”一辞；虽然他的本意只是充分世界化，但随后被广泛应用成“全盘西化”，从这里可以看到当时西化思想的高潮。另一方面，中国激进的青年受到俄国大革命的影响，俄化呼声逐渐推拥成另一股来势汹汹的浪潮；民国十年七月中国共产党成立之后，随着思想的散播与势力的增长，俄化思想终于形成与西化思想分庭抗礼的局面。

五四时代，就在这两种潮流的激荡下，反传统主义汇成当时极为澎湃的力量，狂卷了大半个中国。

梁漱溟处在这种“打倒孔家店”的气氛里，不随波逐流；反而在经过一再的深思潜想之后，发愤为中国固有文化，尤其是儒家思想的中流砥柱。他一生的事业由此展开，也因之在中国现代史上扮演了一个独特的重要角色。

---

* 此文原载于《梁漱溟先生纪念文集》，中国工人出版社 1993 年版。原编者注：引文出处注释原甚详尽，收入本文集时曾加以简约。

二 梁漱溟的身世与生涯

梁漱溟生于清光绪十九年（西历1893）岁次癸巳的重阳节，距离中日甲午战争仅仅早了一年的时间而已。父亲巨川，举人出身，历任四品京官，民国七年痛心固有文化之澌灭，以身殉之，自沉于北京的净业湖，对梁漱溟一生有绝大的影响。

从梁漱溟写的《我的自学小史》可以简单归纳他的身世，加以分析他的性格。

1. 梁氏先世本是蒙古族，移居南方，元朝之后和汉族不断通婚；祖籍广西桂林。而自祖父时代即长居北京，所以梁氏自谓从血统言兼具两种血液；从地域言，兼有南北两种气息；由是富于一种“中间性”。

2. 父亲梁巨川是旧时代而有新思想的人。梁漱溟六岁读书，启蒙书《三字经》之后，即读《地球韵言》，无形中扩大了他的视界，这在当时是颇为特殊的现象。

3. 祖母曾开蒙馆教小学生；母亲提倡女学，曾在北京第一间女学校（女学传习所）担任教员；两个妹妹皆毕业于京师女子师范学堂。这在传统“女子无才便是德”的观念下，很容易看出梁氏一家的开明。

4. 梁氏自谓是“一个瘠弱而又呆笨的孩子”。十岁前后，在北京中西小学堂就读，课业总是中等以下；十四岁入北京顺天中学，智力乃见发达，课业成绩偶尔也排在前几名。虽然梁氏读书成绩不怎么优良，但是重要的，他读书有个特点，即是富于主动精神。

5. 与父亲相处，从小即为自得，完全没有感到精神上的压迫。父子皆嗜读梁启超的文章，对于时局常常互相讨论；梁氏早先参加革命党，父亲不加干涉，其后转向佛家，出世思想浓厚时期，坚决不娶太太，虽然其父盼有个孙儿，但亦从来没有责备的话。

6. 梁氏的感情真挚且深入，所以感触深刻。曾热心社会主义。后来热情激转而折入出世一途，亦是因此之故。梁氏曾经说过，这是佛家所谓的“烦恼重”。并且他在二十岁的时候，曾两度自杀，也可以看出他内心剧烈的矛盾与冲突。

这些背景都对梁漱溟的一生有绝大的决定性，此后他谈东西文化及其哲学，从事乡村建设运动，高谈中国民族自救运动之最后觉悟，都已在早年播下了种子，随着机缘及定力，终于开出了一朵奇葩。

民国五年，梁漱溟发表《究元决疑论》一文于《东方杂志》五、六、七月三期。就是因为这篇论文得范静生的介绍往见北大校长蔡元培，而得以嗣后在北大教授印度哲学。

民国六年，当时梁氏廿五岁，正式到北京大学任教。这时他正式的学历是顺天中学堂毕业。此后一直到民国十三年，他自动辞去北京大学教席，前往山东办理省立第六中学的高中部，前后有七年的时间留在北大。

这是梁氏自成一家之言的思想萌芽期。民国七年，首先刊行《印度哲学概论》，十年刊行他的成名作品，也就是胡秋原氏誉之为“在五四后对于西化思想俄化思想有一种解放的力量”之《东西文化及其哲学》一书。

梁漱溟这时看出西方物质的疲敝，国人蹈袭西方的浅薄，以及一批未明佛学精义而流行种种怪秘言论的团体如同善社之末流，所以感叹地说：

“东觅西求，都可见其人生的无着落！我不应当导他们于至好至美的孔子路上来吗？无论西洋人从来生活的猥琐狭劣，东方人的荒谬糊涂，都一言以蔽之，可以说他们都未曾尝过人生的真味！我不应当把我看到的孔子人生贡献给他们吗？”（见《东西文化及其哲学》自序）

《东西文化及其哲学》全书就环绕这个论点反复讨论，梁氏归纳探究之后，将世界的文化形态概分为三型：

1. 西方（文）化是以意欲向前要求为其根本精神的。

2. 中国文化是以意欲自为调和持中为其根本精神的。

3. 印度文化是以意欲反身向后要求为其根本精神的。

梁氏以为由不同文化形态而产生的东西，不像一个瓜，仅将瓜蔓截断就可以搬过来；而在这三种态度中，他斩钉截铁地说：

第一，要排斥印度的态度，丝毫不能容留；

第二，对于西方文化是全盘承受，而根本改过，就是对其态度要改一改；

第三，批评的把中国原来态度重新拿出来。

从结论里可以很清楚地看出，梁漱溟不是个食古不化的顽固旧派，相反的他极富于批评精神，所以对于西方文化，也提出全盘承受，然而是有条件的；对于中国文化也不是无条件的承受。梁氏之所以认为孔子之路至美至好，是将其视为一种新生命哲学，所以一再讲学鼓吹。在全书的终章，梁氏提出“今日应再创讲学之风”的主张说：

“明白地说：照我的意思是要和宋明人那样再创讲学之风，以孔颜的人生为现在的青年解决他烦闷的人生问题，一个个替他开出一条路来走去。一个人必确定了他的人生才得往前走动，多数人也是这样；只有昭苏了中国人的人生态度，才能把生机剥尽死气沉沉的中国人复活过来，从里面发出动作，才是真动。中国不复活则已，中国而复活，只能于此得之；这是唯一无二的路”。

这在五四时代，是颇为不同的论调。大多数的年轻人在《新青年》、《新潮》……杂志的影响下，是很难听得进耳的。所以梁氏慨然说道：

“有人以清代学术比作中国的文艺复兴，其实文艺复兴的真意义在其人生态度的复兴，清学有什么中国人生态度复兴可说？有人以五四而来的新文化运动为中国的文艺复兴；其实这新运动，只是西洋化在中国的兴起，怎能算得中国的文艺复兴？若真中国的文艺复兴，应当是中国人自己人生态度的复兴。”

这是梁漱溟的真信仰，也是他行动力量的来源所在。由于他有“再创讲学之风”的体会，所以于民国十三年夏天，辞去北京大学教席，这时正是三十二岁的壮年。梁氏曾经说过：

“我对于生活如此认真，所以我的生活与思想见解是成一整个的，思想见解到哪里，就做到哪里。”（见《东西文化及其哲学》一书绪论）

这是梁氏一贯的态度，在他一生中都保有这个色彩。所以研究梁漱溟不能将他的思想与行动分开来看。

在这一段时间，梁氏一面办理中学，一面思索民族前途问题。在民国十三年发表的《办学意见述略》一文，他说：

“我们办学意见之发动，原始于民国十年有‘曲阜大学’之提议，而且我们此刻在曹（州）办学意向所归仍在将来的曲阜大学。”

办学的主要动机，乃是在于自己求友，又与青年为友。他说：

“现在青年在这种教育下，自己走投无路，实在可怜，我们想与他为友，堕落的怎样能引导他不堕落而奋勉，烦闷的怎样能指点他而得安慰有兴致，总而言之，都要他们各自开出一条路子来走，其如何求知识学问，练习作事，不待言而自然都可以行了。”

从这些话，可以看出梁氏从头做起的决心与雄志。他是希望使讲学与社会运动打成一片，由是改造社会。

另一方面，早在民国十二年，他即曾提出“农村立国”的主张了。（见《主编本刊之自白》一文）

北伐时期，梁漱溟与友人十多人住在北京西郊大有庄，反省思考，终于彻底了悟了。他说：

“数年往来于胸中的民族前途问题，就此新经验后，从容省思，遂使积闷夙痗，不期而一旦开悟消释。悟得了什么？并不曾悟得了什么多少新鲜的。只是扫除了怀疑的云翳，透出了坦达的自信；于一向之所怀疑而未能遽然否认者，现在断然地否认了；于一向之所见而未敢遽然自信者，现在断然地相信他了！否认了什么？否认了一切的西洋把戏，更不沾恋！相信了什么？相信了我们自有立国之道，更不虚怯！天下事，有时非敢于有所舍，必不能有所取；有时非有所取，亦不敢有所舍。不能断然有所取舍，便是最大的苦闷。于所舍者断然看破了；于所取者断然不予放过了；便有天清地宁，万事得理之观。——我们之所谓一旦开悟亦不过是如此罢了。”（见《主编本刊之自白》一文）

民国十七年夏天，即开始为筹办乡治讲习所，而先行接办广州第一中学；其后于十八年二月曾先后到过江苏昆山考察中华职业教育社之乡村改进事业；往河北定县考察翟村村治事业暨平民教育促进会在华北的试验区，以及考察山西的村政。这期间他写了《北游所见纪略》及《河南村治学院旨趣书》，已开始了乡村建设运动的先河。

等到民国十九年接办《村治月刊》，即发表了《主编本刊之自白》一文，终于高扬了“往东走”的旗帜。梁氏语重心长地说：

“我眼中的乡治或村治，全然非所谓什么‘当今建设事业之一’，或什么‘训政时期之一种紧要工作’；我是看作中国民族自救运动四五十年来再转再变，转变到今日——亦是到最后——的一新方向。这实是与四五十年来全然不同的一新方向；——以前都是往西走，这便要往东走。我不能牵牵扯扯裹混在人堆里，干我往东的事；——事原是大家的事，原要大家往东走才行，我一个人往东没有用的。如果大家于旧方向不死心断念，则我的乡治或村治即无从谈起！这时你和他说些个乡治或村治的怎样怎样办法，有什么用呀！我不开口说话则已；我说话，劈头一句，就要先打破他往西走的迷梦，指点他往西走的无路可通。”

这在当时的环境底下，是颇为不同于流俗所见的真知灼见。此后梁氏孜孜矻矻的辨明中国当从西化、俄化之途回转。他认为对于中国而言，只有“由老根发新芽”，才能有（所）生机。所以《中国民族自救运动之最后觉悟》一书，第三章即辨明欧洲近代民主政治是中国政治上第一个不通的路；第四章紧接着提出俄国共产党发明的是政治上第二个不通的路；亦由此而辨明经济上欧洲近代资本主义的路，以及俄国共产所要行的路，皆不适合于中国。在第五章《中国问题之解决》一文，即明确地指出：

“中国问题之解决，其发动主动以至于完成，全在其社会中知识分子与乡村居民打并一起，所构成之一力量。”

并且强调说：

“革命的知识分子要下乡间去，与乡间居民打并一起而拖引他上来。”

由于梁氏深信中国国家之新生命，必于农村求之；必农村有新生命，而后中国国家乃有新生命。梁氏认为“中国文化的根就是乡村”，于是他更强调的说：“中国的国命既然是寄托在农业，寄托在农村，所以他的苦乐痛痒也就在这个地方了。乡下人的痛苦，就是全中国人的痛苦；乡下人的好处，也就是全中国人的好处。而当时的环境，已经破坏到文化的根；既已破坏到根，所以新文化的开创，亦非从头另来不可，亦非从老根上再转变出一个新局面不可。”

所以梁氏认为“乡村建设除了是消极地救济乡村之外，更要紧的还在积极地创造新文化”，也就是“从创造新文化上来救活农村”，他给乡村建设标出的两句口号是：“开出新道路，救活老民族。”（见《乡村建设大意》一书）

知识分子之所以须走向农村，其意在此。因为知识分子是上下间沟通的动力。梁漱溟断然地认为：“不从农村起，自不能归本农村；离开乡村，即离开民众；入手即错，其不走向背叛民众去固不止也。我敢断言，如果这上层动力与下层动力总不接气，则中国问题永不得解决；而上下果一接气，中国问题马上有解决之望。如何可以接气？当然是要上层去接引下层，即革命的知识分子下到乡间去，与乡间人由接近而浑融。”

梁漱溟此时一面从事乡村建设的理论工作，于民国二十三年印行《乡村建设大意》、《乡村建设论文集》，民国二十五年又发行《乡村建设理论》(一名《中国民族之前途》)，可见其用力之勤；另一方面于民国二十年即成立山东乡村建设研究院于邹平，训练研究人员及乡村服务人员，实地在农村实践其理论。

梁漱溟认为“乡村建设运动，实是乡村自救运动”，所以对于乡村组织非常注意。梁氏理想的乡村组织形态是“极力以启发乡村自力为主，极力想法子形成其地方团体的组织，极力让众人对团体生活能有力的参加”。

梁漱溟检讨当时农村的问题，认为他所倡的乡村组织有两点好处。他说：

“第一点：我们的组织是本着乡约的意思，大家相勉于为善，把人生向上大家相亲相爱的意思提起来，又用乡农学校的方式，把教育的意思提起来，这个时候，假使有武力，而武力放在一个较开明的组织中，较和平的空气中，应当少许多危险。

第二点：我们的组织，比其他组织从西洋传来的大不相同，他是唯一适宜于中国人的。质言之，用我们的组织，团体分子与团体生活乃能为有力的参加，才能让中国人往民治里去，才能实现中国的民治，才能让组织健全。”

之所以由农村入手，正如同梁漱溟所解释：

“在中国期望国家如何如何，是绝对做不到的；把许多问题归到小范围的地方社会解决，倒很轻而易举，很自然、很合理。”

并且肯定地说道：

“农民运动为中国今日必定要有的，谁若忽视农民运动，便是不识时务；要想消除共产党的农民运动，必须另有一种农民运动起来替代才可以。我们的乡村组织除了一面从地方保卫上抵御共产党外，还有一面就是我们这种运动实为中国农民运动的正轨，可以替代共产党。”

民国二十六年，七·七卢沟桥事变之后，全面抗战起，历时七年的山东乡村建设研究院之实验工作，因抗日战争而前功尽弃。这时梁漱溟亦转入内地，参赞国防会议。他自述其经历云：

“抗日战起，以政府之多，与国内各党派暨在野人士一同参赞国防会议，乃悉力为抗战而奔走。——愚在后方曾致力改善兵役运动，在前方曾巡历华北华东六省游击区域，末后则努力团结运动。”(见《勉仁文学院创办缘起及旨趣》)

并且一度曾有延安之行。

民国三十年，这时开始于广西大学讲授《中国文化要义》两个月。不久组织中国民主同盟，并主编《光明报》。

民国三十四年，抗战胜利。梁漱溟即拟退出政治舞台，自述云：

“民国三十四年八月，在广西贺县之八步，闻胜利之讯；又闻国共两党当局会于陪都。窃喜外患既除，内争可泯，凡八九年来矻矻以图救眼前者，至此可以休息；而建国大业开始，夙日文化研究之愿当偿。当时分函故旧，悉道此意。”（同上）

然而，复因国共之争，而参与政治协商会议，等到协商既有成议，复决心退出现实政治环境。

自此之后，致力于写《中国文化要义》一书。梁氏在自序中说明为什么努力于学术工作。他说：

“我不是‘为学问而学问’底。我是感受中国问题之刺激，切志中国问题之解决，从而根追到其历史，其文化，不能不用一番心，寻个明白。什么‘社会发展史’，什么‘文化哲学’，我当初都未曾设想到这些，更无意乎玩弄这一套。从一面说，其动机太接近实用（这正是中国人的短处），不足为产生学问的根源。从另一面说，它却不是书本上底知识，不是学究式的研究；而是从活问题和活材料，朝夕寤寐以求之一点心得。其中有整个生命在，并非偏于头脑一面之活动；其中有整整四十年生活体验在，并不是一些空名词假概念。”

这正是梁漱溟学问可贵之所在，也是梁氏一生动力的根源。这时他提出的两句口号是：“认识老中国，建设新中国。”

三　批评与结论

梁漱溟的一生，无疑是中国现代史上深刻的见证者之一。他的生平是多彩多姿的，然而有一条主轴贯串其中，即是源于对中国文化的了解，而提出民族自救的理论，并且他的思想与行动又形成不可分的整体。比起同时代的思想家，他是思辨深刻（Sophisticate），而又富于行动力的实行者；比起一些行动家，他又是长于理论的思想家。

梁氏曾一再说过“我无意乎学问”；“我不是学问家”；“以哲学家看

我非知我者”……，这也是他独具特色的地方。从他着手研究东西文化问题时即说过：

“我这个人本来很笨，很呆，对于事情总爱靠实，总好认真，就从这样沾滞的脾气而有这篇东西出来。我自从会用心思的年龄起，就爱寻求一条准道路，最怕听‘无可无不可’这句话，所以对于事事都自己有一点主见，而自己的生活行事都牢牢地把定着一条线去走。”（见《东西文化及其哲学》自序）

他还曾经说过：

“我的生性对于我的生活、行事，非常不肯随便；不肯作一种不十分妥当的生活，未定十分准对的行事。……因此别的很随便度他生活的人，可以没有思想见解；而我若是没有确实心安的主见，就不能生活的！”（见《东西文化及其哲学》绪论）

他是生活得如此认真，所以步步踏实。梁氏在《东西文化及其哲学》一书，谈及佛教之处甚多，然而在自序中特别声明：

“又我在这书里，关于佛教所说的话，自知偏于一边而有一边没有说。又我好说唯识，而于唯识实未深澈，并且自出意见，改动旧说。所以在我未十分信得过自己的时候，我请大家若求真佛教、真唯识，不必以我的话为准据，最好去问南京的欧阳竟无先生。……”

梁氏由于求真知，故又勇于自责。

早先他发表《究元决疑论》。民国十二年十二月商务书馆印行《漱溟卅前文录》，此文收于其中。这时他说：

“实则这篇东西现在看起来直是荒谬糊涂，足以误人，我自己是十分后悔了。”

关于《东西文化及其哲学》一书，在民国十一年十月三版自序中亦云：

“我这本讲录发表后，……自己则既有许多悔悟。……我兹痛切悔悟的，实在当时不应该以未能自信的话来发表；即发表也应作疑词。以决定语来发表未能自信的见解，这全出于强撑门面之意，欺弄不学的人。孔学是个恳切为己之学；怀强撑门面之意，发挥恳切为己之学，这是我现在最痛心悔悟的。……”

然而从另一个角度看，梁氏又是极富于自信的人。

胡适在其《读梁漱溟先生的〈东西文化及其哲学〉》的书评，首先批评说：

“梁先生的出发点就犯了笼统的毛病。”

又说：“他这种勇于自信而倾于武断的态度，在书中屡次出现。”

又语意深长地批评说：

“梁先生的公式热，使他到处寻求那简单的概括公式，往往不幸使他陷入矛盾而不自觉。……我们现在要对梁先生提出一点根本的忠告，就是要说明文化何以不能装入简单整齐的公式里去。”

梁漱溟曾就胡适此文于民国十二年在北京大学讲演《答胡评〈东西文化及其哲学〉》。亦充分流露出他的自信。

在书信往来中，胡适曾作书说明：

“玩世的态度可以流入刻薄；而认真太过，武断太过，亦往往可以流入刻薄。先生《东西文化》书中，此种因自信太过，或武断太过，而不觉流为刻薄的论调，亦复不少。”

梁漱溟后来回书答称：

“承教甚媿！早在涵容，犹未自知也。冥（原文）尔来服膺阳明，往时态度，深悔之矣”。（见《梁漱溟全集》卷四，727 页——编者）

这种自信与自责，正是梁氏性格中的特色。心有自信，则千万人吾往矣；心有不安，亦赶紧声明，绝不自误误人。梁漱溟一再陈述他的态度，民国十五年于《晨报》副刊发表《人心与人生初版自序》亦是说：

“我只是爱有我自己的思想，爱有我自己的见解——为我自己生活作主的思想和见解。这样子，自然免不了要讨论到许多问题，牵涉到许多学问。而其结果倘若自己似乎有见到的地方，总愿意说给大家，如此便是不谈学问而卒不免于谈学问，不著书而卒不免于著书之由。”

民国十九年接编《村治》月刊时，发表《主编本刊之自白》，亦郑重声明：

“我实在没有旁的，我只是好发生问题；尤其易从实际人事上感触发生问题。有问题，就要用心思；用心思，就有自己的主见；有主见，就从而有行动发出来。外人看我像是在谈学问，其实我不过好用心思来解决我的问题而已；志不在学问也。我一向之谈哲学，谈心理学，始终是此态度；今日所谈又涉及政治与经济，仍不外此。用心思或云谈学问，只居其中间的一段落，归结还在行动，来自实际固不归于实际不止也。追根寻源，全在有问题，全在问题之实际性。”

如此态度一贯，实可以看出梁漱溟一生的风格。

虽然，在民国三十八年写成《中国文化要义》一书时，梁氏曾在《自序》中感叹说：

“我终是一个思想的人而非行动的人；我当尽力于思想而以行动让诸旁人。然而我却自幼即参加行动。我一向喜欢行动而不甘于坐谈，有出世思想，便有出世生活；有革命思想，便有革命实践。特别为了中国问题，出路所指，赴之恐后；一生劳攘，亦可概见。”

之所以有这样的感叹，主要源于行动的不能如意。在民国二十四年十月二十五日于乡村建设研究院的一次演讲，梁氏已觉察到行动的两大难处。他一针见血地指出：

“所谓‘我们的两大难处’是什么呢？头一点是高谈社会改造而依附政权；第二点是号称乡村运动而乡村不动。”

头一点是个大矛盾，梁氏曾提出五点原则来解决；关于第二点可以明显的看出乡村的惰性。他说：

“本来最理想的乡村运动，是乡下人动，我们帮他呐喊。退一步说，也应当是他想动，而我们领着他动。现在完全不是这样。现在是我们动，他们不动；他们不惟不动，甚且因为我们动，反来和他们闹得很不合适，几乎让我们作不下去”。（见《梁漱溟全集》卷二，573 页——编者）

在这种实地做事，困难重重的情况下，梁氏有“终是一个思想的人而非行动的人”之感慨。然而，从其一生观察，他是个行动的人是当之无愧的。他说过：

“我便是从感触而发为行动，从行动而有心得，积心得而为主见，从主见更有行动，……如是辗转增上，循环累进不已。”（《中国文化要义》自序）

更可以看出思想引发了行动，行动又造就了思想，两者是不能划分的。梁氏自己亦甚了解他的特性，他说：

“并且我是既好动而又能静的人。一生之中，时而劳攘奔走，时而退处静思，动静相间，三番五次不止。是以动不盲动，想不空想。其幸免于随俗浅薄者，赖有此也。”（《中国文化要义》自序）

梁氏的“动不盲动，想不空想”，使他能做乡村建设这种“能慢不能快的建设和教育工夫”，如孔家一般的试图正面提取人生。

梁氏的态度是谦虚而又深怀自信。他对他自己的一生曾做了非常中肯的答复。他如此说及：

“我希望我的朋友，遇到有人问起：梁某究是怎样一个人？便为我回答说：

‘他是一个有思想的人’。

或说：‘他是一个有思想，又且本着他的思想而行动的人’。

这样便恰如其分，最好不过。如其说：‘他是一个思想家，同时又是一社会改造运动者’。那便是十分恭维了”。（《中国文化要义》自序）

这是梁漱溟的自评。五四时代的思想家怎么看他呢？

民国六年，梁漱溟曾写过一篇《吾曹不出如苍生何》，其后胡适回国在北大任教看到这篇文章，即在日记上记了一句话：

“梁先生这个人将来定会要革命的。”（转引自《主编本刊之自白》）

梁漱溟引为知言，然而关于“农村立国”的理想，陈独秀曾批评说：

“这是小资产阶级欲在自己脑中改造社会的幻想”。

胡适和陈独秀眼中的梁漱溟是有一段距离的，而他的一生终于走上了国、共两党之外的第三条路。

其后郭湛波将其归之于“中国近五十年第二阶段之反动思想”。

胡秋原则将其归之于新传统论。他批评说：

“梁氏为一肯用心并力行其所信之人。民国以来，肯对国家根本问题用心，从而提出其主张如梁漱溟者，实在不多。在举世披靡于欧化、俄化之时，他能力排众议，可谓推倒一世之智勇，开拓万古之心胸；亦可谓‘勇于自信故英杰’”。（胡秋原：《一百三十年来中国思想史纲》）

然而胡秋原亦认为在当时的局面下，“不是村治一事可能为万应药的”。

翁之镛则更严肃地批评梁氏的乡村运动，理论脱离事实，虽然梁氏一再指陈他的理论是由实际而来，“来自实际固不归于实际不止也”。然则翁之镛批评说：

“恁其主观的自我陶醉，淹没了对实际事物的认识。邹平实验的措施，当然有些成就；但其成就乃寄托于人；以人为重，旧制度未动分毫。财政措置与租税处理，全在原来胥吏之手，沿袭传统习惯，而不知改革，甚且认此应有的改革，以为无关宏旨的末技。”（翁之镛：《中国经济问题探原》）

由于翁之镛是经济学方面的专家，所以他对财政措置与租税处理，特见重视。他甚且认为：

“乡村建设该要有健全理论，但须恁事实以为佐证，用归纳方法抽绎其结论，若专恁虚悬的空想，执著于主观的成见，以事实强就于早定的前提；不但无裨实际，且理论也无从自圆其说。所以尽管方向不错，求达此方向所需的指针，是理论不足；失了指针而走的方法，更无依据。费力多而成功少，其病在此。”（同上）

这是梁氏所料不及的，其病或在于梁氏对经济学缺乏深刻的了解。然而比起当时的学者，梁漱溟已尽量应用现代科学了，然囿于环境所限是最大的缺憾。

金耀基曾在《中国的传统社会》一文，提到梁漱溟的研究方法。他说：

“梁先生研究中国文化之认真与勤劳是极可佩的，他真正具有‘心智真诚’与‘上穷碧落下黄泉，动手动脚找东西’的精神。我们看他的书，即知他那时候已注重到需用人类学、社会学来讨论文化。至于那时候中国没有西方这方面新发展的知识，更不知有行为科学，因此论见仍不免浓厚的玄想（Speculation）的色彩。但这是环境所限，非梁先生之不力。而他论文化态度之温和与开朗，真令人有读其书，想见其人之思。即如胡适之先生那样温文尔雅的人，比起他来亦不免显得‘刻薄’，此是胡先生自己亦承认的”。（见《传统到现代》一书）

这段话对于梁氏是极为公允的批评。

……

外国学者 Harry J. Lamley（林海瑞）近年来的研究，亦将其归之于“保守的改革者”（conservative reformer）。（《崇基学报》（香港），八卷二期，1969. 2）

哲学家唐君毅，则对梁漱溟有一段极其深刻的评论。他说：

“四十多年来，梁先生一直走在时代的前端，而常反对这时代；总是站在时代的更前端。最初主张立宪，旋即参加革命。民国成立，却信佛要出世。民国十三年不肯再教大学，要办新教育。民国十八年后，实践其乡治之主张。民国三十五年后，一心办文化研究机构。时代并跟不上梁先生，人家却说梁先生跟不上时代；遂不幸成另一时代夹缝中之悲剧主角。梁先生何以反时代？是从中国文化反省而反时代，望时代再进一步。时贤多留在现时代而不复进；在这一点上，似皆不及梁先生。”（转引自胡应汉：《梁漱溟先生年谱初稿》）

这不单是梁漱溟一人的悲剧，也是对时代的考验了；然则如前面所述，梁漱溟的思想与行动，提供了中国现代史上深刻的见证之一，无论如何，自占有独特的地位。

（《史原》（台湾）第六期，第131—138页。）

梁漱溟和他所处的时代*

周阳山

梁漱溟生于1890年代的中国，历经晚清、民国与中共三代统治；经历了坎坷的一生，最后以九十五高龄告别他一生衷爱的故国。在当代新儒家之中，学问功夫超过梁氏者所在多有；但在一生以行动者自任，并在政治改革与社会实践上躬行不懈的儒者当中，却以梁漱溟最为表率。多年前，以研究梁漱溟名世的芝加哥大学中国思想史家艾恺（Guy Alitto）曾以“最后的大儒”（The Last Confucian）称述梁氏，若从预言角度观察，“最后的大儒”，或许言之过早，也难下判断。但从兼顾尊德性、道学问与言行如一的儒家标准来看，称漱溟为当代最重要的大儒，恐不为过。

从外表看来，漱溟一身传统长衫，貌似老儒，又言必称儒学道统，某些人不免视之为守旧的冬烘先生。但若从漱溟个人的学知历程来看，他却是自小入洋学堂，广习世界知识（他自称一生从未诵读四书五经，虽然曾看过），并以梁启超为摩习对象的现代化洗礼者。但后来他又视革命为正途，以立宪改良主义为无用。革命成功后又因目睹民国乱局而生倦意，面临生命意义的危机，并试图自杀，最后终而归依佛门。这段由西学而佛门的挣扎历程，一直到1920年以后才平稳下来，梁氏逐渐肯认中国文化与儒学的价值，以后一生中也一直以实践与弘扬儒学自任。漱溟曾在邹平论甘地精神时自叙，他和甘地一样，都曾入出西方文化，以为治民族之病非仿效西学不可，但最后却发觉与东方不接近，终而一点点地回到自己的传统文化中去。

在《桂林梁先生遗书》卷首，梁氏自叙：“漱溟自元年以来，谬慕释

---

* 此文原载于《梁漱溟先生纪念文集》，中国工人出版社1993年版。

氏，语及人生大道必归宗天竺，策数世间治理则矜尚远西；于祖国风教大原，先民德礼文化，颇不知留意，尤大伤公之心。”

后来，在1974年写就的《我的自学小史》一文中，漱溟更指出其实非始自民国元年，而早在辛亥革命时，他父亲梁济（字巨川）就已明示对他支持革命的不同态度了。辛亥革命成功后，党争激烈，丑剧频仍，巨川深为不满，但漱溟仍向往西方政制，以为此为势所难免，并因此与巨川激烈争论。由此可知，漱溟并非一流俗所谓保守派或守旧派，相反的，他是在真正了解当时西方文化与中国情势的扞格不入，以及亲尝佛家遁世经验后，才重新肯认儒家文化的价值，并且尝试以传统的方式来实践改革的理想（如乡村建设运动）。由此观之，漱溟乃是以文化传承为主要归趋的传统主义者，我们或可称其为文化守成主义者，却不应将其简单的视为守旧派与食古不化者。

漱溟常谓他“不谈学问而卒不免于谈学问”。他一生以实践自任，与一般的学问家与事业家均不相同。从他一生的际遇与出处看来，后人实在很难以一个固定的身份、称号来界定他。事实上，漱溟正是一个不愿将自己拘限在一特定格局中的行动者。我们从他一生的经历中，可以获得证实。

漱溟是元朝宗世之后，虽有蒙古族血统，但家族经历数百年与汉族通婚，早已不似蒙人。漱溟虽出生于北京，但先祖却是广西桂林人，而他自认兼具南北两地气质。他生于1893年，翌年中日甲午之战爆发。五岁时，光绪变法维新，有着维新思想的梁父巨川先生，送他进兼修英文的“中西小学堂”，以后他就一直在洋学堂中念书，习西式的小学课本而不懂四书五经。

1911年，漱溟年十八岁，读日人幸德秋水著（张继译）《社会主义神髓》，有感而作《社会主义粹言》（后无留存稿），激烈反对私有财产制。1912年，他参加革命，加入同盟会京津支部，并任革命报刊《民国报》编辑及记者。1916年，袁世凯帝制失败，漱溟出任南北统一内阁司法部秘书，同年，撰发挥佛家出世思想的《究元决疑论》，为北大校长蔡元培所赏识，应邀至北大教授“印度哲学”。第二年，漱溟以二十五岁英年，学历仅中学毕业的身份，正式出任北大讲师，同时并因目睹南北军阀战祸，撰写《吾曹不出如苍生何》，呼吁制止军阀内战。

1919年，五四运动发生，漱溟开始与另一位新儒家代表人物熊十力交往，同年出版《印度哲学概论》。次年又开始《东西文化及其哲学》讲演，后结集成册，重新肯定儒家的价值及孔子的生命与智慧，他通过宋明儒学的进路以彰显儒学，为日后的新儒学阐扬宋明儒学的道德理想，开拓了先机。漱溟反对当时五四所主张的全盘西化与反传统思想，更反对以摧毁民族传统文化以换取国族生存的五四路径。他从比较文化的角度出发，认为西方文化的特色在意欲向前，以直接改造局面为旨。印度文化以意欲反身向后要求为其根本精神，而由于欲望出于众生的述妄，因而要否定欲望，否定众生生活，亦即否定人生。至于中国文化则肯定人类不同于其他动物，严天理、人欲之辨，亦即肯定人生而节制欲望，亦即以持中的精神调和意欲。这三大文化的基本异同，因梁氏的分析而彰显，虽然这种分法粗枝大叶，久已为当代学术所不喜，而且也常为后人所批评。但在五四当时，提出上述的观点以显扬中国文化的独特价值，对于当时以反传统与全盘西化为职志的五四青年而言，却有积极的警策意义。可惜的是，在五四当时的氛围之下，西方派青年对传统文化弃之而不觉惜，因而漱溟当时的睿见并未引起积极的反响。一直到六十年代后，当新儒家在港台与海外受瞩目之际，梁氏的文化观才再受时人的重视。

漱溟认为，儒家为早熟的文化结晶，虽顿挫于现代，但却即将复兴于未来世界。他的基本论点与学思进路，颇似于后期的新儒家。但他与后者最大的不同，却在后者多驻足于学界之内，影响力仅及于知识圈中，而漱溟却不断在外在事功方面力图建树，他的乡村建设运动，以及他的乡建派政治行动，正是在这方面的努力尝试。而此二者与他的文化理论建构，鼎立而之构成了他一生努力的主要内涵。时人谈论梁氏，多仅及其一而未及其他二者，而无论其中对梁氏评价如何，这种偏向总是有所缺憾。因而在本文以下的讨论中，我将就他在社会运动与政治行动上的努力，多做析论。

1918年1月，漱溟的父亲巨川自沉于北京城北积水潭，他在留给家人的遗书中，自言乃为“殉清而死”，但他进一步解释，他的身殉，并非以清朝为本位，而系以幼年所学为本位，而“幼年所闻以对于世道有责任为主义，此主义深印于吾脑中，即以此主义为本位，故不容不殉”。当时社会学家陶孟和认为，巨川的自杀系因自己思想不清与对现代政治无知所致，但是另一些受西化派影响的知识分子，包括陈独秀和徐志摩等，却能从同情了解的立场看待此一事件。志摩认为，巨川的自杀乃是由于精神层次上的某种感召或呼唤（或称之天理，或称之义，或道德范畴等），而激发的自觉行动。独秀则认为巨川总算是“为救济社会而牺牲了自己的生命。在旧历史上真是有数人物……言行一致的……身殉了他的主义”。

当时漱溟对此事虽极为悲恸，并崇敬他父亲卓然独立的道德精神，但他也认为巨川的自杀乃因精神耗弱与缺乏新知所致。（关于巨川的自沉，请参见林毓生先生的精辟分析——《论梁巨川先生的自杀》一文。）此一自沉事件，对漱溟的影响自然是深重的，许多人认为它对于1920年漱溟皈依儒家，亦有深远影响。（至于影响到底有多大，则有不同看法。见本文末附注。）但其中最显著的一点，则是漱溟日后一生言行一致的实践态度。只是，和巨川不同的，漱溟是“身”献而非“身”殉了他的主义。但他和巨川所秉持的儒家思想却是相似的，亦即以道德教化来保存中国的价值。而且漱溟最后也献身于巨川所曾小规模尝试的一项努力——将教育理论应用到乡村建设中去。梁氏父子对儒学教育学的坚持，在近代中国也是少见的。

1922年，漱溟开始试验他的教育理论，他组织一小群学生为读书会，希望结合师生，以实现儒家传统师生结社的亲密做法。但他终而厌倦于西化教育下只图功利的教学环境。1924年，他辞去北大教席，到山东主持曹州高中和重华书院，并筹办曲阜大学。第二年，因时局变化，漱溟回到北京，与熊十力等做私人讲学。北伐成功后，他应李济深等邀请赴广州。他认为，中山先生的宪政理想应以地方自治为基础，而地方自治又应以乡村建设入手，并进而筹办乡治讲习所。1929年，漱溟离广州，赴上海昆山、南京晓庄、河北定县等地考察各地的乡村建设工作，并筹办河南村治学院，也接办了北京《村治》月刊。但不足一年，村治学院即因蒋、阎、冯的中原大战而结束。

1931年，漱溟应军阀山东省主席韩复榘之邀，在山东邹平创办乡村建设研究院，并以邹平为乡建实验区。1933年全国乡村工作讨论会在邹平召开，漱溟强调，当今中国之乱，系由于外来文化所侵，引发了中国传统文化激变，使往昔之社会组织构造，节节崩溃。若要求治图安，则非从乡村建设以奠立其根基入手不可。这次会后，山东省又划菏泽县为实验区。第二年，再划山东济宁专区十四县为实验区，以推动漱溟的文化与教育理想。

漱溟将乡村建设视为带有宗教意味的群众运动，他希望从教育途径着手，恢复民众的道德共识与精神能力。但是他的教育改革与乡村建设的共同对象并非群众本身，而系青年知识分子。他们扮演着儒者与专家的双重角色，一方面担任学校教师，另一方面又兼为地方干部。这些干部和当地的德行之士结合，办理学校，改良风俗，组织合作社与地方自卫队，并推广识字运动。因此，梁氏的乡村建设乃是结合着教育、经济和政治等多重功能的，一方面他以复兴儒家礼俗为目的，另一方面也肩负着现代化的社区组织功能。

漱溟的乡村建设，虽以改革乡村社会结构为目的，但实以振兴传统文化为主旨。与当时的另一些乡村改造运动，如晏阳初的平民教育运动相较，乡建运动显然担负着较多的传统使命，也特别强调复兴儒家的文化理想。相反的，阳初的平教运动虽然同样以教育及识字途径入手，却是以平民大众为对象，并藉教育手段启蒙大众、引进现代化的农业技术与经理知识为主旨。换言之，漱溟乃是以“作之师”的态度推动乡建运动，而阳初却以“向平民求教”的态度试图真实的了解农村困境的症结。两人改造乡村的企图相似，但却手段各异。相较起来，受西方与现代化影响较深的晏阳初，显然更能掌握农村问题的脉络，而且对农民生计及农村秩序的改善，提供了更直接的助益。而漱溟虽以行动人自任，但由于他对自己信仰体系的坚持，使得他在农村困境的纾解上，反不如另一些更受西方影响的知识分来得真切。

但是漱溟的用心无疑是令人感佩的。虽然漱溟的乡建运动终因抗战爆发，北方离乱而未竟其功。此一无奈，或可视为漱溟一代真知灼见的知识分子的共同悲哀吧。多年前，我在纽约拜访年迈的晏阳初先生，提起半世纪前的平教会的努力，晏先生犹握紧着拳，坚持着他当年“除文盲，作新民”的理想。同时他对当年与他同道而平行的漱溟，也表达了深挚的敬意。于今，漱溟已告别了他的中土大地，阳初则仍在海外为他的全球平教运动作持续不绝的努力。两人生于同代，理想相近而命运各殊，除了际遇各异、背景相歧的因素外，两人对政治问题的看法，恐为其中最主要的成因吧！

基本上，晏阳初是一个非政治人物，他坚持将平教运动限制在社会运动的范畴里。但梁漱溟则因他亟于改造外在环境，知其不可而为之态度，却一直涉身于政治之中。虽然漱溟一直是以挽救国族危难，复兴传统文化为其从政的原则，而与一般政治人物大相径庭，但也正因他终非政客，故而在政治问题的因解上终未蒙其动。关于漱溟及其乡建派的政治努力，一向最为世人争议，且因为国共两党所批评。许多人至今还以为漱溟调和两党的作为，不过是在夹缝中讨政治利益罢了。的确，如果我们不了解漱溟深邃的文化观，以及乡建运动的人文与文化背景，而仅仅从党派利害的立场看待漱溟的政治行动，很可能会将其视为一个行径特异、自视过高的政客。……但如果我们了解到漱溟一生尝试文化建设与社会改造而终不可行，乃转而图谋政治改革以调停敌异双方的立场后，总应抱着一丝同情了解的立场来评断梁氏的努力。从这样的立场出发，简单地从党同伐异的角度来称许或批评漱溟，却是失之轻忽的。

对于有关批评漱溟的说法，首先是关于漱溟和军阀韩复榘的关系。关于韩复榘的不抗日，漱溟在《七七事变前后的韩复榘》一文中多所记载，对韩指责颇多，此不必论。至于他结合韩氏以试验乡建运动的作法，则无可多责。事实上，在当时中国的环境里，许多杰出的知识分子（包括丁文江等），都无可避免地寄愿望于军阀政客，但与其指责他们为依附军阀，毋宁说他们想运用一切可能的契机，为百姓多谋福利罢了，这种努力，自是无可深责的。

至于漱溟与黄炎培、左舜生、张君劢等人筹组“中国民主政团同盟”一事，同样的是感于政治情势恶劣，政治斗争两极化，亟思调停缓冲而作努力。我们如果坚持从党派的立场批评这样的努力，甚至将一切居中人物简单的化约为“同路人”“骑墙派”，那就无异于否定民主常规，否定一切调和折衷的价值了。当然，民盟及其他民主党派的终归失败，无异于揭示中国当时民主运作条件的不成熟，而温和的民主运动推动者在当时政局下的无奈与艰辛，更令今日民主运动的后来者深思不已。四十余年后的今天，我们欣见民主的种子终于因政治环境的变迁，社会经济条件的成熟而展露新生的契机，也益发为漱溟一代当时未竟的努力而慨叹。毕竟，民主不是光凭一群知识分子的努力就可达成的。在一个政治环境日趋两极化的时代里，有心而真诚的知识分子的艰辛努力，很可能是终归罔然的。漱溟一生在政治社会范畴上亟思有所作为而终不可为的无奈，于此盖可见之。

综而言之，漱溟一生在学术文化、社会运动与政治改造上的努力，都可以称之为“知其不可而为之”。我们或可从客观的冷静角度，称之为唐吉诃德式的悲剧；或可从同情了解的立场，称许其为笃行实践的大儒表率。但我们必须切记：漱溟一生的努力，乃是针对时代的脉络与民族的苦难而出发，他的知识道德、人格与风范，都应透过这样的了解来分析或批判。诚如艾恺所言，一个脱离制度与传统的儒家，或仅抽离出其精神层面、坐而论道的儒家，都不是完整意义的儒家。然而漱溟在他一生结合知识建构、德行修养与外缘事功的努力上，却为儒家内圣外王的理想，提供了一个活生生的实例。他的成败与否，见仁见智，无需多论，但这项努力本身，就是令人叹佩的。

最后，我愿就漱溟寓文化理想于政治改造的想法，做一些现实上的引申。近年来台湾地区的政治转型，的确印证了社会经济发展有助于民主成长的理论。但是所有的民主运动者与民主志士都必须了解：民主虽是一项必需的政治条件，但却不应是唯一的诉求，因为民主并不能解决我们面临的所有问题。而其中主要的原因是：民主、自由与平等原是三件相关而殊异的价值。一个民主的社会并不一定是一个人人自由的社会，更不一定是（而且往往不是）一个平等的社会。当然在民主、自由与平等这三项价值中，我们必须先强调民主，以维系政治决策上的公正性与安定性。但是如果我们以为只要民主条件具备了，自由与平等之间的紧张性也随之因解的话，那就大谬不然了。

事实上，即使是在后工业化的欧美各国，民主体制虽早已确保，但是在精神生活上享受自由，以及在经济生活上获得平等制度保障的人们，却并不一定占大多数。举例言之，获得福利国家平等制相当保障的瑞典，是西方国家中自杀率最高者之一。这说明了精神自由并不一定伴随政治民主与经济平等而来，而精神与文化价值的独立意义，也就在此显得切要了。

依照漱溟的想法，在推动民主政制（亦即西方民主宪政体制）的同时，必须同时宣扬传统儒家文化，使百姓获得起码的经济平等制度的保障，并提升精神生活，从而获得真正的自由。这样兼具平等、自由与民主的想法，终究如何实践，因为漱溟未竟其功而未可得知。但他的尝试与努力却是饶富启迪意义的。尤其，在中国台湾社会日趋物欲化的今天，一个以资产阶级利害为主导的民间社会（civil society）的出现，虽然伴随着民主化与政权转型的契机，但却未必能使平等与自由之间的紧张性随之因解。相反的，我们很可能要走上西方资本主义社会发展史的老路，由于贫富差距的日益扩大，利益团体的争权夺利，以及资本主义化而引致的浮华虚矫，终而导致阶级对立与利益倾轧，进而面临马克思当年所预言的种种病征。因此，在转型期的此刻，重新回顾梁漱溟当年的学思路径，这不是没有时代意义的了。故而，所有自由主义者与民主运动者，不管对传统文化的看法如何，都应该了解到：梁漱溟当年所执着的文化传统、精神自由与社会平等这些问题，还有待我们这一代亲身解决。梁漱溟的时代意义，于此可以见之。

注：许多学者（如郭湛波）认为漱溟的转奉儒家，系受巨川自杀影响所致，艾恺不同意这种解释。他认为在巨川自杀以前，漱溟的思想里已蕴藏日后建构之文化理论的所有种子，而他在 1921 年三四月间，才正式决定过儒家的生活，此时已距巨川之死有两年半的时间了。

据漱溟在 1970 年代以后的自叙，他放弃出家，系因 1920 年春初的一次机会而起。当时他应少年中国学会讲宗教问题，演讲后在家补写讲词，下笔总不如意，一再删改，思路窘涩。掷笔太息，静心休息后，取阅《明儒学案》，看到“百虑交锢，血气靡宁”八字，蓦地心惊，顿时头皮冒汗，默然有省，乃决然放弃出家一念，当年暑假起即讲“东西文化及其哲学”，并于是年冬结婚，从此决意皈宗儒家。

（《历史月刊》（台北）1988 年 7 月。）

近代儒家对历史命运的挣扎*

——梁漱溟之乡村建设与文化自救运动

毅　生

梁漱溟先生出生于清光绪十九年癸巳，即是甲午中日大战前一年。从甲午到八年抗战这段日子里，中国陷于混乱与不安中，亦可说是在全面崩溃倒塌的边沿挣扎。清末以来，一面是外患内乱与天灾人祸摧残下政治、社会、经济的破产；而更深远、更严重的，却是因着政治、社会，及经济破产而对数千年传统文化激起的怀疑与反动，以及因此导致整套传统文化意识的破产。梁先生遭逢这个时代，其心血即全用在传统文化自新、民族自救与社会经济进步上。二三十年代"乡村建设"的理想与实践即是先生心血之凝聚。

乡村建设、民族自救、文化自新

先生的理想来自传统儒家之启发，先生的实践则是今世儒家对中国历史命运之挣扎。儒者的理想与实践不外乎修身、齐家、治国、平天下；这已综括了人之所以为人，由内至外的一切意义与内容，既是广大，更见深微。先生之启发来自儒家，所以他提倡之乡村建设运动之内容与意义亦是广大而深微；乡村建设是社会改造，是传统文化之重建，更是中国人生态度之复兴。先生自己曾说："乡村建设是中国民族自救运动一个最后方向，此乡村建设是一个含有极充分强烈的民族自觉的运动，不是普通人观念中那回事。"（见《梁漱溟教育论文集》）以下试从文化破产和乡村精神的破产两面来看乡村建设的理想。

---

* 此文原载于《梁漱溟先生纪念文集》，中国工人出版社 1993 年版。

传统文化的崩坏，中国人生命力之堕丧

传统文化之崩坏涉及中国人生命力之堕丧，这一历史上之曲折原很难说。但让我们先指出：传统文化之崩坏固有西方文化的强力冲击为外缘，亦有“五四”一代极端反传统的意识潮流为背景，但传统文化崩坏的内在因素，最严重者莫过于中国民族生命力的萎堕。

自三百年前满清入关，明朝覆亡，中华民族的大生命便受到很大的委曲。此文本不想讨论有清一代统治与民族生命销铄之关系，但这方面不明白，则不能了解梁先生一生之理想实践。

晚明是一个轰轰烈烈的时代。当时的思想、文学（尤其白话小说）、戏曲乃至科技各方面都有极精彩的表现及极富意义的创新和突破。社会与经济方面也因为白银从南美洲的流入而激起了极大的变化（如“一条鞭法”便是）。就学术来说，自王阳明致良知教以来，儒家的社会参与意识日益高涨，政治上争取主动的意识亦愈来愈强（故有东林与阉党之对抗），及至顾炎武有“天下兴亡，匹夫有责”的警语出现。又晚明诸大儒，若王船山、黄宗羲等都能摆开宋儒偏于心性之学所造成的过分内敛与拘碍，且更进而撑开“内圣外王”的外王之一面，对中国传统政制作了彻底反省（黄宗羲《明夷待访录》一书即代表此种反省）。可惜几位大儒反省后所开出之正大健康的理想却由于清朝统治之届临而受压抑，未能得到正常发展；及清之统治巩固后，更有歪曲、庸陋、卑鄙、畏缩、委琐、帮闲之学风起而替代了晚明儒者正大之理想。当时阎若璩与胡渭便是歪曲、庸陋、卑鄙、畏缩、委琐、帮闲的学风下的第一代人物。为此，熊十力先生曾有叙述说：

“阎若璩、胡渭之徒首被庞眷。若璩以康熙元年游燕京，投降臣龚鼎孳，为了延誉。后雍正甚庞之。胡渭游徐乾学之门颇久。康熙南巡，渭献平成颂，无耻至极。徐乾学为东胡效用，网罗诸名士，罪不下于李光地辈……。自群奸效顺，而天下皆知清廷意向所在，始相率府［俯?］就范，不敢运其耳目心思于所当用之地，而王、顾、黄诸大儒之学术思想遂乃不敢过问。久之习非成是，则且以其业为时主所奖，王公疆师［帅?］牧令之所尚，乃忘其为一技之长，竟以学术自负，而上托汉氏，标帜汉学。天下之蔽聪塞明，而同于此一途者三百年。”（见《读经示要》，14 页）

熊先生更说："清初士人无耻者，皆效法阎、胡以考据之业取容当世，自是成为风尚。王、顾、黄诸大儒之思想，本清儒所不欲知，且不敢求知者。诸大儒之精神志事，更为清儒所绝不能感受。江藩《清代汉学师承记》以阎、胡列首，可谓征实。"（同上，143 页）

有清一代学术但以琐碎之考据为学，不讲义理，而亦无所谓思想。结果经过三百年我民族精神活力之销泯，加上思想、义理的空白，则传统中国文化已丧其主导创新之机，中国士人之头脑亦于是愈趋刻板呆滞；及一旦遇着问题、困难出现，都一概慌惶失措，不能应付。牟宗三先生曾感慨地指出："若晚明诸儒之志业得正常之发展，始真可谓晚周'内圣外王'之教之复兴，而中华民族光明之境亦可逐步展开，而与西方之近代化比并，且可过之而无其弊。何至有若满清三百年之歪曲黑暗，日趋下流，将吾神皋［昊?］投至今日之境乎?"（见《政道与治道》，201 页）

清末民初以来，考验国家民族的难题步步接踵而来；实际上之具体困难及更深一层的原则性问题正一天天听待解决。可是清代以来，士人只懂《说文》《尔雅》，这教他们怎么办？于是慌惶之下，只有急着仿效西洋以图自救。自此以后离开自家之精神愈远，愈不复知我们民族本自有立国之道。

梁漱溟先生眼见清末民初以来，中国老社会为新环境所刺激压迫，走向不幸的命运。先生眼见民族自救的运动一起再起，却复一次次先后失败。每次运动都激起大家的热情，但一次次的失败却使每一个国民心中蒙上一片灰影，到处是丧气与失望；而中国民族的生命力，更随着一次次的失望而削弱了。可不是吗？初是曾国藩、李鸿章主办洋务，开办上海制造局，在局内译洋书，在北洋练海军，在马尾办船政；以为把西方一套船坚炮利，声光化电输入，国家便自然会强，民族便自然得救。不料甲午一役，北洋海军全军覆没，这时大家才知道单单船坚炮利是不够的。于是又有学术制度之改革；废科举、兴学校、修铁路、办实业，热热闹闹了一场。及至戊戌变法不成，庚子事变受创，大家始把政治制度之根本改革，看成至迫切之事，认为此时此刻非立宪共和或革命不可了。后来革命成功了，共和也成功了，可是民初的政治愈闹愈不像话。大家这才又追究至更深一层，并普遍认为古老的中国文化乃中国进步之大障碍，于是乎有所谓"新文化运动"。

民初新思潮之澎湃激起了所谓"新文化运动"，此运动实为对传统及中国一切的一种极端乖戾盲目之反动，甚至有以传统中国的一切为一漆黑之大染缸者："盖中国人本无生活可言，更有何社会真义可说？若干恶劣习俗，若干无灵性的人生规律，桎梏行为，宰割心性，以造成所谓蚩蚩之氓，生活意趣，全无领略，犹之犬羊……"（见《新潮》，1919 年 1 月创刊号，傅斯年所拟《新潮发刊趣义书》）。梁先生便正在这个西潮泛滥，众人皆洶洶拳拳，意见纷纷的时候静下来对西方文化观察，对传统文化反省。1921 年的暑假，先生曾往济南讲《东西文化及其哲学》（前此在北大亦讲过），当时先生便对满清一代之歪曲及新文化运动之本质作了一针见血的分析：

> 只有昭苏了中国人的人生态度，才能把生机剥尽死气沉沉的中国人复活过来，从里面发出动作，才是真动。中国不复活则已，中国而复活只能于此得之，这是唯一无二的路。有人以清代学术比作中国的文艺复兴，其实文艺复兴的真意义在其人生态度的复兴，清学有什么中国人生态度复兴可说？有人以五四以来的新文化运动为中国的文艺复兴，其实这新运动只是西洋化在中国的兴起，怎能算得中国的文艺复兴？若真中国的文艺复兴，应该是中国自己人生态度的复兴。（见《东西文化及其哲学》）

他这亭亭当当的话，正如暮鼓晨钟，又好比狮子吼，要敲醒一片昏迷，指出我们自有可贵处，不必频频"往西走"。

依先生的看法，自清末以来，固有的文化是"被西方节节的斩伐，如剥笋一般，已剥到最后的中心根上来"（见《漱溟卅后文录》）。我们反省一下，这么多次的自救运动，每次都以西方模式为蓝图；这西方的模式其实与中国民族之精神有大剌谬处，有大不相契处，所以才有一次又一次的失败与失望。后来梁先生所倡之乡村建设运动便是经过这种反省而回头重新肯定我民族自有立国之道，这才付诸实行的。先生说："我以 1893 年生，其时中国人不幸的命运，早已到来好几十年，而一天紧似一天了。其次年便是中日甲午之战，中国人的大倒霉，更由此开始。而我们许多先知先觉，所领导的中国民族自救运动，亦于此加紧的、猛烈的进行了（康梁派变法维新运动，孙先生的革命运动，均自此猛进），我真是应着民族不幸的命运而出世的一个人啊！出世到今天（1930）已是三十七年，所谓命运的不幸已非止门庭衰败，而到了家人奄奄待毙的地步。民族自救运动就我亲眼见的，前后亦不知换了多少方式，费了不知多少力气，牺牲不知多少性命，而屡试无效，愈弄愈糟……自曾文正李文忠以讫共产党，虽再转再变，不可同语，而抛开自家根本固有精神，向外以逐求自家前途则实为一向的大错误，无能外之者。”（见《中国民族之最后觉悟》）中华民族为外力内变所急迫乃至失其信守，而乍见西方之强在武力，则摹取之，又及见其强在学校，或强在政治制度，又摹取之，但在一切摹取之过程中却往往不知取舍，亦不问其是否适合我们的民族，即勉强国民去适应，而国民亦只有愈痛苦。这真正是好惨痛的事，先生所谓“愿有真心肝的好汉子齐为之同声一哭”的事。

长期以来民族文化对生命的歪曲，致使思想、义理俱呈空白，民族精神更是骎骎消固，自不能应付外来新颖剧烈的刺激；于是憾于外力之下而更彷徨，更困惑，则一切落于被动更失所信守，失所宗主，失所自觉，不能应付而只能仿效他人了。此乃梁先生所谓“抛开自家根本固有精神”。至于先生所谓“民族自救运动之最后觉悟”则是为扭转洋务运动以来一直往西走的错误而发。先生说：“我眼中的乡治或村治，全然非所谓什么‘当今建设事业之一’或什么‘训政时期之一种紧要工作’。我是看作中国民族自救运动四五十年来，再转再转，转变到今日，亦是我最后的一新方向。这实是与四、五十年来全然不同的新方向——以前都是往西走，这次要往东走。”（见《中国民族自救运动之最后觉悟》）

中国是农村社会，在传统上，儒家向以井田为理想，以健康的农村为立国的根本条件。所以先生的“向东走”即是乡村建设，但“向东走”不止于乡村建设，它更有梁任公“新民说”中所谓“淬砺其所本之而新之”的意思。前引先生所谓“把生机剥尽，死气沉沉的中国人复活过来”，便指此。这便是先生不把乡村建设单看作社会、经济改造运动的原因——乡村建设是民族自救，更是文化自新的唯一途径。

先生当时对清末以来的民族自救运动来龙去脉把握得很清楚，对东西文化的认识更比当时任何一家要深。就因为先生有真知见，故能发深心大愿；有深心大愿，故能发为笃实之建设。关于乡村建设“向东走”的具体内容留待下面详述。以下先由清末民初乡村精神破产一面说乡村建设的理想。

天灾人祸、内外交迫、乡村精神之破产

自进入二十世纪，农村的命运就一天比一天悲惨。整个时代的动荡震撼了中国每一个村落。除了自然灾害和战乱之外，这里值得一提的是清末民初许许多多教育家、革命家、改良家。他们一副好心肠，个个都是一心一意要去改变乡下人的习惯与风俗。可是太急迫了，有点像《庄子》的故事一样；南海之帝、北海之帝都想对浑沌好，以为人皆有眼、耳、口、鼻，唯独浑沌没有，于是南海之帝、北海之帝便替浑沌“日凿一窍”，可怜浑沌七日后便告一命呜呼了！许多的教育家、革命家、改良家都想以新潮的思想谋改变乡民的迷信与习惯，结果是给乡民带来了彷徨、苦闷与心中无主、意兴消沉。

整个时代的吊诡，乡民不能明白，却必须忍受。战乱与各种灾害算是比较明显的；时代的急剧迁移转动，以及上述那些新文化人所带来更深、更巨大的变化则较隐晦。旧世界的礼教、道德、秩序都在崩溃，像一股无声的山洪，向遍布全国的数十万村落袭去。这给乡下广大中国老百姓带来了非常深的焦虑、苦闷与不安。这个崩溃的过程，费孝通先生在其《乡土重建》一书中，描述很详尽，他并引了黄明正先生的话：“暗自饮泣之黯然的图画是每个乡下住的人所熟知的。”这是长时期天灾人祸，内外交迫溃蚀下，中国农村精神破产的一幅画面。先生说：“所谓精神的破产，即指着一切旧的风尚、规矩、观念都由摇动而摧毁，新的风尚、规矩此刻尚未建立；所以就成了精神的破产……几十年来不断的剧烈的变化，最后影响到乡村。因为上层强迫乡村变化，乡村就不得不变化了。对于这种激烈的变化，心中虽然感觉不适合，但不明其中意义，所以心中无主，同时没有判断力，又不敢去否认这种变化。大概乡间五十岁以上的人，多数的心里有说不出的窘闷、痛苦，但是心里也是无主而成了一种顽皮的样子。我们要知道任何一种社会，不能没有价值判断，所以乡下人整天在苦闷无主之中。”（见《教育论文集》）先生的体会可以说是极深刻、极细致了，其关心乡下人那副仁心也见表露无遗。

一切还是顺老根发芽好：先要稳住乡人的价值观念，渐渐助他改过一些坏习惯，导他于平正的人生。让乡下人站起来。梁先生在《乡农学校的办法及其意义》一文中说得很详尽。先生深切了解到乡村精神破产的真况，更深切体会到乡人的窘闷。先生说：“几十年来，天灾人祸连续不断，他们精神上实在支撑不了，消沉寡趣，几无乐生之心，况复进取之心？此种心理如不能加以转移开导，替他开出一条路来，则一切事业，都无法进行……。大概起初要先顺着他的心理，以稳定他的意志，将中国的旧道理巩固他们的自信力。如此则我们与农民的心理感情才可以沟通融洽。然后再输入新的知识道理来改革从前所不适用的一切，以适应现在的世界。”（见《教育论文集》）

吕氏乡约的启示：温柔敦厚的中国社会

据梁先生的了解，近代西方文明之机械性很深，其机械性甚至往往吞没了人性。就此而言，近代西方文明没有传统中国文化里所孕育出来那份对人性与人伦的尊重。更没有传统中国社会人间世的温柔敦厚。若是我们反而向西走出摹拟西方那套机械，这实在是自家文化一种退堕。先生说：“从来西洋人根本精神赤裸裸地表现，最彻底地发挥。沿着‘功利主义’、‘自由竞争’的理想，而出现的资本主义社会……以‘唯利是视’解释人类行为，以经济一事说明社会一切现象的‘唯物史观’，就成了人们的指针……乃不谓夙讲理义是非，最耻言利；夙爱礼让和平，最恶相争的中国民族，亦抛丧他祖宗高尚伟大精神，跟着人家跑，而不复知耻总皆一反吾民族王道仁义之风，而趋于西洋霸道功利之途（孙中山先生在日本演讲，对中西文化作此分判）。”（见《中国民族之自救运动之最后觉悟》）基于这种认识，先生的乡村建设运动除了是社会经济上的乡土重建外，更是发自对人性人伦的信念，以期再造传统文化的一种远大的理想。

先生此理想乃是从宋代吕大钧《吕氏乡约》得到启发，《吕氏乡约》则又是从《周礼》与《礼记》是到启发。儒者的理想发自中华民族对人性人伦的原初洞见，真可谓源远流长。先生说：“中国古有《吕氏乡约》，后来常说‘乡约地保’的‘乡约’，其制即本于吕氏。原古人所为乡约即一乡之人彼此相约共勉于为善……总其用意，正和我们现在要成立村学乡学的意思相仿。亦可以说我们正是师法古人。”（见《教育论文集》）北宋吕氏即吕大钧，而吕大钧的老师就是张载。我们常听见“民胞物与”“为天地立心，为生民立命，为往圣继绝学，为万世开太平”，这些话便是张载说的。张载很关心百姓，说：“凡天下疲癃、残疾、惸独、鳏寡，皆吾兄弟之颠连而无告者也。”（见《正蒙乾称篇）这便是“民吾同胞”的意思。有时他见到乡间有饿肚皮的人，他自己当天也就吃不下饭。他更非常重视农村建设，曾说“治天下不由井田，终无由得平”。他的学生吕大钧继承他的思想。先为乡约，在当时的关中实行；据史书所载，当时关中风俗为之一变。乡约的内容有四大项：一，德业相劝；二，过失相规；三，礼俗相交；四，患难相恤。所谓“德业相劝，过失相规”是努力于尽伦尽性，以成就一个以人性为至高向往的理性社会（按：依梁先生，“理性”有别于西方所偏重的“理智”，亦即中国人常爱说“讲理”之理性也。理性一义详见先生《中国文化要义》一书）。“礼俗相交”，则是一种化凶怨为祥和的意思。至于“患难相恤”一条则是古人所谓“出入相友，守望相助，疾病相扶持”的意思。

总述儒者的理想

依梁先生说，中国社会乃一村落社会，中国老百姓多是农民，故必得农村兴盛，全国社会才得兴盛；必得广大农民有活力、有生趣，中国始有新生命；因为若不从农村农民起打算，则改革过程中，农民必然被牺牲。所以先生认为“先要国家富强，农村自随而富强”是颠倒之见。这是先生所谓“中国乃农村社会，建设当是乡村建设”的本意（详见《漱溟卅后文录》、《中国民族自救运动之最后觉悟》、《中国之地方自治问题》。如此注重农村，对今日惯于都市现代文明的知识分子说，必然以为是迂腐的保守主义或儒家乌托邦的空想。其实并不如此，因为儒者并［不］反对现代化。梁先生曾明说：“有人误会我反对物质文明，反对工业；我安有此意。我对物质生产增加和生产技术改进，原是看得很重要的。我所以看重它的意思，则在于非这样不能给我们挪出更大的闲空，非这样不能使文化更日进于高明。大概经济愈发达社会愈进步，对一切问题越可以采用细致的办法。亦即是理性的解决法。细致的办法，是从富力增进来的。唯有富力增进，可以用教育代替杀人打人等办法。到那时，人命才值钱！经济的进步，我们看得很重；唯有经济进步，才让我们的生活更合理。”（见《朝话》）但经济的进步，生活水准的提高，不应该是片面的，不应该在现代化、工业化的过程中把大多数的人民牺牲。到今天，人口大多数还是农民，这是先生说中国的建设当以乡村建设为主的原因。

（《中报月刊》（香港），第三期，1980年4月。）

梁漱溟先生的乡村建设运动*

——答哈佛研究生 Guy S. Alitto 君之问

胡应汉

Guy S. Alitto 问：听说您在山东邹平的时间较久，与梁先生接近机会较多，我想请教几个问题，方便吗？

一、请您说说梁先生在山东邹平主持朝会的情形、气氛，参加朝会的是些什么人？《朝话》这书，在印行之前经梁先生修订过没有？

答：梁先生自述"朝会的来历及其意义"（见《朝话》），有云："民国十四年春，自山东曹州回到北平；师生约十人，（民国十三年夏，梁先生辞去北京大学教席；秋间，为创办曲阜大学，先接办山东省立第六中学高级中学。十四年春，交陈亚三氏接办中学。所谓由曹州回北平，即指此时。而所云十人，有王平叔、黄艮庸、张俶知三位在内。）在什刹海租房同住。朝会自那时就很认真去作。大家互励共进，极为认真。如在冬季，天将明未明时，大家起床在月台上团坐。疏星残月，犹悬天际；山河大地，一片静寂；唯间闻喔喔鸡鸣，此时最易令人兴起。特别感觉心地清明；觉得世人都在睡梦之中，我独清醒，若益感到自身责任之重大。我们初时皆不说话，一点声息都无。静默真是何等有意思啊！如此静默有时较长，不一定讲话；即说话亦说得很少。无论说话与否，都觉得有意义。我们就是在这时反省；只要能兴起、反省，就是我生命中最可宝贵的一刹那。……朝会必须要早，要郑重，才有朝气；意念沉著，能进入人心者深，能引人反省之念者亦强。"梁先生又在《朝话》增订版叙言里说："我若干年来办学，大都率领学生作朝会。尤其自民国二十年夏至二十三

---

* 此文原载于《梁漱溟先生纪念文集》，中国工人出版社 1993 年版。

年夏一段，我任山东乡村建设研究院研究部主任时，行之最勤，天天黎明起来，就作朝会，极少间断。后两年，便不暇天天亲自出席了。在朝会上的精神如何，与这一整天大家的精神都有关系，即朝会作得好，则这一天大家的生活都要自然温润些，奋勉些。当时讲话内容很不拘定，有时一次中零碎讲了几点，没有题目；有时一个题目讲不完，次日续讲。多半是有感而发；或从自己身上发出的感想，或从学生身上来的，或者有感于时事。切近当下事情的一种指点，每每较之泛论有益于人。而集体生活，较之零散的个人生活要有趣味，易得精进向上；这都是体念得来的。”

梁先生又说过：民国十七年接办广东省立第一中学，便实行朝会的办法。民国十八年在河南村治学院，民国二十年夏在山东乡村建设研究院，都规定举行朝会。梁先生在邹平，因为兼任研究部主任，研究部的朝会所以由他主持。

《朝话》这书的初版是在邹平“乡村书店”印行的。梁先生在《朝话》（增订版叙言）里说：“几年的朝会不下几百次，讲话不少，大致由同学们笔录过。但是有时亦嘱咐他们不要记录，——或为要他们凝神听讲，或为所讲不宜记存。这些笔录，我却从未留意。民国二十四年被《乡村建设》（初为旬刊，即改半月刊。）编者发现，清出一部分陆续在《乡村建设》上发表。后来乃有搜集印行之议。民国二十六年六月付印时，我正在川鄂旅途中，于其内容未能订正，致有不少错误。至于文义与原讲不无出入，口气未能吻合，自不待言。今年（民国二十八年）从华北华东战地归来，乡村书店友人以此书外间索购者多，准备再版见告。因于南充休息期间，粗略点改过，于篇次亦有增损。又将旧稿两三篇附录于后，而叙其原委于此。”这说明了《朝话》初版未经梁先生看过，再版则经“点改”过。民国二十九年，这书改由商务印书馆出版，十年前在香港还可觅到。

二、梁先生的乡村建设，有没有受到丹麦教育（民众学校）和农业合作制度的影响？

答：梁先生所撰《丹麦教育与我们的教育》一文，开始即说：“我因忖思经济问题的解决，而注意到农业与农民合作；因留心农业与农民合作的事，而注意到丹麦这个国家。并听到丹麦农业之发达，合作事业之隆盛，皆以其教育为原动力。……至于其所以对农业对合作具有如是推动力，则模糊想象着必是学校中极讲究这项学科，而灌输于农民了。然而翻检他们的课程，似乎看去又甚平常，不外是些国文、历史、音乐、体操之类，未免有些怀疑。最近看到《丹麦民众学校与农村》一书，才恍然大悟，丹麦教育原来是这么一回事。”

梁先生悟着了什么？他说：“丹麦教育家实以其一种人生观念（或曰信仰）为动力源泉。”据《丹麦民众学校与农村》一书所介绍：怎样能觉醒民众？这问题是格龙维（丹麦民众教育的创始者）很长久思索着的。他慢慢地想到要设立成人学校，用丹麦语讲丹麦祖先的故事，使丹麦人从过去光荣的回忆，得到民族的自觉。格龙维有一句话：“日常的工作是人生的韵律。”就是牧牛挑粪的工作也可以有高尚的精神；在劳苦的工作中可得到精神的快乐。比如丹麦制的乳油著名于世界市场，不仅靠实际的机械，实在靠着一个健全活泼的民族。民众高等学校给予学生们一个观念，便是简单的平常的生产的工作都是伟大的。教师在教历史的时候，常常讲“实际生活的艺术”，唤起学生对日常工作的价值的重视。学生听了教师描述日常工作的光荣以后，他们说：“我们握紧了拳，想立刻开始我们的工作。”

格龙维要使丹麦人从过去光荣的回忆，启发民族的自觉。这一点与梁先生所见正同。梁先生民国九年在北京大学讲《东西文化及其哲学》最后一段时说：“我意见是要如宋明人那样，再创讲学之风，以孔颜的人生为现在的青年解决他烦闷的人生问题，一个个开出路来去走。一个人必确定了他的人生才得往前走动，多数人也是这样。止有昭苏了中国人的人生态度，才能把生机剥尽死气沉沉的中国人复活过来。从里面发出来的动作，才是真动。中国不复活则已，中国而复活，止能于此得之。这是唯一无二的路。……至于我心目中所谓讲学，自也有好多与从前不同处；应当多致力于普及，而不必力求提高，成为少数人的高深学业。”

梁先生在《朝会的来历及其意义》中也说过：“讲‘东西文化及其哲学’时，其中有一段意思曾说到求友；在结论中曾说到我的主张和希望，——要复兴古人讲学之风，使讲学与社会运动打成一片。近十数年来我就是如此作。”

梁先生为山东乡村建设研究院学生讲“精神陶炼要旨”说：“这一科目，就是要启发大家的深心大愿。我们能有深心大愿，才没有俗见俗肠。

比如看见财利浮名都心热，无关轻重的成败毁誉都顾虑，这完全是世俗的心理。我们的乡村建设，是一项很大很远的工程，我们要有深心大愿，方可负荷此任。大家如果为俗见俗肠所扰，则没有力量担负此远大的工程。……深心大愿就是要有真问题，不要有假问题，要有大问题，不要有小问题。如果我们发见有真问题、大问题，此即深心大愿出来的时候。……精神陶炼的大意，就是要启发我们每个人的志气愿力。于此让我们联想到丹麦的教育。这是指距今已七八十年复兴丹麦的那一种有名的民众教育而言。比如农业改良，合作组织，诚然是复兴丹麦的方法。并且丹麦的复兴是很得力于这种方法。可是事实上丹麦教育在最初不是这样的。它的教育为非实用的，非职业的，非养成技术人才的训练。它又不是一种讲书本子的教育，几乎可以说它不是教人念书。它那种教育，恰在技能训练与书本教育之外。它那种教育很难形容，仿佛是一种‘人生的教育’或‘精神的教育’，很近乎我们精神陶炼的意思。……丹麦教育的创始者，是几个富于宗教精神的人，他们的人格非常有力气，非常伟大。他们自己说他们的教育是人感人的教育；这种教育的长处，就是从有活力的人来感发旁人的活力。他并未教给人许多技能，更非教给人念死书，结果让丹麦的民众活起来了。……此刻的中国人，中国社会，中国民族，是精神最颓败的时候，与丹麦同样的非先把中国人活起来，大家没有办法。如果中国人还是死气沉沉，无丝毫活力，则什么也不要讲不必讲。”

梁先生主张讲学，在使生机剥尽死气沉沉的中国人复活过来；丹麦教育的创始者在促起丹麦民族的自觉；这一点本即相同。但如说梁先生受到丹麦教育的影响而有讲学的主张，则是误解。梁先生发现侧重人生一面的丹麦教育，已在提出讲学主张之后十多年了。

三、从梁先生所撰的《河南村治学院旨趣书》、《山东乡村建设研究院设立旨趣及办法概要》两文中，发现前一篇强调村治在民主化、社会化，后一篇强调维持乡村传统秩序、礼俗、治安。梁先生指出乡村民众是智能未开的。对乡村的看法，与前一篇的说法似不大一致。梁先生是否受了王鸿一氏一派的影响或压力？您对这个问题是怎样看法？还有一点，梁先生是否受了当时思潮的影响，常举民主这一类名词，掩护他的立场？

答：先看《河南村治学院旨趣书》的内容。中段有云：“吾民族自救之道将何如？一言以蔽之曰：求其进于组织的社会而已。组织有二：一曰经济的组织，一曰政治的组织。使旧日主于自给自足的经济而进为社会化，则散漫的村落将化为一整组织的大社会，是曰社会主义的经济组织之社会。欲使社会于其政治益进于组织的，是在其政治的民治化。盖唯社会益进于组织的，而后富与权二者乃直接综操于社会，间接的分操于社会个个分子。斯可免除一切伤害，求得一切福利。顾其道何由？曰：是在村治。……农村产业合作组织既立，自治组织乃缘之以立，是则所谓村治也。乡村自治体既立，乃层累而上。循序以进，中国政治问题于焉解决。中国政治问题必与其经济问题并时解决，中国经济上之生产问题必与其分配问题并时解决；圣人复出，不易吾言矣。求中国国家之新生命必于其农村求之，必农村有新生命而后中国国家乃有新生命焉；圣人复出，不易吾言矣。"

再看《山东乡村建设研究院设立旨趣及办法概要》的内容。首即说明，中国是一个农业社会，故须乡村建设，完成乡村文明。（乡村文明的开发，必植基于经济上一条平正路子，一农民合作事业。）其次说明，乡村建设在挽回民族生命的危机。只有乡村安定，乃可以安辑流亡；只有乡村事业兴起，可以广收过剩的劳力；只有农产增加，可以增进国富；只有乡村自治当真树立，中国政治才算有基础；只有乡村一般的文化能提高，才算中国社会有进步；总之，只有乡村有办法，中国才算有办法。其次说明"所谓乡村建设要可类归为三大方面：经济一面、政治一面、教育或文化一面。天然的顺序，则经济为先。所谓乡村经济的建设，便是促兴农业；一是谋其技术的改进，一是谋其经济的改进。尤其是经济的改进，在求生产费之低省与生产值之优厚，其主要办法即为各项合作。从合作路去走，是以人为本的。虽然合作社的联合中枢机关在都市，而其重心则普遍存于各乡村。由是其政治的重心，亦将普在乡村，普在人人。教育一面，要以民众教育为先，小学教育犹在其次。民众教育随在可施，要以提高一般民众之知能为主旨。经济一面政治一面之得有些微进行，统赖于此。"上半篇结言云："题目便是辟造正常形态的人类文明，要使经济上的富，政治上的权，综操于社会，分操于人人。其纲领在如何使社会重心从都市移植于乡村。乡村建设要走合作的路，那是以人为本的经济组织，由是而政治亦自形成为民主的。那么富与权操于人人，更于是确立。"

从上所引，前篇与后篇内容没有什么不同；不过后篇比前篇内容加详些而已。

说到维持乡村秩序，礼俗；乡村建设原是对乡村破坏而言，自然要维持乡村秩序。至于礼俗，原文云："乡间礼俗的兴革，关系乡村建设问题者甚大。不好的习俗不去，固然妨碍建设；尤其是好的习俗不立，无以扶赞建设的进行。合作、自治，人与人之间关系日密，接触日多，所以行之者必有其道。此道非法律而是礼俗。"

关于王鸿一、米迪刚、米阶平、彭禹廷、梁仲华、尹仲材、王怡柯诸氏的村治派有关资料非常缺乏。只知道由两位米先生之尊翁提倡，在河北定县翟城村创办自治事业，似是在清光绪末叶开始的；素有模范村之称。平民教育促进会选河北定县作试验区，即从翟城村入手，盖以翟城村已有自治基础之故。从梁先生《主编本刊（村治月刊）之自白》一文中所述，这一派的领袖似是王鸿一氏。梁先生与王氏相识于民国十年。民国十三年，王氏联合米迪刚氏创办《中华报》，并组织一研究部，邀梁先生参加，梁先生一直未参加。王氏等所出版的《建国刍言》，所提出的《中华民国治平大纲草案》，梁先生认为："我总不敢信，就是这样便行。""内容卤莽灭裂，在所不免；然亦有难能可贵之处。"梁先生说："民国十五年，王鸿一先生住在东交民巷使馆界内，我们还时常见面谈这问题；他极力督促我作文章介绍他们的主张于社会，我曾发愤决要将我所赞成的意思表示一点，但依然作不出。"梁先生当时不免怀疑的有三点："一，鸿一先生的所谓学治主义、传贤政体，我相信得及那是中国民族将来政治上必由的途径；然而非所论于今日。二，所谓学治主义，农村立国，或于固有精神，未来文化，不无相应；然而独何以处兹环境世界？这于对付今日国际资本帝国主义的侵略压迫，是恰不适宜的。三，我不敢信鸿一先生他们几位从那主观的简单的理想，能解决中国经济的问题。"又云："我所用乡治一名词的拈出，亦在广东时。说到内容主张，则鸿一先生与我亦止是大体极相近，尚不曾归一。我在本刊所欲开陈的，自是我个人的主张。"从梁先生所述，他并不是村治派一分子。今日我们都知道梁先生是乡村建设运动的理论家兼实行家，但必须认识梁先生的所谓乡村建设实在是社会改造，中国文化的重建运动。

至于梁先生与村治派的合作，是从民国十八年开始；由王鸿一氏介绍梁先生与梁仲华、彭禹廷两氏相见于北平，梁彭即邀梁先生参加筹办河南村治学院。这时，梁先生即在村治学院教书。民国二十年创办山东乡村建设研究院，梁仲华氏任院长，梁先生任研究部主任。王怡柯氏是民国二十二年、二十四年之间任邹平县长。梁仲华氏离开邹平，由梁先生继任院长。我在民国二十三年八月到邹平时，梁先生任研究院长，黄艮庸氏任研究部主任，张俶知氏任训练部主任。王怡柯氏离开邹平后，梁先生曾短期兼任邹平县长，旋由研究院秘书徐树人继任。这时，村治派知名的人好像都离开邹平而赴山东另一县政实验区——济宁工作了，依我看，梁先生绝不会排斥人家，他与村治派一直保持着合作，也许是村治派的人有计划地离开邹平，集中济宁从事实际工作。而菏泽与济宁又同是推行邹平研究院所提供的计划的。值得提出的，在发表理论时，梁先生一向果于自信，不会受别人影响的。

说到“梁先生常举民主这一类名词，以掩护他的立场”这一点，我不知道人家对梁先生的立场怎样看法。梁先生的思想，有他四部著作足以说明：即是《东西文化及其哲学》、《中国民族自救运动之最后觉悟》、《乡村建设理论》、《中国文化要义》。如《东西文化及其哲学》第五章末段云：“德谟克拉西、科学这两种精神完全是对的；只能为无条件无批评的承认。怎样引进这两种精神实在是当今所急的。”这话还不够明白吗？

《中国文化要义》第十一章第三节有云：“由于人类心思聪明天天向自然界进攻，结果就知识日进，一切工具日利。客观一面，彼此间关系既日以繁广，日以密接，其势乃不容不由斗力进而讲理。而主观一面，人亦经陶养得更理智更理性，两面合起来，便造成这圈的放大。一步一步放大，最后便到了世界大同，天下一家。”工具日利即指经济进向社会化而言：彼此密接需要讲理，即指政治进向民主化而言。又《中国文化要义》第八章第一节，讲“社会结构因经济进步，政治进步，文化进步而尽然有不可少之三变”大段，正是说明从经济社会化，政治民主化而最后完成了社会的一体性，人与人之间自然无不均平之事了。

也许有人从梁先生《我们政治上的第一个不通的路——欧洲近代民主政治的路》那篇文章，望文生义，推想梁先生一定是反对民主政治的了。然而不然。梁先生是从中西文化之根本不同，认为中国不应当走向孕育发展资本主义帝国主义之西洋近代政治制度的旧路，抑亦无法走上这条路。梁先生同时还有一篇《我们政治上的第二个不通的路——俄国共产党发明的路》，亦是基于同一观点，认为中国没有可能走向以党治国的路。盖西洋国家一向是阶级对立，而中国则是伦理本位、职业分途。中国早蜕出宗法本位，重心既不偏在个人，有如欧美，亦不偏于团体，有如苏联；它恰是互以对方为重的关系本位。——这便是所谓伦理本位。中国在政治上经济上又早解脱于封建，在中古固乏贵族地主与农奴之对立，在近代亦无资本家与劳工之对立；它恰是所谓四民（士农工商）社会，而士虽可出仕，终必归田，不成其为统治阶级（经济上之剥削政治上之统治例必相兼）。

这便是所谓职业分途。所以在中国讲经济社会化，政治民主化，皆必与中国文化相应才行。惜乎时人浅薄者多，不足以语此！

《中国文化要义》第十二章第一节，梁先生指出中国并不是没有民主精神。梁先生说："民主是一种精神，在人类生活中并不难看见：它原从一根本点发展出来，而次第分析之可有五点：一，我承认我，亦承认旁人；二，彼此平等；三，讲理；四，多数人大过少数人；五，尊重个人自由。中国人己所不欲，勿施于人的恕道，便是第一点精神之表现。中国社会缺乏阶级，将见其第二点之精神。特别是第三点，中国人最爱讲理。通常之说中国无民主，盖指其缺乏第四第五两点。第四点是政治上的民主，第五点是法律上的民主。中国非无民主，但缺乏西洋近代国家那样的民主。"从这一段话，能指说梁先生反对民主政治吗？

四、关于乡农学校的种种，请详细讲一下，好吗？课程内容怎样？农民的反应如何？梁先生曾提到一般农民对乡村建设运动漠不关心，是真的吗？

答：乡农学校，是山东乡村建设研究院初期在邹平等县所推行"随宜解决当地问题，信用渐孚，事业（如县农场、县农民银行，县自治筹备事宜、县民众教育等）自举"的办法。其结构包含四部分：一，校董会；二，校长；三，教员；四，乡民（学生）。四部分合起来，便构成乡村组织。它大约以一百五六十户至三四百户为范围。要让乡村居民发生自觉，并有齐心合力解决问题的机会。它不是空架子，而要靠人去作。例如，有匪患的地方，便成立自卫组织，作自卫训练。这即是此时此地乡农学校的功课。再如，山地可以造林；共同造林，共同保护。又如产棉区域，从选种、种植，到成立运销合作社。还有织布、养蚕、烘茧等等；这一切都是乡农学校的功课。因此，可以随宜成立林业公会、机织合作社、棉花运销合作社、储蓄会、禁赌会、戒烟会等。——这是第一步。

当山东乡村建设研究院在民国二十二年七月取得“地方自治实验权”之后，便将乡农学校充实、开展、分化起来；分为一，乡长（原乡农学校校长，掌教化而不负行政责任）；二，乡农学校（原乡农学校，负推动设计之责）；三，乡公所（总干事以事务领袖负行政之责）；四，乡民会议（原乡农学校全体学众，负责立法）；一分为四。而重点在于负推动设计之责的乡农学校。它是完成中国社会改造，完成中国新文化建设的一个机构。它之所以可能负起推动设计的作用，乃在它的后面有一个文化运动机关；——乡村建设研究院。

在邹平推行实验计划之后，（即将原有区公所取消，代以乡学，取消乡公所代以村学。）村学、乡学亦包含四部分：一，学长（同于乡农学校校长）；二，学董（同于总干事）；三，教员（负推动设计之责）；四，学众（负责立法）。至民国二十六年一月止，邹平县三百十六村，共设有学校二百五十八所。包含实验小学、乡学、村学。学校内又分成年部、儿童部、青年部、女子部。成年部计有二百七十二处。还有所谓“共学处”，计有四百六十六处。

邹平初期所办乡农学校，是以乡村建设运动者立场去办的，而不是政府的立场。其后乃成为政府（实验县本身）所办理。显与原来旨趣相违，于是设法补救。因在《村学乡学须知》中特加说明：“本县整个行政系统悉已教育机关化，应知以教育力量代行政力量。邹平实验计划，既集中力量于推进社会，则自县政府以次，悉为社会改进机关。社会改进即是教育。”

山东省政府在民国二十四年四月，决定推广乡农学校于全省；后来已有六十多县办有乡农学校了。这当然受了邹平实验的影响。

至于农民对乡村建设运动漠不关心，盖由于农民保守，安于现状，不肯变又不愿动。所以梁先生叹息说：“我们动而农民不动！”当时很多知识分子都未尝注意乡村建设运动，也难怪知识不足，不闻外事的农民。梁先生主张讲学，旨在使中国人活起来（在乡农学校中特重成年部教育），唤起麻木不仁的人使其知痛痒而已。

五、山东乡村建设研究院分两部，一是研究部，一是训练部。这两部不同之处何在？课程内容有何不同？教师是些什么人？

答：山东乡村建设研究院，其组织分三部：（一）乡村建设研究部；（二）乡村服务人员训练部；（三）实验县区。研究生的入学资格是大专毕业或同等学力；而以对于乡村问题向来留意者为合。修业期限原为二年，第三届改为一年。基本研究是乡村建设理论；次为专科研究，如农业改良，乡村教育之类。并于南北各大学聘有特约导师，或短期讲授，或为函授。研究生结业后，或留院任职，或任训练部教师，或任职县政府，或回籍推动乡村建设运动。第三届结束之后，研究部不再招收研究生，只征求研究员十二员，侧重研究工作。其研究之目的有五：（一）乡村建设理论；（二）县政改革；（三）地方财政；（四）乡村教育；（五）农村经济及合作。

乡村服务人员训练部学生入学资格：（一）家在乡村；（二）初中程度以上；（三）年在二十至三十五岁之间。其课程约为：（一）精神陶炼要旨；（二）自卫问题、军事训练、拳术；（三）经济学、农村经济、各种合作、社会调查及统计、农业常识及技术、水利、造林；（四）政治学、现行法令、公文程式、乡村自治组织、乡村教育、户籍及土地登记、公安、卫生、筑路、风俗改良。修业期限一年。修业期间无寒暑假及年节星期一切假期，盖为结业后须适应乡村生活之故。结业后，以回乡办理乡农学校为原则。民国二十四年训练部第四届招生，其范围为山东县政建设实验区菏泽、济宁、定陶、嘉祥、汶上、鱼台，单县、城武、曹县、郓城，东平、巨野、鄄城、金乡等十四县及邻近各县，共招学生二百八十名，由菏泽分院（山东乡村建设研究院分院）训练。又招不限省籍学生八十至一百名，由邹平本院训练。但从民国二十五年度起，乡村服务人员之训练，改由山东省立第一乡村建设师范学校负责。

在邹平，规定训练部学生以四十名为一班；每班设一班主任，班主任对这班的学生之身心各方面活动，皆负有指导照管之责。凡学生精神之陶炼，学识之培益，身体之保育锻炼等，固自有各种课程作业；但必以班主任的指导照管作为训练的中心。班主任有与学生“同起居共饮食”、“时常聚处”的规定。学生每日须写日记，由班主任阅改。教务庶务卫生等事，亦在班主任指导之下，进行自治。

这办法原出自梁先生之意。梁先生在《办学意见述略》一文中，强调办学之真动机在与青年为友。这含有两层意思：一，帮青年走路；二，所谓走路不单指知识技能往前走，而实指一个人的全生活。所以对每个学生要有真了解，——了解其体质、资禀、性格、脾气，以前的习惯，家庭环境；乃至他心中的问题思想，而随其所需，随时随地加以指点帮助。

研究部主任，其初是梁先生，民国二十三年秋，由黄艮庸氏继任。黄氏道德学问，最为梁先生所倚重。训练部主任一直由张俶知氏担任。班主任有云颂天，公竹川诸氏。云氏品德纯乎其纯，深为学生所崇敬与信赖。

六、菏泽实验县是谁在负责？梁先生对菏泽分院的人事安排是否有制衡之意？梁先生对邹平与菏泽是否同样注意？

答：山东乡村建设研究院，其初止有邹平一个实验区，民国二十三年四月，才添上菏泽县。济宁等县则到民国二十四年，才辟为县政建设实验区。梁先生一直在邹平本院，主要任务在培养乡村运动人才；研究生是高级的，训练部学生是一般的。邹平人口十七万，面积二六二三方里，秩序安定；故能从容办理乡农学校，推行村学、乡学的新制度。研究院有农场，作农物、棉花改良等实验；有改良种猪、牛、鸡、养蚕、养蜂，并试养乳牛。有一位兽医，负责家畜防疫；并培养细菌，作病禽病畜之解剖，制造标本。由研究院导师指导合作，推广生产、消费、运销、利用、信用等合作事业。县设简易师范、实验小学，卫生院，金融流通处。有专人负责户籍，土地调查统计，社会调查统计。

菏泽设乡村建设研究院分院，由孙廉泉（则让）氏任院长；孙氏初兼菏泽县长，其后止兼行政督察专员，由陈亚三氏接任菏泽县长。菏泽一向多匪，首先讲求乡村自卫。我与孙氏不熟，他可能是一位乡村自卫专家。

梁仲华氏是济宁那一区的行政督察专员，王怡柯氏离开邹平，便在济宁专员公署任主任秘书。而菏泽与济宁，由邹平分去的专家，如农业技术、合作事业人员就有好几位。

梁先生用人行政，以诚待人，绝不使用权术。如教育方面，一直信任陶行知氏晓庄乡村师范的一派人，有如杨效春、潘一尘、张宗麟，皆是晓庄一派的。又如茹春浦、唐现之，也与梁先生没有渊源。农业改良，与南京金陵大学农学院有联系。合作事业，与华洋义赈会有联系。而研究院本身亦培养了不少专家。户籍、地籍调查，土地陈报，也培养了专门人才。这些人原都不是梁先生的学生，后来才有执弟子礼的。陈亚三、黄艮庸、张俶知、云颂天诸氏虽是梁先生的学生，但梁先生门下的学风，第一是谦逊，其次是和谐。我还没有发现过梁先生的学生彼此之间闹过意见。师生间同门间皆能以诚相见，似乎可以说得上始终互相信赖。对邹平事业或是人事不满意呢，可以离开，梁先生不勉强任何人的。因为服务乡村，一般人的看法，实在是牺牲；无名无利，薪薄事繁。要不是发现了所谓大问题，真问题，谁耐烦待在穷乡僻壤！

七、邹平县金融流通处成立后成绩如何？基金是怎样筹措的？放款的利率多少？

答：梁先生认为促使农业进步积极的办法有三点：一，流通金融；二，引入科学技术；三，促进合作组织。流通金融的作用，在改进农业技术，增进农业生产的力量。比如农民参加了合作组织，自然需要生产的资金，这就靠金融流通处贷款。邹平金融流通处，是民国二十二年八月成立的。到民国二十三年十月，由邹平县政府第一次拨付三万一千余元作为一部分基金。民国二十四年、二十五年每年再拨付三万余元，基金共为十万元。邹平县每年征收及保管之款，计有省地方丁漕税十四万一千四百余元，地方附捐七万九千五百余元，酒税二千元，牙税二千六百余元，契税一万余元，教育基金三万元，建设基金一万元，赈款、贷济款、县金库存款三项共约五千余元，总共约三十万元以上。这些钱一部分可供县金融流通处调动。如贷给农民，作为凿井，购牛及家畜、肥料等用，月息八厘，二年内归还。尤以经理各乡信用合作社放款为主。贷给商民，月息不过一分。自从县金融流通处成立之后，有几点收获：（一）免除原日县征收处之侵蚀与挪用；（二）负责保管教育及建设基金；既免侵蚀，又可生息。（三）加强乡村货币之流通率；（四）遏止高利贷之剥削；（五）沟通政府与民间之感情。须知当时资金集中都市（如上海），乡村货币流通率极低。而农村一般性借贷，月息最少三分，有高至六分以上的：甚至荒时借粮，收获时归还须加一倍。至于原日征收处之侵蚀基金，几乎是一般性的。金融流通处则兼有农民银行、商业银行之长，而又是合理的县金库，确不失为一个好制度。

八、民国二十四年的春天，梁先生曾往日本，此行目的何在？在日本做过什么？回来发表过什么谈话？当日军侵占山东时，梁先生离开邹平没有？

答：梁先生是民国二十五年四月十九日离开邹平，前往日本考察，五月十九日回到研究院。在日本本土约二十天。主要目的是考察日本的乡村工作——所谓经济更生与全村教育。回院的第二天，曾讲“东游观感”。

梁先生认为日本乡村算是好地方之处，比之中国一般地方还差。但是日本的乡村，几乎具备了都市所有的东西。日本人都受过六年义务教育，人人识字。男女老少都加入了组织，如所谓户主会、主妇会、在乡军人会、青年团、处女会等等。合作社发展到很高阶段，每村一个社，包含信用、生产、消费、利用、运销各部。日本经济发达，教育普及，组织严密，这些都由于大局安定——尤其是没有内战，才得以从容建设，取得成果。梁先生在东京十天，神户、大阪、西京，共四天，福冈三天。白天下乡，夜宿都市。梁先生提到日本乡村，发现所谓“长子学校”；长子继承，是封建国家的特征；可见日本到现代还未解脱于封建。例如日本人讲忠君爱国，是无条件的，所谓为忠义而忠义。日本渡边秀方著《中国国民性论》，即指出中国人计君恩之轻重而报之，如诸葛公总念念于三顾之情。梁先生认为渡边秀方不知道这正是封建国家与伦理社会根本不同之处。伦理社会，其间关系准乎情理而定；自然而然，有“君之视臣如何，则臣之视君如何”的理论了。

民国二十六年五月，梁先生经宁汉往成都；六月十三日，在成都讲“我们如何抗敌”。六月二十九日离川往北平，七月五日回邹平；旋往济南。而日本发动侵华，正在这时。梁先生一面要照顾山东事业，一面要联络各方，奔走未遑；直到八月十二日，经兖州到济宁一次。当时政府将成立国防参议会，请梁先生参加，十四日又往南京。十九日受政府之命会同蒋百里先生再回山东一次；十一月又回山东一次。民国二十七年二月二日，又回山东曹州一次。民国二十六年，我不在邹平。邹平在胶济路边，民国二十六年年底，当已沦陷。后来梁先生在民国二十八年二月一日由四川出发，巡历华北华东六省战地，为时八个月。未提过回到邹平。

（原载《中国学人》第3期，香港新亚研究所1971年版，第165—177页。）

三　从河南到山东

河南村治学院始末[*]

冯文纲

河南村治学院，是彭禹廷等于1930年1月创办的一所研究乡村自治、培养乡村自治人才的专门学校。这所学校，从筹备到开学直至被迫停办，前后只有一年，但在河南乃至全国的教育史上，却占有一定的位置。

河南的“乡村自救”、“乡村自卫”思想萌芽于20年代中期。当时河南民众深受兵匪之祸，河南村治学院创办的最初动机就是出于“乡村自救”。彭禹廷总结了镇平县剿匪自卫的经验，认识到：“剿匪乃暂时的事，不是永久的事”，现在民众的痛苦并“非剿匪一时所能解决，必有治本办法，健全人才，方能奏效”（《彭禹廷讲演集》）。为了研究与寻求乡村“救穷”和“兴利”的办法，以求治本，彭禹廷于1929年7月由镇平专程赴汴，与当时任河南省政府主席的韩复榘面商，获得他的允准，后来省府委员会作出正式决议，成立河南村治学院，彭禹廷为院长，梁仲华为副院长，王怡柯为总务长，郭海封为教育长。聘梁漱溟为主任教授，冯梯霞为农场场长。校址选在辉县百泉。学院里边，研究理论的有梁漱溟，研究合作的有孙廉泉，研究农业的有冯梯霞，他们都是当时乡村自治思想的积极倡导者。然而该院创办伊始，因系彭禹廷直接向省府接洽的，“不隶属于教育厅，而教育厅反对；因为校址在百泉，须要第六区农场作实习，而建设厅反对”（《彭禹廷讲演集》），所以学院的一切事情都相当困难。

河南村治学院分设农村组织训练和农村师范两部，并附设村长训练部、农林警察训练部和农业实习部，学员共二百四十名。1930年1月开学

---

* 此文原载于《河南文史资料》第二十辑，政协河南省委员会文史资料研究委员会编，1986年11月出版。作者冯文纲，河南荥阳县人，时在河南省社会科学院近现代史研究所工作。

伊始，直、鲁、豫、晋等省来此求学者络绎不绝。全国村治派的名流齐集百泉，精心研讨，遂使村治空气一时大盛。冯玉祥、阎锡山也注意到了河南村治学院。5 月份，在王鸿一的陪同下，冯玉祥亲到学院参观，发表讲演，对村治学院表示赞许。

冯玉祥早在 1928 年就曾电示河南代省长邓哲熙，约请梁式堂前来商办河南村治学院，院址亦准备设在百泉。中原大战蒋胜冯败后，河南村治学院因韩复榘离豫，失去了政治上的支持而被迫停办。后来，彭禹廷在一篇讲演中说："当兄弟办河南村治学院的时候，本打算办上三二年，仔细研究，确有心得之后，再到乡间为大家谋幸福。不料村治学院才开学半年，内乱就起来了，河南又偏偏是作战区域，交通梗阻，添招新生困难，兼之韩主席去后，帮学院忙的人很少，实在是不容易往前进行！……辉县县长李晋三收抚几百土匪，首先与学院为难，把学院抢掠一空。省城贪污之辈，根本上不赞成村治，又竭力从中破坏。兄弟是一个硬性人，那能够会生这些气！当 9 月初间，兄弟就把学院的事，付托于副院长梁仲华、教务长郭海封诸先生，又只身回到镇平了。"彭禹廷离院不久，蒋介石的部队进驻开封，河南省代主席张钫下令将该院取消。紧接着，刘峙到省，省政府正式成立。前河南省主席韩复榘有电请予维持，因复将该案提出，交民政厅核办。民政厅长张钫拟改设地方行政人员训练所，经省府会议通过。该院得此消息后，以各部学生结业期近，即结束院务，办理交代。该院停办后，农场地亩拨归建设厅，藏书（约值万元）归汲县城内之河南省立第五师范，院址归省立百泉乡村师范。

河南村治学院的开办，为村治派培植了社会势力，传播了种子。韩复榘到山东后，电邀梁漱溟、梁仲华等赴鲁重举其事，乃于次年 6 月成立山东乡村建设研究院。河南村治学院学生二百余人，教职员四十余人，在院务结束后，成立了一个同学会，为学生各回乡里后继续研究及工作之联络指导机关。该会会址设在汲县。各县有同学五人以上者，设通讯处。据记载，在汲县，则有申仁、王营宙、王培政、王培元等人，在王怡柯的领导下，于汲县香泉寺举办了乡村小学，继续努力于乡村工作。彭禹廷回镇平后，办理镇平自卫，豫南同学多归之。1930 年冬，河南村治学院的魏雁明回到遂平，并约合本县同人，根据教学做及政教卫合一之原则，于次年春开始筹办遂平嵖岈山县立职业学校，利用"嵖岈山麓古庙皇经堂地址，计庙房百有五十余间，田地两顷四十余亩，山场四座”，“招收农科职业及乡村师范各一班，初级小学两班”，希望“以学校为中心，实施乡村建设”（《乡村建设实验》第三集《遂平嵖岈山县立职业学校乡村工作报告》），借以达到改进农民生活，巩固地方自卫，增加农业生产的目的。

1985 年 12 月

回忆河南村治学院学习生活及商谈筹办山东乡建院经过*

孟宪光

我是河南荥阳广武人，世代务农，河南村治学院毕业生。

河南地处中原，自古以来是兵家必争之地。进入民国，军阀混战，兵连祸结，给河南造成了严重的破坏和灾难。1929 年时的河南为西北军（时称国民革命第二集团军）冯玉祥的势力范围。山东王鸿一先生是冯的好友，为冯所敬重。王建议冯玉祥在河南办一所以改造乡村为宗旨的干部培养学校，从乡村入手，以谋中国社会的改造。在冯的赞助下，河南村治学院成立了。院长为彭禹廷，副院长为梁仲华，梁漱溟和王柄程为教务长。院址在辉县苏门山麓之百泉。

1929 年冬该院在当时河南省府开封正式招生。这时我十九岁，高中文化，正苦于农村为兵匪骚乱，无以安身，便报考了这所学校。考场设在城内一中学。我当时住在城外宋门关的一个教会学校里。考试之日，正逢大风雪。我黎明即起，因无钱购买食品，空腹顶风冒雪赶赴考场，不期到达时考场门紧闭，盖已逾时矣。不得已，我只好冒昧敲门。开门的乃一身着长袍，面目消瘦，身材中等的中年人。他问我："作什么的?"我答："我是考生。"并出示准考证。他又问我为何迟到。我说："我住城外，远在宋门关，是冒风雪赶来的。"这样，他才让我进了考场，并指给讲台左侧临窗的一个座位，发给我考卷。头堂考国文，是一篇作文，试题是"我为何报考这学校"。一见这题目我放心了。于是我就以自己仅有的从初中时

---

* 此文原载于山东省政协文史资料研究委员会编《梁漱溟先生纪念文集》，中国工人出版社 1993 年版。

“青年协社”（中共外围组织）学来的“公有制”思想，在文章里大发议论，高谈建设新县政，发展“县公有财政”的论调。随后是数学、党义的考试，过关不觉费力。一天考完，自以为录取无问题，只是对作文有些担心，因为倘遇反对“公有制”的阅卷人，则我此次投考将失败。等到放榜，共录取新生四百余人，我不仅在被录取之列，且名列前茅。还有令我欣慰的是凡被录取者，自放榜之日起，每人每日可得三角的伙食补助，第一次就领了银圆一块，解决一日三餐的吃饭问题。

录取学生是集体赴学校报到。学校由省府向车站调拨货运敞车数节，运送学生。午后上车，入夜自开封启程。严冬天寒，夜间行车甚冷，我是以自己所带棉被披身过夜的。天明车抵新乡，下车后站外有学校事先准备的早餐。新乡去学校所在地百泉尚有四十里，学校雇有马车数辆，运送学生行李，学生随车步行到学校。初到百泉，目睹山清水秀，心旷神怡。待大家床位住定，集体往食堂就餐。师生伙食相同，一律馒头、咸菜、小米粥。饭后发制服，每人一套黑色棉军服，下装为马腿裤。这就是入学第一天的生活。

百泉北依苏门山，位于卫河源头。名胜古迹颇多，如邵康节祠，孙夏峰祠，程明道先生居住过的安乐窝，孙登啸台，饿夫墓等。山前大湖方园不下数百亩，形势犹如北京颐和园，仅格局略小耳。湖底有千百泉水涌出，状似串串珍珠，颇罕见——名为“百泉”盖以此。每届秋冬季节，湖面水雾蒸腾，自晨及午，弥漫全湖，则又为颐和园所不见。

记得开学典礼在大成殿举行。全体学生整队入场，师生齐集于一堂。黑布棉军服为师生统一制服，此时唯有一人例外，此人即在开封考场破例为我开门的中年人，他仍身着长棉袍，坐在前排。后经院长向全体学生介绍，这时我才知道他即是梁漱溟先生。在校长请他讲话时，他还就自己一人独穿便衣长袍表示歉意。这学院与当时其他学校稍有不同：一是实行军事管理，军训课天天有，作息全以军号为令，夜间学生还持枪放哨守卫。二是星期日照常上课，更无寒暑假。三是实行班主任制。四是学生天天要写日记，当晚要送班主任批阅。五是实行学生自治，自觉遵守纪律与院规。班有班长，负责学生与班主任之间的沟通联系。梁先生以教务长兼我班班主任，讲授“精神陶炼”课。因我长期任班长，故与漱师接触较多。1930 年将阎冯中原大战前，冯玉祥路经辉县时，曾到百泉住数日，并向师生讲话。学院创建由他赞助，今又来学院讲话，足见其对学院关心。

当时河南省主席为冯之部下韩复榘。其实事事都由冯作主。村治学院院长彭禹廷也是冯的部属，曾在西北军长期服务，历任西北边防督办公署秘书长等高级职务，因此彭亦为韩所敬重，韩对河南村治学院亦较为关心。1930 年爆发了蒋阎冯中原大战，政局骤变。河南地方军阀张伯英（即张仿）曾短时期以建设厅长兼代省主席，其第一道命令即为停办河南村治学院。学院被勒令停办后，学生草草结业，院长彭禹廷回原籍镇平开展了闻名的宛西地方自治活动。副院长梁仲华则以代院长的身份处理学院结束事宜。学院学生对勒令停办，十分气愤。我以长期任班长，发起组织河南村治学院同学会，会址设在汲县，由同学常泰和等人负责，并在汲县东北部山区名为香泉寺的一旧庙办起了香泉寺小学。随后王柄程先生曾据以写成《乡村教师救国论》一文，蜚声全国。

中原大战方战束，1930 年 9 月蒋介石即任命韩复榘为山东省政府主席。如上所述，河南村治学院是在韩任期内创办，并为其所关心，于是经同学会商定，推王光普同学和我，代表学院全体毕业生赴济南见韩以申谢意。适代院长梁仲华亦须就学院的停办事宜向韩作一交代。于是王光普与我即随梁仲华先生先赴北平。在北平停留期间，王光普与我还在东安市场购买了一个银盾，刻以感谢的词句，外加玻璃罩，作为送给韩的礼品。大约是这年 11 月，王光普与我身着学院里棉制服，随梁仲华先生由北平赴济南，翌晨到达，当日上午我们到省府，经传达人员投入梁仲华先生名片后，即有警卫引领我们去韩的办公室。办公室为平房，坐西面东。我们从靠南一间进入，转入另一间即为韩办公室。韩见我们来到，赶至门前相迎。仲华先生在前，王光普手抱银盾居中，我则尾随于后，依次与韩握手。然后仲华先生向韩介绍，说明我们二人为同学会代表，是特地来代表学生向其表示敬意与申谢的。韩表示谦谢，接过银盾，放于茶几上。我们二人向他一鞠躬，随后坐下。韩此时也坐在临近向东窗户办公桌前的便椅上。仲华先生则坐在茶几旁与韩对面。仲华先生首先向韩陈述了学院停办后结束事宜及学生结业后的情况。韩听罢当即向我们表示，河南村治学院既已结束，欢迎你们来山东再办一个村治学院，把在河南未能进行的事业继续下去。因事出突然，梁仲华先生只能答说待回北平后再作商量。

回北平后，王光普和我即暂住于旧刑部街《村治月刊》社内。这时大约是 1930 年 11 月底或 12 月初。转过年之后，我们再次随梁仲华先生、梁漱溟先生去济南。未几王柄程先生亦由河南赶来。当时均住在东鲁中学内；校长为朱经古。陈亚三先生不住校内，随来随去。常来参加商谈的还有教育厅秘书王子愚先生。他们商谈时，我们列席旁听。据商谈结果最后写成创办山东乡村建设研究院的意见若干条，送交韩复榘。

事毕之后，我与王光普经梁仲华先生介绍去河北定县，在平教会的生计教育部随部主任冯梯霞先生（即冯锐，曾在村治学院兼课）实习农业，学习合作，并任助理秘书。在定县半年之后，我于1931年8月再去山东邹平，此时山东乡村建设研究院已开学上课。院长为梁仲华，副院长兼训练部主任为孙则让（字廉泉，河南村治院时曾任班主任），研究部主任为梁漱溟，王柄程先生讲授“农村自卫”课。研究院附设有农场，从事农业技术研究与推广，场长于东汶（字鲁溪，曾任村治学院农场主任兼教师）。这时王光普与我均在训练部任助教（训练部助教此时半数以上为村治学院毕业生）。由上所述，可知山东乡村建设研究院也可视为河南村治学院之继续。

1990年10月写于北京

四　山东邹平实验区

梁漱溟先生谈山东乡村建设*

成学炎整理

邹平县政协的几位同志曾多次（1985 年 6 月 7 日—6 月 13 日、1986 年 6 月 20 日—7 月 5 日、1987 年 5 月 22 日）到北京访问全国政协常委梁漱溟先生，着重了解山东乡村建设运动的情况。现将梁漱溟先生就山东乡村建设问题的谈话整理如下：

问：梁老，我们来主要请您谈谈您在邹平搞乡村建设研究院和实验县的一些情况。

梁：我们可以随便谈。但是你要知道，当初我在邹平工作的时候才 40 多岁，现在 90 多了，很多事情不能记得那么清楚，所以，不能以我现在的脑筋为准。那么以什么为准呢？就是以《乡村建设理论》那本书为准。那本书是几十年前（1936 年）出版的。那是我讲，学生记，然后把他们记的凑在一起整理出来的。记得参加整理的人有郝心静、吕公器和侯子温。他们都不在了。

问：可否介绍一下您的经历？

梁：经历就多了，全国东西南北我都走到了，我只能说主要的：第一到广东，第二到河南，第三到山东。主要说说这三段经历。到广东的时候，我 36 岁。那时广东当局掌握军政大权的是李济深。李济深和我是同乡，又是朋友，我去广东看他，帮助他在那里办乡治讲习所。后来广东的局面变了，李济深被蒋介石扣在南京，我不能在广东了，就回到北方。回北方，正赶上河南的朋友在筹办河市村治学院。他们欢迎我帮助他们，我就参加了。这时他们已筹备得差不多了，院长、副院长的人选都有了，院

---

* 此文原载于《梁漱溟与山东乡村建设》，山东人民出版社 1991 年版。

长是彭禹廷，副院长是梁仲华，我就给他们担任了教务主任。但河南村治学院里边的一些章程，主要是参照了我的意见。河南村治学院办了一年，局面又有变化，发生了蒋阎冯中原大战。蒋介石、阎锡山、冯玉祥在河南打起来了。这样，河南村治学院就办不下去了，我们就转入山东。

山东是韩复榘做省主席，欢迎我们去。韩复榘跟我的关系可以简单说几句。大概是民国十二年，那时韩复榘是冯玉祥的部下，当时是团长。冯玉祥的官职叫陆军检阅使，他的部队驻北京南苑。冯玉祥请我到南苑给他的部队官佐讲演，我住了3天，讲了5次。为什么讲5次，因为冯玉祥部队有5个旅，这5个旅长的名字我还记得：就是张之江、鹿钟麟、宋哲元、刘郁芬、李鸣钟。我讲了5次，一次一个旅，5个旅长分别带着他的所部官佐到那个大棚里听讲。他们都是坐着听，我在台上站着讲，底下大约300多人。韩复榘就坐在里边。那时，我不认识他，可我在台上讲，他可认识我。后来的关系就是从这里来的。在河南办村治学院的时候，河南省主席正好是韩复榘，韩复榘是冯玉祥的部下，冯的大军驻河南，省主席名义是韩复榘，实际是冯玉祥作主。冯玉祥军队20万人，有的在河南，有的在山东。后来，冯要把20万大军从河南撤向潼关以西。韩复榘反对冯玉祥大军西撤。韩复榘从陕州带他那一部分人马出来了，脱离了冯玉祥。这时，蒋介石看到冯的军队发生了分化，很高兴，就拉拢韩复榘，让韩复榘先当了河南省主席，后又改任山东省主席。河南村治学院解散之后，我们的一班朋友就到了山东，改名为山东乡村建设研究院。我们到邹平的时候是民国二十年1月，离开是民国二十六年12月，整整7年。

总起来一句话，从广东到河南，从河南到山东，我的志愿，我所要做的事，始终是一个，就是致力于乡村工作，一贯没有变。不过因为环境条件不同、机会不同，名称有改变。在广东我是办乡治讲习所，在河南是办河南村治学院，在山东是办山东乡村建设研究院。

问：您为什么离开城市到农村搞乡村建设？主要目的是什么？

梁：我年轻的时候，就是说在十九岁、二十岁的时候，正值辛亥革命推翻清朝政府成立中华民国。1911年，我曾加入中国同盟会，我算参加辛亥革命的一个人。当时在清朝末年，有一左一右两派，偏左的要推翻清朝统治，就是孙中山这一派；偏右的主张君主立宪，就是梁启超这一派。当时就我自己来说，是先右又转左的。清朝退位让出政权，就不用搞手枪、炸弹，不用暴力革命，我们搞革命的就改为办报纸，成立言论机关。我们办的报就叫《民国报》。《民国报》设在天津，我担任采访工作，是新闻记者，那时叫外勤记者。当时因为我父母都在北京，所以我来往于天津、北京之间。当时，孙中山领导的中国同盟会改组为国民党，总部设在北京，需要有一个国民党的言论机关，所以就把《民国报》接收了。派去接收的人叫汤漪。汤漪接办了这个报馆，我们就退出来了。这个话不往下多说了。还是说为什么离开城市到乡村。

那时，我认为，要建立一个真正的宪政国家，不是宣布一个宪法、改个名，就能真成为宪政国家。宪政国家的基础应当是地方自治。而地方自治又应从乡村入手。乡村是基层、是基础。把地方自治，特别是地方自治的基层、基础搞好，建设起来，这个宪政国家才真正是一个宪政国家。我离开城市去广东搞乡治，河南搞村治，山东搞乡村建设就是为了这个目的。

那么从乡村入手，怎么样做？概括说8个字，叫作“团体组织，科学技术”。一面把散漫的、各顾身家的农民组织起来，一面推广科学技术，包括社会改良，把外国先进的技术介绍给农民。怎么组织？就是组织合作社。合作社在欧洲、在日本都有。合作社种类不同，有信用合作社，有购买、贩卖、消费合作社。我们在邹平搞的合作社，主要是生产合作社。农村主要的是生产，生产不能用老方法。譬如当时邹平有个孙家镇，附近农民种了棉花都送到孙家镇打包，然后运往青岛，卖给纱厂。我们主要下的功夫就是改良棉种。种的棉花是细的长绒棉。这种棉花纱厂最欢迎，出的价钱高。所以我们在邹平改良棉种，组织棉花生产运销合作社，在孙家镇收购改良后的棉花，将籽棉加工为皮棉，然后打包送给纱厂。这是举个例子。

再如，当时在邹平成立金融流通处，你有钱可以存放那里，你也可以借钱。但借钱要有条件，什么条件？就是你单独一个人借钱不行，你要组织起来，组织一个生产合作社。一个生产合作社，十几家人，是个团体性质，到金融流通处贷款，就借给你。这就是教育农民从散漫到参加组织，组织起来进行农业生产。同时进行技术改良，你种棉花，种什么品种？怎么个种法，讲科学，在生产上推广科学技术。

其他方面我们所下的功夫，就是改变弊风陋俗。当时邹平男女结婚常常是女的比男的大，大个五六岁，结婚很早，妇女缠足，吸毒品也很流行，迷信的事也很多，需要改革的弊风陋俗很多。我们在邹平的工作这是一方面。也就是说，一方面是关于生产方面的，譬如改良棉种，一方面是革除不好的风俗习惯。这就回到了刚才提到的8个字。一方面是团体组织，一方面是科学技术，有了组织更便于采取科学技术，有了科学技术更容易推广、扩大合作社的组织，末了可以有一种合作社的联合社，联合社范围扩大，什么事情都能够互助、容易改良。这个问题就说到这里。

问：为什么把山东乡村建设研究院建在邹平县？

梁：因为当时的邹平跟今天的邹平不一样。今天邹平比当初我们去的时候大了许多。我们搞乡村建设要在基层入手，如果这个县很大，我们的人力不够，照管不了。邹平当时人口不过18万，我们所以选择邹平这是一个原因。再一点，我们跟省政府常常要联系，如果离济南太远，不太方便。邹平刚好靠近胶济铁路线，离周村很近。在交通上处于便与不便之间。太方便靠铁路线，热闹繁杂；太远又不方便。刚好邹平又不太大，离周村又不远，去济南不是太不方便。觉得邹平比较合适，当时就是这么个想法。

另外，邹平除了刚才说的比较合适、比较方便之外，还有个好的方面，它没有大地主。各省不相同，不但山东同旁的省份不同，山东东边和西边也不同，鲁南鲁北也不大同。鲁东有个诸城县，诸城县的事不好办。诸城有大地主、大官僚，阶级悬殊，有世世代代做大官的，事情不好办。邹平这个地方没有大地主，当然有谁家地多一些，谁家地少一些的情况，我们做工作比较好做。

问：请您谈谈山东乡村建设研究院在邹平的筹建过程。

梁：山东乡村建设研究院是河南村治学院的继续。河南村治学院的院长是彭禹廷，副院长是梁仲华，我担任教务长。孙则让（字廉泉）是那里的教员。还有其他的一些人。彭禹廷，梁仲华、王怡柯（字柄程）3人是把兄弟。彭、王是河南乡下人，梁仲华原籍也是河南，但不是乡下人，是有钱的人家，从他的祖父起在北京。彭禹廷、王怡柯都曾在北京求学念书，跟梁仲华是好朋友。他们办了河南村治学院，彭、梁虽是正副院长，但主要是王怡柯主持。王是河南省教育款产处处长。从省政府划出来一部分财产、税收用于教育方面，所以叫教育款产处。这个处长是教育界公推的，不是政府委派的。王怡柯善于理财，对教育拨出的款产管理得很好，除了各学校的经费发放以外，他把存留的钱拿出来办了河南村治学院。所以河南村治学院，院长是彭禹廷、副院长是梁仲华，背后支持的是王怡柯。因为蒋阎冯中原大战，河南村治学院不能办了。韩复榘到山东当省主席后，梁仲华就去济南见韩复榘，向韩报告说村治学院办不下去了。韩说，欢迎你们来山东，我在山东划一个县交给你们，继续搞你们那个村治。这样，梁仲华就把我们村治学院的一班人约到了济南。当时来山东的人不少，可多是河南人。在山东搞乡村建设都是外来的人不合适，在山东办乡村建设研究院得让山东本地人参加。山东参加乡村建设研究院工作的先后有 3 个主要人物，一个是孙则让（山东菏泽人），一个是陈亚三（山东郓城人），还有一个叫王绍常（山东菏泽人）。这时院长确定梁仲华，副院长就是孙则让。后来孙则让调开，王绍常任副院长。院内分三部分，一部分叫乡村建设研究部，当时大家商议让我担任研究部主任。研究部是做研究工作的，学生只限三四十人。另外还有一部分很重要，人数多，叫乡村服务人员训练部，就是训练出来到乡村去服务的，这一部的主任是陈亚三。训练部学生每期有 300 人，分好几班。

问：有人说您主持的山东乡村建设研究院存在三大派系：以梁仲华为首的河南村治学院派、以孙则让为首的曹州帮和以您为首的乡建派，还有不成派系的以梁式堂和叶云表为首的大城系；另外还谈到以 3 个派系为主搞的济宁、菏泽、邹平 3 个不同的实验县。对这两个问题，您是怎样看的？

梁：我认为邹平乡村建设研究院不存在派系斗争之说。当时参加乡建的人来自各个方面、各个地方；而且每个人的文化程度和经历都不一样，对问题的看法和处理当然也会不同，但这不能说是派别斗争。

我是怎样到的河南村治学院的呢？因为我和王鸿一认识，王鸿一又和梁式堂（清朝时做过抚台，四品官）、梁仲华认识，是他把我介绍到河南村治学院的。因为我们都是搞乡村运动的，当时梁冲华在河南搞村治，我主张搞乡建，这样走到一起的，不存在派别和斗争。以后从河南迁到山东搞乡村建设，我认为还是没有什么斗争。

至于梁式堂和叶云表，他们根本谈不到派系。不能因为梁式堂和叶云表都是河南大城人，就把他们叫作大城系，况且梁式堂根本没有到过邹平。到邹平的是梁式堂的侄子梁秉锟，是梁式堂介绍去的。1932 年初，梁秉锟出任实验县第一任县长。因为梁秉锟当过国民党的官，他想的只是当官，不想花大气力做乡村工作，只干了一年就走了。

至于说 3 个不同的实验县，需要提一下河南村治学院的情况。梁仲华、彭禹廷主持河南村治学院时，是冯玉祥主豫。那时国内形势非常不稳定，军阀混战，民不聊生，土匪和军队交替骚扰群众。当军队被打散后，一部分人沦为散兵游勇，成为土匪。把土匪收编为军队，军阀混战，仍然是掳掠群众。地主大户为了保护自己的利益，组织起武装，他们之间也常常发生冲突。河南村治学院要立足于这种混乱的局面，理所当然地要加强自己的力量，防备军队、土匪、地主武装的袭扰，其重点就是加强农民自卫的建设。以后在菏泽成立的实验区负责人是孙则让，他是山东人，参加过河南村治学院的工作。因而他主持菏泽工作时也很注重农民的自卫活动，这就是所谓的“菏泽注重以乡农学校为中心的农村自卫训练”，这里只存在一个工作的侧重点不同，不能说有 3 个目的不同的实验县。

孙则让做过国民党的县长和专员。1938 年，他把菏泽约 600 人的农民自卫力量拉到河南省镇平县，并携去几万元的款项。国民党政府撤到武汉时，孙则让想把这支队伍拉回山东打游击，找到武汉军令部的陈诚要部队番号。陈诚派人到镇平视察后，授给个第三政治大队的名义。有了番号后，孙则让回到山东打游击，队长是秦亦文。

1939 年我到山东，那时的省政府在蒙阴，看到三大队活动于沦陷地区，处境很困难。日本侵略军“大扫荡”时，三大队被打垮，这支农民自卫力量就瓦解了。

问：请您谈谈在邹平的工作情况。

梁：先说地方治安问题。地方治安问题是一个根本问题。我们初到邹平时，邹平有一部分叫民团的，有枪支，名义上是负责治安的，可刚好相反，他们习惯很坏，同走私犯、大烟贩子都有联系，很腐败。所以，我们一到邹平，就将他们解散、取消，重新组织。我记得，我们先发动研究院的工作人员和学生做户口调查，设了一个户籍室，调查后有册子，不能将全县人员一个个都记上，一个是记某乡某村的人口总数，再一个特别注意乡村里头受过教育、受过高小以上教育的人，每一个人都有登记。同时，对特别不好的人，如流氓、赌棍、走私犯等也都另外有册子。这都汇集在户籍室，负责户籍室的主任叫吴顾毓。全县各乡都有电话能跟户籍室联系，生一个，死一个，都用电话告诉。

治安方面我们搞联防，联防最要紧的是那带队的。各乡把念过高小的、年龄又不是太大的选出来，集中到县城里受训，受训之后回去让他再训练农民。这样，乡村里都有维持治安的队伍，这就消除了民团的腐败作风。这是一件主要工作。

另一件事是破除陈规陋俗，改良社会风俗。譬如，早婚，男孩子不过15岁就结婚。而且女大于男，这都不好。这只能用劝告、用教育的方法。还有劝妇女不要缠足，劝没缠足的女孩子不缠足，已经缠了的劝她们放开。劝她们不要缠足常常碰钉子，她们说："我缠我的足，又没缠你的足，"我们还是耐心劝告。还宣传不要迷信。特别是禁止赌博，当时赌博在邹平还算少，打架斗殴的也不多。邹平那时县城小，一边挨着章丘，一边挨着长山，哪里有什么斗殴打死人的事，大家都当新闻来传。邹平很少见，一般地说，风俗算比较好。

再说说卫生。我们在县城里设立卫生院。卫生院院是长李玉仁，他是山东人，原在南京国民政府卫生署。卫生署在上海高桥、吴淞办了一个卫生实验区，卫生实验区的主任就是李玉仁。卫生署的署长叫金宝善，副署长姓张。他们二人到邹平参观时对我说，你们办邹平实验县，最好要推广讲究卫生。这样，我们才设卫生院，李玉仁也是金宝善他们介绍的。正好李玉仁也是山东人，来做卫生院院长。李玉仁在邹平待了大约3年，人已经40多岁了，还没有结婚。后来走了，接任的是王福溢，王是济南齐鲁大学医学院的，还有一位姓张，他们二位都不是山东人。我们请他们做卫生院的院长、副院长。还有一位现在在北京，是一位女同志，是在医院做看护工作，叫牛席卿，前些日子还来看过我。

问：请谈谈在邹平组织乡学、村学的情况。

梁：可说一个大意。有一本《村学乡学须知》小册子。村学低，乡学高，几个、十几个村组织成乡学。当时对村学乡学的安排：第一，乡村里无论男女老少都称为学众；村学乡学是求学的结合团体，小的叫村学，大的叫乡学。第二，设学长，就是地方上、村或乡比较年长的，大家尊敬的、德高望重的老前辈，推出来担任此职。第三，设理事会，能替大家办事的人委以常务理事。理事人员看情况而定，多则十几人，少则五六个人，里边真能干事的常务理事一至二人。第四是教员，教员主要起设计推动作用，当参谋。当时安排了这四部分人。对乡村办事的人，众人难免有不满意见，群众冲突就不好了，一村一乡内以和气为主。怎么办呢？学众对理事的意见和学长说，转个弯，由学长和办事的理事说，避免冲突，保持和气，事情办得圆满一点。一句话，是团体，避免散漫、各顾其家，真正把社会推向前进。

问：请您谈谈张宗麟的情况。

梁：张宗麟是教育家陶行知先生的学生。陶先生是美国留学生，是美国有名的教育家杜威博士的学生，从美国毕业回来，穿的是西装革履，在南京大学做教授。但是，他放弃了大学教授的待遇，脱了西装革履，跟农民穿一样的衣裳，穿草鞋，办晓庄乡村师范。从前师范各省都有，但起名叫乡村师范是从陶先生开始的。这一点很重要，重要就在“乡村”二字。过去讲教育，没有特别的把重点放在乡村，把重点放在乡村是从陶先生开始的。我在邹平办乡村建设，也是一种乡村教育，我就到陶先生那里，陶先生的办学地点本来地名叫小庄，大小的小，可是他改成晓，天明了那个晓。他自己领着一班人，有的是朋友，有的是学生，就去晓庄这地方，离南京城不过几十里，自己动手盖房子，跟当地的农民合作。农民生活怎么样他怎么样。我去参观他那个地方，看他搞的那种教育也是一种乡村教育。我说办乡村建设研究院缺帮手，就跟他借人才。先后借了 3 个人来，张宗麟是一个，杨效春是一个，还有一个是潘一尘。都是晓庄的，都是陶先生的学生。这 3 个人不大同，张宗麟当时是偏左的。

杨效春后来到了安徽黄麓。国民党的高级将领张治中去邹平参观访问时说，他要为家乡培养后生子弟，要办一个师范学校。他的家乡在安徽合肥县黄麓。并说黄麓师范学校从校长到教员全由我来推荐。我就推荐了 4 个人，有担任第一任校长的杨效春，另外 3 个人是薛庆恩、李志纯、范云迁。他们就是这样离开邹平给张治中办他的黄麓师范学校去了。

问：张宗麟是怎样离开邹平的？

梁：张宗麟思想偏左，与我合不来。本来请他担任校长，因彼此意见不合而走了。解聘后有一部分人跟他走了。

问：您在乡建理论中，提出两大难处："一高谈社会改造而依附政权；二号称乡村运动，而乡村不动"怎么理解？

梁：搞改造，自己没有从事实验的地方，必须依靠上层力量，省政府主席是上层，不划给我们地方，我们就没法干，是靠他们取得了机会。本来应该站在人民立场，实际上不是人民请我们到邹平，而是当时政府划邹平给我们实验。所说的"乡村不动"是指我们所做的事与老社会不同，要改，但是农民不是都了解的，如劝妇女放足，不愿接受劝告。早婚、迷信、赌博、贩卖毒品等弊风陋俗都要改，但农民接受很勉强，不受欢迎。

问：当时去邹平参观的国内外要人有哪些？

梁：冯玉祥去过，陈立夫也去过。黄炎培和他的朋友江问渔去过，军事学家蒋百里、经济学家马寅初去过。丹麦的一个教育家去过，因为我们搞乡村教育有些地方是学丹麦的。日本搞乡村教育的长野郎、长野厚也去过。我也去日本考察过他们的乡村教育，1936 年我 40 多岁，从邹平去的，同去日本的有 3 个人，一同回来的，一个是去日本很久会说日本话的朱经古，一个是我的侄女婿黎涤玄，还有秦亦文，连我共 4 人。拨了一笔款共 4000 块钱。在长崎下船，从长崎到神户、到东京，转了一圈，也到乡村看了看。觉得他们政府对乡村很扶助，给乡村贷款，改良生产技术。他们农村有长子学校，长子继承父业，如农家有土地，老子死了不分家，归长子继承，弟弟不能继承，这是社会制度造成的，与中国不一样。中国是老子死了，兄弟几个分家。他们乡村里也有一些迷信的事。

陈立夫怎么去的呢？他在南京开内政会议，会议由内政部主持。出席会议的有各省民政厅厅长、行政专员，并邀请邹平的我和河北定县的晏阳初等搞乡村教育的作为专家参加会议。因为是搞民政工作，所以很注意我们。我们住在南京中央饭店。一天晚上睡觉前，有人通知我们说，陈立夫来看我们，同时有梁仲华、邹平县长王柄程。这是第一次同陈立夫见面。后来陈立夫又派刘百闵来看我们，意思是邀我们参加国民党，而且马上可以补作中央委员，我们不想参加，没有答应。为此，陈立夫专门跑到邹平来看我们。

军事学家蒋百里到邹平时，正巧我内人病危不能离开。研究院人员把这一情况告诉蒋百里，所以没见面。夫人去世后，把事情办完了，我抽时间到上海看望了蒋百里先生。他说："去邹平看后，感到很有意义，中日要开战，日本决不满足一个满洲国，它要发展兵力侵入全中国，中国前途是危险的！但不要害怕，日本人虽然一时比我们强，但他国小，兵力有限。中国人的弱点是统一不起来。但是日本人必败！中国有广大的土地和农民，决不能屈服日本人。中国是农业社会，以农村为主，为了准备抗日，要组织训练农民，把散漫的农民组织起来。”

问：您怎样评价在邹平这7年的工作？

梁：毛主席已给作了评价。1938年我带着《乡村建设理论》这本书去延安访问毛主席。我头一天把书送给他，第二天再见他时，他已把书看完了，还用毛笔粗笔淡墨横着写了一条一条批语。他拿给我看，说这些话我是从你书上摘下来的，说得都好，你对中国社会的认识还算对的。你走的是改良主义的道路，不是革命的道路。中国社会需要彻底革命，改良主义解决不了中国的问题，这是你的缺点。我说，我怎么革命，我没有武装。那时谁敢搞武装？搞武装军阀就把我们消灭了，根本没有往那里想。我们承认我们是社会改良派，只是一种改良主义，谈不上革命。

当时我去看毛主席，主要是为两党团结抗日。卢沟桥事变，日本人侵略中国，中国国民政府撤退，从上海撤南京，南京撤武汉，武汉撤重庆。我对大局很悲观，我说中国怎么办？可毛主席很乐观，他说不用悲观，日本人必败，中国必胜。给我讲了一些道理。讲的这些道理，就是后来写的《论持久战》那本书里的话。

问：您现在对您写的《乡村建设理论》一书中的一些观点，如：中国是“伦理本位，职业分途”的社会，无阶级，无阶级斗争等观点有没有不同的看法？

梁：我对中国社会的看法，认为中国社会跟外国社会不一样。外国社会是中古社会，贵族都是兼地主，贵族是最高阶层，农民等于农奴，种地的农民跟地分不开，地归了谁，种地的农民就归了谁，那种农民具有农奴的性质。也有自由农民，很少，多数农民都是农奴的性质，这个情况中国没有。中国社会贫富贵贱上下流转相通。有上去的，有下来的，它是流转相通的，不是隔绝的两个阶级。中国有句老话：“朝为田舍郎，暮登天子堂，将相本无种，男儿当自强。”中国后来六七百年，实行科举制度。科举制度从唐朝就有，到明、清两代最显明。你是一个念书的，就有机会中秀才、中举人、中进士，就能做官，就能上去。做官，全国1000多个县，你做个县长就不小了，掌一县的权。可是 3 年一任。不是说你做了县官，这个县就是你的了，没有那个事。3 年一任，3 年就调开了，连任也只有 6 年。我的曾祖、祖父都是中举人、中进士后做官的。

我现在还是这样看，中国社会是伦理本位，职业分途。不能说中国没有阶级，但阶级的分化不明不强、不固定。

对山东乡村建设运动的回顾*

于长茂

1931年春，郓城县重华学院停办。院长陈亚三先生应聘为山东乡村建设研究院训练部主任。为了追随陈亚三先生，当时重华学院高年级同学侯思恭、宋乐颜、贾伯颖、王湘岭、马仲安、张汝钦等人参加研究院研究部学习。我们中年级同学陈彬如、智乃荣、许守清、孙则仁、张绍康等也参加了研究院训练部学习。我在训练部乡村教育班学习一年半，于1932年秋结业，被分配到菏泽实验县宝镇乡工农学校当教员。以后调充菏泽县沙土乡工农学校教育主任。1936年春，调充临沂专区郯城县相古庄乡农学校校长。1937年春，又调充聊城专区寿张县黑虎乡工农学校校长。一直到"七·七"事变日寇侵占山东，各县乡农学校停办为止。我在乡村建设运动中先后学习和工作了五六年。然事隔四五十年之久，好多事情都记忆不清了。为了求实存真，我曾协同郓城县政协文史科副科长侯宪福、郓城县志办公室马玉来、陈传铮等同志去京专访梁先生。现将乡村建设运动在山东的发展和活动概况分述如下。

(甲) 山东乡村建设运动的形成

乡村建设运动的创始人和领导人梁漱溟先生为了寻求救国救民、复兴中华民族之途径，1921年夏，由郓城县北大学生陈亚三、成武县北大学生王惺吾（梁是北大哲学系教授，陈、王二人是北大哲学系学生）介绍，与当时提倡村治运动的王鸿一先生（王鸿一系郓城人，是陈、王二人的老师）

---

* 此文原载于山东省政协文史资料研究委员会编《山东文史资料选辑》第22辑，1986年12月出版。

会晤。他们相谈甚欢，一致认为中国是一个大的农业社会，中国建设问题应当是“乡村建设”。为了唤醒民众，在社会上造成建设乡村的舆论，他们创办了《村治月刊》。并在《村治月刊》封面上刊出“到农村去”“到边疆去”的口号。1926 年春，梁漱溟先生到郓城县西南陈坡村作了短期的农村调查，了解当时当地的农村生产和农民生活状况。有一次，他看到陈坡贫农孟广恩的六十多岁的老父亲吃着糠窝窝，喝着高粱面粥，感动地落下了眼泪。（梁先生的祖父、父亲都是清朝京官，他自幼没到农村。）由此使他进一步了解贫农的真实生活，坚定了建设乡村的信念。1927 年李济深在广东主政时，邀请梁漱溟先生到广东创办乡治讲习所。后来，李济深垮台了，乡治讲习所停办。1929 年，河南省邓哲熙代主席聘请梁武堂、彭禹廷、梁仲华三人在河南辉县百泉创办村治学院（后来河南省长由韩复榘接任），时梁漱溟先生由广东回北京，旋即被聘为河南村治学院教授，讲授乡村建设理论。1930 年韩复榘调充山东省主席（河南村治学院停办），韩受王鸿一先生提倡村治的影响（王鸿一先生当时是西北军高级将领的座上客），想在政治上标榜一下，就邀请梁先生和梁仲华，于 1931 年来山东邹平县创办了山东乡村建设研究院，为实现乡村建设运动而培养工作人员。

（乙）山东乡村建设研究院成立的意义和旨趣

《山东乡村建设研究院设立旨趣及办法概要》中指出：“中国原来是一个大的农业社会，在它境内见到的无非是些乡村，即有些城市（如县城之类）亦多数只算大农村，说得上都市的很少。从这点上说，中国建设问题应当是‘乡村建设’，……今日的问题，正如数十年来都在‘乡村破坏’一大方向之下，因此解决这个问题唯有扭转过这方向而从事于‘乡村建设’——挽回民族生命的危机。欲达此目的，只有农村安定，乃可以安辑流亡；只有乡村产业兴起，才可以广收过剩的劳力；只有农产增加，才可以增进国富；只有农村自治当真树立，中国政治才算有了基础；只有乡村一般文化能提高，才算中国社会有进步。总之，只有乡村有办法，中国才有办法，无论在政治上、在经济上、在教育上都是如此的。”

“在今日纷纭复杂的中国社会，问题岂胜枚举，方法何可预定。只要认清题目，握定纲领，事情到手，自有办法。我们的题目和纲领便是辟造正常形态的人类文明。要使经济上的‘富’，政治上的‘权’，操纵于社会，分操于人。其纲领则如何使社会重心从都市移植于乡村。乡村是个小单位社会，经济组织、政治组织皆天然要造端于此的，一切果从这里建设起来，便大致不差。恰好乡村经济建设要走‘合作’的路，那是以‘人’为本的经济组织；由是而政治亦自形成为民主的。那么所谓‘富’与‘权’操于人人，更于是确立。现在所急需的是如何遵着这原则，以培起乡村经济力量；这培起乡村力量的工夫，谓之‘乡村建设’，——乡村建设之所求，就在培起乡村力量，更无其他。力量一在人的知能，二在物资；而作用显现要在组织。凡所以启发知能，增殖物资，促进组织者，都是我们所要做的。然力量非可由外铄；乡村建设之事，虽政府可以做，社会团体可以做，必皆以本地人自作为归。”

（丙）山东乡村建设研究院的组织和办法

研究院要做的事，是一面研究乡村建设问题，一面指导乡村建设的实施。其组织如下。

研究院院长梁仲华（河南人，北大毕业），副院长孙则让（菏泽人），研究部主任梁漱溟，训练部主任陈亚三（郓城人，北大毕业）。邹平实验县县长，先是梁秉锟，后是徐树人。为了便于学生实习，巩固学习成果，又设立一个农场，农场主任为于鲁溪（山东淄博人，金陵大学毕业）。

研究部招收大学毕业或同等学力的研究生，每期三十人，一切费用均由院方供给，只限山东籍。为了提倡乡村建设风气起见，外省自备资斧，请求附学者，亦得容纳，其名额不得超过本院学生十分一。研究部的基本研究——先是乡村建设根本理论的研究，次则专科研究，随着各人已学过的基础知识和志趣来决定专科研究。如原来学农的就可以从事于农业改良研究；如有志于乡村教育的，就可以从事乡村教育的研究。但科目的研究，必须取得研究部主任的审定许可。课程讲授除梁漱溟先生讲授他主编的《中国民族自救运动之最后觉悟》和《乡村建设理论》两书外，尚有黄艮庸、王平枢两先生作课外辅导，有时也请燕京大学、金陵大学的教授特约专科指导。修业二年，主要培养乡村建设高级工作人员。

训练部下设乡村教育、军事、农业、合作、文学五个专业班，一个打井队。每班设班主任一人、助教一人，讲师三四人。我参加“乡村教育”班学习二年。第一期班主任为张淑知先生（四川人），第二期为时济云先生（山东齐河人）。军事班主任由陈亚三先生兼任。农业班主任为裴雪峰（河北滦县人，清华大学毕业），合作班主任为高赞非先生（郯城人），文学班主任为武绍文先生（内蒙古自治区人）。除上述各班主任外，尚有讲师茹春浦（北京人，日本留学生），杨效春、徐晶岩、王炳成（河南人），王绍常（菏泽人，鲁西民团总指挥），蓝梦九（四川人，日本早稻田大学毕业），单庭兰（清末解元），白连村（单县人，北大毕业），张筱山（菏泽县人），还有几位讲师，现在想不起名字来。打井队工长李子掌先生（河北人，打井有专长），技术员三四人。各班学习课程均以梁先生讲授《中国民族自救运动之最后觉悟》一书为主要课程，另外按各班专业性质分别讲授"乡村教育"、"农村经济"、"农业合作"、"造林学"、"会计学"、"法律常识"、"军事常识"、"乡村自卫"等课程。打井队以学习地质、水层和打井操作技术为主。各班学生学习的农业知识和生产技术按时分别到农业试验场实习。做到学以致用，巩固学习成果。

农业试验场下设良种试验田（有小麦、美棉、玉米、水稻等试验田），还有养猪（波支猪）、养蜂（意大利蜂）、养蚕各场，每场设有技术人员一到二人，指导学生实际操作。

为了在山东全省范围内开展乡村建设运动，训练部学生分地区招收中学毕业生，修业年限一年。1931 年招收旧济南道属二十七县的学生，每县招收人数规定八人至十人，每期总数约三百人左右，第二届招收的济宁道所属各县学生；第三届招收鲁南、鲁东各县学生，各期学生经过一到二年的学习。每届毕业生，都认识到：中国是一个农业大国，百分之八十的人口在农村，想着搞好国民经济，建设一个独立自主、繁荣富强的大国，必须发展农业生产，从农村基层建设起。因此，大家都有去建设新农村的决心，毕业后都愉快地到穷乡僻壤去工作。

（丁）乡村建设运动在山东各县逐步开展情况

山东乡村建设研究院第一届研究部学生和训练部第一、二两届学生结业后，1933 年 3 月又划菏泽县为乡村建设第二实验县，第一任县长为孙则让，第二任县长为陈亚三。当时菏泽实验县撤区，划为宝镇乡、沙土集乡、辛集乡、高庄乡、小留乡、乾元乡、平陵乡、阎什口乡、东明乡、离明乡十个乡，设十个乡农学校。所在地设在原区公所所址，我当时在宝镇乡农学校和沙土集乡农学校工作，实验县政府除设民、财、建、教四科外，另设一个视导室，该室有主任一人，视导员三人。视导室秉承研究院的乡村建设方针，指导各乡农学校工作。在试验取得经验后，再推广各县，研究院本部设立视导室，指导各县工作，并创办《同学通讯》刊物，联系各县乡村建设情况，帮助解决具体问题。

1934 年为了扩大乡村建设范围，又开展菏泽专区所属各县（郓城、鄄城、巨野、曹县、单县、定陶、成武）实行乡村建设运动，各县撤区成立乡农学校，以孙则让为菏泽地区专员。为了培养更多的乡建人才，1935 年在菏泽设立山东乡村建设研究院菏泽分院，孙则让兼任分院院长。原邹平县研究院讲师裴雪峰、高赞非先后调来菏泽分院工作。分院招收高中、初中毕业生分设高级班、初级班、学习期限一年，毕业后分配到各县乡农学校工作。随着乡村建设运动的发展，1935 年又在济宁专区所属各县推行乡村建设运动。各县撤区建立乡农学校，并划济宁县为第三实验县，王怡珂（河南人）任县长，梁仲华为济宁专区专员。同年 7 月，在济宁成立师范毕业生培训班，当时参加培训的有全省八个乡村师范和五个后期师范应届毕业生七八百人，以梁仲华为主任，培训半年，灌输乡村建设理论，充实乡建人才。

1936 年春，又开辟临沂专区各县，实行乡村建设运动，以张里元（定陶人）为专员。当时，我充任郯城县相古乡工农学校校长。郯城县撤区划大兴镇乡农学校、马头镇乡农学校、相古乡工农学校等六个乡校，进行乡村建设活动。

1937 年春，又开辟聊城专区各县乡村建设运动，以范筑先（河北人，抗日战争初期壮烈牺牲）为专员，我当时调任寿张县黑虎乡工农学校校长，寿张县长为张体元（张夔元的弟弟）。寿张县全县设立城关镇乡农学校（校长为陈修吾）和黑虎乡乡农学校一个梁山分校。在那时，全省有四个专区，五十多县成立了乡农学校，开展了乡村建设的工作。当时的乡村建设运动不仅在山东迅速的发展，同时在华北各省影响也很大。山东乡村建设研究院，曾和河北定县平民教育促进会（负责人晏阳初、瞿菊农），上海职业教育社（负责人黄炎培、江向渔），无锡教育学院（负责人高践四），华洋义赈会（负责人章元善）等单位取得合作，曾先后开过两次农村工作讨论会。

1937 年“七・七”事变后，大敌当前，保家卫国，是每一个中国人的神圣职责，从此各县乡农学校工作人员纷纷走向抗日救国的最前线，有些人参加范筑先领导的抗日游击队。研究院讲师裴雪峰率领一部分乡村工作者，在菏泽、巨野、郓城、鄄城四县边区组织游击队，和日寇周旋于菏、鄄边区，最后壮烈牺牲。陈修吾率领一部分同学去延安抗大，讲师高赞非、孙厚用，研究部同学宋乐颜、智乃荣等在黄安重华学院旧址，创办《鲁西吼声》小报，宣传抗日救国的道理。还有一部分同学参加秦亦文率领的政治大队，在鲁南一带宣传抗日。梁漱溟先生在抗战初期曾亲赴鲁南视察、政治大队的抗日工作，我和一部分同学到后方学习战车防御炮射击技术，后来回到河南参加了抗日战争。

（戊）山东乡村建设运动的基层组织和形式

邹平实验县以“村学”“乡学”的乡村组织为实验工作的基层组织；在菏泽、临沂、济宁、聊城四个专区的各县以“乡农学校”为乡村建设的基层组织。现分述如下。

（1）邹平县的实验计划施行后，把以前区公所和乡镇公所等机关取消而代之以“村学”“乡学”的两层组织。“村学”“乡学”不仅是个机关，而且是个团体。梁漱溟先生1934年写的《村学、乡学须知》上指出：“村学是为一村求进步的，就以阖村算一个学堂。父老中有品有学的为学长；为人明白会办学的为学董，领着众人讲求进步，还恐自家人知识不足，便请位教员先生来指导我们的一切——这便是村学的组织。有些事，不是一村办得了的，必得邻近多少村庄（亦就是一乡）联合起来才行。这时候，就需要品学资望更高的人出头领导，多请两位教员来指教——这便是乡学的组织。村学之于乡学作比喻说，好比小家庭之于大家族。村学有不明白的事，可以请教乡学，乡学可以请教县政府。县政府请教研究院。我们要全县的人共同讲求进步，而研究院立于帮忙指导地位。”从上这段话就说明了“村学”“乡学”创立的意义。村学的范围是一个自然村（约七八百人口的村庄），有的也包括历来携手办事或合办小学的两三个小村建立村学的，乡学的范围可以包括十几个村庄或以过去的区、乡镇范围划成一个乡学；也有的根据地理的自然环境划一个乡学。总之，是便于指导村学工作，村学、乡学是秉承研究院和实验县推行乡村建设施政方针和各项生产措施进行工作的。

村学、乡学的成员包括学长、学董、理事、教员及一村中或一乡中的男女老幼。村学的学长由一村中德高望重的人来充任，学董、理事（等于村长）由一村中办事公正热心工作的人来充任。“乡学”学长由一乡中品德最好的人来充任，学董、理事（等于乡长）由一乡办事公正、热心公益的人来充任。村学、乡学的教员和辅导员均由研究院毕业的学生来充任，他负责沟通村学、乡学和研究院、实验县之间的联络工作，下情上陈，上情下达。村学、乡学的主旨是团结一村和一乡的农民群众“齐心学好，向上求进步”。为了村学、乡学在工作中有所遵循，梁漱溟先生在《村学、乡学须知》一书中，又规定了《学众须知》、《学长须知》、《学董须知》、《教员、辅导员须知》，明确地指出每一个人在村学、乡学中怎样做工作。

村学和乡学下设小学部（即初级小学）、妇女部、成年部，有条件的乡学还设立高级部（高小和初中）。小学部进行识字教育，妇女部和成年部除进行识字教学以外，还有品德教育、农业知识和其他生产知识的传授，如邹平县西部是山区，就在那些村学、乡学中讲授造林知识；邹平县东部是平原地区，就传授植棉、养蚕等知识。总之，村学、乡学的课程，根据当地的实际需要而进行设施，并订立各项乡规民约。村学、乡学的主要目的是“改革旧的，提倡新的”。如邹平一带在三十年代以前，早婚的习俗很深，男子十四五岁，女子十五六岁就结婚；又如吸食毒品（海洛英、鸦片）、赌博、缠足的恶习。妇女部、成年部在教育时宣传早婚和吸食毒品、赌博、缠足的害处，并订立乡规民约，互相监督，共同遵守。村学、乡学是以教统政，如果村民发生纠纷，村理事和学长就以老师的身份给他们调解。村学不能解决，再由乡学的理事、学长进行调解。研究院的每一项乡村建设措施，先向村学、乡学的教员、辅导员传达，然后再由他们带到村学、乡学中去，向学众传达。不但对学众起到教育作用，并且对村、乡理事和学长也起到辅导作用。就是以村学、乡学组织，代替村、乡的行政职权，如全校开一个大会，就等于开了一个全民大会。在全校通过的事情就等于全村群众通过的事情。

在经济方面的措施：根据各村、各乡的实际情况和自然条件，组织农民植树造林、植棉、种烟、养蚕、养蜂、养猪等农副业生产，并组织了“梁邹美棉运输合作社”和信用合作社，建立轧花厂、打包厂，直接向外地运销，减少了中间商人的剥削，也给农民解决了部分困难。

（2）菏泽实验县“乡农学校”的组织形式和具体工作。梁漱溟先生在《乡农学校的办法及其意义》一文中指出：“乡农学校的组成分子就是全乡社会的人，我们的目的是要‘化社会为学校’，可称之曰‘社会学校化’。在此简单组织中，乡农学校的构成成分有三种人，一是乡村领袖，二是成年农民，此二种人即乡村社会的重要成分，故先从他们入手，使他们在此形式的名义下联合起来造成一种共同的向上关系，因为我们学校的宗旨是谋个人的和社会的向上进步。第三种人就是乡村运动者，如果没有乡村运动者，就不能发生向上的作用。乡农学校的用意用八个字总结出来，即‘推动社会（或推进），组织农村’。”

根据上述乡农学校的意义，它是以教为主，以政、养、卫副之，就是以教统政。菏泽县的乡农学校设校长一人，负责推动全乡教、政、养、卫工作；教导主任一人，主管全乡小学教育和成人教育；总务主任一人，主管全乡民事和一切行政工作；军事主任一人（其他各县不设军事主任、只设军事教练），负责训练青壮年农民学习军事、文化及全乡防盗、禁毒（海洛因、鸦片烟等毒品）、禁赌、维持地方治安等事宜；农业技术员一人，负责指挥全乡农民的农业生产，传授农业知识，发动农民组织生产、信用供销等合作社；事务员一人，负责全乡财政开支事宜。以上工作人员除总务主任由本乡德高望重的开明人士担任外，其余人员均是山东乡村建设研究院毕业的学生担任。

乡农学校是乡村建设的基层组织，也是乡村建设运动工作的基点，它的性质是用教育的精神来完成乡村建设的使命，可以从“教、政、养、卫”四方面来说明它的性质和作用。

“教”

教育的对象是本乡的全体群众。逐步健全本乡各村初级小学（大的自然村可以单独成立初级小学，小的村庄可以结合两三个小村庄合办一所初级小学）教育和成年教育，在农闲时（农历十月初一至腊月初一，春节后正月二十日至三月二十日）各村成立夜校，分成人班、妇女班。乡校编有识字课本，农业常识、礼俗讲话，三四年内达到扫除文盲。在乡农学校所在地设立小学部（即高级小学），有条件的乡校，可设立高级部（即初级中学），如菏泽实验县宝镇乡乡农学校就设立一所高级部，由研究部同学贾伯颖担任高级部主任。乡农学校平时重视各级教师的教育工作，要求教师要具有为人师表的品德。重视身教重于言教，要教育各级学生有礼貌，互助团结，向上求进步；要有爱祖国、爱人民的优良品质。每学期全乡举行一次评比会，选出榜样，指明方向。

“政”

管理全乡各村行政事务，调解民事纠纷，安排各村行政人员。通过群众选出有道德，有能力的人来充任村长及办事人员；由群众选出德高望重，办事公正的人，组织成调解委员会，调解民事纠纷，扶持孝悌信义正气，教育不孝不悌的个别人。各村订立乡规民约（等于过去的吕氏公约——德业相劝，过失相规，礼俗相交，患难相恤），如和睦公约，禁烟、禁赌公约，护秋（护林）公约、防盗公约等，用教育的方式，逐步做到全村、全乡群众安居乐业，“组织起来，齐心向上”，搞好农副业生产，解决农民的衣、食、住温饱问题。

“养”

因地因时制宜地根据各乡的生产条件组织农民成立生产、供销、信用、运输各种合作社（如菏泽县城东北乡就组织木瓜、耿饼、牡丹合作社），减少中间商人的剥削。开设各种农业技术短期训练班，传授农业生产知识，介绍优良品种（如脱子棉、抗旱小麦等优良品种），提倡发展副业如养波支猪、寿光鸡、意大利蜂等，改良耕作技术，提倡轮作，促使农业生产逐步提高，群众生活，逐步改善。

“卫”

“九·一八”事变后，日寇逐步蚕食中国领土，自“何梅协定”成立冀察委员会以后，华北局势日趋紧张。为了保家卫国，各乡农学校成立“自卫训练班”，从各村抽调青壮年，农民自带枪支，学校供给伙食，一套服装，脱产学习三个月，每期五十人。做到三五年内把各乡青壮年普训一遍，达到全民习武，村村为营。一旦战事爆发，全民可以动员起来，保卫国土。学习科目有军事训练，射击、进攻、防守等基本动作；乡校编有识字课本，按甲、乙、丙三个程度编组；并学习珠算、时事政策、精神训练

（内有国耻史，民族英雄传略，激发其爱国、爱家、爱民族的优良品质）。经过三个月的学习，全乡青壮年精神上、思想上和乡校教师结成师生关系，在文化学习方面能识三四百字，并初步具备了一般军事知识。回村后，就成为防盗、禁毒、禁赌、防特、安定社会秩序的主要力量；如遇外敌侵略，组织起来，又成为正规军的后备力量。

乡农学校的工作者——乡村运动者，在群众中均以老师自居、群众也以老师相称，他们和群众打成一片，生活朴素，布衣、布袜、不蓄发、态度和蔼，对人有礼貌，和各村群众关系非常融洽，遇有问题，群众随时可以到乡校同老师商量解决。

（郓城县政协　供稿）

梁漱溟先生及其在山东的乡村建设*

万永光

梁漱溟先生是我国当代一位有影响的人物，他曾以“一个思想家，同时又是一社会改革运动者”自诩，三十年代他在山东领导过“乡村建设运动”。近年国内外都有人对他的思想和活动进行研究，在国外已有专著出版。在这里笔者只根据个人所知，对他的生平及其所领导的“乡村建设运动”作一简单介绍。

一　家庭出身和少年时期

梁漱溟先生原籍广西桂林，原名焕鼎，字寿铭，一字寿民或瘦民，1893 年出生于北京。先世为蒙古贵族，元末未随元顺帝北归，因居汴梁，以梁为姓。经过明清两代与汉族通婚，早已汉化。他的曾祖，祖父和父亲三辈都是举人或进士，做清朝的官吏。祖母贵州毕节刘氏，母亲云南大理张氏，也都系出名门，知书识礼，能为诗文。他兄弟姐妹四人，大哥是日本留学生，两妹在清末毕业于京师女子师范学堂，他就是生在这样一个“诗书门第”的仕宦之家。

他六岁开始读书，时值光绪二十四年戊戌变法，停科举，废八股，因此他七岁就入了北京第一所“洋学堂”——中西小学堂，嗣入顺天中学堂（后改名顺天高等学堂）。因当时学制未定，肄业五年半，于 1911 年冬毕业，时年十九岁。那时中学生程度不齐，年龄也相差悬殊，他年龄最小。

---

* 此文原载于山东省政协文史资料研究委员会编《山东文史资料选辑》第 22 辑，1986 年 12 月出版。

同学中后来知名者有张申府、汤用彤等。

他的父亲梁巨川[①]，是一个倾向变法维新的人，曾捐资帮助友人彭翼仲[②]创办北京第一家中国报纸——《京话日报》。在1907年前后梁巨川搜集了大量的新书报，如梁启超在日本出版的《新民丛报》等及各种介绍新知识思想的书籍，给梁漱溟创造了良好的学习条件。他自十三四岁就开始课外自学，逐渐接触到各学派的学说。他说受父亲的影响很深，有着“一片向上心”和“对国家社会的责任感”。且性喜用脑思考，认为“单是求知识还不足以尽自学之事，求知盖所以浚发吾智慧识见，有了智慧识见发出来，就是生命向上自强之效验”。他自己说，一生在两个问题上探求不已，一个是人生的根本问题，一个是现实的社会问题。他带着这两个问题研读了他当时所能见到的西洋哲学、政治学，印度佛教以及中国周、秦、宋、明各学派的学说。十六七岁涉猎过佛学书籍，在人生问题上倾向于佛教思想，曾有出家为僧之志愿；对于政治则以英国式的君主立宪、议会制度及政党内阁为理想。

二　从参加革命活动到就任北京大学讲师

他中学毕业那年正是辛亥革命的一年，他本是热心于君主立宪的，尤不同意排满，当时在革命高潮推动下，他也参加了汪精卫、李石曾、魏宸祖所领导的京津同盟会（中国革命同盟会的京津支部）。清帝退位后，他在同盟会的报纸《民国报》（先在天津，后迁北京）任编辑兼外勤记者，他现用的名字“漱溟”二字就是在《民国报》当编辑时的笔名。

1912年8月间，同盟会改组为国民党，他作为党员代表曾参加过在北京举行的成立大会。辛亥革命后建立了中华民国，许多同盟会人士以为革

① 梁济字巨川，清末仕至内阁侍读，任职民政部。民元北京临时政府成立，应赵秉钧之召，入内务部，因不满临时政府不恤民困，而以增加官吏薪俸为急务，辞职家居不出。1918年于自己生日之前夕投北京积水潭自尽。该处旧日立有一碑，题云“梁巨川先生殉道处”。著作辑为《桂林梁先生遗书》四卷。《清史稿》有传，溥仪《我的前半生》中亦曾提到他。

② 彭翼仲（彭诒孙），苏州人，1902年在北京创办《京话日报》为北京第一家中国报纸（先是1901年有《顺天时报》为最早，但为日本人创办）。稍后又出版文言的《中华报》。至1907年因论及时政，触清廷之忌，报馆被封，彭被逮捕、发配新疆，监禁十年。入民国后始赦，还继续办报，又因反对袁世凯帝制，再次被封。袁倒后，再出版，1921年病故，报纸由梁漱溟接办一个时期。

命已经成功，可以按照欧美议会政治的格局，实施宪政。所以要把作为革命暴力集团的同盟会改组为普通政党，以便通过议会来掌握政权。为了取得议会的多数席位，与几个小党合并，吸收了大批投机政客入党，并降低了自己的政治纲领。将原同盟会的“以巩固中华民国实行民生主义为宗旨”改为“巩固共和，实行平民政治”，而将民生主义作为一项政策。同盟会原有女同志，新党章则规定不收女党员。据梁漱溟先生回忆：孙中山和黄兴都出席了那次大会，会上对删去民生主义纲领和不收女党员问题发生了激烈的争论，有个女同志唐群英起而质问，甚至要上台殴打宋教仁。只是由于孙总理一再长时间讲话，说服解释，才勉强完成选举程序。由早八点开会直到天黑，整天未得休息，昼长天热，疲惫不堪。

国民党改组后，将《民国报》改为党总部的机关报，由汤漪主持，梁漱溟等人离开了报社。由于他当记者时经常出入民元的临时参议会，民二的国会两院，国务院和各政党总部采访，看到当时政治舞台上袁世凯和军阀政客们的各种阴谋诡计，卑鄙龌龊的行径，使他对心目中一向奉为政治理想的议会制度和政党政治发生了怀疑，1912 年末 1913 年初，他一度热衷“社会主义”，认为财产私有是造成社会问题的根源。曾撰写《社会主义粹言》小册子，自刻蜡版油印数十份，分赠友人。及至对现实政治感到失望，由功利主义转为消极出世，就更加倾向于佛教哲学。1913 年二十岁，开始茹素（一直坚持至今，已七十余年），搜求佛典，精心研读，费力甚苦，决心出家当和尚，并学习中西医，准备以行医为生，以代替佛家之“乞食”。他的父亲对他一向持放任态度，虽然反对他拒婚和出家当和尚的想法，却也不加强制。二十四岁时他完成《究元决疑论》的著作，在上海《东方杂志》上连续发表（后又印单行本，收入《东方文库》），内容主要评议诸家学派，而推崇佛教哲学。

袁世凯帝制失败后，1917 年，西南各省讨袁势力唐继尧、陆荣廷、刘显世等与段祺瑞妥协，组成所谓“南北统一”政府，“政学会”首领张耀曾代表西南势力参加内阁，任司法总长。张耀曾系梁先生舅父，即以梁为机要秘书，专管与西南往来密电。这时教育总长范源濂邀请蔡元培任北京大学校长（蔡在民元临时政府任教育总长时，范任次长，临时政府北迁，蔡即辞职出国，此时应范邀回国）。蔡到北京，梁漱溟先生拿着他所著《究元决疑论》诣蔡请教，蔡说他在上海已从《东方杂志》上见到此文，认为很有学术水平。并说他在北京大学的办学方针是学术自由，兼容并色，拟开设“印度哲学”一门课程，正找不到合适的人讲授，就约请梁先生任该课讲师。当时梁正任司法部机要秘书，又送妹丈灵柩回湘安葬，未能脱身，乃托一许先生临时代课。不久，张耀曾被北洋“督军团”赶下台，梁先生就到北大当讲师了。当时他颇受学术界重视，已名满天下的梁启超曾专程到他家采访，请教佛学问题。他对蔡元培、梁启超等前辈奖掖后进、虚怀若谷的精神非常钦敬。

当时正是“五四”新文化运动时期，北京大学在学术自由的气氛中，各种新思潮、新学说蓬勃兴起；各种社团、刊物纷纷出现，百家争鸣，异常活跃，《新青年》杂志批评旧文化异常锋利。他讲的印度哲学属于保守一派，受到新思潮的压力很大。他曾对校长蔡元培和文科学长（文学院院长）陈独秀说：“我要为孔子、释迦说个明白，出一口气。”为了争得学术阵地，他对中外各学派作了进一步的研究，写出《东西文化及其哲学》一书，主旨是将中国、印度、西洋三大不同文化体系，在人类文化发展史上给以适当位置。而在人生问题上则归结为中国儒家的思想，指出世界最近的未来，将是中国文化的复兴。从此以后，儒家思想就成为他的基本思想，只是日益深化，而没有改变。经过这一番研究，他的生活态度也发生了转变，从消极出世又“回到世间来”，放弃了出家当和尚的想法，三十岁时结了婚。他说：三十岁以前过的是佛家生活，三十岁以后转到儒家生活。

他在北大时，虽然学术思想上与新思潮处于对立地位，但在争取学术自由方面，立场还是一致的。1919 年 1 月北京大学成立哲学研究会，他是发起人之一，其他发起人为杨昌济、马叙伦、陶履恭、胡适、陈公博等。宗旨是“研究东西诸家哲学，瀹启新知”，当时在北大图书馆工作的毛泽东同志亦曾参加该会。他与先进人物李大钊私人关系不错，时相过从，李大钊到广州参加国民党第一次代表大会回北京后，曾向梁谈国民党改组情况。最近首都博物馆举办的“李大钊同志纪念展览”上展出的李大钊同志牺牲后，为李大钊同志家属募捐的收据存根，其中梁漱溟捐款五十元（银圆），数目还是较多的（捐款最多的是汪精卫一千元，其次陈公博三百元，鲁迅一百元，一般多为十元、五元）。

三　梁漱溟的“中国文化”思想及乡村建设理论

梁漱溟先生创立“乡村建设运动”是根源于他对中国社会的特殊认识。他常说，他研究学问是为了解决人生问题和中国问题，“不是为学问而学问”，他“感受中国问题的刺激，切志中国问题的解决，从而根追其历史，其文化，不能不用番心，寻个明白”。他得到的认识，“不是书本上的知识，不是学究式的研究，而是从活的问题和活材料寤寐以求之一点心得。其中有整个生命在，并非偏于头脑一面之活动；其中有整整四十年生活体验在，并不是一些空名词，假概念”。他的研究成果，就是他的四本主要著作：

《东西文化及其哲学》，作于1920—1921年；

《中国民族自救运动之最后觉悟》，作于1929—1931年；

《乡村建设理论》，作于1932—1936年；

《中国文化要义》，作于1946—1949年。

这四本书思想内容基本一致，且多重见或复述之处。他说：“此盖其间问题本相关联，或且直是一个问题，而在我思想历程上又是一脉衍来，尽前后，深浅、精粗有殊，根本见地大致未变。”

他对中国社会的认识有其独特见解，不失为一家之言。他认为中国人受周公、孔子的教化，“理性早发”，构成“伦理本位社会”，于是，由此而产生了中国社会的一系列特点，中国社会的发展就走着与西洋完全不同的道路。伦理关系就是情谊关系，推家人父子之情而广之，亲亲而仁民。人们相互之间因情而有义，是一种义务关系。父慈、子孝、兄友、弟恭，夫妇、朋友乃至一切相与之人，莫不互有应尽之义务。而人人反省自求，“向里用力”（反省、自责、克己、让人、知足、安分等），信赖自己的理性，所以这种义务不假强迫，完全出于自觉。

伦理精神贯穿于政治、经济、社会礼俗等各方面，政治上以教化为治，“以孝治天下”，经济上家人共财，亲朋邻里有通财之义，富人之以亲疏为厚薄，施财亦为义务；即东伙（劳资）之间亦为伦理之相依，而乏对抗等等。

梁漱溟认为，中国社会不存在阶级分野。但伦理本位社会只重视人事关系，不重视向自然斗争，科学不发达，经济停滞。且由于中西社会结构不同，中国人缺乏团体生活，公共观念，纪律习惯，法制精神等等，这些也不适合现代世界生存之需要。这是由于“理性早发”，造成“文化早熟”的缺欠，不是落后，而是因其超过而后不及的。“中国的伟大非他，原只是人类理性的伟大；中国的欠缺却非理性本身的欠缺，而是理性早启，文化早熟的缺欠。”所以中国的问题是一个“文化失调的问题”。以中医为譬，中国的病是虚症，不是实症（有余之症），要补，不需要泻。

由于中国社会具有特殊性，社会的改革就不能照搬西方的那一套。他认为自清末以来的宪政运动到民国以来的现实已证明，资产阶级民主政治在中国是“第一个行不通之路”。中国社会改造的方法，只有根据“伦理本位”的特点，用教育的方法改革政治，培养新的政治习惯，结成团体，加强社会的组织性，普及教育文化，引进科学技术，经济上振兴农业以引发工业，“从乡村生产力购买力辗转递增，农业工业迭相推引，逐渐以合作的道路达于为消费而生产，于生产社会化的进程中，同时完成分配的社会化”。这一切须从小范围（基层）着手。这便是“乡村建设运动”，或称“社会本位的教育运动”。

梁漱溟先生说：“我所主张之乡村建设，乃是想解决中国之整个问题，决非仅止于乡村问题而已。建设什么？乃是中国社会之新的组织构造（政治、经济与其他一切均包括在内），因为中国社会的组织构造已完全崩溃解体，舍从新建立外，实无其他办法。”他认为建立中国社会新的组织构造也就是“完成了中国的革命”。

四　受聘村治学院讲授“村治”理论

梁漱溟先生自称他“一向喜欢行动而不甘于坐谈”，他要把自己的学说付诸实行。1924 年他离开北大到山东去筹办“曲阜大学”未能成功。便与山东的政治活动家王鸿一合作，在曹州（菏泽）办高级中学，他办的高中与普通学校不同，首先着重“人生道理，即儒家哲学和伦理思想的教育，教以谦抑宽和处己待人之道，以求人生向上”。其次要“合中国古人之讲学与近代社会运动而一之”，“广求师友”，聚合了一批同道，培养了一批门徒，他们都有志于社会改革，形成了一个派别，这就是后来“乡村建设派”的雏形。这个派别有个特点，就是特别注重师统观念，不但接受过教育训练，或听过讲学的人以师生相称，即后来乡建派的各种组织中，上下级之间亦皆以师生相称，纳隶属关系于师生关系之中，这可能是源于儒家“作之君，作之师”的传统思想。

曹州高中的重要人物有陈亚三、郭俊卿、葛象一、熊十力、黄艮庸、王平叔、王子愚等。陈亚三（山东郓城人）后成为乡建派的领导人之一，直到晚年还追随梁先生，后在北京去世。郭俊卿是菏泽回民知名人士，交游甚广，任六中校长多年，远近人称“郭老师”。熊十力以研究佛学《唯识论》闻名。王子愚即王近信，美国留学生，曾任山东省教育厅秘书主任，后来曾任邹平研究院副院长。黄艮庸（广东人）、王平叔等均为梁的得力门生。

1925 年曹州高中因受军阀战争影响停办。梁先生回北京，聚集了一些信仰他的学生，约请熊十力和他一起讲学。1927 年春，以《人心与人生》为题假北京大学开设讲座，讲了三个月。《人心与人生》是对《东西文化及其哲学》一书的修正和补充，是他的重要著作，过去未出版，1975 年重新写定，最近由上海学林出版社出版。

1924—1927 年，从国民党改组到北伐战争，是中国局势发生激烈动荡和变化的时期，在这三年中，梁漱溟先生在北京静观时变，没有做什么事（也未教书），只是派王平叔、黄艮庸、徐名鸿三人去广东考察。这三个人到广东后参加了北伐军，随陈铭枢打到武汉。“宁汉分裂”后，王、黄回北京，徐名鸿则参加了共产党（后在“闽变”中牺牲）。接着国民党“清党”反共，大革命结束。到这时，梁先生确信西方资产阶级民主政治和苏联式的政治制度在中国都是走不通之路，“亟当回头认取吾民族固有精神，来作民族之自救运动”。1927 年 5 月，他偕王平叔、黄艮庸到广东李济深处，李时为国民党西南政治分会领导人，国民革命军总参谋长，代总司令留守后方。李要推荐他任广东省政府委员，他辞不就。在广州新造细墟乡间住了一段时间（这期间发生了广州起义），研究了农村经济问题，他的乡村改革思想乃完全成熟（他自称乡村建设思想萌芽于 1922 年，大体决定于 1926 年冬，到 1928 年完全成熟），就向李济深建议在广东试办“乡治”。李请他担任政治分会建设委员会代主席，在广州举办“乡治讲习所”，并接办广州第一中学，以黄艮庸为校长，准备在广东省推行“乡村自治”实验。

为了了解其他各地乡村改革工作状况，以资借鉴，他于1928年2月离粤北上，先后考察了中华职教社主办的江苏昆山徐公桥“乡村事业改进会”，河北定县翟城村的“乡村自治”，定县平教会的“华北试验区”和山西太原、汾阳、介休等县的“乡政”。写了《北游所见纪略》一文，对各该地工作有所批评，后在《村治月刊》上发表。当他从山西回到北平时，李济深已在南京被蒋介石扣留，广东政局发生变化，已不能再回广东了。这时王鸿一正在北平参与汪、阎、冯“扩大会议”的反蒋活动。因王鸿一之介绍，他认识了河南“村治”派的梁仲华和彭禹廷。梁、彭邀请他帮助筹办“村治学院”，并主编《村治月刊》。他为该学院起草《河南村治学院旨趣》《组织大纲》和《学则课程》。他主编《村治月刊》后，连续在该刊上发表《中国民族自救运动之最后觉悟》等著作，宣传他关于乡村改革的主张。

1929年韩复榘任河南省主席时，彭禹廷在河南辉县百泉创办了一所“村治学院”。彭原为西北军军官，解甲归田后，在家乡办民团，剿土匪。因与韩复榘有西北军的旧关系，得到韩的支持，办了这所学院，于1930年1月开学，专门培训“村治”干部。邀请梁先生担任教务主任，讲授“村治”理论，是该校的理论指导者。

这个学院的主要人物有：

院长彭禹廷（彭锡田，河南镇平人）；

副院长梁仲华①；

教育长王秉程（王怡柯，河南汲县人）；

班主任孙则让②、高赞非③、张俶知等。

不久，蒋、阎、冯中原大战开始，河南成为战场，该学院乃暂迁北平，借农学院上课，并请燕大、师大几个教授讲课，梁先生也继续讲授“村治”理论。中原大战结束，该学院又迁回北泉。但韩复榘已调往山东，

① 梁仲华（梁耀祖），河南孟县人，为孟县有名的大地主，后为乡建派领导人之一。曾任山东省第一区（济宁区）行政督察专员兼山东省乡村服务人员训练处处长，抗战期间在大后方参加民主活动。解放后曾任四川省人民政府委员。

② 孙则让（孙廉泉），山东鄄城人，日本留学生，为山东乡建派领导人之一。曾任山东省第二区（菏泽区）行政督察专员。抗战后在湖南、四川任县长、专员。

③ 高赞非，山东郯城人，为山东乡建派骨干分子，抗战期间在山东与中共合作，参加革命。

新任河南省主席刘峙对村治学院不予支持，经费发生困难，只好停办。彭禹廷回到他的家乡镇平办“乡村自治”去了。

五 赴山东兴办“乡建运动”

在河南办“村治学院”时期，梁漱溟先生就与韩复榘建立了联系。早在冯玉祥任北洋政府陆军检阅使时，曾请梁到驻地南苑为所部军官讲学，当时韩为团长，就听过梁的理论，对梁的“乡村建设”主张极为赞赏。当然，韩复榘有他自己的打算，他看到乡村基层组织的改革，将有利于巩固和加强他的军阀统治，梁先生的乡村建设则依靠实力派来实现。他说：“我们与政府是彼此相需的，而非不相容的。至于落到依附政权，则亦有不得不然者。”并说“你不能排除它，就要利用它，不反对它，就要拉住它。否则你就不算会办事，就要自己吃亏而于事无益。”而梁先生对当时中国政局的一种看法——认为由于中国没有西洋那样强大的资产阶级，不可能形成一个现代统一国家。自民国以来，袁世凯、吴佩孚直到蒋介石都要用武力统一中国，都是痴心妄想。中国的统一，只有在乡村建设式的地方自治的基础上实行联合才能实现。这种看法无异为地方军阀割据提供了理论根据，当然也适合韩复榘的需要。

1930 年，韩复榘任山东省主席不久，就电邀梁漱溟先生来济南商谈在山东开展乡村改革问题，决定设立一所像河南“村治学院”那样的学校，并决定划给一定地区，供作改革实验，于是山东乡村建设运动的各项工作就逐步开展起来。自 1931 年到 1937 年时达七年之久，乡村建设的改革办法已在全省许多地区推广实行。

韩复榘对梁漱溟先生非常尊敬，称之为“梁先生”而不名，在有关乡建工作方面可谓言听计从，任凭他放手去做。有一次，韩复榘在省政府纪念周上讲话说：“我就是迷信梁先生啦。”梁在山东办乡建，不但与国民党势力有矛盾，而且与韩复榘的省政府各部门也发生了矛盾，因为“乡建派”的骨干分子不少人身居专员、县长要职，他们的实验区、实验县用人行政自作主张；还在全省许多地区分配干部，掌握基层政权，夺取了省政府各部门相当大的一部分权力，如用人权、财权、教育权等。只是由于韩复榘全力支持，谁也不敢说话。

“七·七”事变后，日寇打到山东，韩复榘在撤退前夕的1937年11月下旬，曾在千佛山与梁漱溟先生作过一次长谈。梁漱溟先生对韩复榘放弃山东深感失望，他曾到武昌向蒋介石报告韩复榘的撤退意图，并到徐州要求李宗仁下令阻止韩的撤退。但没有阻止住韩的撤退行动，“乡建派”的大部分人也都跟着韩复榘撤退了。

六　山东的“乡村建设运动”

山东的“乡村建设运动”概括地说，就是以梁漱溟先生的《乡村建设理论》为指导，以乡村建设研究院为中心，训练了大批干部，先后设计了两套改革乡村基层组织的办法，即“乡学、村学”制度和“乡农学校”制度，分别在邹平和菏泽两个“实验县”进行实验，然后划定更大范围的“实验区”，将乡农学校制度在全省许多地区逐步推广，以实现县政改革。

1932年12月，国民党内政部召开全国第二次内政会议，梁漱溟先生和定县平教会的晏阳初、无锡教育学院的高阳（高践四），均应邀参加（他们都是简派的省地方自治筹备员）。会议通过县政改革案，决定各省设县政建设研究院及县政改革实验区，可截留地方收入百分之五十作实验经费。适用此规定，自1933年起乡建研究院实际上又成为山东省的县政建设研究院（名称不变），以教育机关兼为行政机关，对各县有指导监督之权。邹平、菏泽两实验县成为县政建设实验县，经费由统收统支改为截留田赋等收入百分之三十包干（此款在邹平为每年五万八千余元，在菏泽为六万二千余元），所有通行各县之法令，凡与县政改革计划有碍者得不受其约束。这样，山东的乡村建设就得到国民党政府的承认，具有“合法性”。

1. 乡村建设研究院。乡建研究院设在邹平，1931年初开始筹备，6月正式成立。它是全省乡建工作的指导中心，又是训练干部的场所。内分三部分：一为乡村建设研究部，招收大专学校毕业生或同等学力人员，由梁漱溟先生亲自指导进行理论研究，以培养高级人才。先后办了三期，共毕业五六十人。二为乡村服务人员训练部，招收中学、师范毕业生或同等学力人员，着重业务训练，作为基层干部。三为实验区，即邹平实验县，后又增划菏泽为实验县。实验县由研究院直接领导，县长由研究院提请省府任命，用人行政悉由研究院自行决定。研究院因工作需要，设有一些业务部门：有农场一处，从事农业技术的改良示范和推广工作；又有社会调查部、乡村服务指导处、合作指导处、美棉运销合作社等。并有医院、图书馆，还设有一所乡村书店，出版乡建书籍，发行《乡村建设旬刊》，在济南、济宁等地设有门市部，抗战期间迁武汉。

梁漱溟先生是乡建派的领袖，主要从事理论指导。在他周围有一批骨干分子做具体工作，研究院主要人员有：院长梁仲华（1933 年 10 月起，梁漱溟自任院长）；副院长孙则让（1933 年孙出任菏泽实验县县长；副院长先后由王冠军、王子愚担任）；研究部主任梁漱溟，助教王平叔、侯子温，训练部主任陈亚三（1934 年陈出任菏泽实验县县长，兼研究院分院院长，后由黄艮庸继任）；军事主任王冠军（王绍常，山东菏泽人，曾任西北军的军长，与韩复榘关系较深）；总务主任张俶知（四川石硅人）。班主任及导师：裴占荣、张国维（四川剑阁人）、周葆儒（浙江海盐人）、汤茂如（四川大竹人，后任乡村建设专科学校校长）、张筱珊（山东菏泽人）、赖执中（江西宁都人）、方铭竹（江西上饶人）、云颂天（广东文昌人）、高赞非（山东郯城人，后任菏泽分院教育长及第二乡建师范教育长）等。乡村服务指导处主任时霁云（山东齐东人）。编辑部主任茹春浦（山东蓬莱人）。农场主任于鲁溪（山东临淄人，曾任定县平教会及河南村治学院的农场主任，在研究院兼办美棉运销合作社）。合作指导处主任秦亦文（山东新泰人）。

此外还约请清华、燕京、农学院等大学教授许仕廉、杨开道等临时讲课和指导作社会调查，有的参加了乡建工作，如燕大教授张鸿钧任汶上县长，杨开道任济宁训练处教育长。

1934 年在菏泽实验县设立了研究院第一分院，由陈亚三任实验县县长兼分院院长，训练了一期学生。

1936 年将研究院的训练部纳入师范教育体系，改称“山东省第一乡村建设师范学校”，菏泽分院与原有的省立第五师范合并，改称“山东省第二乡村建设师范学校”，内部均设特别师范部招收高中生，一年毕业；普通师范部招初中生，三年毕业；简易师范部招小学毕业生，四年毕业。同时，为从长远着眼，使培养乡建干部向正规教育体系发展，在济南筹建“山东省乡村建设专科学校”，以定县平教会的汤茂如（美国留学生）为校长。专科学校系就原济南高级农业职业学校及济南乡村师范合并组成，内设乡建专科（招高中毕业生，培养“乡农学校”校长，四年毕业）；高级农职（招初中毕业生，培养技术员，三年毕业），特别师范部（招高中生，培养乡农学校的佐治人员，一年毕业），普通师范部（招初中生，培养高小教师，三年毕业），简易师范部（招高小毕业生，培养村学教职员，四年毕业），另设实验部，有配套的实验农场，乡农学校，完全小学、短期小学、村学、合作社、农业推广部、卫生组织，以达乡村建设之整个教学做合一之目的，校内除讲授实验外，皆有实习场所。学生第一、二学年，在校修业，第三年分往各专员区实习，第四学年回校研究实习中之问题。但此项计划未能完全实现。

为解决当时需要，还举办了一些短期训练班。1934 年将在各县候差的山东警官学校毕业实习生一百余人，集中菏泽分院，成立了乡村自卫干部训练班，训毕分配到各县任乡农学校自卫干部。1936 年又将山东八个师范学校应届毕业生五百余人分别集中在济宁（男生）、邹平（女生）加以训练，分配任乡农学校干部。1937 年又在济宁设立“山东省乡村服务人员训练处”，分班训练从乡农学校校长到事务员的乡农学校的各级干部（见后）。

研究院训练部及分院共办了三期，训练学生约一千人；两个乡建师范毕业的学生有五、六百人；警校及八校师范生共六百余人。合计先后训毕、分配工作的基层干部约二千余人。梁先生说：“吾侪前后同仁同学总计不下四千余人。”

2. 邹平县的“乡学”“村学”。制度邹平是研究院的第一个实验县，自 1931 年冬开始，研究院师生在梁漱溟先生亲自指导下，到该县各区乡调查研究，试办乡村教育，总结经验，制定出一套改革办法，就是“乡学”、“村学”制度。1932 年在全县实行。取消原有的区，将全县划分为十个乡，乡设“乡学”，乡以下分为若干村，村设“村学”，就区划面积看，乡与原来的区相当（略小），村则相当于原来的乡，村学是乡学的基础，乡学是村学的上层。“乡学”、“村学”既是行政机关，又是教育机关，又是乡民的自治团体，“行政机关教育化，社会学校化”。以一村或一乡的一切人（男女老幼）为教育对象，称为“学众”，全村人非学生即师长，无一非村学的构成分子。乡学、村学皆遴选当地有资望的领袖人物三五人为学董，组织学董会，为议事和执行机关，从中推举齿德并茂者一人，由县府礼聘为学长，为一村或一乡之师长，主持教化，调和众人，但不负事务责任。再由县府于学董中择一有办事能力者委为理事（常务学董），负“办公事”之责，其他学董共同协助，任期皆为一年。县府又派辅导员一人，教员一、二人（皆为受过训练的学生）以辅助之，而为实际上的行政和教育的负责者。

乡学和村学的工作是：（一）办理学校教育和社会教育。村学设成人部、儿童部、妇女部，对失学儿童设共学处，因陋就简，随处施教。乡学设高级小学部、职业训练部（合作社职员、社员冬春训练蚕业、机织传习等）。（二）推行各项改良措施，如禁缠足、戒早婚及买卖婚姻，禁烟、禁赌，戒游惰、戒斗殴，农业改良，造林、修路、讲卫生等。（三）经济方面扶助农民组织生产、消费、运销、信用各种合作社，以办生产、运销社为主。各乡经常办合作训练班，训练合作社人员，凡村学教员均须经合作函授班毕业，会指导办合作；高小及成人部教育加入合作内容，把合作社作为从经济上组织农民的主要手段。每乡有美棉运销合作社联合组织，县有总会。邹平设金融流通处，作为县金库，并经营农业信贷业务，贷款以合作社为对象，不贷个人。辅以技术指导，良种推广，推动合作组织普遍发展。（四）办理乡村自卫。自卫组织名为“联庄会”，先由各乡选送优秀青年施以严格军训，委充各乡的乡队长、副乡队长。办理联庄会训练班，每年办一次，训期两个月，轮训十八到三十岁之壮丁，先训富农，依次征调，不许雇替。截至1935年共训三届二千二百八十一人（以后数字不详），并购买一部分枪支（归村有，丁银四十两购快枪一支，已有的免购，全县丁银三万七千余两，有枪约近千支），受训后按地段编组，每村编为一村组，设村组长、副组长。全乡编为一乡队，受乡学节制及乡队长指挥，维持治安，防护青苗。在不大妨碍农事原则下，每月至乡学集合一次，举行“乡会乡射”操演练习，并由乡干部传达政令时事，这叫作“纳军事于礼乐之中，明政教于长老之前”。该县在建立自卫组织的同时，将原有民团及公安派出所裁撤，选留部分精壮兵警，经过严格训练作为过渡性维持治安之力量，及至联庄会组织扩大，即遣散兵警，成立警卫队，一面为联庄会员复习训练机关，一面作为常备部队，担当地方警卫任务。每期抽调会员四十人，训期四个月，期满轮换，成绩特优者留队任班长，遇缺提升干部。联庄会员除维护治安外，且为各项工作骨干，如兼办户籍登记，办合作社等。

乡学、村学的目标是师法于宋儒吕和叔《吕氏乡约》的“德业相劝，过失相规，礼俗相交，患难相恤”。总的口号是：“大家齐心向上学好求进步！”要求学众遵规约，守秩序，敬长睦邻，“尊敬学长，接受学长训饬”，“信任理事，爱护理事”，学众可监督理事，“勿使陷于不义”，但应避免正面冲突，可向学长反映，由学长转告。由此“培养新的政治习惯”，即团体生活习惯，进而建设“新的社会结构”。梁漱溟先生把这一套办法称之为“社会本位的教育体制”。

先后担任邹平实验县县长的有梁秉锟①、朱桂山②、王怡柯、徐树人等，梁先生自己也曾一度兼县长。

3. “乡农学校”制度及其推广。“乡学”、“村学”制度是根据梁漱溟先生的“伦理本位社会”思想而来，着重教化，要“养成新礼俗”，“形著其组织关系于柔性的习惯之上”。梁先生说：“邹平工作侧重乡村组织，求有以启发培养乡村自治力量，不能有速效，始终未向邹平以外推广”。孙则让等一部分领导人就研究设计了另一套办法，这种新办法就是“乡农学校”制度，即将邹平的乡学，村学两级组织简化为“乡农学校”一级组织。经研究院领导集团商定，邹平仍按原实验办法不变。1933 年 3 月另划菏泽为第二个实验县，对新办法进行实验，同时在鲁北滨县、沾化、利津试行。按新办法把菏泽县原有七个区改划为二十个乡，每乡设一“乡农学校”。乡农学校有校长、教育主任、指导员、事务员、军事教练各一人。校长领导“乡农学校”工作，教育主任主管学校及社教，指导员主管农业、合作、建设等事项，军事教练主管组织自卫队，训练壮丁。号称为“政、教、养、卫合一”的组织。另有乡长一人，由当地士绅担任，类似邹平的“学长”，不做实际工作，作用不大。乡农学校的中心工作是按土地多少为序，抽调壮丁，自带枪支（鲁西民间枪支较多，无枪者购枪亦不难，无地者不抽调，故有雇穷人冒名顶替受训的），办理自卫训练班，分

① 梁秉锟（梁劼诚），河北大城人，曾任山东莱阳、邹平县长，北平市社会局秘书主任。1949 年后去台湾任基隆市长。

② 朱桂山，山东省单县人，早年留学日本，参加同盟会，为王鸿一的好友，曾任邹平实验县县长。抗战期间，当了汉奸，任伪济南市长、道尹等伪职。其子经古为日本留学生、抗战前任济南东鲁中学校长，曾陪同梁漱溟赴日本考察乡村情况。他也是韩复榘与日本勾结的中间人。抗战期间也当了汉奸。任伪山东省新民会长兼教育厅长。

批训练，训毕编为自卫队，维护地方治安，并定期召集检阅演习，号称“寓兵于农，守望相助”。梁漱溟先生说：“菏泽工作，一面革新行政，以行政力量推动一切；一面从民众自卫训练进而为各种训练，树立各项建设基础，其收效较快，且适合国防需要。”

由于有地方自卫武装，菏泽治安情况，确有改善。1934 年刘黑七（刘桂棠）股匪流窜数省，到菏泽未能入境。是年第一期自卫训练班结业，请韩复榘亲临检阅，韩见把老百姓变成号令严整的队伍，有这么多人和枪，大加赞赏，因而“乡农学校”制度很快就在全省大部分地区推广开来。

根据国民党政府内政部关于县政改革的决定，1935 年以菏泽为中心，增划济宁等十三县（共十四县）为“县政建设实验区”，设“实验区长官公署”于济宁。先后以王绍常、梁仲华为实验区长官，负责改组区内各县县政府，在新划入的济宁等十三县推行菏泽的“乡农学校”制度。1936 年又改划了三个行政督察专员区。第一区以济宁为中心，辖十县，以梁仲华为专员；第二区以菏泽为中心，辖九县，以孙则让为专员；第三区以临沂为中心，辖八县，以张里元为专员。在各该区内各县普遍实行“乡农学校”制度。此外并在寿光、莱阳推行。后又增划了其他专区，截至“七·七”事变，共在七个专区内，各县都实行了乡农学校制度。即在全省一〇七县中推行七十余县。原计划三年内全省普遍实行乡农学校制度，因韩复榘撤退未能实现。

乡建派在山东所作的“实验”对于乡村基层组织形式及作用确实是一项重大改革。旧日的区公所只有一名区长和一名助理员，乡公所只有一名乡长和一两名乡丁，多由没有文化的土豪、地痞充任，组织很不健全，除摊派捐税外，几乎办不了别的事，老百姓除完粮纳税外，与政府也无关系。新的改革办法使基层组织大为充实，具有多种职能，什么事都管，干部是受过专门训练的学生，具有一定工作能力。特别是基层组织掌握着武装，具有权威性，这样就加强了基层政权的效能，便于对农民的组织管理，有利于各项政令的贯彻执行。在当时条件下，这种改革便利了韩复榘的军阀统治，所以得到韩复榘的支持。抗战期间孙则让在湖南、四川任行政督察专员，为国民党政府办“县政实验”，对于帮助国民党加强反动统治也起了一定作用。1940 年国民党政府推行“新县制”，就是采用了“乡农学校”的一些办法，可见其影响是不小的。

邹平实验县比较重视经济工作，做了一些改良农业技术，推广美棉良种、组织合作社等事情，对于发展农业生产，活跃农村经济有一定效果。特别是改良棉种，推广长绒棉，经济效益显著。邹平所产棉花经上海华商纱厂联合会评定，质量超过灵宝棉，为全国最优者。根据“振兴农业以引发工业”的主张，还计划在邹平孙家镇筹建纺纱厂和织布厂，因“七·七”事变发生，未能实现。

对于组织教育农民的工作，梁漱溟先生认为效果也不够理想。他说：“乡村建设工作，必须以知识分子引导而以乡村人为主体。”又说，“本来最理想的乡村运动，是乡下人动，我们帮他们呐喊。退一步说，也应当是他想动，而我们领着他动。现在全不是这样。现在是我们动，他们不动，他们不惟不动，甚至因为我们动，反而和我们闹得很不合适，几乎让我们做不下去。此足见我们未能代表乡村要求！我们自以为我们的工作对乡村有好处，然而乡村并不欢迎。”还说，“我们是走上了一条站在政府一边来改造农民，而不是站在农民一边来改造政府的道路。……我们与农民处于对立的地位。”

4. 乡建研究院与全国的乡村改良运动。中国的乡村改良运动早在1904年就有米迪刚在定县翟城村办“村治”。这是“村治”一词的由来。入民国后有山西“模范省”的“村政”，“五四”以后有“新村运动”和定县平民教育运动、南京的晓庄师范等，但活动范围和影响都不大。三十年代初，我国受资本主义世界“经济恐慌”的影响和国内战争的破坏，出现了民族工业凋敝，农村破产的局面，社会矛盾激化，农民暴动时有发生。在这种历史背景下，全国各地兴起了一阵乡村改良运动的浪潮。各种各样的乡村工作单位纷纷出现。有官方机构，如行政院农村复兴委员会，经济委员会农业处，实业部中央农业实验所，江苏和浙江的县政改革实验县，山西和广西的“村政”实验等。就连已失去地盘的张学良也派人到邹平考察，在西安成立了“乡村建设研究会”。学术机关有：山东乡建研究院，定县平民教育促进会，无锡江苏教育学院，上海中华职业教育社（该社在昆山、镇江、泰县、苏州、宁波等地有乡村改进实验点）。学校有：中央大学农学院，金陵大学农学院，燕京大学农村建设科，燕大社会学系清河实验区，南开大学与平教会合办的华北农业研究改进社，齐鲁大学龙山农村服务站等。乡村自治团体有：河南宛西各县的自治委员会，村治学院同学会。救济机关有：华洋义赈会，宗教团体有：江西黎州基督教农村服务社。还有经济界，如华北工业改进社，上海的金城、交通银行等。据说最多时全国不下二百余单位。这些单位的立场、观点和方法各不相同，甚至互相矛盾，如梁漱溟就不同意晏阳初的中国社会问题是“愚、贫、弱、私”之说。但它们有共同的目标——改良农村。这样，就从四面八方联合到一起来了，它们互通声气，互相观摩，自1933年至1936年先后举行过三次“全国乡村工作讨论会”，第一次在邹平，第二次在河北定县：第三次在江苏无锡，互相通报情况，交流经验。邹平研究院、定县的平教会和无锡教育学院号称乡村工作的“三大中心”。尤以邹平乡建研究院规模最大，影响最广，为乡村改良运动之巨擘。

七　抗战初期的“乡建派”

1. 从宣称“守土抗战”到撤出山东

“七·七”事变开始后，山东的“乡建派”宣称要组织民众，守土抗战，加紧了各县的壮丁训练。在他们所举办的训练中，也加强了有关军事的教育，并分派学生到各地进行战时动员、组织群众工作的实习。但是他们依附并听命于韩复榘。韩复榘先是态度暧昧，后来急于撤退（怕日军在平汉线截断其退路），一心想从山东多带走壮丁、民枪和钱款，乡农学校变成了韩复榘害民的工具，最后乡建派自己也跟着韩复榘撤退了。

梁漱溟先生于1937年秋冬之间，风尘仆仆地奔走于邹平、济南、济宁、徐州、南京、武汉等地，除为济宁的乡村服务人员训练处讲课外，还会晤了韩复榘、蒋介石、胡宗南、李宗仁等人，商谈山东局势问题，并出席国防参议会，相当忙碌，但他未能阻止韩复榘的撤退。他于10月中旬离开邹平，11月底离开济南，1938年2月离开曹州，从此离开了他经营七年的山东。

乡建派的两个重要人物梁仲华和孙则让撤退时都带走了大批壮丁和民枪。孙则让带走四千人（编为一个旅，补充了军队），梁仲华带走了一千人（后来改编为“政治大队”）。与乡建派关系密切的人物，留在山东抗战的只有高赞非、张里元、周同等少数人。高赞非与中共合作，后来参加了革命。张里元是三区专员，在鲁南山区打游击，因与沈鸿烈不和被撤职，又任国民党苏鲁战区游击第一纵队司令。周同是滕县县长，1937年底日寇进攻津浦路，因他配合军队死守滕县而闻名（当时讹传他已牺牲）；国民党政府曾予明令褒扬，旋升任第一区专员。但他们都已不再打“乡村建设”的旗号了。盛极一时的“乡村建设运动”，随着韩复榘的撤退而销声匿迹。

梁仲华是山东乡建派的第二号人物，他的撤退，颇具典型性。这里略述其经过：梁仲华是第一区行政督察专员兼山东乡村服务人员训练处副处长（名义上韩复榘任处长，实际由梁负责），该处是为适应“乡农学校”制度逐步在全省推广之需要，在八校师范生训练处的基础上扩大组织成立的。1937年春招生，内分乡农学校校长班、教育主任班，指导员班和事务员班。训练时间半年，准备训毕后分派任各该职务。教育长是杨开道，教师除梁漱溟先生讲授“乡村建设理论”外，有于永滋（合作社专家）、赵冕（原东吴大学教授，定县平教会人员）、张金鉴（后任国民党内政部次长）、雷震（教育学家）、杨太空等。该处开学时“七·七”事变已发生，“八·一三”后抗日战争全面展开，山东形势日趋紧张。梁仲华声称要领导所属地区群众守土抗战，在各县进行了宣传动员工作，加紧训练壮丁。在训练处内由各班挑选一部分学员成立军事班，施以严格军训，备作军事干部，其余也加强有关游击战争等教育，以便能在基层领导群众进行游击战争。为表示决心，他在是年冬一天的凌晨一时，集合训练处全体师生和专署、济宁县有关干部千余人，在训练处大礼堂举行宣誓大会。设香案、香烛、三牲供“轩辕黄帝”和“先师孔子”神位，梁仲华等领导人均着“常礼服”，连那位洋博士杨开道也换上长袍马褂，梁仲华拈香致奠后就带领大家宣誓：“余等誓以至诚，领导民众守土抗敌……皇天后土，实所共鉴！”每人还须在誓词上签名盖章，以昭信守，气氛异常严肃隆重。但过了几天，他就带着训练处师生和调集的各县壮丁人枪逃奔河南去了。

他带着这批人枪先撤至鱼台，由鱼台开往河南。出发时，他对全体人员讲话说：第三路军溃退，山东局势混乱，济宁情况不明。我们在鱼台受到刘耀庭（韩复榘的特务队）的威胁，想守土抗战也站不住脚，情况紧急，只好暂到河南休整一下，再回来抗战。因壮丁们纷纷开小差，他就下令当场枪毙了一名逃兵，以杀一儆百，然后立即带队出发。行至商丘，传来韩复榘被扣的消息。他作为守土有责的地方官，处境非常被动。他急忙跑到武汉去找门路（队伍暂驻淮阳），结果国民党给以“军委会战时干部训练团第一团直属第一大队”的名义，由赵冕任上校大队长，学生到武汉受训（豫鲁干部班），壮丁暂驻豫西镇平训练。

乡建派随韩复榘撤退，带走壮丁民枪，引起山东人民强烈不满，因而乡建派声名狼藉，为人所诟病。继任山东省主席的沈鸿烈，说乡村建设“不合法令”，下令把全省乡农学校一律撤销，恢复了区、乡、闾、邻（或保甲）制度。

梁漱溟先生对山东乡建运动的结局十分痛心。他说：“吾侪工作主要在乡农学校，乡农学校一面为社会教育，民众训练机关，一面又为下级行政机关。以其为下级行政机关，一切政令均借此而执行。当初将借以推动各项建设者，今则以当局要壮丁、要枪支、派差派款，执行其一切苛虐命令。凡当局一切所为之结怨于民者，乡农学校首为怨府。更以其为民众训练机关，平素之集合训练在此，召集调遣在此，壮丁枪支皆甚现成，于是每每整批带走。假使无此民众训练，或不兼为训练机关，则当局虽要壮丁，要枪支不能如此方便；乡间亦自有许多通融挪移回避之余地。然今皆以乡农学校而不能，其为怨毒滋甚。更有怨毒最深者，则以欺骗手段收取枪支，带走壮丁之事屡屡发生。例如：始而只说集中训练，多日以后，一道命令忽然几十人整批带走。事前乡农学校固未料到，而曾向乡民以‘绝不带走’为担保式之声明者，至此毫无办法。自己落于欺骗民众地位。甚至有时乡农学校亦在被骗之列，而乡民仍认为乡农学校行骗，怨毒之极致有砸毁乡校、打死校长之事。我同学之死于此者竟有数人之多，曷胜痛吊！其实不顾信用，为此巧取豪夺者，除省当局外，或系专员，或属县长，或为军队，与一乡农学校校长何预？以建设乡村之机构，转而用为破坏乡村之工具，吾侪工作至此，真乃毁灭无余矣！吾同人同学几乎不能在社会上立足，几乎无颜见人矣！言念及此，真堪痛哭！”

2. 梁漱溟先生在抗战初期的一些活动

抗战开始后，国民党政府为装点“全民抗战”的门面，延揽各党派和社会知名人士为国防参议员，在南京成立国防最高委员会参议会，参议员有共产党的毛泽东、周恩来（毛主席未参加开会），救国会的“七君子”等。梁漱溟也是参议员之一，他就是在国防参议会上认识周恩来的。国防参议会由蒋介石任主席，汪精卫任副主席。参议员经常听取关于军事外交情况的报告，讨论重大问题，提出建议。任命胡适为驻美大使，就是国防参议会商定的。1938 年在武汉时期，国民党特别代表大会后，把国防参议会扩大改组为国民参政会，梁漱溟先生是驻会参政员。在国防参议会和国民参政会期间，蒋介石时常召见几位参议员就某一问题举行谈话，梁漱溟先生也被召见几次。蒋介石对在野名流是注意拉拢的。早在 1932 年，就曾托朱经农（山东齐鲁大学校长，转任湖南省教育厅长）邀请梁先生到武昌会面（当时蒋的“剿共”总司令部设在武昌），梁没有去。1933 年梁先生应邀到南京参加内政部召开的全国第二次内政会议（内政部部长是黄绍竑），南京市长石瑛就陪他去看蒋介石，蒋装出很虚心的样子，倾听他的谈话，并不时记在小本子上，以后见面就亲热地称他为漱溟兄或漱兄。后来梁参加“民主政团同盟”去香港办报，批评了国民党，1946 年再见面时蒋就态度冷淡，称他“梁先生”了。

梁先生退出山东后，1938 年 3 月在徐州发表了《告山东乡村工作同人同学书》，其中总结山东乡建工作失败的原因为：“第一，抗战起后（韩复榘）未容吾人尽力于抗战的民众工作；第二，当局急切退离山东，遂以毁灭吾侪工作。”对于当时大局，他认为争取抗战胜利的核心问题是更进一步团结。他还号召留在山东的同人同学继续留在当地，根据各自的条件，组织群众，进行抗日活动。

关于组织乡建派团体，后来拟定了《中国乡村建设学社成立缘起及信约》、《乡村建设纲领》和《中国乡村建设学社社章》。《纲领》共二十五条，分为“对于中国问题之基本认识”，“确定建国之理想目标”、“进行之方针路线与步骤”，“负担工作之系统力量”和“可能成功之新社会”五部分，是一个包括政治、经济、文化教育各种设想的总纲领。后在四川成立了一个“乡村建设学会”，主席为梁漱溟，副主席为黄炎培和晏阳初。但这个学会并没有什么严密的组织，后来随着时局的变化，逐渐无形解体。黄炎培组织了民主建国会，晏阳初后到台湾任农村复兴委员会主任，不久即去美国，并在菲律宾办“乡村建设”。

梁漱溟先生欢迎国共合作，赞成共产党的“抗日民族统一战线”的主张，他于 1938 年 1 月第一次赴延安访问。那时由西安到延安还没有公路，交通不便，他是由武汉乘飞机到西安，然后搭乘八路军办事处的运货汽车，走了两天，于1月7日到达延安的，他受到中共中央的热情接待，并和毛主席作了深夜长谈。

3. “政治大队”组成和梁漱溟先生赴敌后视察

梁仲华带往河南的学生和壮丁，1938年夏，在战干团“豫鲁干部班”受训的学生结业，连同壮丁队合编为“军事委员会政治部战地服务团第四团”，接着又改称“军委会政治部直属第三政治大队”（当时政治部部长是陈诚，副部长是周恩来），除原有学生、壮丁外，有少数新参加人员，共一千余人，由秦亦文[①]任少将大队长，下分五个支队，其中壮丁队五百人编为警卫支队。1938年秋开回敌后，一个支队留河南，一个支队赴鲁北，其余在鲁西活动，不久又赴鲁南山区。学生队员皆为尉级军官待遇，分配到省属部队或地方做政治宣传工作，警卫支队配合当地政府打游击。警卫支队长陈登五是陈亚三之弟，曾在西北军当营长，在庐山军官团受过训，原为济宁训练处的军事教官。梁仲华由山东撤退时，将壮丁队交给他带，即以训练处军事班学生为连、排干部。陈有带兵及作战经验，1938年冬在鲁西活动时，在郓城一带与敌作战，夺得一部分马匹枪支，得到士兵爱戴和群众好评，第二区专员卢翼之（沈鸿烈的人）极力拉拢他，许以郓城县长职位，秦亦文却令警卫支队随大队赴鲁南。到鲁南后又受其他一些人的拉拢，他就滋长了个人野心，不甘于在政治大队中作一个警卫支队长，乃于1939年初率领全支队官兵声明脱离政治大队，要求归属沈鸿烈，沈也有意拆“乡建派”的台，就给他发粮发饷，指定防地（博山芦芽店一带），暂归省府教导团团长沈尹（沈鸿烈之侄）指挥。

1939年春，梁漱溟先生商得蒋介石的同意，以军委会特派员名义赴华北敌后视察，蒋送给经费一万元。他是抱着希望而来，想看一看乡建派这一支仅存的有组织力量——政治大队回山东后的发展，希望能把散处各县的乡建派同人、同学发动起来，重整旗鼓，成为一支在敌后的抗战力量，为乡建派在山东恢复声誉。不料政治大队内部发生分裂，使他非常扫兴。过去他在韩复榘支持下，培植乡建派势力，抓地方政权，与山东的国民党势力有深刻矛盾，因此，他这次来山东活动，就遭到国民党省党部的反

① 秦亦文，山东新泰人，是乡建派中的国民党分子，号称“合作专家”。日本投降后任山东省合作事业管理处处长及山东省政府社会处副处长。

对。他一到当时的省府所在地沂水东里店，街头就出现了攻击他的传单。他来山东也使沈鸿烈处于尴尬地位，只好以陈登五为牺牲品，送给一笔路费，勒令他离队回家。陈登五走后，秦亦文拉拢警卫支队干部，又把队伍拉了回来，其中一个中队因单独驻防，通知不及，仍留在教导团，被改编为教导团的一个连。

不久，日军飞机轰炸东里店，大举“扫荡”沂蒙山区，政治大队的武装力量缺乏有效的指挥，加以几经变化，人心涣散，很快被敌打垮，大队部被敌包围，秘书主任韩晓塘等数十人被俘，遭敌就地惨杀，只有两人被带到济南（其中一人为秘书王伯平，到济南后经朱经古保释，后来当了伪济南市社会局局长）。这时警卫支队收集残余，还有二百余人，因士兵都是鲁西人（原为第一专区各县乡农学校壮丁），他们就公推一位中队长刘涌深负责，率领回鲁西去找陈登五。其时陈登五在鄄城住闲，忽然有旧部来投，他就同乡建派人士裴占荣①、宋乐颜与当地国民党县政府协商，由县政府给以“濮县教导队”名义（当时鄄城属濮县），由县供给，听县指挥，但保持客军性质。由裴占荣任队长，陈登五任队附，宋乐颜任政治主任，还请一位在延安抗大毕业的陈某任政治指导员，后来被陈登五排斥走了。

梁漱溟先生在鲁南赶上日寇“大扫荡”，政治大队垮台，他无人保护，只好同他的秘书、参谋两三人窜山沟、钻山洞，备尝艰险，好容易躲过敌兵搜山，跑到八路军防地，才脱了险境。经八路军派人辗转护送到鲁西鄄城。他在鄄城对裴占荣说：“这次来山东，不如不来！”他说经过八路军防区，见到那里生气勃勃，工作、生产井井有条，没有混乱现象，深致称赞。谈到国共摩擦问题，他说自己今后的任务就是努力协调国共关系，促进团结抗战。总的说来，他这次来山东，是乘兴而来，败兴而返。然后他又到晋南太行山一常视察，十月间回四川。

“濮县教导队”通过当地乡建派的社会关系，在兵员、武器上稍作补充，保持在三百人左右，他们还敢与日伪军作战，打死过日本兵，夺得武器，纪律较好。1939 年下半年，鲁西国共摩擦加剧，就投奔了国民党的第

① 裴占荣，字雪峰，河北滦县人，清华大学国学研究院毕业。他是个道学家，以研究《易经》闻名，喜算卜，批八字，人称裴老师。

二区专员孙秉贤。在该处仍属客军性质，不接受二区的番号，自称“政治大队”。此时裴占荣、宋乐颜离开队伍，裴任定陶中学校长，宋到四川在梁漱溟办的勉仁中学教书去了。1941 年秋，国民党的冀察战区游击总指挥兼山东省政府鲁西行署主任孙良诚以该队不服从指挥为名，将该队缴械解散，陈登五被枪毙。至此，乡建派在山东的最后一点残余武装力量就被彻底消灭了。

八　民主活动

武汉失陷后，梁漱溟先生在四川办了一所勉仁中学（先在绵竹，后迁重庆北碚）又办了一所勉仁书院，后来又办了国学专科学校。这些院校的办学方针和办法，当然具有自己的特色。这些学校也就成为乡建派在大后方活动的据点。

自 1939 年起，国民党转向消极抗战，积极反共，不断与共产党、八路军发生“摩擦”。政策日趋反动，引起全国人民强烈不满，大后方民主运动随之蓬勃兴起。梁漱溟先生在华北游击区亲见国共“摩擦”，深惧演成分裂，妨碍抗战，回到大后方之后，奔走各方，希望能解决党派关系问题。他的主张是“多党并存，而收一党之效”，即“各党彼此为有分际的合作，实行介于一党多党之间的制度，一面于理想有合，一面于现实无违”。他曾到重庆曾家岩五十号中共办事处与陈绍禹、秦邦宪、林祖涵、董必武、吴玉章诸人交换意见。国民党方面他与国防最高委员会秘书长张群谈得最多。在中间力量方面，他与黄炎培、沈钧儒、左舜生、章伯钧等发起组织“统一建国同志会”，要把国、共以外的各党派联合起来，争取各党派一律以平等地位公开合法存在，对国事有发言权，以推动全国团结抗战。并由张群、王世杰陪同他去见蒋介石，当面解释，统一建国同志会的成立得到蒋的谅解。1940 年国共关系更加紧张。12 月尾，梁漱溟与黄炎培、左舜生聚会于张君劢家（张未加入统一建国同志会），四人会商，认为中间派任务重大，非加强组织不可，决定在统一建国同志会基础上扩大组织“民主政团同盟”。1941 年 1 月发生了震惊中外的皖南事变，中共极为愤慨，提出十二条件，中共参政员拒绝出席国民参政会。大局濒于破裂，形势十分严重。梁漱溟等第三方面人士奔走调停。在这期间“民主政团同盟”于3月间正式组成，由沈钧儒、左舜生、张君劢、黄炎培、章伯钧、梁漱溟分别代表救国会、青年党、国家社会党（民社党）、中华职业教育社，中华民族解放行动委员会及乡村建设学会六单位参加，梁漱溟被推为秘书长。为争取对国事的发言权，必须有自己的言论机关，但在国民党统治区办一张自己的报纸是不可能的，他们就推派梁漱溟到香港去办报。

梁漱溟先生于1941年5月抵香港筹备，9月间发刊《光明报》（即今《光明日报》前身），10月10日在《光明报》上发表《中国民主政团同盟成立宣言》及“十大纲领”，宣言是梁先生起草的，提出了“军队国家化”、“政治民主化”的口号。“十大纲领”是早经民盟议定又经梁加以润色的，其主要内容是：坚持抗战到底，反对中途妥协，实行民主，结束党治，在宪政实施以前设置各党派国事协议机关；军队国家化，反对以武力从事党争；实行法治，保障人民生命财产及人身之自由，反对非法之特殊处置等等。同时，内地的“民主政团同盟”组织也于10月10日公开了（前此是秘密的）。

他在香港办报期间，蒋介石曾先后派李石曾、杜月笙去劝他回重庆，说有意见可与蒋介石面谈。杜月笙自称“大义著于天下，言必信，行必果”，保证亲送梁到重庆见蒋，然后再亲自陪送梁回香港，决不食言。均被梁先生拒绝。

1941年12月8日，太平洋战争爆发，香港很快沦陷。梁漱溟身陷敌区，他不会说广东话，又无社会关系，处境十分困难。幸经友人范长江、陈此生设法雇得一条民船，帮助他们逃往澳门，又通过中共关系，从澳门经中山县转往桂林。他在桂林和广西贺县住了三年多（当时有不少民主人士住在贺县八步镇）。直到1945年日本投降，毛主席到重庆谈判，他才应国民党政府之邀回重庆，准备参加旧政治协商会议。1946年1月旧政协开幕，梁漱溟是代表之一，在会议中，他着重参加了关于军事问题的协商，他认为军队国家化是关键问题。

梁漱溟先生虽然与其他民主人士共同进行民主运动，但在政治问题上，他抱有不同见解。他一贯认为中国社会的根本问题是文化失调问题，政治问题只是表层，中国的宪政要从中国固有文化引申发挥，生出一个自根自本的政治制度来（即从小范围乡村建设入手，培养新的政治习惯而形成新的政治制度），不能袭取外国模式。不论英美式的议会政治或苏联式的政治制度，都不适合中国的国情。宪政不是救急药方，而是最后成果。1939 年 9 月，国民参政会通过召开国民大会实行宪政案，并成立“宪政期成会”，他认为这是“文不对题”，是国民党为应付各方意见玩弄的花招，沈钧儒、左舜生、张申府在重庆召集“宪政座谈会”，他谢不参加。1941 年 5 月周鲸文在香港主编的《时代评论》出版“人权专号”，民主人士纷纷写文章，唯他坚辞固拒。1943 年 10 月，国民党于国防最高委员会内成立“宪政实施协进会”，蒋介石自任会长，而以各党派人士为会员，邀他参加，也被他拒绝。他在答复邵力子拒绝邀请的信中说：“五六年来，民有痛痒务掩之，士有气节必摧之，政之为政，党之为党，如此而已。……古人忠恕之道，今人民主之义，一分行之，一分实效，感应至神，不言可信，不必以宪政为号召也。……言宪政必备其条件，是以有筹备宪政之说，至于民主精神何所求备于外？古人所谓‘我欲仁斯仁至矣’，政府诚有取于民主精神，政府自实践之，何用许多人来筹备？不此之务，日日为言说，层迭开会议，腾之众口，涂饰耳目，诚恐益失国内外之望”。他为了顾全大局，与争民主的朋友们保持行动一致，这些不同的见解，当时并未公开发表，以免为国民党张目。

关于政治体制问题，他 1945 年在广西发表的《论当前宪政问题》一文中提出一个方案，原则是：（一）以尊重国民党的领导权，实行全国各党派合作，为今日从党权政治达到民权政治的过渡形式；（二）从战时之国民动员引致国民参与政治，因动员机构以建立民意机构，为民权政治之始基。内容是：

（一）结束国民党的党权政治，从统治地位改居领导地位，其一切独占性、排他性之特权应即废止。

（二）全国各党派在法律上之地位一律平等。均得合法存在，公开活动。

（三）成立国事协议会，为全国最高权力机关，假定其议员为一百名，按四方分配之：

甲、国民党四十名，由乙丙两方协议推出之；

乙、共产党二十名，由甲丙两方协议推出之；

丙、民主同盟二十名，由甲乙两方协议推出之；

丁、无党派人士二十名，由甲、乙、丙三方协议推出之。

（四）由国事协议会产生国防政府，其组织及产生办法由国事协议会决定。

（五）国防政府为举国一致之政府，总揽全国治权。所有现在待决之陕北、晋冀等边区政府问题，应由国事协议会协议解决，实现全国统一。

（六）全国所有军队应脱离任何党派关系，统一于国家。其应有整编改编事宜，由国事协议会特设一委员会负责监督国防政府办理之。

（七）国防政府产生后，国事协议会即居于决定国家大计及监督政府之地位。

（八）党派问题由国事协议会特设委员会处理之。

梁先生说："由各党派构成之协议机关自无须民选议员。各党名单由其他方面协议互推，其间实有一种用心：盖团结合作其事至难，苟非有互让精神，则随时可以僵持不下，惟有如此互推之法，乃使热心合作顾全大局之人，较之坚持党派立场缺乏互让精神者易于入选。但全由他方推选而不许其本党自为斟酌。或亦难行，可于他方推选之后，许其本党调换十分之一。"他的这一套政治蓝图，可谓"自出机杼"。

旧政协达成五项协议，政治格局基本上是仿效西方民主政治，梁漱溟先生认为这是早期学英美制度的回光返照，但他还是起立赞同了。因为眼前似乎需要它，但它只是过渡，中国终要有中国的政制出现。旧政协会议后，就当时情况看，好像政协任务已经完成，他决定"结束行动，致力言论"。他说："今后我不在现实政治上努力，要站在远一步说话，我并不认为中国政治问题已解决，相反，认为现在拟议中之宪法不足解决中国政治问题，我的意见不同，有必要发抒意见，掉转工作方向。"于 1 月 27 日托周恩来带致延安毛主席一信，表示不参加拟议中之新政府，并在重庆《大公报》接连发表《八年努力宣告结束》及《今后我致力之所在》两篇文章，说明他要回到文化岗位上从事中国文化问题的研究，为准备一条建国大道作贡献。毛主席复信不赞成，说言论和行动可得而兼。他于是年 3 月再一次赴延安，向中共中央请教。这一次是搭乘美军飞机由重庆飞北平，再转飞延安。中共中央为他举行了欢迎会，毛主席、朱总司令、任弼时等十位领导同志坐在一起，共同倾听他讲述自己的意见，他的看法得到中共方面的注意和理解。他自称与中共的关系是"和而不同"。他说："我与共产党之间显然有很大距离……然而根本还是相通的。我对于民族前途，对于整个人类前途，有我的看法及远大理想；而他们恰是一个以远大理想为性命的集团。说到眼前一桩桩事，尤其说得通。这样，遇到该当合作的事就可以合作。……在人格上我不敢菲薄人家，至于见解主张之不同，不妨宽以居之。异中求同，依然有同可求。”

九 参与国共和谈

日本投降后，毛主席应邀到重庆与蒋介石谈判和平统一问题，达成“双十协定”。1946 年 1 月举行旧政治协商会议，商定五项协议。1 月 10 日国共双方在美国总统特使马歇尔协助下，签订停战协定，并共同下达停战令，自 1 月 13 日起停战。又根据政协关于整军协议之原则，由马歇尔协助于 2 月 25 日签订整军协定。但是蒋介石并无真正履行这些协定的诚意，而是以此为掩护，准备内战。因而军事冲突不断发生，和平谈判也就在无休止的争执中进行下去。国共和谈原由马歇尔居间调停，第三方面并未参加，因美国政府援助蒋介石打内战，马歇尔失去中共信任，又因当时第三方面为国共双方所争取，举足轻重。故自 1946 年 4 月下旬起，应马歇尔邀请，第三方面（包括民盟、青年党以及社会贤达）参加协助调停。梁漱溟先生作为民盟的秘书长，就成为调处工作的重要角色，他奔走国共之间，煞费苦心地向双方劝说，冀能完成和平使命，但终归失败。

他谈起这一段调停过程时说：中共方面顾全大局，再三让步，有时作了很大的让步。如宪法草案的十二要点是政协五大协议之一，经政协全体会议一致通过，但国民党中央全会通不过，内部聚讼纷纭，大闹特闹，出席政协的国方代表不堪党内诟责之苦，再三向中共、民盟恳商修改，周恩来迫不得已，商得起草人张君劢同意，对国方要求三点都予让步。按理说，大会决议任何人无权变更，这就是中共代表为照顾全局而作的让步。在和谈中，中共代表可以说委曲求全，再三忍让。如 1946 年 9 月间国民党军队大举进攻张家口，周恩来提出紧急备忘录，警告蒋军须立即停止进攻，否则即是和谈破裂。蒋介石不予理睬，于 10 月 11 日攻下张家口，并在胜利之余，片面宣布召开国大，这使人很难容忍。但周恩来在第三方面人士劝说下，仍忍耐到南京继续和谈。而蒋介石却避往台湾，只打不谈。

可见中共是真正相忍为国的。1946年上半年谈妥了几项问题，马歇尔主张解决一个问题，即签订一项协议，一步一步地建立互信，巩固和谈成果，以逐步达到全面解决，蒋介石却不准签字。到6月底第二次休战期满前夕，大部问题已谈妥，第三方面和马歇尔都主张把未谈妥的四个问题暂行保留，将已谈妥的问题签订协议，以便明日停战，连国民党方面的王世杰等也赞成这样办。但蒋介石坚持不许，必待全部谈妥始能签字。7月间蒋介石拖延谈判，避上庐山，马歇尔九上庐山，往返奔走，深为蒋所苦，马是费了心力的。马后期受了美国政府的压力，有些偏袒，但究与蒋介石不同。

在和谈后期，梁漱溟为第三方面主要调解人。1946年10月末，国民党片面召开之国大开会期近，第三方面希望能在会前完成和谈任务，使各方都参加国大，以免大局分裂，乃就整个和谈中的问题，拟提出三项折中方案，国共两方反应都不满意，但也无更好办法，只好退出和谈。

梁漱溟先生退出和谈后，由南京回重庆专心办学，声明今后三年只发言，不行动，只是个人，不在组织；在思想见解上不能苟同于国内任何党派。有时发表文章宣扬他的“中国政治的根本问题在文化”的见解，也对当前时事发表评论，对蒋介石破坏和谈有所揭露。他特别痛心于青年、民社两小党投靠国民党，说：“第三方面不能合作应受责备，陷大局于不可收拾。”1947年国民党要召开二次国大“行宪”，选举“总统”。是年9月，他在《观察》杂志上发表《预告选灾，追论宪政》一篇长文，说：“民国二十五年，全国举办国大代表选举，闹得举国骚然，鸡犬不宁，公私耗财之巨，社会风纪秩序破坏之烈，乡里友好结怨成仇，伤亡而继之以词讼，精神物质一切损失之无法计算，于水、旱、风、虫……任何一种灾，亦没有这‘选灾’普遍而深入，这确是古所未有的比什么都大的灾祸。然而不幸得很，今年我们在许多水、旱、兵灾之外，又将有一次重大选灾到来。”他认为中国的民主与宪政必须从固有文化中引申发挥，结合当前实际，不能袭用外国制度。中国人理性开发最早，贵谦、贵让而耻于争。唯理性与谦让得和合，唯和合得统一。“学外国自己出头竞选，靦然不以为耻，实大悖于固有之谦德……逞欲而亡耻，则其无所不至，自在意中，此其所以可怕也。”

到1948年下半年，国内形势急转直下。1949年元旦，蒋介石被迫下台，梁漱溟先生在重庆《大公报》发表《过去的内战责任在谁?》一文，历述和谈经过，指出内战责任不在中国共产党，而在蒋介石。同时希望中共“本其过去不好战之心，本其过去委曲求全之精神，与各方共同完成和平统一”。“因为谁的力量大，谁对国家的责任也大，谁不善用他们的力量，谁就负罪于国家。好战者今天既不存在，内战不应该再有，任何问题用政治方式解决，不要用武。以武力求统一，只有再延迟中国的统一。”

他的上述言论受到一些人的批评，被认为是企图阻止“将革命进行到底”。他在《答香港骂我的朋友》一文中说：“在国内除顽恶的×××（指蒋介石。因当时重庆尚未解放，报纸发表时用×××）真正没法和他共事外，各方都应合作，……你们尽管排斥我，而我心中却无所谓敌人，我与任何方面不取敌对态度。”

梁漱溟先生于1946年11月辞去民盟秘书长职务，实际上已退出民盟，1947年9月，国民党政府强迫解散民盟时，他声明脱离民盟；后来民盟在香港恢复组织，他再次声明正式脱离民盟。但与青年党，民社党那些急于做官、慌不择路的政客不同，他保持自己独立的见解，拒绝了国民党的拉拢，绝不同流合污，没有参加国民党的“国大”，没有担任过国民党政府的任何职务，也没有离开四川，直到四川解放。

尽管梁漱溟先生具有不同的世界观，在政治生活中也出现过波折，但他还是热爱祖国，拥护共产党，拥护社会主义的。新中国成立后一直被团结在党的周围，成为统一战线的重要成员之一。党的十一届三中全会以后，爱国统一战线进一步扩大，他受到党和国家的关怀和尊重，被增选为全国政协常委，他九十寿辰时，全国政协为他举行了祝寿宴会。他拥护党的十一届三中全会以来的政策，特别是对农村政策大为称赞。他已年逾九旬高龄，虽然形貌清癯，身体却很健康、耳不聋，眼不花，精神矍铄，经常参加各项社会活动。并每日孜孜不倦地伏案读书写作。我们祝愿他健康长寿！期望他为祖国的和平统一和社会主义事业继续做出贡献。

（注：这篇文字，有些事实是我当时亲历亲闻的，
有些事实是亲访梁漱溟先生而取得的。）

山东乡村建设研究院状况*

黄齐生

镇江一别，忽忽逾月，计来邹平，盖兼旬矣。初到时因漱溟先生赴北平未回，赖有效春先生在此，自无不便；然效春亦尚未与漱溟先生晤面，是以诸多隔阂。今漱已返院多日。此间情形得其大概，是以开始作第一次之通讯。

乡村建设研究院在邹平县城东关外，内分两部，曰研究部，曰训练部。研究部主任为漱溟先生，本部学生三十人，程度大学专门毕业或具同等学力者。以山东省籍为限。训练部主任为陈亚三君，学生二百八十人，程度中学毕业或具同等学力者，以旧济南道属二十七县籍贯为限。膳宿由院供给，研究生另月给津贴十元，其他外省愿附学者，须经考试，费用自备。训练生一年毕业，研究生两年毕业，全年经费开支约十万元。其详具该院一览中。

院中设正副院长，正院长为梁仲华君，河南人；副院长孙廉泉君，曹州人，与其他职员，大多昔年河南村治学院与定县平教会朋友。以邹平县境为本院试验区，区主任系由本县县长兼任，县长亦姓梁，故此间有三梁，皆院中主要人。当在南方时，分析未清，犹以为院长之梁，即漱溟先生也。

研究部所在地，为旧东岳庙改修。正殿为部主任室，后殿为教室，两

---

* 此文转载于《梁漱溟先生纪念文集》，中国工人出版社 1993 年 10 月版。原编者注：山东乡村建设研究院创建于 1931 年。正是这一年，作者来到邹平，小住一个时期，参观访问。文中记述了作者当年的所见所闻；虽较简略，却也再现了昔日邹平县与乡建院七十多年前的风貌。黄齐生先生为革命烈士王若飞的舅父，1946 年 4 月由重庆飞延安，与叶挺将军、王若飞同志不幸同死于空难。

廊为学生宿舍。设备简单，然颇整洁。图书两架，即置教室内，午前除练太极拳外，讲课三小时。星期一、二、四，漱溟先生讲乡村建设及中国民族之出路，连讲二小时；其一小时另一导师讲授日本文。星期二、三、六，王平叔君讲中庸论语——王君本担任社会史，因感讲经必要，遂提前讲，——除日本文外，仆皆列席听受。至午后功课，尚不一定，时或漱溟先生补充晨讲之余义，或其他导师讲农学与经济等；讨论具体问题，则夜间行之，自昨夜开始，以我所居在农场，又值夜雨，是以未及列座。

训练部地址距研究部约二三十步，原为一大盐店，由院出资购取。于是旁面与后面，购地添修，除教室、宿舍、饭厅、办公室外，有大礼堂可容五六百人，操场亦颇宽阔，图书室规模粗具，消费合作，刚始着手。学生七班，每班主任一人，管束特严，外出须由班主任带领。自修即在教室内，除农村经济社会调查等课程外，以军事训练为最认真。教练官王君绍常，籍亦曹州，老于军事，以仆所经见，非军事学校之军事训练而如此认真，可云罕有。研究生无此课，且于晚餐后，得田间自由散步，较训练生方便多多。故有主张研究生亦宜一律严紧者，其说虽未果行，苟在南方，鲜有不群起反对者矣。

农场在研究院之东南，相距不及半里。有英人旧建医院房舍数十间，后废不用，售与地方人某姓，今廉价租给研究院。除农场办公室外，多系职教员住宅或宿舍，外来参观者，亦下榻于此。庭园幽静，墙外二三里即黄山。有尼庵道观，上多古柏，出门伫望，长白山蜿蜒峻耸，抵山麓可二十里，其山有范文正公之读书堂，史载公随母适长山朱氏，公之苦学有成，盖发源于是。附近有庄曰范庄，又有曰伏公乡者，是为汉代伏生之故里。

县城人户千余家，街中殊冷落，逢赶集期则闹攘。距此三十里有周村，人户三千余，属长山县治，商业颇盛，由邹平赴济南必由该处搭火车。在邹平周村间之三十里，虽有马路，遇雨即不能行，仍须绕由小路，坐黄包车。平时价一元至两元。若逢天雨，索价三四元不等。由济南到周村乘胶济路车，三等一元五角。山东车站，秩序甚好，购火车票，非依次序鱼贯而进不能得手，不似京沪沪杭之杂乱无章，你抢我夺也。

山东吏治，颇见整饬，此地邹平县长梁秉锟君，河北人，来此已半年，据地方人言，可算日夜尽力其职务，与研究院内人联为一气，对于地方经济教育建设等等，皆共相讨论，作精确切实之计划。匪患之多，为山东最重要问题，现今邹平县境可云宁静，无有盗案。此着办到，故其他设施可得而言。山东司法独立，各县皆有法院，县长处于缓和调解地位，讼案不难因之减少。尝见若干省份，县长因讼案而贪污狼藉者甚多。山东大县政费一千五百元，中县一千二百元，三等县九百元，足以养廉。不似他省政费订得太少，反而逼着一般贪官污吏，得所借口。

昔居浙之临安，临安有“富不过十万，穷不到讨饭”之谣。邹平亦与相似，惟富未必过五万耳。大抵富家不以银钱计，而以田亩计。富过五十大亩者不易一二数，——一大亩合普通三亩，每大亩价值六百多元，较徐公桥贵且一倍。——其穷者亦有二三大亩，其在往时，苟非荒年，很觉优裕。近数年来生活加高，人工加贵，颇显窘促之象。然此就鲁东如邹平者言之。闻鲁西地土比鲁东薄，加以邻近黄河，时有水患，生活又更苦。鲁东今年秋成，原可望十足丰收，不意旬日以来，雨水稍多，不免要发生影响，闻最近小麦跌价，然以问诸人，其说不一，由此间斗量不一致，斤数有十六两、二十两之分。昨闻县长梁君言，决于最近期间，实行度量衡划一制。果尔，则造福于社会调查者，当已不浅。

此间风气朴厚，远非南方之过于开化者所能及；然其风气之闭塞，亦有非在南方号称开化之人所能想象者。即如缠足一事，除最少数之绅士人家外，普通民家女，几无不缠足者。虽政府文告，遍贴街衢，决难强制执行。男子发辫，倒也去个干净，然以所谓分头平头等之蓄发为怪。昨日乡村教师讲习班开学，座中近五百人，顶上蓄发者，不过十数人，其余皆光头；就中有可佩服者，杨效春先生本系平头，发且甚浅，然以须和乡村教师接触之故，竟不能不全行薙去，盖非此不能引起同情，此以见开通风气之难。

今请言乡村教师假期讲习班之办法。盖研究院诸君子鉴于乡村教育之腐败，作急切之救济。计全县教师可招取二百四十人分为两期，9 月与 10 月各一期，每期百二十人，县长充班主任，效春先生充教务主任。9 月 1 日行开学礼，主席邀我演讲，以我来自徐公桥，而又籍隶黔中，不远数千里，以为难得。仆因就孔子“学不厌，教不倦”之旨，引申其义，且谓今兹之来，非徒观今，且抑怀古。昔年曾访康成故里于高密，今访伏生遗迹于兹土，而范公风流余韵亦于兹得景仰焉；因又言徐公桥之有今日，得助于北方村治运动之影响实多，应趁此机会，代致祝忱云云。有李君蔚唐者合肥人，研究地方政治，新自欧洲来，为言丹麦、俄国等状况，有足惊羡者，是日亦出席讲演。李君不久来南方，将至徐公桥参观，他日必且晋谒，嘱为先容。李曾至定县、云军事之后，正事收拾，接友人北平来信，亦云且待十月内再去，仆是以决定留此。此间大米饭不易得，日食馒头，已成习惯，想到武汉灾区，即此已是天国。海上水患虽退，高邮等县又罹奇灾，多难兴邦，直成疑问。

公余有暇希赐教言。先生多元乡村改进计划并日本职业教育专号已代送一份与漱溟先生，漱详询先生暨任之先生近状甚殷殷，一切后报。

（《职业与教育》129 期，民国二十年十月一日。）

邹平漫忆*

朱秉国

客岁12月底，作者应梁漱溟先生之召，去山东邹平乡村建设研究院任先生为假期讲习会讲述“乡村建设理论”（亦名“中国民族之前途”）一学程记录之事，为期原定4月，乃2月底先生因病不能讲课，讲习会遂尔半途停顿。一阕好曲，未能听了，迄今思之，犹怅怅无已。惟是在邹平两月有零，耳闻目见，心领神会，足以发人深思熟虑者颇多；回院之后远近友人关怀邹平乡村工作实际情况者，亦多以此为询。作者除另写（1）邹平民众自己训练和评价，（2）从邹平从前的乡农学校说到现在的村学乡学，（3）邹平研究院与无锡教育学院工作的比较研究三文外，爰再写《邹平漫忆》，陆续刊布，举凡作者观感所及，其不涉及上列三题范围之内者，均将一一纳于本文之内。

一　我所认识的梁漱溟先生

漱溟先生担任山东乡村建设研究院院长，还是去年秋天的事，可是从前我们一提起乡村建设研究院，不由得会联想到漱溟先生，一究其实，先生在一年以前仅不过是研究院内研究部的主任而已。这其间究竟什么原故在，叫我们有此联想，似乎是耐人寻味的一件事。好！让我先来讲我所认识的梁漱溟先生。

关于漱溟先生入世以来四十多年间思想的变化，做学问研究问题的方

---

* 此文原载于《梁漱溟先生纪念文集》，中国工人出版社1993年版。原编者注：作者朱秉国先生1934年在江苏无锡教育学院工作，长于速记，故被邀往邹平任是年举办之讲习会记录。

法，在他的《卅前文录》《卅后文录》以及其它著述内都有片断的叙述；这一次为讲习会同人也曾讲到他自己（按即《自述》一文），这都足以供我们参看，用不着我再多说；我在此首先想说的是漱溟先生今日领导许多人从事乡村运动，他自家有其动念，有其愿力；惟其有动念，乃可以有真情，乃可以死心塌地，鞠躬尽瘁；亦惟其有愿力，遂会有勇气，有精神，把真情真愿培养开发扩大起来，将一切杂念减免无余。现在我来说漱溟先生的动念何在，愿力如何。

我不敢说是对，但我敢说或许不会完全错。我认为漱溟先生今日领导许多人从事乡村运动，其动念实造端于他的尊人巨川先生自尽与佛家救世精神的促醒。他的尊人原为一个极端热心于救国运动者，徒以愿力不够，因消极而自尽。此中种种从《桂林梁先生遗书》内可以看出。先生从小即能得其尊人之欢，稍长大有志，想做一番事业，亦醉心于社会主义，父子之间，性情脾气脗合处颇多。恰巧，先生于其尊人辞世之前后，目击世事的没有办法，因而闭户研究佛学达四年之久。因为于佛法颇有所悟，乃更能勉抑为怀，欲本佛家悲悯恻怛的善心，普救众生；先生的思想随之由出世的返诸于入世的。具体地说，先生由佛家思想转而为儒家思想之后，即应北京大学之聘，讲授印度哲学、孔家思想史等学程；因为研究儒家的思想，又自然的研究到中西社会组织构造的不同，人生态度的不一样，乃有《东西文化及其哲学》一书的成功；因为有了《东西文化及其哲学》研究的成果，又自然的研究到中国社会的组结构造如何才可以建立起来，人生态度如何才可以向上而适于生存于今日的世界，于是乃有乡村建设（先前名乡治）主张的提出。先生的思想过程，实有其一大系统，而非片断的、零碎的、看风头的。先生有此主张后乃先到各地考察性质类似的许多工作如山西村政等，而后又在广东河南等处，提出办法并参与实际工作，主编《村治月刊》。直到三年前，方应山东省政府之邀请到邹平去，比较的大规模的试行他的主张，办理乡村建设研究院，招收研究部训练部学生，以邹平县为实验县，旋又增菏泽县为实验县。彼时先生因为很想专志于训练研究部学生，以求多得若干同志，用作乡村建设运动的生力军，所以摆脱学校行政之忙烦，但研究院内种种办法，实验县内各项事业的改革多半是先生的见解，或者为他人的见解而为先生所替用的。因为先生是研究院内一颗彗星，自然光芒万丈，照耀远近了。讲到这里，我想引用先生于十九年三月九日灯下写给他的外甥一封私信，这信中一段话替代我在上文说明不能清楚之处：

> （上略）我十六七岁（二十岁时又热心社会主义）时如汝今日者，最嗜言政治，慷慨大言救国。于世俗之好，未能真淡于心，而恒矫然有以异于流俗。往事汝不及见，且言今日事。我今日若没些狂者胸襟，则我早不在此外县野乡吃苦受累，而安居北京，享我家庭幸福矣。（我十三年赴曹州办学，比今日苦多，又曾写信回来，惹得二姊大哭。）若非别有原因，元宵前尚不肯回家（非不想念家人）；回家矣，终不肯听戏（亦不肯叫你们听戏），盖在外县地方，看见老百姓之苦，觉得我们一听戏，随便就是几块或十块（包厢十块不止），实属太过；而此心恻恻焉亦不生贪玩乐之心也。古人愿先天下忧，后天下乐（范文正公）。又有云：不耻恶衣恶食，而耻匹夫匹妇不被其泽（顾亭林先生）。我亦有些像这样，尚不大恰合。我只是被自家少年来一些狂志大愿鼓着向前，而耳闻目见，又刺激自己向前；大家朋友又牵率拥着向前，而一念外公在天对这民族文化之毁亡，民生之惨祸不肯瞑目之心，尤使我不能懈这口气也。（下略）

漱溟先生的为人，诚恳笃实，俭朴认真，敬事耐苦，尤富同情感，绝不说自欺欺人的话。人家有问题去请教他，无不循循诱导，从来是不惮烦劳的；人家写给他的信件，他总是亲自过目，亲自作复，很少假手于人的。有许多人对于他的见地主张，发生很大的误会，在报章杂志上批评他责难他，但他总少回复，因为他觉得许多人责难，并没有能打动他的心肝，质言之，人家的批评并未能抓到他的弱点。他心中有话总是要说的，而在人家的说话不能打动他的心肝时，他往往严守静默不言不语。先生自奉甚薄，早年因学佛之故，已养成素食的习惯，每餐吃三两个面包，一碗稀饭，佐以大头菜几片即解决了他的“民生问题”，这种情形并非偶然，往往是通年如此的。先生的身体颇清瘦而不魁梧，又因用脑太过于劳碌之故，时常患失眠的病，然而先生在失眠病初发之际，虽是连夜不寐，清晨他还是照样讲课，有时因为脑子的隐痛，一边用手按着额头，一边还是一样的讲课。课多的辰光，每天差不多要上六课，课后还要处理院务。听课的人有时看了这样的情形，情不自禁一致请求他暂停讲课，但他总是勉强自己，不肯牺牲许多人的光阴，宁可牺牲他个人的健康，直到他病倒医院中才停止讲课。

从前先生专志训练研究部学生时，每清晨例有朝会，寒暑无间。先生对于朝会一事，非常看重，因为清晨为大家头脑最清醒的时候。朝会时由先生讲演，有一次先生讲到许多话，我觉得可以用“拿出家精神来做乡村运动”一题表出之。现在再录在下面，给我们作省思的资料：

> 真正的和尚出家，是被一件生死大事，打动他的心肝，牵动他的生命；他看到众生均循环沉沦于生死之中，很可怜的，所以超脱生死，解决生死，遂抛弃一切，不顾一切。现在我来作乡村运动，在现在的世界，在现在的中国，也是同和尚出家一样。我同样是被大的问题所牵动，所激发；离开了友朋，抛弃了亲属，像和尚到庙里去一般的到此地来。因为此事太大，整个地占据了我的生命，我一切都无有了，只有这件事。此时即如出家和尚出家时觉得世人都是在作梦，而自己甚为孤独，但多数人仍占在他的心内。在佛家原是为众生，悲悯众生，为众生解决生死问题。这种不忘众生，念着众生的心理，作乡村运动的人，应当仿效。在普通和尚很少这样激动，这样决心，自动发愿出家；如果那样的出家，等于未出家；他虽出了家，不过随随便便念念经，其生活是同世人一样无聊。这样的生活是无味的生活。如果乡村运动者不是自动的“出家”，在内心并没起了激动，仍系鬼混度日，这是最冤枉最无意味的生活。如果我们真是发愿而来，我们应当真的像和尚一样感到孤独，常常念着众生，常常念着一件事情，常常像要解决一个很急切的问题似的。（我在二十岁时曾经想出家，后来没有，可是现在还常常觉着出家的味道。）一个人很容易一阵明白，一阵糊涂；明白时很容易明了他的责任，糊涂时便恍惚忘记了。这只有常常提醒自己，在自己心内没有了他时，应该自己问自己，要问出一个很真切的心来。如果不是真想干，干脆不如不干；如果真想干，那末应该很深沉的内决于心，虽有时糊涂恍惚，也可觉醒的。（作者按：此段话系邹平研究院的学生李鼐君记下的，并未经梁先生的过目，应特别申明。）

二　请看邹平的上级干部

我在邹平研究院时，有一次和一位先生谈到邹平实验县和研究院内种种情形，谈得非常入神，我提出种种问题请教这位先生解释，本来我提出的许多问题中，自然不免有少数是难于解答的。结果，这位先生对我说："漱溟先生好似莎士比亚，他是剧本的执笔者，他编的剧本演出来是好是坏，演员和其他种种条件的关系原也很大的呀！"我听了这位先生说话以后，一方面觉得在纷杂的乡村运动中，虽有若干矛盾的现象，但我们不必引为奇谈，或竟以此批评人家的不是。一方面更感觉到在一个比较大的乡村运动团体中，领袖固然重要，干部人员亦复重要。或者可以说干部人员的重要性较领袖为尤大。

于是我们应该问邹平的干部人员，他们是如何的干工作？我想先该提起杨效春先生。因为在我未去邹平之前，脑海中早已经有杨先生在。杨先生从前是晓庄师范的健将，晓庄师范开办时，据说陶行知先生对于校务的进行，主张彻底地干，痛快地干；赵叔愚先生（民国十七年夏季任本院院长数月即逝世）则主张慎重地干，渐次地干。因此这两位先生的意见，时常不能一致，而杨先生则居中调和。他能摘取这两位先生之长而去其短。邹平研究院开办后，杨先生即应聘到研究院担任教员，并参与筹划邹平县教育的改革事宜。现在杨先生的职务一方面仍继续在研究院内担任教员，一方面又兼任县政府的科长，主持全县教育行政工作，非常忙，待遇并不优。好多学校虽然以高的薪金来请他，他总是不肯去。听说有一次他因为怀疑漱溟先生的办法行得通还是行不通是有问题的，于是他向漱溟先生辞职。漱溟先生对他说："先生对于我的办法不赞同，尽可提出意见给我参考。如果先生对于乡村运动有怀疑，我是没有办法挽留的。"杨先生听了漱溟先生的话，便不想走了。我时常看见他骑了一辆自备的半旧的脚踏车到四乡去视察村学乡学，和理事辅导员教员等人讨论问题，以谋村学乡学的改进，并不再另向县政府支领半文公费。这位科长先生仅不过认为处理公牍为他的工作极小部分，他深信教育的改进，社会的推动，徒靠命令，徒靠一纸公文，是无用的！须全靠自己亲自下乡和教育者被教育者谈论、研究、探讨。有一天，杨先生清晨就陪同我们下乡去参观村学乡学，他关照校工替每人预备好三个火烧，几片大头菜，做我们的午饭。每到一处村学乡学，教员们总叫杨先生一声“老师”，不叫“科长”，不怕“科长”，惟知敬信“老师”。也有许多老百姓与杨先生在途中相遇，都有很快乐而自然的招呼（因为杨先生从前在乡间办过乡农学校所以相识）。我们跑到中午时，虽已饥肠辘辘，但是干硬的火烧，苦咸的大头菜，纵然有碗开水，终究难于下咽，而杨先生则吃得津津有味，午后有个同去的人，因为食不饱，力不足，不能再走路，乃托故半途折回邹平城。杨先生依然陪我们参观，直到傍晚才回研究院。一路上大家提出好多问题请教杨先生，杨先生都一一有详尽的解答，差不多整个一天，跑路说话，未尝稍停。傍晚回到研究院时，杨先生的精神依然不觉疲劳倦乏。我仔细地一看杨先生的土布大氅、土布鞋帽上，布满了不少的飞沙，两颊上也被朔风吹起好多皱纹，薄薄的涂上了一层尘埃。

王柄程（怡柯）先生所著的《农村自卫研究》一书，从前我也曾拜读过，我觉得这本书中所写，都是经验之谈，不拾他人的牙慧，称得起是一本著作。王先生现在是担任研究院的教员兼邹平县长。此次我去邹平，老早也存着一个心愿，想向王先生领教领教。王先生是河南人，原来大概是研究法学的，做过河南大学法科主任，代理校长。武昌革命时，也曾在军队中服务过多时，红枪会内种种情形，他像也很知道。他老早感觉到中国的教育应该改弦更张，河南民众苦于兵匪的蹂躏，乡村破坏不堪，亟须自救。他蓄志要做乡村建设的工作，已历有十数年之久。河南村治学院的成立，王先生之功居多。该院成立时（现已停办）即前往担任功课，前后担任教务训育等事，其时一方面教课，一方面听课，差不多有课必去听，每听必笔记，极富研究精神。村治学院停办时，有一位先生说：村治学院用了好多经费，可算教好了一个王柄程先生。他担任训育时，有一次学生嫌伙食太坏，菜不够吃，寝室内窗户太少，不通空气，要求学校当局改善。他对学生说：这样的饮食起居不能算坏，我天天同你们在一起，我并未感到痛苦呀！如果说菜不够吃，实在有好办法可以解决。吃三个馒头时，第一个因为正是在饥饿中，可以不必吃菜，自然会吃下的；吃到第二个时，可以稍微吃点菜；吃到最后一个时，可以多吃些菜，如此吃法，菜不须多，而吃得自然舒服。学生听了他的话心甘意服，不能置一词。我听了这段话，不惟敬佩王先生平时确实能与学生同生活，同甘苦，所以说话能有效，而且深深的赞叹王先生是节衣缩食兴国创业的实行家。村治学院所在地百泉，附近土匪极多，王先生率领学生去剿匪。村治学院停办时，民众欢宴王先生等人，几无虚日。最后王先生离开百泉，虽然事前惟恐烦民众的远道相送，特别在大早起程动身，结果远近民众，老老幼幼，男男女女，前来送行者依然极多。现在王先生在邹平担任县长，据我们看见的和听见的，他是完全用教育家的态度去推行县政，实实在在是一个平民化的县长，毫无半点官场习气。他是常常下乡去办公的，他顶讨厌人家打官司（即诉讼），他最恨民众吸鸦片烟，他于百忙中还抽工夫到监狱中去劝化犯人，教导犯人。邹平分期训练壮丁，他惟恐壮丁离家伊始，又受极严格的军事训练，难免不惯，所以他整天和壮丁们在一起，有时说笑话讲故事给壮丁们听。因为王先生最滑稽最幽默，时常引得五六百壮丁哄堂大笑，精神为之振发不少。有时王先生和壮丁一同唱歌，大家的歌声听来格外响亮。我时常替邹平老百姓庆幸，他们真幸福，得到这位埋头苦干的县长！

我此次在邹平和徐树人先生往来最勤，因为徐先生现在是担任研究院秘书，从前又担任过邹平县县长好多时，对于邹平的情形、漱溟先生的学术思想等等，知道最多，我们须得常常去领教。加之徐先生是吴县人，和我算是江苏同乡。在他乡遇见同乡，总是不期而然的会亲近起来，特别是徐先生的为人，和蔼慈祥，更容易使得我们亲近他。徐先生在河北省政府任科长，东光县担任县长时，觉得县政的改革，有许多事办不通。因为办不通就苦闷，因为苦闷就得想法子解决；于是多方的研究探索，时常看到漱溟先生关于村治的著作，思想渐次接近，精神时时共鸣，在五六年前开始与梁先生通信，以至于相认识，以至于随同漱溟先生服务，参与邹平的各项工作。他苦于对于漱溟先生的思想，未能有时间多多亲聆，所以此次讲习会开始时，他总是按时来听讲，手不停的记录讲词。（余和杨效春先生等人，亦皆来听讲作笔记）有时外面的参观人多，他须得整日招待，答复种种问题，夜间才得空处理公牍，批改稿件。邹平研究院的工作人员，大家无所谓办公时间的规定，尤其是徐先生，他是无时不办公，但又无时不可以去与他谈话、讨论问题。他担任邹平县长时，有一次下乡去剿匪，自己不小心，把腿碰伤，枪弹打坏了骨头，但一面仍处理公务，到各处开会，虽然是不能行坐，睡在行军床上，用人抬到东转到西。徐先生对于日常生活和工作的分配，我看是最富伸缩性，过忙也能应付裕如，不致草率；较闲时亦会好好利用。很苦的生活不以为苦，快乐的时候决不过分，这一点非有多年的修养，实难做到，值得我们从事乡村工作者引为楷模的。

（下略）

（《山东民众教育月刊》5 卷 6 期，
第 35—45 页，1934 年 8 月 25 日。）

回忆抗战前的山东乡村建设*

王冠军

自1931年起至1937年止，我先后在邹平、菏泽、济宁参加过乡村建设工作，本文所叙述的多是亲历、亲见，择其要旨叙述一个大概情况。

一　山东乡村建设研究院及邹平县实验区

山东乡村建设研究院1931年设立，我即于是年夏初，以军事训练主任的名义参加了该院的工作，1933年又被聘为该院副院长。当时心情大为不安，因为我是个军人，既不懂政治，又不懂学术，和那些国内知名的专家们共同领导这样的新型学校，实在感到勉强。不过当时有学问有资格的人都是往都市里跑，走升官发财之道。尤其军阀们争夺地盘经常打仗，只有破坏乡村那有建设乡村的呢？而乡村建设研究院的诸先生们，不怕劳苦，愿到乡村去办理乡村建设事业，我觉得这是一件好事情，对他们就起了敬重之意，从此也就死心塌地地追随诸先生之后贡献出个人一点力量。

山东乡村建设研究院多是学术研究工作，学术研究又必须通过实地试验，所以山东省政府指定邹平县为实验区，隶属于研究院，凡有关乡村的经济、政治、文教种种设施都在此加以试验。因之研究院的各部组织主要为三大部分，即：乡村建设研究部；乡村服务人员训练部；乡村建设邹平实验区。

乡村建设研究部的任务有两项：一项是普遍地提倡这种研究为学术界开风气；一项是要具体地研究本省各地方的乡村建设方案。该部研究生的

---

* 此文原载于《梁漱溟与山东乡村建设》，山东人民出版社1991年版。

招收，以受过高等教育或具有同等学力者为合格，研究程序先作一种基本研究，那便是乡村建设根本理论的研究；次则作分科研究——随属各人已往学术根底和兴趣注意的不同，自行议定一科或数科研究之。如农业技术改良研究、乡村教育研究、农村经济及合作社研究、乡村自治组织研究等等。第一届研究部招生 30 名，以山东籍为限（因一切费用皆由本省借给之故），外省自备资斧请求附学者亦得酌量容纳，计先后来附学者亦有 10 余人。

研究院的研究部主任一职始终由梁漱溟先生担任（后来他担任院长仍自行兼任），训练部主任一职由陈亚三先生担任。关于训练部的事情大致如下：

乡村服务人员训练部的学生是预备到乡村服务的，自然是要就地取材，所以其条件是：①世代居乡，至今其本人犹住家在乡村的——这是为他不失乡村生活习惯，尤其要紧的，为的是他谙熟乡村情况；②曾受过相当教育（略如初中），具有普通知识的——非有知识和运用文字的能力，不能为公众做事；③年龄在 20 岁以上、35 岁以下的——这是因为年富力强可以有为，而又不要太年轻的。具有此三个条件的人多是在乡村教过学或曾任乡村公职者。其他有升学在外或作事在外新回乡的，其中可能有些英俊之士，但于乡村情形不免稍有隔膜，对这两项人，亦非经一度训练后不能担任乡村建设工作，此所以有乡村服务人员训练部之设。

训练部的课程内容分五大部类：

甲，“三民主义”、“建国大纲”、“建国方略”及其它。这是当时不可少的科目，可以借着阐扬总理遗教来发挥乡村建设的理论。

乙，乡村实际服务的精神陶炼——要打动他的心肝，鼓舞他的志趣，锻炼他吃苦耐劳、坚韧不拔的精神，尤其要紧的是教以谦抑宽和处己待人之道。

丙，乡村自卫方面的知识技能——包括自卫问题研究，军事训练及拳术等。

丁，乡村经济方面的知识技能——包括农村经济问题，信用合作、消费合作、生产合作、簿记、社会调查及统计、农业常识及技术、农产制造、水利、造林及其它。

戊，乡村社会政治方面的知识技能——此中概括乡村自治组织、乡村教育、户籍土地各项登记、风俗改良、公安卫生以及现行法令、公文程式等目。

以上列举的科目不是短短一年期间尽能学会的，而且也难请到那许多专家教师。在历届训练部前后课程设置多有增减不同，大致不出上列范围。例如：某一届训练部曾请到定县李子堂先生教凿井技术，那么就在课程中设有此一科目。又如请到了南京大学农学院助教金先生来邹平设厂制造酱油，那便属于课程中农产制造之事了。

训练部招收学生特别仔细，先由招考委员会分组出发到预定各县（每一届招生有其预先指定的县份），召集当地人士宣传乡村建设的意义和本院一切进行的办法，唤起地方上人的同情了解，而后再分区就地招生考试。学生入学后，以40余名为一班，班置班主任及助教各一人，班主任对他的这一班学生之身心各方面活动，皆有指导照管之责。学生精神之陶炼，学识之培养，身体之保育锻炼等，均有各样的课程作业，但必以班主任的指导照管作为训练的中心，所以班主任有“应与学生同起同居共饮食”，“以时常聚处为原则”的规定。学生每天都要写日记，由班主任阅改。各班学生成立自治团，凡经本院划归该部自行办理的教务、庶务、卫生清洁等事，都是在班主任指导下进行自治，各班主任之上，由训练部主任总其成。

训练部课程以一年结束，所以这一年是不放假的，不但不放寒暑假，并且星期例假及一切纪念假日都没有。一则因为课程多，而修业期短，不得不加紧进行；一则是农家生活原没有放假停工之说。本院期在养成乡村服务人才，对于不合农业社会的习惯者，应予矫正。在这一年之中，每日24小时生活，依昼夜作息分为两大段，排定公共生活时序表，全院遵守。例如自某时起床、盥漱、朝会、拳术健身、早餐、作业、午餐、作业、晚餐、洒扫、作业、写日记、夜息为止，大家同作同息。计午前、午后、晚间3个作业段共8小时，这生活似太紧张，行起来却也很自然，因各科作业包括种种活动，不一定是讲课读书，尤其是星期日多为院外活动，如野外操练、巡回讲演、乡村调查等。

训练部第一届归济南道27县办理，以后分期举办，以使全省各县都有受过训练的学生回至本县从事乡建工作。对于回县工作的同学于本院内设有“乡村服务指导处”，不断派人巡回指导，例如梁漱溟先生和我本人均曾分赴济南附近各县视察指导。指导处有定期刊物，为各地同学与本院联系通讯，随时解答各种问题。

研究院另有刊物一种，题名《乡村建设》，每旬一期，内容除报道本院及各地乡村运动消息之外，间有理论文字发表。

研究院院址在邹平县城东关外，其东南半里之遥（在黄山下）设有农场一处，计有官地20余亩，又租地40余亩，以农作物育种，改良畜牧，提倡合作为其主要事项。育种之中以脱字美棉为首要。在畜牧之中以推广波支猪为主。此外养鸡、养羊、养牛、养兔、养蜂、养蚕种种均有；并有畜牧防疫处设备，曾延聘兽医专家王先生（湖北人）前来讲习传授技术。训练部有关农业常识及技术之课程，即由农场主任及技术人员担任。

至于院内教务、总务各行政以及图书馆等组织设备，于此就不复述，以下叙述实验区。

当研究院建立之初，山东省政府虽曾指定邹平县为其实验区，县长人选亦由院方推荐由省府任用。但格于当时中央及本省种种法令，未能独立自主地进行各种试验工作。嗣于1932年冬南京政府召开全国第二次内政会议，南北各地乡村运动领导人物均被邀参加。在会议上，通过了“县政建设实验区”的提案，由内政部通知各省自行选定地区进行实验。于是山东省政府除于邹平县外，划定菏泽县同为县政建设实验区，从县政府以至乡村基层一切地方行政、地方自治以及教育经济均可自定方案，进行研究实验，这两县隶属于研究院。自此以后，院方除又增多一实验区之外，为享有在邹平自行设计进行实验之权，除菏泽方面的实验工作另记于后外，这里就邹平县区的实验方案略加叙述如下：

在整个方案中，原包括县政府之改组一层，但其细节不复记忆，只好从略。大约其要点为县裁局（财政、公安、教育、建设各局）改科（于县府内分设5科），以期事权统一，集中办公，提高行政效率。这里主要叙述的是县以下取消区、乡、镇各层级的行政机构而代之以村学、乡学制度。这是邹平县实验方案中最主要的部分。它是为了推动社会，以教育的设施来促成地方基层自治体，以教育力量来代替行政力量，以教育性之社会组织代替下级行政组织。当时有“以教统政”、“政教合一”及“学治主义”等说法。具体言之，邹平全县共分13个乡，于乡设乡学；乡之下为村，其数多寡不等，多则一乡有十几村，少者只7个村也为一乡。于村设村学。当然村学为基层，而乡学为其上级。在内部组织构成上，村学乡学大致为同一形式。以村学为例，全村男女老幼皆为村学的学生，称曰“学众”，主持办理村学的有“学董会”，其人数在10人左右，其人选则经过辅导员（这是实验区派驻在乡村的）在村内物色后，更在群众中酝酿成熟，然后全村开大会选举产生。从学董会中再推选出一人为“学长”（大致是齿德并茂者），又一人为“村理事”（大致是精干有为者），学长为全村师表，领导着全村的人，“大家齐心向上学好求进步”——这是村学、乡学中最要紧的一句口号。但他都不负事务责任，事务责任由村理事在各学董共同协助之下来担负。对内对外代表本村接洽一切事物。村学内自然要有教员，教员则不必是本村人，教员大多经实验区县政府教育科介绍而来，或是学董会自聘由教育科核准的。同样乡学即以全乡各村的男、妇、老、幼为其学众，乡学有其“学董会”、“学长”、“理事”和“教员”。一如村学，不过其范围既大，学董和教员人数多一些，其人选高一层，如是而已。这样整个一村俨然像一个学校，整个乡也像是一个更大的学校，这便是所谓“社会学校化”。

村学、乡学在“大家齐心向上学好求进步”的口号下。一面进行着个人的教育工作，一面进行着社会的改进工作，有如当时规定的办法所说：

“村学受县政府及乡学的领导、辅助，视其力之所及，事之所宜，进行下列工作：

甲，设立成人部、妇女部、儿童部等，施之其生活必需之教育，期于本村社会中之各分子皆有参加现社会，并从而改进现社会之生活能力。

乙，相机倡导本村所需要之各项社会改良运动（如禁缠足或早婚等），兴办本村所需要之各项社会建设事业（如农业改良，组织合作社等），期于一村之生活逐渐改善，文化逐渐增高，并以协进大社会（乡、县）之进步。”

这里所说的成人部、妇女部便是通常所谓“民众学校”，其儿童部便是通常所谓“小学部”，教员不单是在这里负责教学，更重要的作用，在于他要帮助学董们讲求和进行一村的生产、生活中的一切改良进步之事。倡导知识分子下乡致力于乡村建设运动，就是要到村学、乡学中充任教员。乡学所作的事同样分为对个人的教学和对社会的改进这方面，其所不同于村学的，则是直接受到实验区县政府的指导和辅助，在个人教学上程度高于村学。例如，村学儿童部只相当于初级小学，而此则为高小了。其他可以类推。在社会改进一面，包含了县政府通常指令各乡所作的那些事情，换句话说，乡学村学同时兼有下级行政机构的性质，它代替了通常的乡长、村长。不过我们把行政上的强迫命令转化而为社会教育和社会运动，力求广大群众日进于自觉和主动就是了。

邹平全县的乡学都算建立了，至于村学则尚未得普遍成立，大约一乡只有两三个村学成立，在未成立村学的各村暂沿用其旧日村长制。

在设立村学、乡学的条文规定中：有“视其力之所及，又事之所宜”两句话。这就表示有很大的伸缩性，而不求其机械整齐划一。这不但为了各村各乡情况不同，不应强求其如何如何，更为了授权其本村本乡乃能诱进于地方自治之路。所以乡学、村学的教员和上文所说的乡学辅导员最要紧的任务，是从旁启发学众对公共事业的积极性和帮助各学董和衷共济，使众心翕合，发生团体之作用。只有发生团体作用之时，才算得是地方自治。

再说到邹平村学、乡学的实际工作，如识字运动，劝妇女放足，戒早婚、戒烟、戒毒，讲卫生，造林，推广猪鸡良种，为耕畜打防疫针，凿井……这里均从略不谈，只就记忆所及，择要略述其农民合作运动。在各乡学、村学，因环境条件之不同，提倡举办之合作事项因之而异。如邹平第三、第四、第五各乡系蚕桑区域，遂有关于蚕桑之讲习训练，同时倡导养蚕、缫丝合作社；又如第八、第九、第十、第十一、第十二各乡为植棉区域，遂有关于植棉之讲习训练，及倡导合作轧花、打包、运销。此外尚有“组织合作”、“林业合作”以及共同兴修水利、灌溉农田之举。此中棉业方面，先从推广优良棉种入手，其产量不但比原来土种增产很多，而且系属长绒棉，曾送请上海华南纱厂联合会检查鉴定，认为可纺 42 支细纱，其品种在“灵宝花”之上。但各农户若各自销售，则数量有限，并不能取得善价，只有组织合作社，共同轧花、打包、大量销售才能引起纱厂重视，取得高价。当时合作轧花还是散在各村学，而集中在孙家镇设厂打包，在孙家镇成立了“梁邹美棉运销合作总社”（孙家镇古时地名梁邹），总社代表各村合作社向银行贷款，以便周转灵活。从 1932 年，历年均系中国银行之“中棉历记公司”供给贷款，因产量一年一年增大，周转数字亦巨，引起当时中国银行总裁张公权注意，亲来邹平孙家镇参观。那时国内纱厂多是纺粗纱的，只有青岛华新纱厂能纺高级细纱，特需此种长绒棉，遂尽为其所收购。华新尚嫌不敷所需，在实验区亦有繁殖此种棉花推广于全县以至邻县之计划，抗日战争既起，一切均成画饼。

邹平以村学、乡学来推动的社会建设事业约略如上，在实验区尚有两项工作，一是乡村自卫，一是公共卫生，略述如下：

当 1931 年我们初到邹平时，其地方治安是很成问题的。特别是因为靠近周村（胶济铁路一大站），多有日本浪人勾结地痞流氓贩运毒品，引起娼赌盗匪。而在闵家集（邹平西郊一集镇）驻有地方团队约近百人，系属雇用性质，习气恶劣，拥有八九十支枪械，名为保卫地方，实与走私盗匪相通，尤为心腹大患。须将其缴械解决代之以本地农民子弟轮流服务，自己保卫家乡。在不到一年的时间内这件事总算平稳的办成了。今我已不能举其详，唯略述大意：

1. 征调训练：凡农民年满 18 岁以上，25 岁以下者，分期征调受训两个月。在此两个月中，前一个半月不分何乡全县混合编队，后半个月则分乡分村编队，乡有乡队长，村有村队长。为此，一般队员训练，但须先储备其骨干分子，骨干分子即指队长、组长而言。队长系由各乡选择本乡内年在 20 岁以上，25 岁以下高小毕业或具有相当程度者保送 4 名到县，经县里考试保留 2 名，予以 4 个月之训练，结业后派充当队长、乡队副。村组长则由其本村队员互选正副各一人。这些队长所受训练非常粗浅，于其任职以后仍有时调集来县予以补充训练。

2. 编制服务：以乡为队，以村为组，层层相维，节节相制，确立为其地段部队，已见于上。在全县，县长即为总队长，队员受训后回乡，各安本业，不需武装，只有奉到征调及会操命令时，乃由村组长率领整装出发，遇有水火盗贼之警，随时听候队长、组长号令行事。村组长在本村受村学理事节制指挥服务，其本人并不完全脱离生产，在生活上只每月略有补助，乡队长、队副则须武装驻于乡学，听乡理事指挥，各备自行车一辆，时常出外巡查。

3. 集合检阅：每月各乡定期举行“乡射礼”（亦称打靶会）一次，全乡各村队员齐集开会，先由乡学长讲话，次由乡理事报告工作。对于各村应办而未办之事分别提出诰勉，各村有应兴应革事项亦由村组长提出请示，同时列席的各学董教员亦得发表意见或讲话，会毕聚餐。午后在乡队长指挥下，开始打靶，校阅武术。此外每年双十节全县集合举行大检阅一次。又分区（几个乡合为一区）检阅，每年两次，春秋各一次。由县长亲临指导举行之。

在全县壮丁经过训练并纳入组织后，地方治安，人人有责，在乡队长、村队长督导之下，盗匪及贩毒者基本肃清。此组织薪饷费用极为有限，却收到了较良好的效果。此时原有之公安局、民团队部、政务警察三部分一律裁撤，除将其中比较可用人员酌留 30 名，编为“行政警察队”负责催粮、传案、值岗、稽查等事外，全县只有 40 名比较集中的武装力量，名为“地方警卫队”。这 40 名即从受训农民中选拔出来，服役 4 个月，期满归农。如此轮流值勤，即所谓“寓兵于农”。全县为兵力者虽只有此数，却远胜于大批军警之驻扎。

实验区内公共卫生工作的开展稍后于其他工作，它是始于 1934 年上半年，主持这项工作的为卫生院。卫生院直属县政府，同时又为研究院的一个实验研究单位，并给院内训练部担任卫生课程。当时医学界的风气已经注意到公共卫生，特别是乡村公共卫生方面，所以齐鲁大学医学院（山东当时最高医学教育机构）与我们建立合作关系。他们以邹平为乡村卫生实验基地，邹平卫生院长也给他们担任公共卫生系的课程，同时他们对邹平卫生院在医疗技术和设备上予以后援指导。还有南京政府的卫生署对于卫生院也给予奖励补助费和必要的技术指导。

卫生院内部组织分为保健、防疫、医务、总务四组，保健组下分妇幼卫生、环境卫生等股，防疫组下分传染病管理和防疫注射股，医务组下则分医院门诊、巡回医疗等股。此外并设有卫生教育委员会和医学实习委员会等。卫生院和它的医院设在邹平城内，在各乡则分设卫生所。

卫生所原计划在全县 13 个乡各设一所，但一时人力财力有所不及，第一期先后设立了 6 个乡卫生所。卫生所隶属于乡学，但其业务和技术方面则受卫生院的直接领导，其人员、医药、器材也直接由卫生院供给，卫生院并经常派人到各乡协助工作。卫生所的工作一方面是普通疾病的门诊和巡回治疗，重大疾病的护理和转院，一方面是学校卫生、妇幼卫生、预防注射、传染调查等项，通常是上午门诊治疗，下午搞卫生工作。

为了给卫生所培养人员，先后开办训练了两班卫生员约 30 余人，训练时间为一年。在第二班将要结业并成立其余的各乡卫生所的时候，因日军入侵而停顿。

为了开展妇幼卫生工作，卫生院又开班训练接生员。截至1937年9月，先后训练了约100名接生员。每人发给接生箱一个，并且以后继续免费供给其所应用的药品材料等。在接生员之外，还训练了一班妇幼卫生宣传员约30人。

在学校卫生方面，则于“小学教员暑期训练班”内增入一门卫生课程，因而卫生院和卫生所去学校进行卫生工作时，就比较容易开展起来。在县的实验小学内，成立了卫生室和卫生队，并由卫生院派人担任卫生课，在有卫生所的乡学里，虽不再设卫生室，但也都有卫生队和卫生课。

齐鲁大学医学院高年级学生的乡村卫生实习工作，都在邹平地方进行之。每人实习一个月，轮流住在县卫生院和乡卫生所，受卫生院的指导，担负一定的具体工作，并接受一定的课程讲授。

关于防疫工作，每年春秋（主要是春季）都要举行种痘，其对象主要是婴幼儿和小学生。每年夏季则重点地举行霍乱预防注射，其预防注射如伤寒、白喉等则在门诊进行。还有夏天肠胃病流行期间进行井水消毒工作。

关于医疗工作，医院内设有病床30张，并有手术室、化验室、药房等，每天门诊诊治约50至100人次。每逢庙会举行巡回医疗。

当“七七”事变发生后，为了应付战时需要，我们举办了救护人员训练班，受训者约计50人。

二　研究院所属第二实验区——菏泽实验区

1933年，山东省主席韩复榘命我担任鲁西菏泽民团指挥的工作，总计不到一年，对于菏泽实验县的乡建工作，仅知其梗概。

鲁西菏泽县在1932年南京召开全国内政会议后，于1933年被划为山东乡村建设研究院第二实验区，副院长孙廉泉调任该县县长，1934年在菏泽设立第一分院，由孙廉泉兼任分院院长。实验区于7月1日开办，而8月13日黄河决口淹没村庄1400余处（约为全县7/10），故第一年大半为救灾工作，其后着重在乡村自卫训练，而先之以县政改革。1935年孙廉泉调走，改由陈亚三接任实验区县长兼任分院院长，现仅就菏泽所行之县政改革及乡村改进两方面分别略述如次：

菏泽县幅员之广三倍于邹平，人口 42 万有余。邹平一一向列为三等县，而菏泽列为一等县。在县政改革方面，虽早经明定裁局设科，即将财政、建设、教育 3 个局改为县政府第三、第四、第五各科，但事实上并未移入县府办公，仍保持其各自独立状态。其经费预算及对外关系亦如旧，县各科长亦多由地方人士充任，各树党羽，隐分派系，对于其所属机关所管事务并不能认真讲求，而终日在互争权利之中。实验区成立之后，立将各科移入县府，集中办公。各科原有经费亦并归县政府预算，不再分立。各科所属不少骈枝机关，例如县民众教育馆、度量衡检定所、合作社指导所等等，概行撤销，统归一个县政府，完成行政组织简单化，行政效能于是大增。又将公安局、民团大队部及联庄会 3 个系统合而为一，原有警士 70 名，民团团丁 310 名，经过淘汰，留下 100 人，编为县警备队，直属县长，不另设机关，在地方治安上，以乡村自己为主，不再依靠雇佣的警兵了。

在行政组织改革后，地方财政因而也能够合理分配，原来县地方收入年达 21 万余元，几乎全为农民所负担。在此改革之前，机关林立，用人甚多，靡费甚大。当时用于城区的财政约 14 万多元，而用于乡区不过 6 万余元。经此改革，城区只有县政府开支 4 万元，警卫队 2 万元而已，所余将近 15 万元一概用于乡区。

在县政府开支之 4 万元，其数字固较前没有增加，但预算制度大有改变。当时山东各县经费列为大县 1500 余元，中县 1200 余元，小县不及千元。定额如此，实际不敷开支，上级政府亦明知其不敷，却不在预算上合理增加，却以“税收奖励办法”暗中为之弥补。例如，经征田赋提成 3%，契税、牙税、屠宰税等提成数目尤大，征收超额者且另给奖金。如是形式上虽然定额开支报销，而实际上由县长开支包办，县长为免于亏赔，为自身利益自不得不毕其心力于聚敛之途，而不遑他务。实验区成立，一面将一切必不可少之开支，一一编列预算，而同时将所有“税收奖励提成办法”亦概行废止。收入支出列明核实。

菏泽全县分 20 个乡，各乡设“乡农学校”，是为之改进乡村之中心机关，各校有“校董会”，罗致此一乡领袖人物以便推动全乡群众。校长由县聘任，校内设总务处和教务处，盖乡农学校代替旧区公所、乡公所而为下级行政机关。实验区一切政令皆经由乡农学校而下达，总务处即应于此种需要而设，教务处则辅助校长办理教学方面之事，教学方面分高级、普通、小学3部。小学部即一完全小学，并负责指导一乡之各村小学；普通部按乡村问题开班，如乡村自卫训练班，机织合作训练班等皆是。其修业期限各不一样，如自卫班4个月，机织班3个月，铲除黑穗病斑3天，均按照问题需要的技能，定其修业的期限。高级部则招收高小毕业程度以上者进一步培养，期望成为乡村建设之骨干。

菏泽实验区工作略有成效者即在乡村自卫方面，自卫训练班属于分校普通部（见上），乡农满18岁以上、30岁以下者均依次征调受训。此项青年农民全县约有6万人，每期征训1000人左右。4个月训练期间内，除军事训练外，实为一种成人义务教育。其课程有识字、珠算，农村问题，精神陶炼等。各校自卫班时常举行会操，毕业后又组织同学会，以联其友谊。除农忙外，每月各有定期集合，每年又有县府规定之春操、秋操，全县俨然成为一个自卫网。

三　以济宁为中心的大实验区及其他工作

山东乡村工作肇始于邹平，第二步即发展到菏泽，第三步即发展到济宁。以济宁为中心而包有鲁西14个县的一个大实验区，是在1935年夏季设置的。是时我接到韩复榘的命令，取消民团指挥部，充任这个实验区的区长官。在这14县里，先择鄄城、郓城等县为重点，推行上述菏泽见有成效的县政改革、乡村改进两项工作，然后依次推行到其余各县。其工作内容同于菏泽，不再重述。在此两项工作中，当以后者为重要，即是在县以下分乡，各乡设立乡农学校，作为乡村改进的中心机构，其校长、教员等皆由研究院训练部结业学生充任之，并由曾任训练部教师者任巡回视察、指导工作。工作进行倒还顺利，不幸到1935年7月14日黄河又在鄄城临濮乡决口，虽急速调集附近各县民工抢救，而连日大雨，堵口无效，14县莫不受灾。受灾害最严重的是菏泽、巨野、郓城、嘉祥、金乡、鱼台、济宁7个县。当时山东省政府决定把灾民移出灾区，分别安排到其他各县。例如菏泽、郓城灾民则分往聊城方面，济宁、鱼台等县灾民则分往东南方面安置，这项工作十分艰巨繁难，全靠乡农学校这一机构及其训练组织的农民来做，尚称得力。我因日夜忙于救灾移民工作，身体不支，于8月辞职休养。

就在1935年下半年，日军谋我华北甚急，酝酿其所谓“华北五省自治”，我们乡村工作人员不能不亟图应付。这一应付自不能不取得山东当局韩复榘的采纳，而后施行。大约从10月到12月经过两三个月，向韩复榘建议，共同策划，订出所谓具有“国防意义”的一个三年计划。此计划仍以上述菏泽见有成效的那两项工作为主，而稍有所增改，约言之如次：

甲，地方行政改革：为顾到战争爆发后，一个省政府难于指挥全省100多县，特于省与县之间增设行政专员区，划全省为10个区，分3年成立行政专员公署。第一年成立3个区，第二年成立4个区，第三年成立3个区。在成立专员区的同时，其区内各县即按照上述“县政改革”进行其改革工作。县以下裁区长及区公所而划分为若干乡，各乡成立乡农学校，代替基层行政机构亦如上述。

乙，民众自卫训练：按照上述菏泽训练自卫办法在乡农学校进行民众训练，但这只算初级训练，其高级训练则抽调精壮集中于行政专区办理之。

以上计划议定后，从次年（1936年）1月实行，于是成立以济宁为中心的第一专员区；以菏泽为中心的第二专员区；以临沂为中心的第三专员区。第一区专员由梁仲华任之，第二区专员由孙廉泉任之，第三区专员由张里元任之。第一、二两区各县的乡农学校已经成立，不须费事，第三区各县的工作在研究院和第一、第二两区协助下次第进行，亦无多大困难。

但为了第二、第三年成立其他7个专区的乡农学校，必须预备其干部人员。按照计划，在济宁设立“山东省乡村服务人员训练处”，调集8个师范学校将届毕业生约800人予以8个月的训练，训练处由教育长主持，教育长由梁仲华兼任。

在训练过程中，因为师范生已具有一般常识和有关教育的知识，所以主要就在启发其乡村建设意识思想，并特别阐明广大乡村在抗敌斗争中意义。此课由梁漱溟主讲，同时也有军事训练科目。

1937年是三年计划的第二年，增设鲁西、鲁北、鲁东各方面4个专员区，约40个县的乡农学校，均由此项受训师范生前去组织成立的。

在济宁除了大实验区和集中训练8校师范生之外，还有通过“中国乡村建设协会”与国内各学术团体和其他单位建立合作关系所进行的那些工作。

抗日战争前的10年间，由于乡村崩溃日趋严重，影响百业，所以乡村建设和复兴农村的呼声日益高涨。乡村工作虽是星星点点，却已遍及南北各省，所以曾经有几度全国性的“乡村工作讨论会”之集合和“中国乡村建设学会”之组织。学会的成员虽是以个人的名义参加，但莫不各有其所代表单位，例如，梁仲华先生等即代表山东乡村工作而参加；晏阳初先生即代表“平教会”而参加；黄炎培先生即代表“职业教育社”而参加，如是种种。参加学会的更有南北许多大学和学院，如南京金陵大学农学院，在当时为农学界的重镇，其院长谢家声、章之汶等均参加在内。他们为了研究农业改良上种种问题，便与我们合作，在他们足借以得到技术指导；又如南开大学经济学院的何廉、方显庭诸先生，为了调查研究社会经济、手工业、商业等问题，也与我们合作，以便借地进行其工作。而我们从他们的调查和研究中也可以了解自己地方社会情况。还有南开大学张纯明先生及一位冯先生，金陵大学的马傅庵先生，都是研究地方行政和政治的，他们愿意就着我们实验区县政府考察研究种种问题，在彼此合作之下，也有利于我们工作的改进。又如燕京大学社会系杨开道、许士廉、张鸿钧诸先生，为了进行社会学的研究，都曾来山东参加我们的工作。又如代表“华洋义赈会”的章元善、于永滋两先生，曾在华北农村办理信贷多年，也来参与我们的工作，共同致力农民合作运动。更有当时清华大学工学院的顾毓琇、施嘉炀诸先生，也与我们合作，进行地形测量等项工作。所有这些方面的合作关系，均通过乡建学会而来，所有这些工作，虽不完全在济宁，但大半是在济宁的。

结束语

1937年在日军侵逼之前，梁漱溟先生为时局奔走南北。“七七”事变后，梁先生离开邹平，院务副陈亚三先生代理，不久，陈先生也离开邹平去菏泽。韩复榘退到曹县，我们即偕同陈亚三先生向西南大后方转移了。我自参加山东乡建工作时起，由邹平而菏泽而济宁，未曾脱离乡村建设的范围。

回忆在山东乡村建设研究院工作的情况*

张俶知

我于1931年和1934年到1937年两度在邹平山东乡村建设研究院工作，前后大约工作了5年。

我1896年出生在四川丰都县的农村里。先在农村读了10年私塾，又读了3年高小、3年中级师范和4年成都国立高等师范学校（英语系）。高等师范毕业后，在军阀统治的社会里找不到工作。因此，1922年我便去北京大学研究哲学、音乐。在北大期间，因听梁漱溟先生讲述中国文化课而与梁先生有师生之谊。

1927年5月，我由原万县第四师范教务主任任子勋及杨伯凯两同志介绍，加入了中国共产党。不久，党组织调我去四川石柱县担任党务工作。

由于发动教师，争回全县教育经费及教师工资，斗争了当时县教育局长黎德昭，我被查办离职。1928年至1929年，我在广州省立第一中学做培养工农教育的实验（即知识分子工农化，工农分子知识化）。以后和党组织失去了联系。1930年，我到河南村治学院教学。1931年，我又在山东乡村建设研究院院部工作一段时间。

1934年，我再次回到邹平山东乡村建设研究院工作时，研究院的组织规模已扩大了。我当时任总务长，负责院内的一切行政事务，同时还要代理研究部的工作。刚去的前两年，我主要从事教育工作，担任研究部学生的课程教育。

1934年，我们在研究院内建了一座专门的研究室，分教育研究室、合作经济研究室、农业研究室、自卫军事研究室等。研究室是指导研究部学

---

* 此文原载于《梁漱溟与山东乡村建设》，山东人民出版社1991年版。

生进行研究的。各研究室有专聘的导师指导，也有训练部的教师担任导师。研究部的学生分大学本科和大学专科。研究的基本内容有国民党党义、社会进化史、乡村建设理论、军事训练等。专科研究的内容有农村经济、乡村自卫、乡村教育、乡村自治等。总的来说，就是研究乡村建设理论。研究部的学生毕业后是从事乡村建设运动的高级干部，被分配到各实验县工作。研究部的学生，以山东籍的较多，也有来自其他省的。

以后研究院的训练部改为第一乡村师范学校，菏泽分院的训练部改为第二乡村师范学校。邹平的乡村师范学校不属于训练部，是教育方面的一个单位，1937 年该校闹学潮之后，为了便于管理，将其划归第一乡村师范学校。另外，与研究实验有关的、也是颇为重要的，是划济宁专区为乡村建设实验区，以及滨（县）、蒲（台）、利（津）、沾（化）、无（棣）5 县为盐碱地改造区。乡村服务指导处指导的范围也增加了。凡从研究院研究部和训练部毕业的学生，无论在什么地方从事乡村工作，均属该处管理指导。

邹平的乡村建设，对农业及家畜等方面的改良和技术推广、合作事业的发展，都大有作用。如家畜的改良推广，有荷兰牛、瑞士羊、波支猪、约克猪、来杭鸡等，这些品种后来在邹平的农家几乎家家饲养。粮棉的推广改良成绩更大，如美棉的质量就全国来说，邹平属第二，产量在邹平这样一个长 70 里，宽 30 里的小县内也是很高的。这方面的成绩多亏了当时的研究院农场主任于鲁溪先生。

1934 年，我曾与研究部合作导师余树德先生商量，准备将棉麦运销合作改为棉农土地合作，并以这种合作为基础来统一社内之一切合作，划私产为公产，作为土地改革的一种方式，但因担心引起人民内部矛盾而搁置下来。

邹平的县学是以邹平全县地区为范围，乡学、村学是以全乡和全村为范围。在这个区域内，无论男女、老少，还是贫富、工农等各界人士，大家都联合起来，齐心向上学好求进步，发展乡村教育，发展合作经济，发展农业、建立乡村自卫组织，保障社会秩序，发展社会上的各种团体组织。在组织上采用政教合一的形式。在经济建设上，是以合作事业为主。

乡村建设的本意是想为救国救民探索一条道路，前几年主要做组织准备，后几年才做了一些实验，假以时日，必然对原有社会有所改观。

（郭蒸晨整理）

我在研究院训练部学习和从事乡建活动的经过*

刘溥斋

我今年82岁，邹平县西董乡小马峪村人。是山东乡村建设研究院训练部第一届学员，毕业后从事乡村建设活动达6年之久。

1930年6月，我考入长山中学附属师范。原学制2年，一年后，即1931年6月，梁漱溟先生在邹平创办的山东乡村建设研究院招生，我考入了乡村服务人员训练部学习。这次训练部共招收学员280人。学员来自全省许多县，全是男生，大部分20来岁，那年我24虚岁。

训练部第一届学员分7个班，每班50人左右，我属二班。训练部主任是陈亚三，他同时兼我们第二班主任。每班一个班主任老师和一个助教，经常给我们上课，其他教师兼课。学的内容很多，有乡村建设理论、农村经济、军事训练、精神陶炼、乡村自治、乡村礼俗、合作、乡村教育、乡村自卫、造林、农业知识、土壤肥料、畜种改良、病虫害、蚕桑、农家副业、水利建设、现行法令、医药卫生等，农牧副渔全有。训练部一般一天上四五课。早晨一课，早饭后二至三课，下午有时上课，有时开会。乡村建设理论是一门主课，每周一至二次，每次一小时左右。上课时两三个班集中在研究院大礼堂里，由梁漱溟先生亲自主讲。梁先生讲课语调较慢，很清楚。每次讲完，我们对梁先生的见解，主张都很赞成。研究院特别重视学员的思想道德教育。那时，每个学员有一个日记本，要求学生每天写一篇。记日记在研究院也是一门主课，日记本由学校统一发。每次写完日记，全收起来交给班主任老师，逐一仔细批阅，老师主要从日记上了解学

---

* 此文原载于《梁漱溟与山东乡村建设》，山东人民出版社1991年版。

生思想。记得有一次，训练部的一个学生偷了研究院会计处的钱被捉住，我在日记上写道："这种人太愚，不宜对他怎么样，让他走了算了。"班主任陈亚三的批语是："已经这样办了"。我由于从小看书多，有头疼病。一次在日记上写了："想向陈亚三老师学习气功静坐"的话，陈老师的批语是"静坐不如太极拳"。

研究院时期不允许学生穿好的衣服，要求学生艰苦朴素，合乎民风。我在长中附属师范读书时留着长发，进研究院不久，班主任陈亚三找我谈话，说我留长发不适应做乡村工作，要我把长发去掉。于是我到街上剪掉了长发，留成了短发。第二天他见到我，又说："你还是不愿意全部去掉，还是全部推掉的好!"第三天，我将长发全部推掉，成了光头。那时，学生留长发，农民认为是洋学生，看不惯，无形中与农民造成隔阂。推成光头，是为了从形式上先和农民沟通关系，便于将来做乡村工作。

训练部主要老师有 20 来个，大部分有高等学力，属于梁漱溟思想体系的人。他们大都是 40—50 来岁，年轻教师不多。全是男教师。

陈亚三，40 岁左右，北京大学毕业。主讲精神陶炼课。他对儒学很有研究，在鲁西被称"小圣人"。他给我们上课没有固定课本。每次上课，找上一个题目就讲。如孔子的"仁"、孟子的"义"、佛家的"慈悲"、耶稣的"博爱"等，一讲就讲许多。主要讲述旧道德，目的是把学生陶炼成有思想修养的人。

时济云，50 来岁，齐东人。爱看佛学、道经、金刚经、心经等书，主讲精神陶炼课。

于鲁溪，金陵大学毕业，教畜牧、种植等课。

李柳溪，40 多岁，教医药、针灸、医疗学等方面的课。

张经武，邹平人，50 多岁，任军事教官。

方象鹤，40 多岁，教司法课。

训练部比较重视军事课。研究院从济南韩复榘部队请来正式教官，一星期至少 3 次军训。开始训练时没有枪，后来买了一部分刀，我们称这种刀叫"鬼头刀"。每次上军事课，一人一把，完全按军队的一套训练。

学生上学，花钱不多，只交几块钱的生活费，不交学费，全部住校。生活安排得很好。吃饭有餐厅，七八个人一桌，固定位置，每次开饭，饭菜预先摆好，每桌三四个菜，排队进入餐厅，站着就餐。那时我们将吃饭叫“吃饭团”，学生对生活很满意。当年10月以后，每个学生发了一套青色棉布制服，一顶三大扇帽子。

上学3个多月，即1931年8—9月份，我们训练部二班学员下乡实习了一次。我们3个同学下到城南的抱印村实习养蚕技术。养蚕的房舍、工具由村内承担，喂蚕用的桑叶由农民采摘。我们3人养蚕的数量不多，只有3帘子。在训练部教养蚕的老师是安徽人，大学毕业生，三十七八岁。我们在抱印村实习期间，他七八天骑自行车去指导一次。实习一个月后又回到训练部上课。

1932年初，记得天气很冷，训练部全部学员三五人一组，分到全县农村实习，组建农村夜校。我与高天民（周村堂屋人）、王秉慧（长山卫固人），还有一个齐东人共4人被分到明家集小孙家庄。我们持研究院介绍信，背着铺盖，一进村先和村负责人联系。在村内，临时找了一间闲房，作为夜校课堂和宿舍。把村内有点文化、愿意学习的青年农民召集起来，成立了孙家庄夜校。每到晚饭后，我们4个人轮流给农民上课，讲梁漱溟的乡村建设理论、乡村秩序、道德、农业生产知识，种树、养蚕等。上夜校的形式很随便，一般二三十人，有时多，有时少。白天，农民下地劳动，我们自学，复习功课。在小孙家庄实习40天后，便又重新回到研究院上课。

5月，进行了毕业考试。在毕业之前，研究院还组织了毕业学生旅游。旅游学生由陈亚三带队，先步行到周村，乘火车到济南，吃住在省教育厅。省教育厅长何思源接见了我们，并讲了话。陈亚三代表研究院学生也讲了话，他讲的两句话给我印象最深，这也是他讲的主旨：“我们是牺牲的，不是享受的。”意思是研究院学生决心为乡村建设事业牺牲自己。在济南我们游览、参观了省政府驻地的珍珠泉、大明湖、趵突泉等名胜。第三天便又乘火车到青岛。青岛市长沈鸿烈设宴招待了我们。之后，我们乘“海企”号军舰游览了崂山，参观了下清宫。毕业前，每人发了一册同学录，上面有本人的照片和通讯地址，连老师、职员也人手一册，以便于毕业后互相联系。1932年6月，训练部学生没有分配工作，全部毕业回家。我也回到长山县八区西董小马峪村。

在家住了半年多，研究院下了指示：各县训练部学员可以结合本村小学组织民众学校。1933年春天，我的几个训练部的同学曲颖川、陈甲东（又名陈立生）等，在长山县东杜村办起了一处民众学校，来信约我去教书，我随即赶去。这时，东杜村民众学校已招了不少农民学员。学员小的17岁，大部分20岁左右，大的30多岁。我们的任务是给农民学员讲课。讲述乡建理论、道德修养、农业科学知识、养殖等。也讲《四书》。这种民众学校，是后来的乡学、村学的初级阶段，农忙时放学，农闲时上学，学时、人员不定。有的学生学了一段时间，家中一忙就走了，比较随便。民众学校也放秋假、麦假。学员不交学费。所用教材大部分是研究院编印的，也有一部分是小学的教科书。我刚到东杜村不几天，曲颖川又组织了几个训练部同学到大由村办起了一处民众学校。我在东杜村讲课期间，西杜村负责人看到东杜村乡农学校不错，不花钱就能念书、识字，便又邀请我到西杜村办民众学校。于是，我在东杜教了大半年课，又到西杜村办起了一处民众学校，附设在原来西杜小学内，有20多个学员。这年我27岁。在西杜民众学校，我与小学教师在一块吃住。那时我的薪水一月20块钱，由研究院单独支付，到大由中心学校领取。此后，我又从西杜转到长山县的杏村庄，组织了一处民众学校，也和小学在一起，有民众学员20多个。

1936年12月，研究院抽调部分办民众学校有经验的老师、高中毕业生到外县充当乡农学校校长和教员，我是被抽调人员之一。我们100多人在邹平县城集合，由省政府和研究院人员带队，乘火车到牟平县。在牟平县，胶东专区专员张襄伍讲了话，鼓励我们好好从事乡村建设工作，办好乡农学校。几天后，我们被分到胶东各县，我被分到栖霞县臧家庄第五区，同去栖霞的有30来人。

这时的栖霞县原区公所已取消，各区旧政府人员已调离。我们去是重新建立乡农学校。我们几个人被接到臧家庄，负责筹建第五乡学。

栖霞县乡农学校的组织形式是：先取消原来的区公所，下属机构基本不动，地点不动。用乡学代替原区公所，成立乡学区。区长换成学长。学长大部分是研究院毕业的学员，也有从省政府派去的。每个乡学设有学长、教育主任、指导员、军事教练、事务员共5人。乡学受县政府领导。栖霞县长叫朱经文，寿光县人，是省政府派去的。我在臧家庄第五乡学任指导员。学长是赵伯雍（号赵振庠），桓台县人。指导员的任务主要是到各村指导生产，为农民排难解纷，协同学长到各村办理各项事务，如下达指示等。在第五乡学，我有时也上指导生产一类的课。我每周平均下村一至二次，碰到啥办啥，一般不在村吃饭。那时学长的工资每月32元，教育主任每月28元，指导员24元，事务员20元，军事教练工资由专员公署发。

1937年6月，我又调到栖霞县第一乡学任教育主任，同时调去的有第五乡学的赵伯雍。在第一乡学，学长仍由赵伯雍担任。指导员赵桂登，文登人。军事教练张某，是专员公署派去的。事务员是博兴的曹芹堂。在第一乡学，我除了讲乡村建设理论外，同时兼管校外指导。校外指导也叫查学，即视察各小学。当时各村小学未改，由乡学负责管理。乡学因为是从区公所接管而来，所以学员军训有枪，每个乡学一般50多支枪，多的100多支。乡学负责人也都配有手枪。

栖霞县的乡学学员，一般每期40—60人。招收学员时，先从本乡各户中按家庭经济情况排队。当时是按土地多少，资本大小来算，先大户后小户，选其子弟入学，轮流培训。尽量多选有文化基础、认事明理的青年入学。学员生活费自理。个别富户怕自己的子弟受训后当兵，有的雇穷人顶替，这种情况若被乡学发现要补训。我在第一乡学任教育主任期间，个别户主找我，想让子弟推迟乡学培训，我严格按乡学规定办事，没有准许。乡学学员一般每期训练4个月，然后换人，再调另一期。在臧家庄第五乡学，我只培训了一期，五六十人。在第一乡学，也只培训了一期，第二期刚开始不长时间，就发生了七七事变，形势紧张起来。除了上课外，主要领导学员修掩蔽部，防备日本飞机的轰炸。在山里修公路，以便日军来了进退方便。我还参加了县政府组织的抗日宣传工作组，每组五六人，3个组轮流到各乡召集群众大会，号召大家做好抗日的准备。栖霞县的乡学在动乱中支撑了两三个月。日本侵略军进入山东，韩复榘的队伍撤退以后，乡学解散，乡学人员离家近的回了家。我距家远，胶济铁路停了车，回不了家，在栖霞闲住了一个时期，后来参加了地方抗日游击队。那时栖霞各种地方游击队有20多个，我们游击队的司令叫秦玉堂，我担任书记（即秘书）。政治部主任是蒋品三，国民党员，几次动员我加入国民党，均被我拒绝。

回顾我50年前参加乡村建设活动的这段历史，感到很有意义。我当时对梁漱溟先生的主张是赞成的。他注重人的品质道德教育，提倡学习运用科学技术。日本人一来，他的乡村建设没法继续进行，他的主张没有实现。但他能深入农村，实际为农民做事，这一点是很可贵的。

（郭蒸晨整理）

我参加山东乡村建设运动的经过*

范广鑑

一　从河南村治学院到山东参加乡村建设

1909年农历正月15日，我出生于河南省汝州市范集村一个农民家庭。那时，我的家乡经常闹匪灾，每当日落西山，登高远望，到处是烧房大火，枪声不断。白天截路抢劫，杀人越货之事，屡见不鲜，沟豁路旁，弃尸暴骨之事，更非奇闻。富者逃避城内，贫者日暮后，牵牛拉驴携被抱褥逃避山谷。天亮后，再返回村庄。但一到村头，即看见保甲长在前等候，要税要捐，催粮要草。民国十一年、十二年两次匪灾，我都被土匪拉了去，我家住房被烧殆尽，田地当卖一空，且欠债累累。目睹此状，身受其灾，我内心痛楚如焚！但当时只知愤恨土匪烧杀抢掠，忧愁官府横征暴敛，却不知世乱之根源在何处？只渴望拿到自卫武器，学会杀匪本领，消灭匪患。

民国十八年，河南大旱，我正准备带两个弟弟出外逃荒。忽接我堂兄广钧由开封来的信，叫我到开封报考公费的民众师范学院，藉度荒年。经向几家亲戚求授，共集14元路费，我由族兄广禄陪同到了开封。到开封后，即报名考试，惟因功课荒疏几年，未能考上。堂兄只好介绍我到河南大学印刷所当小工。约在农历十月，梁漱溟先生到河大讲演，我去听了，后就考入了梁先生在河南创办的河南村治学院。

河南村治学院是以冯玉祥将军的豫、陕、甘农林组织训练处为基础创办的。院长彭锡田，河南镇平人，是烈士彭雪枫的族叔，北京大学毕业。

---

* 此文原载于《梁漱溟与山东乡村建设》，山东人民出版社1991年版。

副院长梁仲华，北大毕业。教育长是梁漱溟，以后是广东人叶剑青。校内分五个部，组织部，主任为梁漱溟，后是孙则让；师范部，主任是王怡柯；农林警察部，主任是魏朗斋，河南遂平人；实习部，主任为乔履卿。还有村长（村干）部。入学时，我考入了师范部，后转入了农警部。

民国二十年，中原大战爆发，阎、冯失败后，蒋介石下令撤销了河南村治学院。院长彭锡田回家乡办乡村自治去了，梁漱溟、梁仲华、孙则让、王怡柯带一批学生到了山东邹平县，创办了乡村建设研究院。我则随军事教员龚蓝田等人到镇平投奔彭院长了。在镇平，我任林业技术员。因我喜欢军事，后调军事教育团工作。

民国二十二年，彭锡田因办乡村自治，得罪了地方劣神，被杀害。我也在镇平待不下去了，便到了南阳，投奔我村院老师孙文青先生。他留我到他新创办的民众教育馆工作。在南阳，又因我与学生发生口角，只好回了老家。孙先生也因此而离开南阳到教育月刊社当了编辑。回到妆州不久，友人郭彦峰、李健三、李洪五来到我家，他们说："你离南阳后，南阳专署下令缉拿你。"看来汝州也待不下了，于是大家商定，李健三先到山东向梁漱溟汇报，郭、李二人想回镇平，我到许昌我家兄办的学校——霸陵中学暂避。

我到许昌后，与汝南地区专员郭仲瑰联系，他回信说："梁先生正探听你的下落，你速去山东。"我即整装赴鲁。行至开封，到旋匠胡同合作社联络点打听消息。同学们见到我，都惊奇地说："孙老师说你被南阳专署通缉，你还到开封摆来摆去！"即用电话告知孙文青先生。孙先生叫我晚 8 点到教育厅对门小饭馆内晤面。他送给川资 15 元，命令我速赴山东，并嘱咐我，不要走南门，以避危险。次日，我由东站上火车，当天下午到了山东乡村建设研究院驻省办事处。当即用长途电话报告梁漱溟先生，他嘱咐我次日乘运书籍的汽车到邹平。运书籍的汽车，装有在省领到的三箱步枪，两箱机枪，一箱手枪，各种子弹数箱。这些枪支是青岛海军兵工厂生产，经省批准购买的。我将手枪取出擦净两支，并取出手枪子弹 200 发，预备在路上作自卫使用。车行至周村与长山之间，有 3 个身披大氅的人将车拦住，要搭车到长山。车在一棵大树下停住，树上有一乌鸦在巢中卧，我站在车上掏出手枪，对准乌鸦一扣扳机，把乌鸦射死在巢中，又以手摇晃树枝，巢翻乌落。拦车人误认为我要打他们，忙说："不要误会我们是想乘车的，不是截车。”说着，转身而去。汽车本就没熄火，司机也很机灵，拉开刹车，急忙开走了。我对司机说：“到校不要向他们讲，以免他们惊慌。”究竟是乘车，还是截车，始终没弄清楚。但后来听说报上登有研究院汽车被匪拦截。适天空飞雁经过，押车员举起盒子枪将领头雁打下，匪徒看势不妙，狼狈逃窜。其实根本没雁经过，我站在车上举起手来距鸟巢约有三四米远，有眼人谁都可以打下它，而且打下的是一只乌鸦，哪是雁呢？所以我对传奇文章多不肯相信，是有亲身体会的。

二　到山东乡村建设研究院后

约于 1933 年秋，我到山东乡村建设研究院，他们见有新枪，并有机枪和自来得手枪，更觉研究院有办法了。这些枪支是新到任的副院长王绍常向省主席韩复榘交涉，从海军兵工厂购买的。王是西北军的老干部，跟冯玉祥当过军长，与韩复榘是老同事。此人慷慨直爽，有点冯玉祥的作风，也很有自知之明，谦虚和气，对学院的老师们很尊重，尤其对梁漱溟先生。所以，他和一般人都合得来。

我到研究院后，张俶知先生问我做什么工作合适，适巧王柄程先生进屋，他插话说：“他是搞自卫的，长于军事。”我说：“老师叫我干啥就干啥，只要看我能胜任。”王柄程先生以商议的口气向张俶知先生说：“可先到警卫队住下，叫他和蓝田商议着分工。”当晚我住在警卫队，蓝田等人一见我都说：忙得不得了，你来可助一臂之力。张泽如、谢绍周、芦胜安都是我在河南村治学院时的老师，我说：“有老师们在，我又有机会学习了。”大家商议分工问题，龚蓝田任研究院督教练，总领军事教育，我任警卫队长，高昆山副之，绍周任警察队长，泽如副之，胜安任研究院教练。次日，王柄程先生到警卫队，询问商议情况。绍周向他汇报后，他笑着说：“智谋之士所见略同。”我小声对昆山说：“仁人之言其利甚薄。”王先生抬头问我说：“小镜，你说什么？”我说：“您的安排和俺们商议的差不多。”他又说：“我知道你是对着我的话哩，还和上学时一样，小孩子气。”从此大家不叫我广鑑，改叫小镜了。就这样我当了邹平实验县警卫队长。

邹平警卫队并不是专管治安的，实际是自卫教育机构，是把各乡村学校选送来的青年，施以军事训练和乡村工作教育，半年至一年，毕业后，回乡担任乡队长。在农闲时，集合青壮年分批进行军事训练，并编成班排，每月进行一次土枪射击，也叫团练。警卫队来人检查，研究院来老师上课，讲农业常识，如科学种田，植树造林、选优良品种、种棉，成立合作社减轻中间剥削，成立夜校，办扫盲班等。研究院杨效春老师常同我们徒步下乡，给学员们上课。他编了一个民歌，农民很喜欢唱，歌词是："穿的粗布衣，吃的家常饭，腰里掖着旱烟袋儿，头戴草帽圈，手拿农作具，日在田野间，受尽辛苦与风寒，功德高大无边，农事完毕集合团练，将乡村建设完成，自在得安然，得安然，无有农夫谁能活在天地间。"杨先生穿着粗布衣，同农民吃一样饭，头戴麦秸帽，同我们一路步行下乡，参加乡队集合训练，借机给大家上课讲话。有时还同农民到田地里耕作。别的老师也有，惟他同我们下乡的次数最多。

邹平师范学校校长张宗麟先生也要求该校施行军训，研究院两次派去军事教练，均没上成课而回来了。梁先生又命我去，并嘱咐不要讲理论，要教他们实际动作。我不想去，因怕被同学们不欢迎撵回来丢脸，但又不敢说不去，只得硬着头皮去了。一到教室我先自我介绍说：我是河南村治学院农警部毕业的学生，我是来听课的，不是讲课的。当时我身穿军装，腰束武装带，领章胸章都很整齐。又说同学们看我是官还是兵？同学们齐声说：是官。我问是啥官？是芝麻官？是黄豆官？或是红豆官？大家都哑然了。我说：官有大小，兵有等级，不能只看束根武装带就是官，军、师长是官，连内的司务长也是官，都束着宽皮带。有人给你介绍一个束武装带的作朋友，只看是个官，实际还没芝麻官大，那不是笑话吗？同学们如果愿听我介绍一下官的大小之别，兵的等级之分，我就讲一讲。如不愿听，我马上就走，免得被你们撵走丢丑。同学们齐声说愿听。于是我把事先用红黄蓝色纸做成的胸章领章钉在黑板上，从二等兵开始，一直介绍到上将。下课钟响了，我说：我就会这些。下周军事课是"现有武器使用方法和分解结合"，同学们如果真想学军事，还得从吃喝拉撒睡学起，也就是从穿鞋戴帽，扣纽子绑鞋带学起。大家都笑了，我说，请不要笑，我就是从这里学起的。大家愿晚下课，要求讲特级上将。我说，中国只有一个特级上将，他就是蒋介石，制服是他自己订的，他有戎装像，大家看一下就行了，是独裁型的，只有中国有这种产品。

到下周上军事课时，我命令把各种枪支武器都拭擦干净，按规定摆好，内务搞清洁整齐。请同学们到警卫队上课。我请他们先参观内务，而后介绍武器名称，最后把一班长双眼蒙住，做“步枪盲目分解结合”。大家都认为这班长有本事，有一个同学说，手枪是否也可闭着眼解开再装起来，我又把手枪班长的眼蒙起来，让他作一次“盲目分解结合”。并请女生到操场集合，留下男生做着装和捆打背包等动作。经过参观学习，同学们才对军训有兴趣，不那么轻视了。从此我和同学们结成了朋友，一直到他们毕业。

在邹平我看到所使用的武器太破旧，太落后，联想到王柄程先生的农村自卫战术，是金城汤池、深沟高垒、专事防御的思想，太古老了，若与现代的新式武器相抵抗，根本不行，尤其是抗御日寇的立体侵略则更难取胜。因此，我要求到军事学校学习。适巧有一个从日本士官学校毕业回来的黄练如先生来学院听梁先生讲课，他和王绍常副院长都同意我的看法，于是，学院就选我和孟宪光同学到济南南营军事教育团学习。该团的教育处长孙纯德问我说：“你们是研究院的助教，怎么来学军事？”我把我的看法简单讲了几句，他点点头顺手拿一张操典图解表草稿，命我誊清。我意识到这是测验，我把表誊好交给他。他说：“你先在教育处誊写操典表解吧。”我要求下队当入伍生，他没准，一直在教育处约半年，才把我交给一个中校队长，跟着到野外侦察地形，学作教案。有时在沙盘上学习攻防。有时在图上学兵力配备。就这样混了一年多，因龚蓝田调济宁工作，人手不济，研究院叫我提前回去了。

约在 1936 年 10 月，邹平实验县秉国民党 10 月 10 日国庆节，搞联庄会检阅，请邹平周围 10 县县长到研究院大操场阅兵。王柄程先生命令作准备，将全县所有乡村学校各乡队编为两个团，城内各学校和警卫、警察两队等编为一个团，在大操场预备演习。10 月 9 日下午各县长都到研究院，10 日早 8 点我们都集合到大操场。研究院老师们陪着各县长到阅兵台上。我发出号令立正后，跑步到台前报告。王柄程先生责备说：队伍不整。命令再行整队后，进行分列式阅兵。各团整顿完毕，即开始阅兵了，一直到下午 1 时左右。阅兵完毕，队伍集合阅兵台前，请各县长讲话。各县长都是文质彬彬的先生们，都认为万把人集合到一处，不乱碰头踩脚互相猛撞就算不错了。可是我们觉得若是步兵师这样行动不整，该师长一定撤职，至少得降他的职。

联庄会亮兵（阅兵）约一个月后，王柄程县长命令我组织自行车队到周围10县作拉练回访，实际是炫耀武力。我接到回访拉练的命令后，即集合警卫队人员开会研究，并决定：有自行车的，都可以参加，手枪排为前卫，负责安排休息地点，准备茶水，兼负所去领导们的保卫工作。本队自行车排为后卫，并带修车工具，另请配卡车一辆，兼管收容。各带干粮，每人每日发茶水费一元，我因病不能行动，在队部留守，拉练由高昆山队长指挥。原计划一天去一个县，共行动10天，搞了3天，因道路不好，有些学员骑车技术也不佳，坏的车子很多，且有跌伤的，我提议休息几天再继续拉练，可是这一休息，以后再没骑车进行拉练。

邹平实验县的警卫队，以后改称农民征训队，其性质没变，不过叫征训队更确切些。经过10月10日阅兵和到各县回访拉练，附近各县不断派人到邹平参观，而参观者也必至征训队看军事动作。我们也准备一套由集合开始先制式教练后战斗动作，一直到对空射击的一套表面演习。外行人看着眼花缭乱，若为实战，价值不大，若与日寇相周旋，则更差劲了，这是我当时的看法。但在地方治安方面却起到了一定的作用。如匪患、贩毒走私者较少了，开场聚赌者很少，也可以说基本消除了。借着各乡学集合团练射击时，研究院老师们对大家上课，讲解农林常识，如科学种田，提倡国货，办合作社，养良种家畜，养蜂等常识，总之对村民进行教育，使其向上学好求进步，如种植的良种棉花，所办的合作社，效益都很显著。人们的精神面貌，也有所改观。

后来，副院长梁仲华调到济宁任专员，龚蓝田去任保安第二大队长，调我去当大队附，王柄程先生先于我俩到济宁。这时他患吐血症，后抢救无效而死。他死时，梁漱溟先生亲笔写了“可惜一条好汉”大横幅哀悼他。当时许多老师和同学写文章悼念他，惜在十年动乱中，我存的这些材料都被打、砸、抢者抢走烧掉了。

我到济宁不久，保安二大队扩编为保安二团，龚蓝田任团长，王新甫任副团长，谢绍周任团附，我任第一营营长，高昆山任第二营营长，张泽如任第三营营长。此时日寇已过黄河，研究院师生们有主张拉到山中打游击的；有主张与鲁西分院联合抗击日寇的；有主张与国军统一行动抗日救国的，众说纷纭，莫衷一是。忽接山东省主席韩复榘命令，把济宁和菏泽两地区的保安团队改编为补充第二旅，开赴河南漯河西华一带整训，德州兵工厂也迁到郾城。菏泽保安团队编为两个团，第一团团长王丕襄，第二团团长刘经武。济宁保安二团改编为第三团，团长龚蓝田，我为一营长，昆山为二营长，张泽如任三营长。旅长是研究院鲁西分院院长孙则让，旅部率第一团驻漯河市，第二团驻西华县，第三团驻漯河东北约20里的黑龙潭镇，兵工厂也移到该镇。梁漱溟先生退出山东后，把邹平征训队带到河南镇平县，命黄练茹先生训练游击战术，计划训好后，带我们返回山东打游击。正在加紧训练时，韩复榘被蒋处决，蒋又派他的嫡系部队关麟征师和另一个团，在漯河附近监视补充二旅，并强令开赴湖南衡阳改编为陆军独立第三十二旅，派一个山东人樊应奎当旅长，原旅长孙则让调四川当了专员。从此，这支乡建时期的武装队伍，并入了蒋介石的军事体系。

我担任邹平实验县县长的前前后后*

徐树人

一　到邹平担任实验县县长

我于1889年出生在江苏吴县。父亲是清朝的一个小官，他20岁时由江苏到山东垦务局当差，在山东结婚。母亲生我同胞兄弟4人。我12岁时，母亲故去。小时候读私塾，14岁考进学堂，学习德文。以后，我又到德国人设的青岛赫兰大学就读，学的是理科。还未等进本科，第一次世界大战爆发，德国失败，日军攻占青岛，学校被迫关闭，我只好离开青岛回家。因家中无力再供我上大学，即到湖北宜昌榷运局当科员，后调湖北新堤关当会计员。3年会计之后，我回到山东济南，在山东盐运使署当会计员。民国十七年（1928），济南发生了“五三”惨案，我跑到天津。北伐军在天津成立河北省政府后，我在河北省政府当科员。以后河北省政府举行县长考试，我被考取。后经训政学院短期培训，即派我去东光县当县长。时为1929年。

我在东光干了4年县长，原来是想搞出点成绩为自己开辟前途，结果一事无成，苦不堪言。思想上的烦闷是，眼前摆着两条路：一条是国民党的路，是我原来抱希望的路，可现在内忧外患，千疮百孔，我深感失望。一条是共产党革命的路，这方面我知道得很少，那时还在红军长征之前，我怀疑马列主义这条路在中国能否行得通。正在这个时候，我看到报纸上发表了梁漱溟先生的文章。如：“政治上几个不通的路”等，我很惊讶。

---

* 此文原载于山东省政协文史资料研究委员会编《山东文史资料选辑》第二辑，由郭蒸晨充实、修改后收入《梁漱溟与山东乡村建设》，山东人民出版社1991年版。

他敢发表这样的文章，真了不起！我派秘书白诚斋去北平访问梁先生，看看他是怎样一个人。白诚斋回来对我说："梁漱溟是北大的教授，搞哲学的，同他谈话的印象有共同的政治烦闷。他现在的主张是用'村治'的办法来解决中国的基层组织，进而解决中国的问题。能否行得通不一定，但是他是真心真意地动脑筋、想办法为中国社会解决问题。"自此以后，我便开始与梁先生通信，将我思想上的烦闷向他请教。梁先生每信必复，当然我所提出的问题，不是他两三句话所能解答的。

1931年冬，我因公去北平。我的住处距梁先生所办的《村治月刊》社很近，我就便拜访了他。初次见面我们就谈得很投机，我很同意梁先生的理论主张。这次会晤之后，我搜集了许多梁先生的著作带回去读。相隔不久，梁先生去东光县看我。他说，他与许多朋友在山东邹平县办了一个"乡村建设研究院"，并划邹平为实验县，征求我的意见，能否愿意参加他们的工作，最好能担任这个实验县的县长。我当时对驻河北省的奉军很不满意，很想摆脱那个困境。但是，我对梁先生的一套主张还没有搞清楚，怎么搞"村治"，脑子里还没有数，怎么好干实验县长呢？我对梁先生说："我愿意参加这个有意义的实验工作，但隔省不能调用。辞职交代都需要时间，实验县长不要等我，可先另选别人担任，我辞职交代完毕一定前去。"这样我们就确定下来。梁先生走后，我即提出辞职，我的秘书、科长都不赞成我去邹平。他们说："你拿一个现成的县长，去换一个赊账的县长，划不来，何苦来哉？"但是，我坚决要改变一下我的政治处境。第一次辞呈没有批准，省主席王树常认为我是想调大县。我将此事写信告诉梁先生，梁先生请省教育厅长陈筱庄向王树常说明，确实是山东乡村建设研究院要我去，这才批准我辞职，并给了我一个省政府秘书的名义，派赴山东考察地方自治。这样，我就顺利地办完交代，前往山东邹平县。

1932年夏，我到邹平见了梁先生，我说愿意先在研究部听讲乡村建设理论。梁先生同意，并对我说："人贵在人生向上。你在这一点上要求很强，我们就在这一点上相交，你以师对我，我以友对你，以人生向上共勉。"这样就确定了师友关系。在研究部听讲一个多月，梁先生即向省主席韩复榘推荐我担任邹平实验县长。这是我第一次在邹平担任实验县长。

我参加梁漱溟所倡导的乡村建设运动，从1932年至1938年，在山东乡村建设研究院担任实验区主任兼邹平实验县县长，中间曾一度请病假在研究院任秘书，病愈又回任邹平实验县县长，一直到日军入侵山东邹平沦陷为止，先后达6年之久。

二 山东乡村建设研究院的产生

1929年，韩复榘当了河南省主席，获得河南省的地盘以后，为了巩固自己的势力，他除了依靠他的部队外，很欣赏梁漱溟的“乡村自治”。他在河南百泉办了一个“村治学院”，梁仲华担任院长（梁是河南孟县大地主，北大毕业生），请梁漱溟主讲“乡村自治”。开办不久，约在1930年，韩复榘调任山东省主席，就又邀梁仲华、梁漱溟还有河北大城县的梁式堂（冯玉祥的旧属，韩复榘很尊敬他），共同商讨在山东再办“村治学院”之事。

由于在山东搞，梁漱溟就介绍孙则让参与研究院的领导。孙是菏泽县人，是辛亥革命时期山东同盟会员王鸿一的学生。王是曹州人，民国初年，曾任山东教育厅长，曾请梁漱溟讲演过“东西文化及其哲学”，后又曾请梁到曹州去办“曹州中学”。王在山东地方派系中是有相当势力的，人称之谓“曹州帮”。孙则让就以王鸿一的关系参加了乡村建设运动。这时梁漱溟的“乡村自治”主张已发展成为“乡村建设运动”，以后又设立了山东乡村建设研究院，并选择山东邹平县为实验区，将邹平县划为研究院直属的乡村建设实验县。这就是山东乡村建设研究院产生的简单经过。

三 研究院的内容、组织和人事

梁漱溟在他写的《山东乡村建设研究院设立旨趣及办法概要》中说：“我们要辟造正常形态的人类文明，要使经济上的‘富’，政治上的‘权’，综操于社会，分操于人人。其纲领则在如何使社会重心从都市移植于乡村。”他所谓正常形态的人类文明是：“新社会以人为主体，是人支配物，非物支配人。”他反对资本主义社会的人为物役。他所理想的社会是：“伦理本位，合作组织，而不落于个人本位和社会本位的两极端。伦理就是确认相互关系之理，互以对方为重，团体与分子间得一均衡，合作亦符此义。”他认为伦理情谊的精神是中国文化的基础，是几千年来赖以维系亿万人民相互间的生存关系；近百年来，资本主义侵略中国以后，赤裸裸的个人本位利害关系，摧毁伦理本位的情谊关系，演成了固有文化总崩溃之局。因此他主张从伦理情谊的精神基础上，引进西方的团体组织和科学技术；并且先从农村着手，创造一个雏形的组织形式，叫作“乡村组织”，开出一个小小端倪，慢慢萌芽生长而开展为一个大的社会组织，来影响政治到控制政治。他说乡村建设运动亦即是新文化运动，新文化运动是老树上发新芽，是中国文化的发扬光大；人与人之间不仅是一现实的利害关系，还有超乎利害的精神关系。乡村运动者就是这个运动的倡导者和组织者，但它始终站在社会一面，“永不自掌政权”。他还主张从农业引发工业，他认为中国农业有基础而工业没有基础，农业方面可以徐图进步，工业方面由于国际竞争激烈迅速进步，势所不能，只有从农业入手，在农业技术前进的过程中，工业自然相缘相引而俱来。农业增产购买力亦自抬头，工业亦因需要之刺激而兴起，生产力购买力辗转递增，农业工业适为推进而产业乃日进无穷。大体上说这就是乡村建设运功的主要内容。总之他既反对资本主义的经济制度，也反对社会本位的经济制度。他要实验他所主张的伦理本位的经济制度，要在农村中开其端倪，并用合作形式来体现他的伦理本位的经济制度。

梁漱溟的这些主张反映了他既不承认中国社会有阶级，又反对阶级斗争，反对以革命手段夺取政权，当然他也有自己的打算，这就是以搞乡村运动大联合，来形成共产党和国民党以外的第三种势力，这就是他希望形成的社会势力。

山东乡村建设研究院的组织：设院长、副院长各一人，下设总务处，掌握行政事务。在开始阶段院长由梁仲华担任，副院长是孙则让，总务主任是叶云表（河北大城县人，与梁式堂同乡）。研究院设研究部和训练部。研究部招收大学毕业或同等学力的研究生数十人，由梁漱溟任研究部主任，主讲“乡村建设理论”，为期两年，目的是培养乡村建设运动的高级干部。训练部则专门培养乡村建设工作基层干部，招收初中毕业或相当程度的学生，每期二三百人，一年毕业，由陈亚三担任主任。陈是梁漱溟的学生，北大哲学系毕业，曹州人。训练部还有导师、班主任等若干人，分授各门课程，课程主要是“乡村教育”、“合作经济”、“农业常识”、“农村自卫”等，项目很多，也常有变动。研究院附设一个农场，由于鲁溪担任主任。于是山东淄川县人，金陵大学农科毕业。农场的主要工作是畜牧、育种、试种美棉、美烟等，并负责指导组织“梁邹美棉运销合作社”及棉花打包厂。农场主任还担任训练部的农业课程。

研究院设实验区主任兼邹平实验县县长，1931 年开办之初由梁式堂的侄子梁秉锟担任，不久即由孙则让介绍朱桂山担任，到 1932 年梁漱溟又介绍我担任了该职。

四 研究院的派系和内部矛盾

我是 1932 年辞去河北东光县长，应梁漱溟之约去山东邹平参加乡村建设运动的。我参加乡建实验工作以后才发现研究院内部的主张极不一致，参加组织乡村建设研究院的分为 3 个派系：一个是以梁仲华为首的河南村治学院派；一个是以孙则让为首的山东曹州帮；一个是梁漱溟及其学生。梁以“东方文化”为主体，以乡村建设为号召，试图利用旧政权的力量，形成一种社会力量来左右政治。因此他对国民党既批评又利用，反对马克思主义革命学说，不赞成共产党搞阶级斗争等。梁仲华是一个有政治头脑的河南孟县的大地主，具有一定的政治见解，毕业于北京大学。他认为，要在政治上有所作用，必须在社会上有点势力才行。所以他结合河南的豪绅势力，在辉县办了“村治学院”。他对梁漱溟的学说有赞同的部分，不同之处是他不赞成东方文化、孔夫子的儒学。他很欣赏资本主义的那一套。他所以到山东来是出于不得已，因为河南的“村治学院”关了门，想借山东乡村建设研究院来安置他在“村治学院”散下来的旧部，等待机会再回河南去，其目标是在河南而不在山东。因此他的地域观念最重，除了相信河南系而外谁也不相信。孙则让倒是贫寒出身，据他自己对我讲，他青年时，是在家里拿了三吊钱（山东钱五百作一串，称一吊，三吊钱约值银币一元）当路费，为别人拉着独轮小车到济南的。由于他是王鸿一培养出来的，是依靠曹州帮的豪绅势力起的家，于是就成了曹州帮豪绅势力的代理人了。孙则让在研究院当副院长是比较有实力的。由于他是山东当地人，又是曹州帮的代表人物，因此，梁仲华、梁漱溟等，遇事都要迁就他。训练部主任陈亚三和孙则让是一派，他掌握训练部，每期培养几百名乡村干部，这批人到哪里，他们的势力就到哪里。他们除了一切为自己而外，就是一切为着“曹家庄”（曹州帮的别称）。梁仲华曾当着陈亚三的面说：“曹家庄的人是天下为私。”他们的目标并不是梁漱溟的“乡村建设”，而是在梁漱溟的乡建招牌下摘自己的一套。孙则让以后在鲁西摘研究院分院时，大搞“自卫训练”，但日军入侵山东时，却集合起经过自卫训练的壮丁，连人带枪跟着韩复榘逃之夭夭了。

此外还有梁式堂和叶云表的大城系，不过他们的势力很弱，在帮派的压力下，不久就退出了邹平的乡村建设研究院。我就是在这样一个充满矛盾的环境中充当邹平实验县县长的。

五　最初阶段的试验工作和乡村建设的影响

自山东乡村建设研究院开办到我去担任邹平实验县县长，不过一年多的光景，县长已三易其人。这是因为，乡村建设的招牌挂出来了，但到底怎样搞实验，主张却不一致。梁漱溟那时虽有他的一套理论，但还拿不出具体办法。梁仲华、孙则让则各有企图，意见也不一致。最初大城系的梁秉锟担任县长，没有搞出名堂，换了曹州帮的朱桂山，也仍然搞不下去，最后又换了我。我是刚参加进去的人，对他们之间的内在矛盾不清楚，对梁漱溟的理论和要求亦不甚了解，虽然在研究部听了一个多月的课，仅仅听梁漱溟讲了认识问题部分，而解决问题部分还没有听到，所以也拿不出一套实验计划，只有零零碎碎的搞点乡村教育、乡村卫生，乡村自卫等工作。除了与南京卫生署和山东的齐鲁大学在县城联合搞了一个卫生院以外，再就是在农村中办了一些识字班，在城里搞了一个自卫队，抽调农村壮丁来城里训练，回乡成立农村自卫组织。此外还提倡过植棉、种烟，以后发展成为生产运销合作社，如此等等。我担任县长不过 3 个月，因下乡带手枪走了火，打断了左腿，在周村医院动了手术，韩复榘只批准我 1 个月的假。假满从医院抬回去，躺在行军床上工作，开会、做纪念周抬来抬去，我实在搞不下去了，请求辞职，研究院调我担任研究院的秘书，借此养伤，遗缺由梁仲华推荐王怡柯担任，这就是第一次担任实验县长的情况。

我到研究院当秘书的时候，看到研究院内部的种种矛盾和韩复榘的恶劣作风，便对乡村建设的前途发生了疑虑。记得当时我曾向梁漱溟提出这样的问题："乡村运动为什么一定要在山东搞？为什么同一些意趣并不一致的人一起搞？我对乡村建设前途有怀疑！"梁漱溟答复我说："除了山东之外还有什么地方能允许我们这样搞呢？原来意趣不一致的，到事实面前可能渐渐一致；原来意趣一致的，遇到事实又可能不一致了，天下事只可能因形势造形势，一处打钟多处应，虽然我们在此地搞，我们的目光却不局限于一时一地，事实上经济问题、政治问题、农民问题，又那能在一时一地得到解决的呢？"我听了这些话，觉得也只好这样搞下去。

乡村建设研究院的影响在扩大，当时到邹平来参观的人一天天增多，有学术团体，有地方团体，也有些是同情我们的朋友，弄得我这个秘书像大寺院的知客和尚一样，天天忙于招待来宾。有些参观者问我："你们对土地问题怎样解决？你们对土豪劣绅怎么办？社会改造怎样改法？"等等，这些问题我很难答复，只有照梁漱溟乡建理论上的看法回答他们，他们感到梁的理论很不切合实际。来参观的人还有南京市长石蘅青，卫生署的金宝善，还有张治中、仇益山、张难光等，蒋百里还带着一些意大利人来过。当时石蘅青曾对我们说："南京方面传说你们开会不挂总理遗像，不读总理遗嘱，你们应当留心。"甘乃光来参观时，正遇上梁漱溟有事去济南，我陪他谈了两天，他站在国民党立场上提出许多问题来问我，又说某些做法违犯了中央规定，回到南京便在报纸上把邹平的乡村建设运动大骂了一通。

开过两次乡村工作讨论会。第一次乡村工作讨论会，时间大概是在1934年夏间。参加这次会议的有上海职业教育社黄炎培、江问渔，无锡教育学院高践四，华洋义赈会章元善，搞合作的于永滋，定县平教会晏阳初、瞿菊农。此外还有燕京大学、齐鲁大学、河南镇平的地方人士，南京国民党政府卫生署方面也派人出席了会议，会期不到一个星期。次年又在无锡开过一次同样内容的会。这两次大会的内容，由中华书局出版一本专书，记载甚详，此不赘述。我只将它所起的影响谈一下。

开这个会的目的就是为着搞乡村运动大联合。开会以前那几年，原来搞社会教育、民众教育、职业教育的，如上海职教社、无锡教育学院，搞识字运动的平教会，搞合作的华洋义赈会等，彼此联系很少，但在乡村建设运动的影响下，彼此联系加强了，感到不仅有联合起来的必要，而且还要结合政治。因此在会前他们就提出一个"政教合一"的口号。这个口号不是邹平制造的，是南方朋友喊出来的，邹平亦接受了这个口号。不过大家接受这个口号的意图颇不一致，有的是为推行教育需要借助行政力量而提出的；有的是为推行政令，认为借助教育的形式比较易为人民所接受；还有的为避免政治属性的强制作用，认为将政治纳入教育机构来缓和统治与被统治之间的矛盾，更为有效。国民党中央亦搞新县制，内容五花八门。尽管他们接受“政教合一”口号的意图不一，但有一个共同点，就是都不危害国民党的统治，因此国民党统治集团对他们也就不加干涉。这样不但能够提出“政教合一”的口号，而且亦能见诸实施了。当时的金融界如中国银行、上海银行等亦看到农村放款比都市投资安全，可以控制农产品，有把握不会吃呆账。邹平就得到中国银行和合作金库的大量放款，这对当时活跃农村金融是有利的。

乡村运动影响的扩大是当时的客观形势造成的，在国际方面是日军侵华，形势紧张；国内方面是国民党内部四分五裂，军阀混战各据一方，更重要的是蒋介石“消极抗日，积极反共”。摆在人民面前的是两条道路：一条是革命的道路，当时进步的力量和革命青年都趋向中国共产党，一条是蒋介石及其统治集团所走的反革命的道路。梁漱溟的乡建运动就因在客观上适应了统治阶级的需要，因而也扩大了影响。

六　三个不同的实验县

乡农学校是梁漱溟在乡建理论中提出的所谓“乡村组织”两种形式的一种。两种组织形式是“乡农学校”和“乡学、村学”。“乡农学校”通用于一般政治环境，即在乡镇保甲制度存在的情况下，办乡村建设的各种设施，不妨碍原来地方自治组织的各项规定。至于“乡学、村学”是只适用于研究院直属的实验县，因为实验县已取得了实验的权限，它能变更原来的地方自治组织，用“乡学、村学”的办法来实验管、教、养、卫合一的乡村组织机构。而孙则让在菏泽搞的乡农学校就根本不是这样一回事，他将乡农学校的权限无限量地扩大，集中全力搞自卫训练，并以自卫组织的系统掌握乡村中的全体成年农民。韩复榘之所以欣赏这套办法，就是因为孙的做法符合了他的统治意愿。他过去天天在想如何扩充实力保障地盘，但因限于物力财力和编制，没法再扩充他的第三路军嫡系部队，现在这个办法用不着拿很多钱，就能将县、地区到全省的壮丁组织起来控制在手中，作为他第三路军的后备军，因此孙则让的办法，便在很短时期内推广到整个菏泽专区，不久又扩充到济宁专区，并准备推广全省。

我对鲁西菏泽的乡农学校是有怀疑的，有一次孙则让来邹平，我问他："乡农学校的办法到底解决什么问题？"他回答说："你怎么看。"我说："乡农学校的原意是为推行全面乡建工作的一个基层组织形式，有一定的权限，至少亦要有点民主和法制的气味，才能在各方面说得下去。现在你搞的乡农学校是集中全力搞自卫训练这不必说，学校的权力无限大，我听裴雪峰讲（裴是河南人，原在邹平研究院任导师，后调菏泽搞乡农学校），乡农学校派自卫训练的学生去抓人，学校有权打人、押人。我不知道乡农学校的权是谁给它的，只能说是专员或县长给的，因为负责人都是上级派的。专员的权又是谁给的呢？只能说是韩主席给的，韩主席的权是谁给的呢？只能说是第三路军的枪杆子给的，因为中央并没有给他这样漫无限制的权。我们算给社会贡献了一个怎样的农村组织形式呢？……"我话还没说完，气得孙则让脸都红了，他说："我不同你搬理论！"我说："我们不谈理论就实际谈吧。"孙则让说："现在日本鬼子眼看就要打到我们跟前来了，我们除了自卫训练准备抗敌以外，别的还有什么更重要的事，你搞的那一套日本鬼子来了有什么用？"他这个话确实打动了我的心，真的日本鬼子来了，我那一套有什么用呢？

当孙则让在菏泽实验县大搞军事训练的时候，河南帮梁仲华，也要找机会实验一下他的理想。于是他便联合燕京、齐鲁等 5 个大学和晏阳初的平教会，拟了一套搞实验县的计划，经韩复榘批准划济宁专区为实验区，由梁仲华担任专员，并划济宁县为第三实验县，调王怡柯去担任实验县县长。梁仲华虽打着乡村建设的招牌，以联合 5 个大学搞科学实验为号召，但目的是联合燕大社会科学系许士廉、张鸿钧、杨开道和定县平教会的晏阳初等，搞社会调查。由于开办不久，卢沟桥事变发生，山东处于紧张状态，他们的工作没有深入搞下去（关于燕京大学社会学系和社会调查的质性可参阅费孝通写的《留英记》。载《全国政协文史资料》第 27 辑）。自从开辟了这两个实验县以后，研究院的三大派便实质上分裂了，曹州帮都到菏泽去了，河南帮都到济宁去了，剩下邹平这块地盘由梁漱溟接受下来。梁漱溟自任研究院院长，王怡柯刚调走时邹平县长由院长自兼，邹平就完全按照梁漱溟的理论来作实验了。由于邹平是最早划为实验县的，因此就叫作第一实验县。

邹平研究院研究部的第一期学生已毕业，又招收了第二期，训练部已结业好几期了。梁漱溟乡建理论亦讲过两遍，他的解决问题那部分，具体到乡学、村学的乡村组织上。为了不间断他的这一实验，于是又要我回任邹平实验县长。我们继续搞乡学、村学的实验，亦即是乡村基层组织形式的实验。

我这次（约在1936年春）搞实验县与上次搞实验县不同了，上次没有整个计划，仅仅是做点滴实验，这次是按照研究院的计划去实验农村组织，实验工作的中心是乡学、村学。干部的配备是县政府的秘书、科长，完全从研究院和研究部选拔最有能力的人来担任。乡学辅导员由研究部毕业学生担任，村学的教员由训练部的学生担任，从上至下都是研究院一手训练出来的青年干部，有统一的理论认识、有统一的组织调配，这一次总应该干好了吧？事实却与主观愿望相反。

乡学、村学应当怎样搞，梁漱溟写过《村学、乡学须知》一本小册子，具体到“学众须知”、“学长须知”、“学董须知”、“教员、辅导员须知”等，讲明了每一个人应当怎样干，其中心就是贯彻“伦理情谊为主，互以对方为重”的东方文化精神，去理解或解决农村中所产生的具体问题。具体做法是，第一步首先进行调查，弄清一个村的人和事，人都是有些什么样的人，弄清一个村搞一个村，弄不清就不动手。第二步选择声望较好亦即群众关系较好还有点学识或有办事能力的人，看村的大小聘请七八人或再多一点为村学学董，聘书由县政府发，都是名誉职。学董聘定以后，定期召开学董会酝酿成立村学。村学中成立4个部，儿童编入小学部，等于初小，为升学仍按原规定办；中年以下妇女编入妇女部，只搞副业生产，如手工编织之类（由于邹平没有训练女干部，妇女工作基本上没有做）；成年农民编入成年部（这是主要的）；比较有知识的青年编入高级部。由于各村这部分人不多，村学单办办不起来，因此多集中乡学来办。成人部的课程是识字和传授农业常识，如种棉区即讲植棉，种烟区讲种烟、烤烟及合作常识等。

村学设村理事，等于原来的村长，但不是孤立的搞行政，而是在教育的形式下体现。譬如村中甲与乙起了纠纷，甲与乙总不外乎村学中某一部的学生，村理事可以以老师的身份向他们劝说，如村理事搞不下来，还有学长。学长是年高德硕的老先生。村理事是当家人，学长不正面当家，但能从中起调解作用。如果村理事有过于生硬的地方，学长还能纠正他，暗含着理事有执行权，学长有监察权，但不硬性明文规定，这就是梁漱溟理想中的妙用。此外还有研究院派来的村学教员，主要作用是推行研究院方针政策和具体措施。村学教员属于研究院的组织系统，研究院每当决定一项措施，必先对他们进行灌输，再通过他们带到村民中去。他们不但对村民起教育作用，并且对村理事和学长起辅导作用，因为他们须根据研究院的规划辅导理事和学长做好工作。

乡学亦有理事、学长和辅导员，具体工作虽与村学有别，然而精神作用则完全相同。有了这样的组织，就可代替行政职权。如在全校开一个大会，就等于开了一个村民大会，在全校通过的事情，就等于全村人通过。梁漱溟以为将政治上的统治者与被统治者的关系纳入乡学、村学的师生关系中体现（名曰“师统政治”），再加上“伦理情谊为重”，“互以对方为重”等精神教育，将“相对之势”转化为“相与之情”，问题就容易解决，事实上实验结果都行不通。

关于经济方面的措施主要是搞植棉、养蚕、种烟、养猪等。蚕丝由于桑叶问题没解决，仅在少数地区搞。种烟亦是部分地区搞，自己建立烤烟设备，自己运销。养猪是由波支猪杂交，发育很快，但是解决不了闹猪瘟，发展不大。因此，我们主要是大规模搞植棉。由于土壤适宜，产量、质量都好，自1933年开始提倡到1937年，优质美棉几乎推广到全县。开始阶段是中国银行向我们贷款，所产棉花亦由他们收购，以后我们自己成立了“梁邹美棉运销合作社”，建立了轧花厂、打包厂，便直接向上海运销。银行和合作金库都给我们贷款，棉农下种时贷给肥料和种子款，到收获交花时又贷给预付价款70%，到运销合作社售出后按出售价扣除耗费找给尾数。

在植棉方面，一般说来棉农还可以得到微薄的利益，但是由于土地分配不均，只有富农和富裕中农才有资格种棉，贫农就没有资格种棉，结果促进了农村中的两极分化，这个问题在当时的情况下我们是无法解决的。此外还有棉粮争地的问题，最初我们是提倡种棉，由于棉花经济价值高，许多有地的富户将所有土地都种了棉花，打算卖了棉花买粮食吃。尽管这样做棉农合算，但却出现了全县多数人缺粮的情况，粮食要靠邻县供给，这在那种社会里是太危险了。我们为了解决这个问题，又规定只能在核定限数内植棉，超过限度不给种子，不给贷款。所谓限度就是除了种粮食够吃以外，多余的土地才准种棉，这就限制了贫农，便利了富农。使贫者益贫，富者益富，更加深了农村的阶级矛盾。有的农户千方百计种棉花，政府不给他优良种子就用退化种子，不给他肥料贷款就自己借贷买肥料。这样，到收花时就出现退化棉种和优良棉种混杂的问题，影响了棉花的质量，因此在收花时就必须加强检验工作。合作社的检验员最难当了，一般农民问题不大，如果有点势力的乡绅，他家的棉花如检验不合格，他进城找县长找院长，说合作社检验员故意和他为难。在这种情况下，梁漱溟所主张的那些伦理情谊也不灵。后来发生了周村的日本商人破坏我们美棉合作社的事情。开始，我们的棉花曾卖给过日本商人，后来成立了合作社、打包厂，为了多卖钱，我们就直接运到上海、青岛销售，出售价格低于进口的美棉。进口美棉每百斤60元的话，我们种的美棉只卖50元多一点。除去轧花、打包、运输等各种费用，棉农实际所得，每百斤不过40多元。于是，日本商人和部分商人故意破坏我们的合作社，出价每斤0.5元向棉农直接收购，但不大量收，目的是让棉农不相信合作社。还有的棉花贩子看到邹平的棉花好，也出高价勾引棉农。给棉农造成错觉，认为把棉花卖给合作社吃亏了，因此，棉花上市时期棉农交花成了问题。

七　总结经验　提出两大难处

1935年10月25日，梁漱溟在研究部作了一次讲演，他提出“两大难处：我们的两大难处（原拟为两大苦处，后来又改成两大难处），头一点是‘高谈社会改造而依附政权’，第二点是‘号称乡村运动而乡村不动’。‘高谈社会改造而依附政权，这是一个矛盾。旁处的乡村工作，也或不成为一个问题。因为他们是在作一方面的或某一项的改良工作，本来就不说社会改造，可是我们要改造社会，既说社会改造，那就不应当接近政权和依附政权。现在不仅接近政权，而且还依附于它，那还有什么社会改造可谈呢？

“‘号称乡村运动而乡村不动’。在无锡我们开的乡村工作讨论会，乃至在定县开的年会，都可以看出其间乡村农民的代表差不多没有。乡下人漠不关心，只是乡村以外的人瞎嚷嚷。此足见我们未能代表乡村的要求。邹平、定县是如此，其他地方亦难例外。

“上面所提的两个问题，不过举其大者而言之，其实不止此。仔细分析起来，我们的矛盾危机很多很多，例如乡村运动者，自己不能合而为一个力量，各有其来历背景，各有其意见主张，这个问题也很不小。连前两个问题合起来，亦可说我们的三大问题。此三大问题排列出来：一是与政府应分而不分；二是与农民应合而不合；三是彼此亦不能合而为一。”

以上是梁漱溟当时自己作的结论，也是说的老实话，至于对三大问题如何解决，他也拿不出一套切实可行的办法来。

八　邹平沦陷前后

卢沟桥事变以后，梁漱溟外出搞抗日救国运动，院内的事由张俶知和黄艮庸负责。我是忙于应付兵差：征兵、征夫、守黄河、挖战壕。日军占领德州要南渡黄河，邹平已听到炮声。我的一家老小都在邹平，有人劝我快把家眷送走。我没有老家，送他们到哪里去？我自己又不能离开岗位，家人离开我怎么生活呢？大家对我很同情。县府第一科科长田慕周是河南开封人，他家中有房有地，要送家眷走，他劝我将老小交给他，住在他家。我感激他的好意，决定将全家老小让他带往开封，我一人留在邹平。

不久，日军飞机来邹平县城侦察。我们便组织人挖防空洞，敌机一来我们躲进防空洞，飞机走了再出来办公。我们也作了些抗战的准备。邹平南部有小山，可以通往泰安、莱芜大山。几年来就有大批中央军征调民工在山上搞国防工事，据说是用钢筋水泥制成的一道坚固的国防线。我心里打算：将来把自卫武装拉上山，与国防线取得联系，日本鬼子来了能坚持就坚持，实在无法就一个晚上摸到国防线，怕什么呢？于是我派人准备一些马和骡运子弹，为山地战做准备。

形势越来越紧。一次，乡师的学生推举代表来见我，说：“形势紧了，徐先生你有无办法？你若有办法我们就跟你干，你没有办法我们就到延安去。”我答复他们说：“我除了听上级命令办事而外，别的能有什么办法？我不欺骗你们，讲老实话，我没有好办法，你们愿意到延安去我不阻止你们。”这时确有一批乡师学生去了延安。去延安的这批学生是受了前任乡师校长张宗麟的影响。

邹平距黄河 90 华里，中间隔着齐东县。在情况紧张时，我与齐东县长梁仲权经常联系。他曾与我约定：如果他那里有问题时，他带自卫武装到邹平来会合，共同抗敌。约在 1937 年 11 月 23 日那天夜里，日军强渡黄河，梁仲权用电话通知了我。我一夜未眠，准备必要时将县城各机关撤到山区去。这时，研究院的人都走光了，只有导师时济云未走。他是齐东县人，老家离邹平很近。他夜间踏着小雪到实验县政府来看我。他说：“有人高唱‘城存与存，城亡与亡’，这话毫无道理。我们应当保持力量抗击敌人，岂能死守一城？在今天的条件下凭什么来守？守有什么用？你不要听秦亦文等人瞎喊一气。你要做必要的准备，不作无谓的牺牲。”我听了时先生的话很感激。研究院确实有人高唱“城存与存，城亡与亡”，高喊打游击，要“流尽最后一滴血”，但是这些人在炮声刚响，敌人还未过黄河就跑光了。时先生看到情势已急，来劝我做必要的准备，我当时感动得几乎流泪。我说你怎么办呢？他说敌人过河地点就是他家所在的村子时家圈。家中有老母，他要连夜赶回去看老母。我们就此分手。这时，陈亚三亦由菏泽县跑来，他对我说：“你这里力量单薄，无力抗敌，廉泉（孙则让）叫我来告诉你，他那里是有准备的。他们已将自卫队伍集合起来，在必要时，你可将农村自卫队集合起来，连同警卫队一齐带往菏泽并在一起，力量大了才有办法。并且韩复榘已经答应给枪给饷给编制。”我口头应付，心里有数，他是受命韩复榘而来集合民兵的。陈亚三要我陪他到乡间开会安定民心，事实上他要向民众宣传菏泽的武装力量，为将来集合民兵去菏泽作准备。我陪他走了两个乡，因情况紧急，他匆匆回菏泽去了。

1937 年 11 月 24 日天刚亮，我急于到县府去集合同人作准备，刚出门口，忽然听到飞机声。我刚好走进县府二门，飞机就投了炸弹，我赶快往墙边躲。一批炸弹投过，县府里的人跑出来，我问他们办公厅集合的人散了没有？他们说都散了。这时飞机又来投炸弹，我躲进防空洞。飞机在空中盘旋，反复投弹，炸了两个小时。电话线已断，往外无法联系，城内多处起火。我估计敌人已大举渡河，城内已无法立足，我通知警察队和县府人员一律出城到三官庙集合。三官庙是一处乡学所在地，在距城 30 华里的小山上。中午，当敌机停止投弹时，我们退出县城，约下午 3 时到达三官庙。我叫会计将本月份的薪饷发给机关人员和警察，又把大家集合起来讲了一次话，由警察队长布置放哨。因这里离县城太近，怕再有溃兵来，乡长胡克顺劝我赶快离开此地。我们迁移到上下娄村去住，同去者有警察100多人。财政科长李守文（研究院学生，邹平人）因没到三官庙集合，他带着大批地方款，不知到何处去了。会计张向渠（山东济宁县人），在三官庙发完薪饷后，大概尚存一两千元，在贵兵包围我们时他同一个工友跑来找我，未找到我，两人跑回家了。我和秘书张伯秋（山东沂水人，后参加中共组织，在沂蒙山区抗战，1949年后任山东人民法院院长）两人在三官庙发饷时未来得及领，身上分文没有。我在上下娄村住了几天，四处打听消息。敌人在我出城的那天晚上到达邹平县城，装甲车在城内转了几次，大部分部队绕过县城向济南方向去了。我得到消息，韩复榘已逃离济南，日军已占据济南城。怎么办呢？韩复榘跑了，中央亦接不上头，我那几支破枪是抗敌不足，扰民有余。第一步，我将武装警察分成小组，各人带枪先回家，由小队长负责联系，听候我的命令再集合。我想只要对外联系上，有了枪和饷，马上集合他们，当土匪吃老百姓的我不干。武装人员遣散后我轻松多了。我今天住这个村，明天住那个村，开始了吃百家饭的流浪生活。最后，我到长山一户农民李泮庭家住了很久。我将秘书张伯秋也接到那里，他的脚跌伤还不能走，行动需要人背。我们在一起研究了下一步的打算。

从各方面得到的消息，泰安也被敌人占了。所谓“国防线”根本没有人守，韩复榘已逃往汉中，孙则让集合了3万人跟韩复榘一同逃跑。乡村建设的路已经走不通。这时，张伯秋家里来人接他回济南，他劝我一同到他家住下再说。我同张伯秋一起到了济南，先住张伯秋家。日军在济南查户口很严，我们两人住在一起不安全，不久我便迁往我的外甥田孝农（仲飞）家住。几次托熟人通过外国领事馆与梁漱溟先生联系都没有成功。后因警察厅长晋子寿要我当汉奸，我便连夜离开了济南，连张伯秋秘书都未来得及见上一面。

九 与梁先生汉口聚会

我拿着外甥的老师左先生写的介绍信，外甥的朋友陈梅生要了美国领事馆的汽车，插上美国国旗，亲自送我到黄河桥火车站。我乘火车到天津，住在左家。左先生的哥哥给我买了日本邮船的票，我到达香港，由香港转九龙，乘火车到汉口，与梁漱溟先生及梁仲华、孙则让、黄艮庸、秦亦文等见了面。大家都无话可讲。情绪都不好，相互间都有些意见。孙则让对我没有带武装到鲁西归队不满意。我对他集合人和枪跟韩复榘逃跑不满意。最讨厌的是秦亦文等人，他认为我和孙则让都有武装，没有运用武力和敌人打一下，为乡村建设运动者争点面子。我想你不是很早就高唱打游击吗？为什么老早就跑了呢？总之互相责备，事实上糟糕的程度都差不多，谁也不比谁强。

我对梁漱溟先生也有意见。我认为他是我们的领袖，在那种紧急关头，连一点表示都没有是不对的。但我没有向他直接说，而是在另一个问题上发表了我的意见。这时，秦亦文等正在鼓动梁先生搞组织，我很不以为然。很多年来，我就感到梁先生容易被人利用，我对梁先生说："你只能做一个思想家，不能领导行动。过去我们的组织搞成这样的结果，还再搞什么组织呢？"梁先生被我一瓢冷水泼得大伤脑筋，失眠症复发，住到自来水厂养病。有一次我去看他，他从床上坐起来，很郑重地对我说："今后不再谈组织！"我点头称"好"。梁先生对搞组织的态度消极了，秦亦文等知道是我泼的冷水，对我大为不满。不久，我离开汉口，到湖南长沙找家眷。

等我离开汉口之后，秦亦文等仍然鼓动梁先生搞组织。后来听说与陈诚联系，搞了个"政治大队"，秦亦文任大队长，发了些枪支弹药及无线电台等物资，去山东把与乡村建设研究院有关系的师生集合起来，做抗敌工作。梁漱溟同黄艮庸亦一同去了。听说他们先到鲁西，又到鲁南，尚未集合就遇上敌人的"扫荡"，带去的东西丢光，梁先生同黄艮庸几乎被敌人捉去，还是中共抗日组织将梁漱溟一个村一个村地护送出来，才脱险回到后方。韩复榘被蒋介石处决之后，这部分人逃散大半。听说后来剩下 6000 人，被改编为独立第一旅，开往湖南监护粮仓。旅长龚蓝田是原邹平县的警卫队长，我后来到湖南还看到他。孙则让则跑到四川当专员去了。

结束语

我由河北到山东原来是想找一条光明的路，结果未能如愿。梁先生的乡村建设运动失败的原因，是他不承认中国社会有阶级。在充满阶级矛盾的阶级社会里，不解决所有制问题，就想对农民的生产分配建立一个合理的组织形式，那是不可能的。

回忆山东乡村建设研究院和邹平实验县的情况*

郑行郡

梁漱溟先生是乡村建设运动的倡导者和领导者。1931 年至 1937 年，我在梁先生领导的山东乡村建设研究院邹平实验县政府第三科（财政）工作。本文所述山东乡村建设研究院和邹平实验县的概况，是我亲历、亲见、亲闻。

一 山东乡村建设研究院的建立及组织状况

1. 研究院的建立

山东乡村建设研究院创建于邹平县，院址在现在的邹平一中。1931 年筹建，同年 6 月正式成立。它是山东省乡村建设工作的指导中心，又是训练乡村建设干部的专科学校。

首任院长梁耀祖（字仲华，河南孟县人），1933 年调任济宁行政专员，由研究部主任梁漱溟继任院长。副院长孙则让（字廉泉，山东菏泽县人），1933 年调任菏泽实验县县长，王绍常（王冠军，山东菏泽县人），继任副院长。王调任鲁西（14 县）实验区长官后，由王近信（字子愚）继任副院长。

2. 研究院的 3 个主要部门

（1）乡村建设研究部：主任梁漱溟。该部招收大专毕业或同等学力人员，每期 40 名，两年制。由梁先生亲自讲授乡建理论和研究指导，培养

---

* 此文原载于《梁漱溟与山东乡村建设》，山东人民出版社 1991 年版。

高级乡建干部，毕业后分配到实验县任县府科长，乡辅导员等领导工作。

（2）乡村服务人员训练部：主任陈亚三（山东郓城县人）。该部招收中学、师范毕业或同等学力人员，学制一年，招生普及全省，限每县10至20人，邹平名额较多。学员结业后，回原籍充任各县乡村建设基层主要干部。

（3）乡村建设实验区：1931年3月划邹平为实验县，1933年增划菏泽县为实验县。1931年邹平首任县长梁秉锟（字劼诚，河北大城人），1932年调任莱阳县长；继任县长朱桂山（山东单县人），任职半年多即离任；继任县长徐树人（江苏吴县人），1933年他因携枪下乡走火，打伤左腿，工作不便而调任研究院秘书，继任县长王怡柯（字柄程，河南汲县人），1936年6月调任济宁实验县长，梁漱溟院长兼任县长3个月，后又由徐树人复任县长，直至七七事变。1937年12月日军轰炸邹平县城，实验县工作宣告结束。

3. 研究院院部的组织

（1）总务处。总务长张俶知（四川石硅人），掌理全院行政事宜。总务处下设文书股、稽核股、会计股、庶务股、注册股、出版股。

（2）乡村服务指导处。主任时济云（山东齐东县人），负责指导训练部学员乡村服务事宜。

（3）社会调查部。主任一人，调查员二人，均兼教员。掌管社会调查，提供研究资料。

（4）农场。主任于鲁溪（山东临淄县人）。主管农作物育种，改良畜牧。育种以“托里斯”美棉为主，畜牧以推广波支猪为主，还有来杭鸡、荷兰牛，还养羊、养蜂、养蚕等农副业。

（5）合作指导处。主任秦亦文（山东新泰人），负责指导组织合作社。

（6）梁邹美棉运销合作社。主任孙子愿，后为李兴文，均为邹平县人。社址在现在的邹平供销社仓库，主要是改良棉种，推广托里斯美棉，逐年扩大良种棉田。生产的棉花运往青岛、上海纺纱厂，经上海检验所检验，“托里斯”棉花棉丝长、质量高，被评为全国优良棉种。

（7）庄仓合作社。主任茹春蒲（山东蓬莱人），负责组织各村庄积谷备荒。

（8）卫生院。院长李玉仁，院址在现在的邹平服装厂。聘任了数位著名的大夫，虽范围不大、设备简陋，却为邹平医药卫生事业的提高做了贡献。原来县里只有个小西药房，没有医院，民众如有患大病者，须到周村、济南就医。卫生院设立解决了民众看病问题。医院还成立卫生人员训练班，为邹平培训卫生人员两期。学员结业后，分配到各乡村庄的卫生所、卫生室，很受农民欢迎。

（9）图书馆。书籍、报刊、图书很多，管理员刘步云（邹平县城里人）。

（10）乡村书店。负责印刷、销售乡村建设的书报刊物，出版的刊物有《乡建半月刊》、《乡村建设理论》等。

（11）招待所。招待各地前来参观和访问人员，当时前来参观的团体和个人络绎不绝。据我所知前来参观的主要人员有：冯玉祥将军、马寅初先生、内政部长蒋作宾、军事顾问蒋百里、山东省主席韩复榘、教育厅长何思源、廖仲恺夫人何香凝女士等。国外的参观者有：丹麦的合作专家，意大利的经济专家，日本的林业专家。还有各省市县的参观团体。

4. 研究院的会议制度

（1）院县联合周会。在每星期一这天的早晨班前举行。会议的内容主要是：由院长或县长讲乡建理论、乡建施政方针政策、院县重要工作、对所属的教职员进行教育。周会时院县教职员一律参加。参加会议的人员都有固定座位，考勤不点名，只查座次，空座者，即下缺席通知：“今天你缺席，下次请按时到会”，但不批评。这样大家都能按时到会，如因事不能到会，须事先办请假手续。

（2）每日班前会。由县长或秘书主持，各科室负责人参加，主要处理来文，检查昨日工作，布置当日工作。

（3）县务会议。由县长主持，每周召开一次，各科室负责人参加。会前各科室提出议案，交秘书室列入会议日程。内容是研究乡建施政方针政策，检查上周工作，布置本周工作。

（4）县地方会议。每周召开一次，由各乡理事，各科室负责人，各机关、学校、社会团体负责人参加，各单位在会前提出议案，交秘书室列入会议日程。内容主要是研究处理各单位提出的议案，检查上月工作，布置本月工作。

（5）村长会议。每年召开一次，各村长、村理事、乡理事、县府各科室负责人、各机关、学校、社会团体负责人参加。内容主要是县长报告乡建施政方针，县府各科负责人报告各部门的工作。会议设宴招待各村长和与会人员，县长亲自为各村长斟酒（以前是从来没有过的），各村长情绪很高，回村宣传县长谦恭待人，民众闻之都很欢喜。

二 邹平实验县县政改革内容

1. 实验县政府经费改革

邹平县是个三等县，组织简单，职工人数少，薪给低薄。作为乡村建设实验县，百废待兴，既需人力智力，又需财力物力，势须改革。如：县长一人兼理司法，月薪200元；秘书兼第一科长，月薪80元；第二科长一人，月薪80元，科员3人月薪各30元；录事10人，月薪各15元，连同每月的办公费、差旅费、房屋修葺费、灯油炭火等，共计全月经费1900余元，该经费由省款开支。

裁局改科后，财政局为第三科，建设局为第四科，教育局为第五科。三、四、五的科长月薪各60元，技术员、督学月薪各40元，科员30元，各科的办公费为数寥寥，各科经费均由县款开支。

1934年县政府各科室实行合署办公，但是各科的经费来源不同，各科长的待遇也不同，加之组织简单、人少薪薄，诸事不协调，不利于实验工作，于是院县研究提出改革方案，报山东省政府批准实行。各科的经费统由省款开支，各科长月薪均提高为100元。科员根据其任务规定为月薪50元、40元、30元不等。又增设办事员若干名，月薪各25元，录事若干名，月薪各20元，连同办公费、差旅费、房屋修葺费、灯油炭火等，全月经费5000余元。改革后，大大调动了人们的工作积极性，明显地提高了工作效率。

县政府第二、第三科合并实行财政统一管理。第二科掌管省款，第三科掌管县款。两科都是管财政，虽有省款、县款之分，但其性质是相同的。于是两科所管理的财政合并到第三科统一管理后，第二科掌管军事，领导全县武装自卫、治安工作。下属行政警察队（原公安局）、警卫队（原民团大队），充实了武装力量，加强了全县治安自卫工作。

2. 实验县政府增设的机构

（1）公报处。主任为公竹川（山东蒙阴人），后为张锦廷（鲁北人），均为研究部学员。编辑李器之、李森，均是训练部学员。新闻收辑员卢资平（邹平人）。报刊名称为《邹平实验县公报》，隔日一张，先用石印，后用铅印。报刊内容，登载国内外和本省、本县重要消息，着重本县的建设、政策、法令、章程、乡规民约。该报发至本县各乡、村、机关、学校，还发到菏泽、济宁两个实验县。

（2）金融流通处。经理陈道传（山西人）。主要组织合作贷款，农民可以存款，也可以贷款。但贷款要有条件，要先组织起生产合作社后才可以贷款，以此鼓励农民组织起来从事生产。各机关的经费也可以预拨流通处，以备随时根据预算支取。

（3）户籍室。主任吴顾毓（浙江人），办事员、录事各1人。巡回催报员2人。统计、登记员4人。总统计员1人，掌管全县户籍工作。全县为14个乡，各乡设户籍室，户籍主任1人，户籍员2人，掌管全乡户口变动登记事宜。这项工作对推动乡建工作很有利。治安方面，确切掌握了壮丁数字，便于训练壮丁。做到村村皆营、人人皆兵，治安自卫有了显著业绩。教育方面，掌握了学龄儿童、成年文盲人数及其分布情况，对普及儿童教育、扫盲提供了正确依据。另外对阻止早婚，禁止贩卖毒品、吸食毒品、禁止赌博也起到重要作用。

（4）农民自新习艺所。所长王天乙（山东蒙阴县人），训练部学员。该所收容乡村不务正业、游手好闲、不愿劳动的人，以及吸毒品、赌博者。对他们进行教育，组织劳动，学习编筐、编席等，对生产、对治安都起到一定的作用。

（5）民众问事处。负责人成秀生（邹平城南郭庄人），系邹平清代著名学者成瓘之后。该处设在县政府大门内西侧，负责解答询问，以消除官民隔阂。民众非常欢迎。

（6）军事科即第二科。原公安局和民团大队的士兵多为混饭吃而来，两个单位的工作也不协调，因而自卫、治安力量很薄弱。为改变这一状况，研究院撤销公安局，改设行政警察队，队长谢绍周。撤销民团大队设警卫队，队长是范镜吾（范广鉴），军事教官是龚蓝田。行政警察队与警卫队均由第二科直接领导。从原公安局和民团大队的士兵中选出忠诚精干者，补充到行政警察队中。警卫队为壮丁轮训机构，又为常备警卫部队，担任地方警卫任务。首先抽调18—25岁具有高小以上文化程度的壮丁40

名，实行军训，学习农村自卫、农业知识和文化知识，意在“寓兵于学”。一年毕业后，分配到各乡任自卫队乡队长或乡队副。然后再抽调全县的壮丁轮训，每期40名，训练期为4个月。先抽调训练18—25岁的壮丁，次抽调26—35岁的壮丁，再抽调36—45岁的壮丁，全县壮丁都要接受训练。这种“寓兵于农”的组织，对维护地方治安起了一定作用。

3. 实验县政府办公状况

县政府原属第一、二科虽在县府大院内，但分室办公，第三、四、五科各在独立院办公，且不靠近县府大院，极为分散。后来在县政府大院后边，新建大办公室15间，县府各科室及司法承审处，统集中到大办公室内办公。实行每日8小时工作制，上下班时间随季节变更。办公室设签到簿，自县长至所有职员，每日上班前都要签到，有事不到者须按请假制度办请假手续。合署办公后，大家认真执行上述制度，提高了工作效率和工作质量，而且便于各机关联系工作。当时合署办公在山东是个创举，随后菏泽、济宁两个实验县也采用了合署办公的办法。

4. 实验县基层行政区的改革状况

（1）原行政区改为乡。当时邹平全县人口为16.5万余人，原行政区7个，在山东列为三等县。为了推动乡村建设，以教育的设施来促成地方基层自治体，以教育力量来代替行政力量，以社会教育组织代替基层行政组织，所谓以教统政，政教合一。1933年研究院将全县原有的7个行政区，改划为14个乡。城关为首善乡，乡理事张华堂，后刘连英；韩家坊等村为第一乡，乡理事孙润生（即孙玉书）；青阳店等村为第二乡，乡理事赵增之；三官庙等村为第三乡，乡理事胡克顺（即胡继孝）；新民等村为第四乡，乡理事张墨林，以后是鄢竹铭（即鄢大勋）；黄山等村为第五乡，乡理事张裕丰（即张景南），后纪海鹏（即纪凌云）；小店等村为第六乡，乡理事伏伯言，后王子和；韩店等村为第七乡，乡理事杨贯之（即杨继通），后宋子衡、马典文；明家集等村为第八乡，乡理事惠宏图；亲梁镇等村为第九乡，乡理事张荣斋；崖镇等村为第十乡，乡理事张子敬；王伍等村为第十一乡，乡理事蔡泮亭，后孙子愿、徐建保；辉里等村为第十二乡，乡理事李美亭，后刘佩三；花沟等村为第十三乡，乡理事毛会昌，后韩长德。

首善乡设立实验小学，各乡设立乡学，各乡的重点村设村学。乡学、村学既是行政机关，又是教育机关，又是乡民的自治团体；全乡、全村的男女老幼都是教育对象，称为“学众”。乡学、村学由本乡、本村选有德望的人为学董，组织学董会，作为议事和执行机关。再从中推选有文化、年高德劭者一人，由县政府聘为学长。学长为一乡或一村之师长，主持教育、调和众议，但不负事务责任。乡、村中行政事务，由县府在学董中择一有办事能力的委员为乡理事或村理事，负责办理之。县府委派每乡辅导员一人，多由研究部充任。委派教员一至二人，皆为训练部学员充任，以辅助之。

（2）乡学和村学的工作：办理乡村教育和社会教育，乡学设高级小学部、职业训练部；推行各项改良措施，如农业技术改良、禁缠足、戒早婚、禁烟、禁赌、破除封建迷信等；经济方面，扶助农民组织生产、消费、运销、信用各种合作社；教育方面，村学设成人部、儿童部、妇女部、失学儿童共学处，限于经费，因陋就简，利用庙宇或其他空闲房屋进行教育工作。

（3）各乡学设立的机构：乡队部，设乡队长、乡队副各一人，由县政府委派在县警卫队培训的一年制学员充任。乡队长负责全乡自卫治安和训练全乡的壮丁。户籍室，乡队副兼户籍主任，负责全乡户籍工作和禁缠足、禁男子留辫子、戒早婚、禁烟、禁赌等。卫生所，工作人员由县卫生院培训的卫生人员充任，每乡分配一人，负责全乡医疗卫生工作。

（4）各村学设以下机构：村队部，设村队长一人，由县警卫队培训的壮丁中遴选充任之，负责全村训练壮丁和维持本村的自卫治安等工作。民事纠纷调解委员会，由村学学长、理事和村中遴选素孚众望、年高德劭公正人士一至三人组成调解委员会，负责调解村内民事纠纷。调解委员会的建立，明显地减少了诉讼案件。户籍员，由村内遴选有文化、有责任心者一人充任之，负责全村的户籍工作，直接受乡户籍主任的领导。

梁先生对乡学、村学提出了建设目标：“大家齐心向上学好求进步”。对乡学、村学制定了各级人员的工作须知：有学众须知、学董须知、学长须知、辅导员教员须知等。“须知”要求各级工作人员，奉公守法，信守规约，认真工作。由此“培养新的政治习惯”，“促成团体生活习惯”，进而建成“新的社会结构”，这就是梁先生乡村建设的理论——“社会本位的教育体制”。

当时院、县各级领导的作风是比较好的，能平等待人，院长、县长、秘书、科长和一般教职员，无上下级之分，大家谈笑风生，同一食堂吃饭，同一饭桌就餐，不特殊，工作严肃认真，生活活泼愉快。工作人员生活朴素，身穿粗布衣，脚穿粗布鞋袜，头戴苇笠，吃的是家常便饭，绝大部分人不吸烟、不喝酒。

山东邹平实验县的片断回忆*

卢资平

我于1932年在邹平县辉里镇镇立高级小学任教，1933年改为12乡乡学后，仍在该校任教。1934年调县政府公报处工作，直到“七七”事变。今就实验县所见、所闻、所做之事，回忆如下。

一　实验县的组织和施政概况

邹平实验县县政府地址设在现在的县公安局院内。初任县长梁秉锟，不久由朱桂山担任，后又换徐树人担任，继之王怡柯担任，王调菏泽后梁先生兼任数月。后又由徐树人担任县长。那时县政府有15间大办公室，实行合署办公（这在当时的山东来说还是创举）。下设：

1. 秘书室：有秘书一人，先是曹锡侯，后是张伯秋。秘书办事员一人（高新农，章丘人），负责保管档案材料、规章文件和不属于其他各科管理的事情。

2. 一科：科长田慕周（研究部学生），负责全县民政工作。

3. 二科：科长窦学岩（江苏人，研究部学生），掌握全县武装。下设青年农民征训所，直辖警卫队，队长范镜吾（河南人，保定军校毕业）。有军事教官数人，他们负责培训各乡乡学的乡队长和乡队副共计40人。当时县长王怡柯曾说：“我这40棵小树要好好的培养，谁也不能给我拔掉！”课程主要是农村自卫、军事训练、农业知识和文化课。学员全穿蓝色服装，有枪有刀，一年毕业，这叫“寓将于学”。校徽是“三杆合一”，

---

* 此文原载于《梁漱溟与山东乡村建设》，山东人民出版社1991年版。

上面印有交叉着锄杆、笔杆、枪杆的图样，意思是：在农村拿锄杆种田，农闲拿笔杆学文化，有战争时拿起枪杆打仗。学员结业后，再分派回原乡，在乡学内成立乡队部，负责训练各村青年。坚持农忙少学，农闲多学，校外受军训，学武术，在乡农学校内学文化，这叫“寓兵于农”。以求达到村村为营，人人皆兵，保卫农村，抵御外侮。他们每月在乡学内集合一次，操演军事，讲述时事，并练习打靶。大概是在1935年，全县上万青年壮丁大集合，受检阅一次。

再是警察队（地址在东门里路北），队长谢绍周，有二三十名队员，穿黑军服，各有枪支，另有骑兵七八人，他们专管站岗和维持地方治安。

4. 三科、科长郝宝书（名兆森，邹平人），掌管全县财政和省款、地方款的预算、决算事项。

5. 四科：科长钱子范（聊城人，研究部学生），掌管全县公路、水利事业、电话和度量衡。县电话事务所总机，装有70多部话机，各乡乡学都通电话。县城东西两城门内，安有公用电话两部，任人使用，便利农民。

6. 五科：科长杨效春，从南京晓庄师范来的。李守文（邹平城东东范人，研究部学生）、宋乐颜（研究部学生）负责全县教育工作。

7. 户籍室：主任吴顾毓（浙江人），下有户籍员、统计员4人，掌握全县户籍工作，如人口生亡，户口迁移等。设有表册和卡片，有的村外路旁竖有木牌，上写人口居住应注意事项和风俗礼尚等内容，给全县作人口普查用。

8. 承审室：承审员司云阁（广饶人），掌管司法，专管民事诉讼，编制与其他各县相同，院、县不加干涉。

9. 公报处：主任张金廷（鲁北人，研究部学生），编辑李森（章邱人，训练部学员），采访员周某（四川人），我是新闻收辑员，公报的名称是《邹平实验县公报》，每周一张，后改为隔日一张，先石印后铅印，登载国内外和本省、本县重要消息，尤其是本县的乡建政策、章程、乡规民约。另有4个副刊，每周一刊，轮流出版，这4个副刊是：

《窝窝头》，是乡农学众发表文章或意见的园地。不拘体裁和形式，多半是些通俗粗浅的庄户话，使乡农一看就懂。

《争鸣》，主要登载人们对乡建事业发表的意见和见解，以及对各种学派观点的公开辩论。如邹平演过《雷雨》话剧之后，郜半月和李靖宇两人见解不同，笔战很久，后经徐树人县长出面调说而始止。

《曙光》，刊登乡建运动中出现的新人新事，如男剪发、女放足，禁止早婚，提倡晚婚，严禁吸毒，打击赌徒，剿除匪患，破除迷信等。

《学校园地》，是专为学校学生设置的，如学生露营活动，集合游行活动，捐款支援绥远前线抗日将士等。

这些报刊，分发全县及菏泽、济宁等实验县。

10. 民众问事处：负责人成秀生（邹平城里人），在县府门内西边一屋内，负责解答乡下农民进城询问不明白的事情。

11. 金融流通处：主任陈道传（山西人），发行金融流通券纸币，流通本县及邻近各县，并向全县各合作组织贷款。

12. 合作金库：在原城隍庙，即现在职工俱乐部对过，负责人秦亦文，训练财会人员。

13. 乡村饭店：在现在东门里结核病防治所院内。以公款为资金，主张薄利多销，便利乡村干部来城就餐，后来也卖给一般群众。

14. 农民自新习艺所：在县府内，拘留临时犯错误又不合判刑的人，如赌博、吸毒品者等。他们一面受教育，一面劳动，如编筐、编席和打扫卫生等。

15. 国术馆：在现服装厂东边。馆内备有各种枪、刀、剑、戟。有些愿学武术的人，经常来学习，由院里军事教官怀焕文前来指导。此人在抗日战争中任八路军营长，在邹平西关西河头以西与日本鬼子作战时壮烈牺牲。

16. 行政区划：全县划为 14 个乡，人口 16 万。

二　乡村教育的组织和工作概况

邹平县的整个系统是按教育化的设想组织的，打算以教育力量代替行政力量。因而邹平实验计划中，集中力量推进社会，则自县政府起依次悉为社会改进机关。社会改进即是教育，所以乡学就是这一个“政教合一”的机关，上受县政府的领导，旁受辅导员协助监督，既是行政机关，又是教育机构。全乡组织董事会，经过董事会访贤荐能，推选出全乡中德高望重、有文化、年龄较高的人当学长（村学也是如此），然后由县政府下聘请书。学长大都是地方士绅、学者、名流人物，如五乡的王印南、十二乡的李北辰两位老先生就是例子。他们不拿工资，不住学校，只是县里每月补助5—8元，开会生活补贴（只限乡学学长）。凡乡里有应兴应革的，必须经他同意。乡村中遇有问题时，不是用“法”去解决，而是用“理性”去解决。这就要找一个代表“理”的人，把“理”放在他身上，学长（村学学长均此）既代表“理”，代表人生向上的人，也是一个师位，遇事靠他来解决，并监督教训众人。因为学长起这样的作用，为了保持其尊严，所以就不把他排在行政系统里面，而由乡理事或村理事与县政府接头。县政府对学长不能用命令，而是要尊重他、恭敬他，对他要有礼貌。若不如此，就不能摆起导师的师位，导师提不起，就提不起人生向上，一切事情就没了原动力，所以不让学长负事务责任，而是站在一个超然的地位上。学长地位居于众人之上，不负事务责任，以免惹人反对，这就便于监督众人，调和众人。乡、村理事负责事务工作，学长处于监督地位，学长对理事如有忠告和规劝，理事应接受服从，这说明乡学学长、村学学长的地位和受到的尊敬。

乡学中有乡理事一人掌管全乡行政工作。他是董事会的常务董事，必须熟悉“须知”和“注意的事”。其具体工作是：一要遇事公开讨论，以求得到多数人的了解和赞同；二要引导群众监督公事；三要接受学长的规劝；四要以礼貌对待教员；五要代表乡村县政府说话；六要善于将县政府的意思传达于众；七要与其他学董和衷共济。另外乡学中有教导主任一人，管理教育工作；还有研究院直接派来的辅导员一人（大部是研究部的学员），指导协助乡理事和教导主任在各项工作中贯彻乡村建设的理论思想。

各乡乡学中还包括以下组织（首善乡因为小、组织较简单）：

1. 乡队部：将县里青年农民征训所培训的40人分派到各乡学任乡队长，专管全乡各村青年训练，维持全乡治安工作和禁止吸毒品、赌博等。

2. 户籍室：乡队副主持此项工作。除管全乡户籍外，在乡理事、教导主任、乡队长、乡学教师协同配合下，严禁男子留发，女子缠足。凡20岁以上男子留的辫子，要全部剪掉，20岁以下的不准留发。那时，女子自六七岁就开始缠脚，经过反复宣传和检查，在一二年内，10岁以下的都不缠脚了，10 岁以上缠了的也全放了（现邹平 50 岁以下妇女都未缠足，50 岁以上都是缠了又放的）。

关于节制生育问题，早在 1931 年梁漱溟先生在乡村建设理论中曾说过这样的话：“在乡村中，在眼前或者无人看成问题，这就是节制生育问题。如果家中生产艰难，而小孩又愈生愈多，这个问题很大，这在乡村运动中，节制生育非办不可。这个问题与乡村文化的建设有很大关系，假使不做节制生育的工作，则乡村文化就得不到提高。因为即令是经济进步，大家生活得好一点，而小孩愈生愈多，经济生活总不会很好，文化就总不提高，所以这个问题很重要。不过普通人现在还没注意，但在不久的将来，非注意不可。”那时人们结婚太早，一般在十三四岁结婚，甚至有更早的。因此规定，男不到 20 周岁，女不到 16 周岁不准结婚。禁令并规定，如有打谱看日子违法结婚者，乡队长即派人于其结婚前两日，把男家女婿带到县里拘留七八天再放他回家，以示处罚。那时也有找假女婿扮装真女婿冒名顶替结婚的。因此这项工作很难办，不如剪发、放足好办。此外，乡学也做了些破除迷信的惩办巫婆的工作。

3. 卫生室：将研究院、卫生院培训的卫生人员每乡分配一人，主持全乡医疗卫生事业。

此外，严禁毒品。各乡学每月一次通知全乡中凡是吸鸦片、海洛因、吗啡等毒品的人来乡学集合，接受检查是否继续吸毒。乡队副按名册检查，尚有未戒清或继续吸者，由乡队长打手板子或打腚棍子，最后有乡理事批评和警告。

村学情况：

全乡中凡较大的村庄都有村学，一切受乡学的领导，也是“政教合一”的团体组织。有村学学长、村理事各一人和教师数人，其中有一名教师是县里派来的（大部分是研究院训练部毕业的学员），他受乡辅导员的指示而进行工作。村内凡有较重大的事情，必须得到这位教师的同意才能处理。

村学包括下列组织：

1. 村队部：有村队长一人，执行乡队长的指示，训练全村壮丁和维持本村的治安工作。

2. 土地陈报组：村中选出二三大，负责丈量全村所有土地，丈量清楚后，再到县陈报。这项工作尚未完成，即因发生“七七”事变而告结束。

3. 民事纠纷调解委员会：由村学学长和村理事从村中选出处事公平、能说会道的一至三人，专门负责调解村内民事纠纷，调解不下，再行起诉。

4. 户籍员：村内有一人负责全村户籍工作，直接受乡学户籍员的领导。

教育情况：

1933 年，在邹平南门里文庙内（现邹平影剧院所在地）建立了县学，这是按梁先生乡建理论中县学、乡学、村学的一套名称建立的。张石舫（商河县人，研究部的学员）任校长，课程与其他学校不同的是增加了乡建理论。后来张宗麟任校长，他大胆创新，拆除了院内屋与屋之间的隔墙，反对死读书，读死书。成立了学生自治会、读书会、讨论会。继任校长是潘一尘、宋乐颜（宋是研究部的毕业生）。后来县学并入研究院所辖的“山东省第一乡村建设师范”。

城里还有实验小学一处（地址在老县社），校长先是田乐庭（邹平人），后是张伯安（邹平人），院里派来了梁君大和邹晓青两位教师（这两位教师都是进步人士）。

全县一至十三乡，每乡都有乡学一处，学生人数不同，小乡一个班，大乡两个班，每班四五十人，都是小学五六年级，叫高级部。各村学教师二三人，学生人新不等，至少有一个复式班。自然村小学有教师一人，都是复式班。村学是一至四年级，叫初级部。课程：高级部主要是国语、算术、史地、自然、劳作、体育、唱歌等，各乡随时增设乡土课程，如山区增加林业知识，棉区增加棉花种植等。初级部主要是国语、算术、常识、体育、唱歌（也叫唱游）。教师工资待遇，校长 30 元，教导主任 25 元，高级部教师 18—22 元，初级部教师 12—15 元（都是月工资，那时叫薪金）。经费来源，除了乡学教师和村学中由院、县派来的教师开支省款外，其他初级部教师都是开支地方款，也叫县款。

三　乡村教育的方式方法

所有的教师人手一册陶行知所著《大庙敲钟录》和另一种书（忘了书

名）。在教法上主张“教学做合一”，大致意思是教师在教中学，学生在学中做，教师再在做中教，务使教、学、做三者密切结合起来。主张对学生启发诱导，反对填鸭式、注入式，同时也并用五段教学法，即预备、提示、比较、总括、应用。每一课要先引起动机，再决定目的。有的乡学还试行过“道尔顿式教学法”，办法是：把课本上的一个单元，由教师拟出表式提纲，并找出有关材料，课堂上把学生分成组，讨论解答问题，这时教师巡回指导。学生经过讨论后，仍不能解答的问题向教师提出，由教师引诱启发学生解答，然后师生共同研究答案，写好提纲细目，最后由教师总括，系统讲述。不过此种方法由于参考材料少，教师水平不高，采用的时间不长，就逐渐不用了。当时就是城里实验小学用的时间长。

四　新社会组织构造萌芽——乡农学校

梁先生乡建理论中对乡农学校是这样讲的，大意是：乡村中的乡农学校是改造社会、创造新理想，建立新社会的萌芽组织。这种组织，着重学，以学包事，以人生向上放在前面，而包括了事，通过这个学习组织，既学了文化知识，又学了人生向上的事，这就靠有知识、有眼光、有新的方法、新的技术的人来办。乡农学校的教师，就是用新知识、新方法、新眼光帮助乡民解决问题的，所以乡农学校是新社会组织构造的萌芽。

那时邹平的乡农学校，总的说是分两类，一类是乡农夜校（也叫冬学）；另一类是比较正规的乡农学校。

先说乡农夜校：这类学校，大小村都有。学习对象是全乡农民，男女老幼都有，不过那时女的很少。课程有文化知识、精神陶炼、时事、农业知识、唱歌、武术等。教师是小学教师、学长、村理事、村队长等人。活动时间主要是晚饭后，课本是《乡农的书》，此书是杨效春先生于1931年编辑的，共100课，整够学一个冬季。唱的歌能回忆起来的有《农夫歌》，歌词是：“穿的粗布衣，吃的家常饭，腰里掖着旱烟袋儿；头戴草帽圈，手拿农作具，日在田野间，受些劳苦与风寒，功德高大无边，农事完毕急急纳粮捐（有的唱农事完毕急急把团练），将粮交纳完（有的唱把团训练完），自在且得安然，士工商兵轻视咱，轻视咱，无有农夫谁能活在天地间。”还有一首歌是叫《吃饭歌》，歌词是：“一粥一饭，当思来处，粒粒辛苦，农民膏脂，哀鸣嗷嗷，遍地皆是，不劳而食，吾辈辱耻。”凡训练壮丁、学校学生、各种训练班学员，吃饭前首先列队唱这个歌，唱完后方准吃饭。每天早晨农校学员，主要是青少年，都集合站队跑步，走街串巷，沿途唱《农夫歌》，喊口号：“快快早起，唤醒懒癖”等。那时每天晚饭后各村有的撞钟、有的擂鼓，还有的放土炮，歌声四起，的确挺热闹。这类学校，农闲学，农忙不学。

另一类是比较正规的乡农学校，只在各乡乡学办一班，各村中凡在18岁以上40岁以下的男子，依次轮流到校学习（有疾病的和残废者不收）。三个月一期，每期四五十人。乡学教师、乡队长任教师。课程内容深一点，室外军训多，他们都穿蓝色军服，并有钢枪和土枪等武器。

共学团，也叫“小先生制”，全县的领导人是祝超然（晓庄师范来的人）。全县凡有小学的村庄都有这个组织，是为各村失学儿童设立的。时间是每天午饭后，一至一个半小时，利用午睡时间。每组最多不超过10人。每组教师2人，是从乡学和村学中选出的比较优等的学生来担任。教具是小黑板一块，写上粉笔字，小先生也教识，也教讲，也教写，学生自带石板石笔练习，后来还有印成的小课本。1933年我在十二乡任教时，还在本村学长和村理事支持下办了一班“贫儿夜校”，学生是本村中白天要饭讨食，连共学团也不能上的贫苦失学儿童，共计9人。时间是晚饭后两节课，一节国语，一节算术。他们学习劲头很大。时间不久，我被调县工作而停止。

那时院、县对乡农学校经常的发下一些指示，如《教师须知》、《学众须知》等各种单行本。那时学生不叫学生而叫“学众”，意思是说乡学、村学、乡农学校、共学团等各种教育团体的教育对象，是所有乡村民众，所以叫“学众”。不过这种称号，因有旧称“学生”这个历史习惯，所以“学众”没有普遍的经常的叫开。有段时间老师不叫教师而叫“导师”，意思是让老师启发诱导学生学习，不要硬性的只管教学生学习。1932年麦季，我在研究院教师讲习会上，还分得了一枚“小学导师”铜质徽章。

1933年下半年，全县小学教师举行过两次文化测验：一是常识100题，各种知识无所不包；二是论文测验，题目是“我实施乡农教育的经过及感想”。院、县组织了评选委员会，梁院长任主任，张榜公布于县门前。

我侥幸名列第一，得奖金5元。二等奖3元，三等奖1元，并奖给了部分书刊。

可能是在1932年，曾在研究院举行了一次全县农业产品展览会。全县试种的各种农作物，都送来展出。评选结果是十二乡辉里庄得奖，奖品是韩复榘赠给展览会的横匾一块，上书“地不爱宝”四个大字。

追忆我在邹平参加美棉运销合作社的活动*

孙子愿

我是邹平县孙家镇东街人，今年 83 岁。30 年代，梁漱溟先生在邹平县创办了山东乡村建设研究院，并在邹平进行了乡村建设实验。此间，我是乡建活动的主要成员之一，先后担任过二区、五区、六区区长，兼第六区小学校长，十一乡学常务学董兼乡理事，梁邹美棉运销合作社联合会主席等职。今将当时所历、所见、所闻，叙述如下。

旧社会，我父亲孙省斋是县内有名的秀才，他教过的学生中成秀才的有十来个。母亲 50 岁时生我，在我 9 岁时去世。1921 年父亲去世，这一年，我考入邹平县私立崇实高等小学校，地点在霍家坡，校长石芳春（字锦堂），是霍家坡的秀才。教员冯立经老师（字纬堂，廪生），教语文，教员姓王，长山人，教英文，该校学制三年。1924 年毕业，我以第一名成绩考入县立师范。县立师范校长吕鹏，邹平城东洛庄人。该校原学制二年，毕业时又变成三年。1927 年毕业后，我到孙镇东街一所耶稣教办的模范小学任教，每月领 8 元钱的薪水。1929 年 1 月，我以模范学校教员的资格，参加了邹平县初级小学教员训练班。学习期间，我们 20 多个同学集体登记，成为中国国民党党员。训练班毕业后回到模范小学教了短时期的书，后来到邹平民教馆任馆员。那时，各地反日情绪很高。不长时间，我又兼任邹平县国民党党部党务整理委员会组织干事，负责组织宣传工作。1930 年，发生蒋阎冯大战，这时邹平县有国民党员 30 多个人，分三个区分部。城里第一区分部，孙镇第二区分部，城东明集第三区分部。我担任孙镇区

---

* 此文原载于《梁漱溟与山东乡村建设》，山东人民出版社 1991 年版。

分部常委。阎冯倒蒋作战期间，我又担任国民党邹平各区联合办事处常委。那时的主要任务是打贪官污吏，破除迷信，拆除神庙。邹平的城隍庙、孙镇的娘娘庙就是那时我们领着拆的。我在孙镇还组织了十来个人的农民协会，1930 年 4 月，我又负责办了一份报纸《民主周刊》，8 开石印。这是邹平的第一份报纸。那时国民党内部派别很多，我属国民党左派，我们办的报纸赞成国民党第一次、第二次全国代表大会宣言，公开反对蒋介石一手包办的第三次全国代表大会。第一期《民主周刊》一出，立即在邹平引起轰动。我那时 20 来岁，还是血气方刚的时候，敢说敢干，啥也不怕。

1930 年 10 月，蒋阎冯大战以阎冯失败而结束，韩复榘背叛了冯玉祥。蒋介石任命韩复榘为山东省主席以后，韩复榘下令逮捕反对蒋介石的人，我因过去办报公开反蒋，跑到黄河北刘四南庄姨家躲了起来，后来又到章丘躲了几天。直到 1930 年 11 月，梁漱溟、梁秉锟来邹平筹建山东乡村建设研究院，地方上局势平稳下来，才回到孙镇。1930 年冬，梁漱溟先生到孙镇找我，我知道他是学者，所以不怎么担心，见了面，他首先递给我一张名片，上面只有“梁漱溟”3 个字。他与我谈了要在邹平建立研究院搞乡村建设实验的事，鼓励我积极参加乡建活动。说“还是组织起来，组织起来有力量。”我说“过去办了些荒唐事（指办报反蒋）。”他说“没关系，研究院不牵扯那些事”。

1931 年春，山东乡村建设研究院正式成立。我和梁漱溟先生、梁秉锟县长经常接触。一天，梁漱溟、梁秉锟对我说，要送我到山东省区长训练所受训，回来接管一个区。告诉我研究院将来要在邹平改区换乡。我推辞不愿干，他俩动员我说，要实行县政改革，把旧区长换了才好办事，各区都有武装，弄不好要出乱子。4 月，研究院派我、鄢大勋、吕琪光 3 人（都是邹平人）到济南山东省区长训练所受训。在训练班学习期间，见到训练所国民党部、济南第三区党部常务委员张鸿烈（当时山东省建设厅厅长）转抄的一份山东省党部的文件，上面宣布 300 多名国民党员被开除党籍。每个被开除党籍的人名后边述有主要罪状，我的名字后面写着：“思想反动，办报有据，开除出党。”我一见文件上有我，慌了手脚，急忙去找训练所长李树椿（省民政厅长），又到研究院驻省办事处找梁先生，梁不在，只好将此事告诉办事员张孟龙（张伯秋的弟弟），请他转告梁先生。

以后，我见到梁先生又说了此事，梁说你不要管那个，国民党的一套在邹平要全部改变。从此才放心了。

1931 年 8 月，我从省区长训练所毕业，回到邹平，梁漱溟先生和梁秉锟县长让我接手二区区长职。那时我打算做学问，不愿意干区长，但经梁县长一再动员，我也只好从命，答应只干几个月。

二区所在碑楼村，辖二十几个村子。我任区长，每月 30 元。那时规定区长允许带两个助理员，所以后来我又请在崇实高等小学的同学伏伯言帮忙。那时的旧政府表面上平静，实际上旧势力很复杂，帮派斗争很厉害。二区有 10 个常备队员，十几条枪。我在二区经常骑着自行车到各村跑跑，察看地方情况。在二区干了 5 个月，1932 年初，我又被派到五区（今明集乡）任区长，伏伯言仍回校教书；五区很大，地方势力也很大。这时县长换成了朱桂山。朱桂山不愿意在邹平干县长，常对我说："何日才能出邹平？"他派一位姓徐的同仁来帮助我工作，徐某是在帮会的人，善于在地方上拉拢势力，我与他搞不到一块。所以当年 6 月我执意离开五区，到第六区任第六小学校长。不几天又接第六区区长职。6 月 19 日，朱桂山辞职调走，县长换成了徐树人。我仍不愿干区长。一次，徐树人骑着马去，动员我说："你先干着，马上区改乡了。"

任第六区长期间，我曾办过这样几件事：霍家坡西边有个二三十户的小村叫官家庄，农民生活很苦，吃饭困难，村长愁得没法，常去找我。我召集全区十多个里长开会，动员大家帮忙。我自己当场表态捐出两口袋粮食支援，其他里长见区长带头，也纷纷捐粮捐钱，共集了 3 大车粮食和部分钱，使这个村的农户过了冬。但却因此得罪了部分里长，有人写状子向省告我是耶稣教徒，横行乡里。在五区时，也有人告我，说我是被开除党籍的人，不能干公务人员。韩复榘来邹平视察时，问梁漱溟先生有无此事，梁漱溟说没有此事，保护了我。后来县长换成了王怡柯。那时研究院在邹平禁毒，有人告孙镇街上有吸大烟的，王怡柯派人到孙镇抓了三四十个人押往邹平。有几个小学教员根本不吸烟也被抓去。我骑车赶到邹平，找王县长述说原由。王县长说："马上过堂，你当堂认一认，吸毒的留下，不吸的当场释放。"过堂开始，凡我知道不吸毒的全放了，最后只留下一个叫马鸿书的。这人是孙镇地主，多年吸白丸子，也打吗啡，在县里押了他一年多才放回去。

山东乡村建设研究院成立后，南京国民党政府不立案、不承认。许多教师和学生一直对南京国民党政府持批评和反对态度。研究院内部人员比较复杂。黄艮庸，原是福建人民委员会委员，是反蒋的人。没有公开身份的共产党员李星三、张宗麟等，也在研究院干事。

1933 年研究院划邹平为县政建设实验县，改区换乡，将原来的 7 个区划成 14 个乡，孙镇划为十一乡。梁漱溟、徐树人研究让我担任十一乡乡长、乡学常务学董兼乡理事。为了便于工作，我又请了霍家坡的秀才、我的老师石芳春（锦堂）任乡学学长。

邹平的乡学是以教统政，是把一个乡变成一个学校，全乡的男女老幼皆为学生。“以天地为教室，以万物为导师”，注重地方自治，企图把社会上人与人之间复杂的关系，纳入师生情谊之中，借以调和矛盾。我任乡理事期间，也搞过禁毒、禁赌，放足等活动。对一般吸毒者、赌博者，叫到乡学教育一下就放了，有的还要伸出手来打板子。

1933 年 1 月，研究院研究部第一届学生毕业，在未接收第二届学生前，研究院办了一期三四十人的讲习班，全省招生。邹平参加讲习班的 3 人，有我和辉里庄的李慎长（字敬修）、长山的崔宗滨（字东海）。凡参加讲习班的大都是具有大学水平或致力于乡村建设的年轻人。主要学习乡村建设理论、地方自治、乡学、村学、乡村自卫等。此外，梁漱溟先生讲“人心与人生”的问题。讲习班本来只三四十个人，但每次梁先生讲课，教室里挤满了听课的人。梁先生那时很忙，不但每天讲课，还要忙于接待省内外大批来研究院参观的要人，结果累病了，到济南德华医院住院治疗一个多月。住院期间，讲习班同学联名写了慰问信给他，梁先生回了信，信中有几句话我至今印象很深：“……道理（指乡村建设事业的理论）将以俟诸百世，事业亦非一时可期，苟此心契合，则共学共事之日方长也。……”研究院时期，每次学生结业，都要印同学录，人手一册，便于以后互相联系，梁先生的这封回信，就刊印在讲习班结业时的同学录上。

6 月份，讲习班结业，研究院以每月 25 元的工资聘我为邹平实验县县政设计委员会委员。委员有几十个人，研究部的学生几乎都是委员。县政设计委员会系研究机关，分五个组：民政组、教育组、建设组、财政组、合作组。各组组长由实验县各科科长兼。合作组有于鲁溪（农场主任）、钱子范、任子正、陈镜人、秦亦文，还有研究部研究合作事业的学生多人。

研究院在邹平搞的县政建设试验，内容很多，在农业方面搞了多种合作社。如邹平第二区荒山多，宜于造林，组织了林业合作社；第三区养蚕的较多，组织了蚕业合作社；第五区、第七区组织了机织合作社；第六区组织了梁邹美棉运销合作社等。尤以梁邹美棉运销合作社收效最大，影响最广。我在邹平参与了美棉运销合作社的活动。

邹平县位于鲁北，南部多山，西部为浒山泺，地势低洼，东部、北部一带多为平原田野，土质多适于种棉。尤其原第六区孙镇一带土质微沙，种植棉花最佳。民国十一年、十二年时，曾有日本人运来很多美棉种籽，散于该地农民种植，后种植面积逐渐扩大。但农民缺乏应有知识，使品种日趋退化。退化后的美棉变成“小棉花”，当地俗称“长毛”、“短毛”，“长毛”只能纺16、20支纱，织土布或次等棉布；“短毛”只能做“絮棉”或织土布口袋。另外，每到棉花收购季节，一些棉商从中掺假舞弊，不但坑害棉农利益，也毁坏了邹平棉花的声誉。1932年初春，研究院与山东大学农场及省第二棉花试验场协商，拟定了换籽办法，首先以改良邹平棉花品种入手，先由研究院农场利用纯种美棉繁育良种，遂划定第六区（后划为十一、十二、十三乡）为纯种美棉推广试验区。曾拨美棉种籽4000斤，给孙镇、霍家坡、韩家店、时家、东白家、韦家、大陈、冯家、蔡家、王伍、周家、辉里、东郭、赵家等19个村农民种植，同时派出技术人员现场宣传指导。秋收后，凡种植研究院纯种美棉的户，果然收成不错。以孙镇附近为例，往年“小棉花”一亩地产籽棉200—300斤，每担售价40元，而种植的纯种美棉——托里斯棉，每亩较过去土棉增产10%—20%，每担售价50—56元。南京中央棉产改进所曾专门派人来邹平检验，上海华商纱厂联合会也进行了评定，认为可纺42支纱，其品质竟在久已著名的“灵宝花”之上。但由于当时市场信誉已失，而棉花市场又被一般棉商所操纵，即便有好棉花上市，也难以卖得高价。为此，研究院又指导农民以村为单位，成立美棉运销合作社。因孙镇一带古称“梁邹”，即取名叫“梁邹美棉运销合作社”。

1932年上半年，研究院派员宣传指导种植美棉的同时，介绍成立合作社的好处：能贷款，能贷托里斯棉种，秋后能多卖钱。在宣传指导的基础上，研究院在霍家坡乡农学校召开了第二次筹备会，讨论修定了“梁邹美棉合作社简章”。晚上，在国民学校，召开了霍家坡分社成立大会。入社者34户。这是全县第一个美棉运销合作社。自此至月底十多天的时间，除信家、小白、罗家因种棉户太少未组织合作社外，其他村庄全成立了美棉合作社分社。9月30日，研究院在霍家坡乡农学校，成立了梁邹美棉运销合作社总社。社员有219户。出席会议的有于鲁溪、高赞非、乔政安、漆方如、石深山、时尚常、李善德、李大举、杨继统、济南民生银行董鹏博先生及15个村分社社长等共25人。于鲁溪报告了15个分社成立概况，讨论了总社简章。投票选举了社务委员3人，总理全社事务。

总社成立后，运销上取得了村社的信仰，业务区域逐渐扩大，其他乡的村庄也纷纷组织美棉运销合作社。在1932年15个社，219人，667亩地的基础上，1933年发展到20个社，社员306人，棉田3464亩；1934年发展到213个社，社员5975人，棉田41283亩。1934年，邹平全县普及改良美棉，许多村像十一乡的辉里、信家、蔡家等，过去40%—50%的户种棉花，组织合作社后，70%—80%的户种棉花。种棉户一亩地棉花收入是种粮的2—3倍。

梁邹美棉运销合作社初期的指导机关是研究院农场，后期变成院县两方组成的合作事业指导委员会。总社的领导，由各村社务委员一人，共13人，成立梁邹美棉运销合作社联合会，为美棉运销的统一机构。联合会初建时，会址在孙镇娘娘庙，后来迁至孙镇西街路南叫义丰的一处房子里。各委员再推理事主席一人。总理一切，对外代表联合会。后又增选监事主席一人，监理联合会的财产状况及处置执行事务情况。会务委员由社员代表大会选举，会员代表大会为联合会最高权力机关。会务委员会为联合会最高执行机关，会务委员均为义务职。会员代表大会每年召开一次，代表人数，按各村社社员人数比例增加，即20人以下者选1人，20—50人选2人，依次每增加50人加选代表1人。会务委员每年开会4次，时间随时规定。联合会的行政组织分总务部、会计部、打包厂、轧花厂。各部均有主任一人，由会务委员兼任。为经营方便，联合会就地势情况在花沟镇高洼庄及城东关各设办事处一所，分别办理轧花打包事宜。我自1932年10月任联合会主席职，营业部主任是王伍庄徐次昌，会计部主任是王凤仪，城区办事处主任是刘嗣疆（四乡逯家庄人），花沟办事处主任是王焕亭（花沟镇人），会计是郭俊荣（十一乡周家人），打包厂管理员是蔡志璞（蔡家人）。

凡加入梁邹美棉运销合作社的社员，必须一律种植“托”字美棉，所用棉种概由总社供给。棉农在播种前两个月将所需量报告合作社，由总社统一发给。收棉时依照总社的选种办法选种，所产棉籽，作价留社，以便推广。合作社社员种棉有困难，如买种和购肥料，合作社可提供贷款或贷棉籽，多以扶持。贷款前，先由联合会召开会务委员会议，决议办理贷款。5月间，联合会全体工作人员分赴各村社调查，办理一切手续。根据调查亩数，各村社制定社员名册，由联合会备文呈请县政府转函济南中国银行拨款来邹。均以种植美棉多少为贷款标准。一般棉苗期、收棉期发放两次贷款。银行规定，凡普通客商向银行借款，月息均按1分2厘扣除。经研究院和银行交涉，合作社借款，则减低4厘，每月按8厘扣除，较社会上一般私人贷款利息降低一半还多。一般需要贷款的棉农，一亩地春天可贷5元，秋天再贷5元。待联合会将棉花加工销售后，社员按本利付还贷款，剩余部分当场还给农民。1933年，我以梁邹美棉运销合作社联合会主席名义，从中国银行行长陈隽人处借5000元，中国银行派阎承烈带款直接到孙镇，各分社长拿出社员花名册，由阎直接放款。1934年，贷款2.5万元；1935年，贷款25万元。每次贷款，都由我和于鲁溪亲自去济南办理，秋后收棉时还款。用贷款扶持农民种植美棉，起了很大作用。

到棉花收购季节，联合会划片设立收购点，将收棉日期通知各分社，并派员分赴各乡指导办理收花事宜。开始，轧花一般由各村社承担，后来，由于合作事业的发展，联合会公益金越来越多，1934年有几千元，1935年增加到3万元，购置了一部大型机动轧花机和一部25马力的柴油机。为了盖轧花厂，我还捐了6大分地（合小亩1.8亩）。盖了轧花厂之后，我们指定若干村社送交籽棉，集中轧花。但由于当时技术人员缺乏，而人工低廉，机器与人工相比，收效不大。所以后来仍以各村为单位轧花之后，送交皮棉，由联合会统一打包。联合会制定了《村社办理收花过秤须知》、《村社办理轧花须知》等条例，分发各村社，以确保棉花质量。

棉种的优劣，关系棉花的品质。而棉种易退化，一般社员多不知做选种工作。合作社为防止此种弊端，促进共同销售，每年年终组织人员调查，并检验各社棉种数量和等级。凡认为合格者，即通知棉农限期将棉种运集孙镇联合会棉种仓库。其余杂乱者，列为劣等棉种。棉种送会后，联合会依照标准验定，当场作价，付给棉农现款。平均价格，每百斤约合 2 元左右，而市价只 1.5 元。故各村社优良棉种，均乐于送交联合会。梁邹美棉在当时名声四扬，省内外前去参观、购买良种者很多。需棉种者大部分在 2 月份来信来人索购。像江苏、河南、浙江等省，有的一要几百斤。由于供不应求，我们往往限制数量，不能满足供应。定价每百斤本省购买者 2.2 元，外省的 5 元。为了方便外地用户，联合会还专门组织人员负责办理邮购棉种。许多外宾和要人来参观，研究院和联合会也经常以一捆棉花、一包棉籽相送，以示纪念。1934 年春，因美棉之推广已普及邹平全县，纯种不够分配，联合会又在孟家坊村西租民地 135 亩，专为繁殖美棉种子之用。1935 年 3 月底，县外先后售出棉种 36 万余斤，县内售出 4.2 万斤，尚存 10 余万斤，收入 10606 元。

孙镇为梁邹美棉集散地。过去每到收棉季节，周围百里内的农民纷纷用大车拉着棉花来卖。周村、张店、济南、青岛等地花行也前来设站收购。美棉合作社成立后，改变过去棉农自己售棉的方法，由各村社统一收购、轧花，送交总社。由总社（联合会）根据合同售给棉商。开始，梁邹美棉大部分售给济南中棉公司和青岛华新纱厂。后来，主要售给青岛华新纱厂。在当时的棉花市场上，日本纱厂和中国纱厂竞争激烈，但我们极少卖给日本纱厂。1935 年，联合会决定将 500 多包美棉一次售出。最先来洽谈者，是复诚信花栈。时在 11 月，市棉价格不足 50 元一担，该花栈愿意出 53—54 元，并言明可在孙家镇本会交货，但我们合作运销的意义是使生产者与消费者直接交易，以免除一切商人的剥削，所以一般拒绝售于居间商人。不久，青岛华新纱厂派吴桥先生来会商议，厂方买价出到 51—52 元，我们未同意，协商失败。吴先生只好返回青岛。12 月中旬，棉花将近收齐，张店日本棉商合顺泰厂主和久日氏，亲到孙镇，与我们洽谈购货。联合会告诉日商：我们与华新纱厂系旧交，为维持情谊，同样价格，须优先售给该厂，最后婉言谢绝。几天后，青岛华新纱厂吴桥先生打来电话，邀我和于鲁溪去青岛洽谈，该厂常务董事周志俊亲自陪我参观华新纱厂。周志俊在陪我参观纱厂时，曾指着该厂的一架精梳机自豪地说：“青岛这么些纱厂，只有这一架精梳机，山东只有华新纱厂是中国人办的。”意思是让我们把棉花卖给他。最后，我们以每担 56.90 元的好价与华新成交。

交货地点定为济南胶济站。合同签定后，华新纱厂又来电话，说该厂在济南所收其他托里丝棉价格均为 54 元，运往济南恐影响他县，要求运至周村。结果，我们又雇大车 50 余辆，一天将 500 多包美棉运至周村车站附近的裕庄花栈。第二天，华新纱厂即拨出大洋 43097 元。此后，梁邹美棉大部分卖给青岛华新纱厂。少量次棉卖给济南中棉公司。那时，日本棉商啥棉花也要，济南中棉公司有时将买去的棉花再转卖给日本棉商，从中盈利。合作社棉花所以不卖给日本人，是因为日本人买了棉花去制火药，打我们中国人。因为当时就有少数棉商假合作社名义，将收集的棉花卖给日本人。像邹平小清河北我们有 4 个村社，有人搞了个总社办事处，其实是棉商自己搞的。

成立梁邹美棉运销合作社联合会后，为了宣传种植美棉和指导合作社的工作，发展合作事业，我和陈以静、任子正还合办了一份不定期刊物《社讯》，在研究院印刷，报告美棉合作社的情况。此外，我们编了《梁邹美棉运销合作社联合会工作报告》，印数千册，分发各村社。那时，国内外来参观的客人很多，记得 1935 年上半年，南京金陵大学胡教授，领着印度一位办合作事业 25 年的英国人来孙镇参观，由张季鸾当翻译。临走，我也将《工作报告》分送，尽量扩大梁邹美棉合作社的影响。

1935 年秋，我参加了南京国民政府考试院在山东组织的普通行政人员考试。全省报考者 3000 多人，邹平参加考试的 100 多人。全省第一试考中 160 人，邹平考中的 4 人：我和伏伯言、杨继达、马汉臣。经第二试，只有我和杨继达考中，伏伯言和马汉臣落选。第三试是面试。面试完回家等着发榜。一个月后，实验县通知我以全省第六名的成绩录取。梁漱溟和徐树人先生不愿意我走，让我留在邹平继续干。徐树人并以县教育局长职挽留我，我不愿在地方上干，执意要走。临走，我把梁邹美棉运销合作社的工作交代给十乡党里庄的李郁廷，到山东省民政厅任科员。从此结束了我 5 年的乡建活动。

（郭蒸晨整理）

回忆邹平乡村建设期间的金融流通处工作*

陈道传

一 到邹平参加乡村建设

我生于1903年，今年87岁，老家住山西省碛口县碛口镇。1927年，我从山西商业专科学校毕业。这时，阎锡山扩充势力为第三方面军，总司令部要招考县长，我因年龄不够未被录取。1月间，考进了育才馆。1928年3月间，我们育才馆的学生没等毕业，就跟着阎锡山去接收京津当老爷去了。我初从大学毕业，尚能说几句英语，即被派到天津接收烟酒税局，收入颇高。

1930年，中原大战拉开序幕。阎锡山调我为总司令部中校委员，管押运粮草。中校每月薪水88元，一天3元钱的旅费，收入与在烟酒税局相比，差得太远，我实在不愿干，但也无可奈何。6月，先送粮至河北顺得府，后送粮至河南兰封。以后借口有病辞职，到北京当了河北省楼台统税局局长。9月，张学良出兵援蒋，奉军从山海关进驻北京、天津。晋军撤退，我随军逃回太原，在太原住闲。阎锡山下野后，4省干部都失业，坐吃山空，加上物价上涨，晋钞20元换银元1元，生活相当困难。以后，阎锡山从大连回来，任晋绥靖主任，我即晋见老上司。不久，阎锡山委任我为岢岚县区长。

1934年6月间，我辞了区长职，经严敬斋老师介绍，带着表弟陈企岱、陈生华到山东邹平参加梁漱溟先生的乡村建设事业。

严敬斋老师是山西知名人士，曾任山西省商业专科学校校长。1932年

---

* 此文原载于《梁漱溟与山东乡村建设》，山东人民出版社1991年版。

3 月，严老师曾约我到河北定县、河南南阳、山东邹平等地参观过乡村建设。介绍我到邹平后，让我接手邹平实验县金融流通处工作。金融流通处在经济上全靠严敬斋老师的帮助，他帮助我们借款 50 万元，发行纸币 200 万元。

二　邹平县金融概况

要谈邹平的金融，须先谈邹平的商务。当时邹平城乡各镇大小商号有 274 家，除了几家油酒店、菜饭馆是单项营业外，其余都是杂货性质。钱号里可以卖粮食，布店里也可以卖米面，杂货铺里也可以卖蔬菜，十之七八是家庭营业，一家老小都是店员，没有所谓成行生意。市面上流通的主要货币除银元之外，有中国、交通、中央、实业及山东省库券等钞票。辅币通行，多为本地商家发行的铜子票、角钱票，官方虽严厉取缔，实际上仍难禁止流通。

邹平当时的钱庄以经营钱业为主，兼营存粮，亦贩卖麻丝及其他投机生意。邹平的商号以贩卖杂货为主，亦兼营钱庄业务，放债、存钱以及发行钱票、角票。所以，当时邹平金融，多操在钱庄与商号手里。因邹平地域狭小，商业金融的流通活动，循环往复，形式简单，当地稍有资本的商家，皆闾户相望，彼此相识，彼此皆可做同样的营业。

邹平钱庄初起，盖以征收钱粮处征收的款项无处存储，此项款项，年计 40 万元。而银元汇兑掉换，亦为地方之需要，需有一个地方为之调剂转易，故钱庄应运而生。邹平商号、钱庄的发展，据熟悉邹平情况的人说，不过 30 年历史，大抵自胶济铁路开辟后，才逐渐发展。各钱庄、商号的组织，一般皆为掌柜一人，管账先生一人，伙友数人，学徒若干人，集资为之，有股东者，如普利、广济储蓄社等；独家经营，以一家资本为之的有元祥、恒升等。经理用人，大多用家人父子、亲戚、朋友。营业场所，多为住宅的前面，后面多留自家居住。

各钱庄、商号经营之金融业务，主要是向农村放高利贷，其次为兑换很元、汇兑款项等。过去还有一种业务是发行纸票，由钱庄、商号自印发行。纸票有两种：一种是角票，形式如各省之毛票。按现洋发行之角票，多为一角、二角、三角三种；以银元之行市，抵换铜子十角兑换现洋。一种是钱票，当地称为吊票。发行钱票多限于一吊、二吊、三吊三种；以九八京钱，抵换铜子。民国十五年（1926），全县自行发行钞票者约有500余家，由于资本少、票额多而倒闭者300余家，因之纸票信用渐形低落，市面金融颇受影响。于是以全县商会名义加以整顿，之后，金融状况较为稳定。1933年据研究院社会调查股调查，尚有发行纸票之钱庄商号81家，发行纸票数额最高者为2221元，最低者200元。1935年调查，发行纸票的钱庄商号，共有41家，发行纸票额最高者1100元，最低者5元。

当时邹平货币流通状况、货币交易情况以及贴水、利息等情况如下：

银元：多寄存于乡间。乡间人每有积蓄，多存银元，普通花费，多用钞票，只要手头存有钞票，决不拿出现洋支付，到了十分拮据，万不得已时，才将积存的现洋拿出来支用，每见市面上现洋多时，即农家开支最多时。

生银：除妇女首饰匠工所用之少数生银外，乡间富户尚有存“元宝”的，但市面上已不见流通。

铜子：官厅对各商号发行铜子票，严令兑现准备要足六成，须取县铺保。因此，商家铜子准备丰富，市面上不感短缺。

钞票：市面通行中国银行钞票占60%，交通银行钞票占10%，中央银行钞票占5%，实业银行钞票占7%，山东省库券占10%，地方商号发行辅币占8%。因为中国银行每年放款于梁邹美棉运销合作社在12万以上，此款全为中央银行钞票，故乡间流通的钞票以中央银行钞票为最多。

银币和铜币交换概况：邹平乡间仍沿用九八京钱，每吊合小铜子49枚，一切交易仍以吊为单位。普通以银元换铜子，行市无定。1934年7月起至1935年6月，一银元换500枚以上，折合邹平九八京钱为10吊零200。每日行市不定，忽涨忽落，钱商多从中取利，农民常蒙受损失。

汇水：邹平的汇水与常说的汇水不同，并非指将金钱寄汇其他各埠而应得的汇票手续费。邹平的所谓汇水，是指存款户在钱号存款时将款项加成拨账洋钱，银号对存款户按每月行市付结抹息。此种汇水，仍有上水、下水、两平之时（钱商、银号贴给存款人为上水；存款人贴给钱商、银号为下水；钱商、银号与存款人两不贴水为两平）。

市面平稳，各行生意发达，钱商放款容易，利息较大，多为两平交付或上水支付。钱商不用款时，市面不稳，各行生意凋零，有资者无处可投，存主不吸存款，往往常为下水。此种汇水，并非片面的；是两面的。举例说，甲商以1000元存于某银号，当日汇水下20元，即付银号1020元；甲商提取存款时，当日汇水下成30元，银号亦得贴给30元，仍提收本洋1000元、汇水30元，共1030元。此种汇水，完全是银号对外的一种放款手段。

抹息：邹平抹息有两种意义。以抹息为抹总之意，以息言又为折息之意。在地方上俗称为抹总，在金融活动上即为同业往来结算。周村钱业每半个月抹总一次，同业互相拨转账目，以清债权、债务。比如甲商欠乙商1万元，乙商欠丙商1万元，丙商欠甲商1.5万元，甲乙丙3家互相抹总，结果为丙商欠甲商5000元，即甲商有5000元之债权，丙商有5000元之债务，丙商对甲商所欠之5000元按行市付给折息，即名叫抹息。

利息：流通处放款，限于向农村放款，以低利息为原则，规定利息不得超过1分5厘，市面上利息上涨时，流通处亦不能涨至1分5厘以上，市面利息下落时，则亦需随之下落。以此情况，每年预算应收利息，颇难如数符合。如1934年11月间，行息涨至2分2厘，流通处仍为1分5厘放款。1935年1月间行息回低至4厘上下，流通处亦无法放在5厘以外。按流通处预算，无论农户、商号、合作社平均利息要在1分以上，颇能维持开支。自1936年起，流通处放款除各乡信用合作社、农户贷款仍按照一定之利率外，其余商号及其他贷款则随行市起息。

三 邹平县农村金融流通处的设立

邹平县农村金融流通处设于1933年8月，初由实验县府第三科科长郝宝书兼理。因无资金未能向农村放款，其业务亦只限于经征赋税，是单纯的县金库，其开支由征收费项下报销。至1934年10月，梁漱溟院长因邹平各种合作事业日见发展，急需金融机关的资助，乃令县政府将本处扩充。县政府设定在3年内分期筹资10万元，第一年拨给3万元，连同1933年利益金1702.76元计31702.76元。

设立该处的意义：狭义来说不外吸收都市资金，调剂农村金融，资助各种合作，推进建设乡村。广义来说有五点：

1. 免除征收处挪用、侵蚀之弊。过去各县征收人员自己保管现款，在征收未解之时，最易挪用公款以图私利，每届征收扫解之期，征收处往往呈恐慌之象。流通处成立后，将征收与保管现金之职务分离，即可避免此弊。

2. 减少教育建设等资金损失。邹平教育及建设基金，以前多存在钱庄、商号生息，或由士绅保管，不仅不能将此项资金流入农村，而且往往因私人信用不健全之故，损及公款。流通处成立后，负责保管以上各项基金，自可合理运用，减少意外损失。

3. 加大货币流通速率，减少农村资金缺乏之苦。邹平因距周村甚近，一切商业均为周村所控制，故邹平全境，商业经济极不发达，现金亦不足用。域内虽有银号数家，而放款利率甚高，若禁止高利，农村金融更易陷入停滞状况。流通处成立后，作为全县金融汇划总枢，运用货币流通的速率，随时控制金融情况，压低市面利率，在某种程度上减少农村资金缺乏之苦。

4. 减少高利贷之剥削，增进农村生产与运销之机能。邹平农民负债者居大多数，一切农产品，多数被高利贷者所操纵，每年麦秋二季，农民以低价粜粮而还高利借入之债。流通处成立后，以低利贷款给合作社与农户，通过合作社促进农村生产与运销的机能。

5. 增进人民与政府之关系。欲使人民关心政治，须使人民与政府发生经济关系。流通处的成立，目的是希望从放款和指导人民经济活动的作用中得到人民对政府的信任，以便乡村事业的改进和一切政令的推行。

流通处含有农业银行、商业银行及县金库三种性质。作为农业银行：贷款给各信用合作社或农户。不用任何担保抵押，严密考察用途，务使其用在生产方面，如凿井贷款、购买耕牛家畜贷款、购买肥料种子贷款。以上各种贷款期较长，最长有至 2 年者，月息不过 8 厘 1 毫左右。作为商业银行：流通处将固定资金、定期存款之一部贷放给各信用合作社，短期存款及部分定期存款，为准备存户支取，放给商号作为活期生息，或存于各大银行赚日利，作为往来透支，或作外地汇兑。作为县金库，所有账税，均由流通处征解保管，县地方教育建设各项基金，亦由流通处保管，并经发县属各机关、学校的经费。

流通处的组织状况：流通处成立后，遵照章程第 6、7、8 条的规定，采用银行组织制度，设有董事会、监察员。唯董事、监察员的产生与普通银行不同，董事由邹平各乡学学长聘任 7 人，由商界中聘任 2 人，县府第四、五科科长为当然董事。监察员由各乡理事中聘任 3 人，县府第三科科长为当然监察员。经理由县长提出人选，经董事会通过任用。经理以下分三股：出纳股、会计股、业务股。每股设主任 1 人，股员 2 人。会计股专司各种账簿的登载，兼理文牍会计事项；业务股专司调查信用合作社，调查庄仓合作社，兑换庄仓证券，经理农户收存各款；出纳股专司各种款项出纳。

四　金融流通处业务的开展

金融流通处业务经营的种类，主要是乡村事业的放款，其次为各机关团体的存款，以及经营各种款项的收支等。

1. 乡村放款：

信用合作社放款：各信用合作社是 1934 年 10 月流通处改组之后开始组织的。信用合作社指导、宣传教育方面，由研究院乡村工作人员训练部下乡实习的同学担任；考核立案方面，由县府第四科担任；调查社会之信用，监督社员贷款之用途，由流通处担任。邹平信用合作社从开始组织不过一年时间，即有 25 处，社员 370 人，资本金 1006 元，贷款经营为 6170 元。

庄仓合作社放款：庄仓合作社于 1933 年秋季举办，由县政府拟定办法，督促各乡进行，共计组织庄仓合作社 50 余处，贷款 3000 余元。1935 年庄仓合作社发展到 147 处，社员人数 9465 人，存粮 5300 余石。

特种放款：因当时农产品价格低落，农家收入减少，累年所集，形成农家债台高筑。于是，流通处以低利贷款，扶助其清理旧债，以便使之逐渐恢复生机。据 1935 年统计，共贷出清理旧贷款 7000 余元，计 40 余户。

2. 经收各项公款：

邹平县年计为省地方丁漕税 14. 14 万元，地方附捐 79560 元，酒税 2000 元，牙税 2000 元，契税 1 万余元。又教育基金 3 万余元，建设基金 1 万余元，账款、贷济款、县仓存款 3 项计 5000 余元。总计邹平公款每年征收存在 40 万上下。此项公款，概不付给存息，作为流通处作农村贷款之用。

3. 经理各团体、机关、个人之存款：

流通处的经营维持，亦不靠资金及县政府的收支款项，亦赖经营存款，以维持流通处经营的力量。

4. 代兑庄仓合作社庄仓证券：

1933 年，邹平粮价低落，粮食滞销，农村金融奇紧，当时的实验县长王怡柯乃倡办庄仓合作社，让农民按其田地之多寡比例积谷。各乡庄仓均成立保管委员会，按照备荒及调剂粮价、活动金融的目的负责经理。为活用存款及增加资金起见，按谷价发行庄仓证券，即以庄仓存谷为抵押，由流通处代理兑换，便于流通。1934 年粮价飞涨，各乡庄仓多自动卖粮，不发庄仓证券。后来注重以粮食抵押贷款，将各社逐渐改成农业仓库合作社，由农民自动提供粮食按时计价折贷现金，等卖出后，再归还贷款。比发行庄仓证券更为便利稳当。

会计及簿记：流通处成立之初，系用旧式账簿。1935 年 1 月起，始改用新式簿记。唯因营业简单，科目太少，仍沿用旧日记账、分录账、分户账。计算则用资产负债表、财产目录、器具凭价表。

流通处收支概况：流通处资金 3 万元，依 1 分计息，月收利洋 300 元。又保管不动公款 5000 元，依 1 分计息，月收洋 50 元。又吸收暂时存款 1 万元，存入中国银行作活期存款，依 2 厘 1 毫计息，月收 21 元。又保管各项税款，流通市面，短期计息，收洋 58 元。总计月收 429 元。流通处 3 万元资金，按月利 6 厘计息，每月应支 180 元，职员学徒薪工月支 164 元，一切办公费、杂费、作业费月支 85 元，总计月支 429 元。

1935 年，我 32 岁，任邹平金融流通处经理。我向中国银行借款 300 多万元，在山东邹平、菏泽、济宁放农村合作社贷款，帮助建立农村生产合作社 500 多个。中国银行是山西太谷人孔祥熙主政，孔曾是山西铭贤中学校长，后来仍兼该校校长。中国银行的工作人员，多半是山西铭贤中学的学生，全国的财权掌握在山西人手里。我的老师严敬斋和孔祥熙关系不错。我就是通过这些老乡关系借来的钱。我们对农村放款是优惠的，我们借 1 元钱，月息 1 分，而放给农村时年息 8 厘，损失部分由商业方面得到的利润中补偿。那时邹平、周村附近的商人经常到我们流通处电汇，我们的利息，主要从商人手里取得。

1936 年，是我们的事业最兴盛的时期，从正月起，我们流通处开始买地扩建，扩大营业。2 月间，7 间营业室落成，铜栏杆，新式柜台，不说邹平，即便在济南，这种门面也不多见。开业那天，邹平的朋友，各钱庄掌柜，合作社的经理们都来贺喜，我的家眷也移住新房内。

1937 年，邹平金融流通处改成邹平合作金库。

五 邹平沦陷前后

七七事变后，日军节节紧逼。京汉铁路已不通车了。我让表弟陈企岱送家眷回老家，我一人留在邹平。

1937 年 8 月间，我将流通处的一切能动财产由青岛水运到四川重庆。日军侵入山东，韩复榘为保存实力，把军队撤走了。日军侵入周村、邹平一带时，徐树人县长和我商议，面对这种情况还是解散了好。于是，县府员工、警察将所有县库现金部分了。徐树人后来去济南，我住在流通处同人成鹏九在邹平南山的家中。不幸半夜土匪把我抢了，大腿上被刺了两刀。土匪向我要现洋，说："你把钱藏在哪里了？实说了，饶你狗命。"这样闹了一夜，天明，土匪才走。

邹平成立维持会后，要我参加，我不干。维持会派人保护我，实际上是以为我把钱埋在地下，时时有人监视我的行动。1938 年，农历大年初一，监视我的人回家过年，我趁机找到梁漱溟老师的包车夫，坐洋车逃离邹平。到济南找到了徐树人县长，我们俩人抱头大哭。我当时住在老友郑华村家。

几天后，日军贴出告示，要我回邹平复业，这大概是维持会的主张。当时我们虽无现金，但是我们流通处向乡村合作社放款尚有三四百万元，若复业可以收回。看到告示，怕连累朋友，打算收拾回老家。临走华村送我 200 元钱，我说拿不动。徐树人在街上换了日币 20 元，我拿 10 元现洋、交通票洋 50 元，藏在棉袄里，辞了郑华村、徐树人，大哭而走。步行了 17 天，才到石家庄，实在走不动了，见后面来了日军的运粮车，送给押车的 10 元日币，把我带到太原，由太原步行，才回到老家。

（郭蒸晨整理）

邹平乡村建设时期的金融业*

柴向清　夏文禄整理

1931年至1937年期间的邹平县经历了一个特殊的历史时期，这便是山东省乡村建设研究院在邹平的施政时期，也可称谓邹平的“乡建”时期。

山东省乡村建设研究院是梁漱溟先生研究乡村建设理论的学术机关。梁先生为了将他的理论付诸实践，便把邹平划为乡村建设实验县（以后还有菏泽、济宁相继划为实验县，但成效都不如邹平）。邹平实验县设县政府，直属山东乡村建设研究院领导，按梁漱溟先生讲的“团体组织、科学技术”，“大家齐心向上学好求进步”去组织实施。

梁先生金融理论的实践，在他整个的乡建理论与实践中也是很重要的组成部分。《山东乡村建设研究院实验区邹平县计划》中的邹平乡建时期的金融活动宗旨是：查本实验县城内银号及乡间私人贷款利率在30%以上，今欲禁止此项高利贷，为事实所不能勉强行之，农村金融并复滞，唯有设立金融机关，使货币流动之速率加大，俾农村减少资金之苦痛，则高利贷不禁自消，而生产运销自可得增进之益。

邹平实验县成立了金融流通处，又组织农民入股成立信用合作社和庄仓信用社，这些金融组织对活跃邹平金融，推进乡村建设起了很大作用。

一　农村金融流通处

邹平实验县农村金融流通处，创始于1933年8月，经理陈道传（山

* 此文原载于《梁漱溟与山东乡村建设》，山东人民出版社1991年版。

西人)、营业股长成云翥、干事李允芝、王允德、司俊峰、陈宋山等人。曾发行“邹平县农村金融流通券”，在邹平流通。

（一）机构

农村金融流通处，隶属邹平实验县县政府领导，下有董事会、监督员。办事机构设经理，按业务分工有3个股：业务股、会计股、出纳股。组织系统表如下：

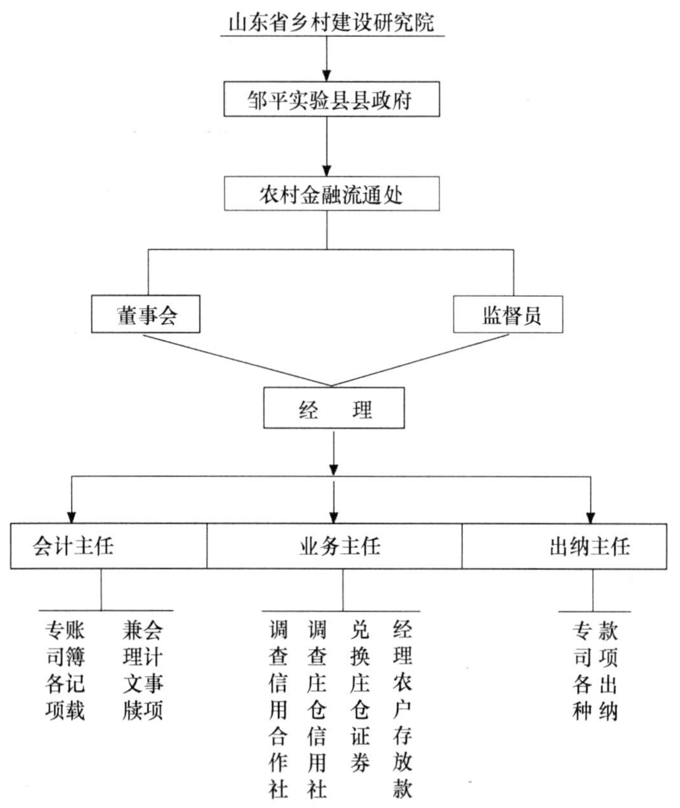

（二）职能

1. 以本处为经缴赋税之收纳保管现金机关，俾征收与保管现金之职务分离，免除征收人员侵蚀挪用之弊。

2. 以本处保管教育基金、建设基金合理之运用，而减少存放商号或私人手中之意外损失。

3. 以本处为全县金融汇划总枢，运用保管之公款，加大货币流通之速率，减少农村资金缺乏之痛苦。

4. 以本处控制金融，减少商利盘剥，增进农村生产运销之机能。

5. 以本处放款乡村及指导人民经济活动之作用，增进农民对政府之信任，藉便政令之推行。

（三）资金

邹平农村金融流通处开办时，决定县府拨付流动资金10万元，1935年只拨了7万元（相当于现在70万元左右），直到流通处解散也未拨足。1936年6月30日决算时自有资金7万元，公私存款23549元，证券准备金1.9万元，利润积累8115元，共计资金来源120664元。各种放款85584元，存出金1万元，库存现金17454元，办公用品占款647元，未结损支5716元，临时外借1263元。

（四）存款、储蓄

1. 存款：种类分活期、定期、往来三种。对象：机关、团体、学校、商号、钱庄、各种合作社。

2. 储蓄：有随时储蓄、按期储蓄、特别储蓄三种。

随时储蓄即活期储蓄。

按期储蓄分月、季、年、三年等期限。

特别储蓄有六种：

（1）备婚储蓄——不论男女，从生后弥月时储银1元者，至18岁结婚时可取本息12元，储2元者可取24元，多则类推。若一岁以后储蓄，每增一岁，每元需增储0.3元，依约期结婚时，方可取得12元之数。

（2）备学储蓄——不论男女，从生后弥月时储银1元者，至满10岁读书时，每年可支取书费1元，5年为满，即储1元可共取5元，储2元者可共取10元，多则类推。若二三岁储时，其递加法与前项同。若十三四岁停学时，即不得续支。

（3）养老储蓄——不论男女，从40岁储1元者，60岁时起每年可取

2 元，10 年为尽，即可共取 20 元。如 70 岁始取，每年可支 3 元，亦以 10 年为尽。多储时照前递推。若取之未尽归老时，当年可按照每年应取之数，加倍给付，一次即可完结。此储蓄在 40 岁以后储者，每增一岁，须增银 0.3 元，始照享权利。

（4）防灾储蓄——凡储 1 元满 5 年后，遇有水、旱、霜、雹损折田禾，以及本身失偶、牛马伤亡等灾害时，经其庄长证明，除可取其本息 2 元外，并加一倍在金融处低息告借，分年归还，若储满 10 年者，除取其本息 4 元外，可在金融处加二倍低息告借，分年归还。储 2 元者照例递增。满 15 年时每一年得取本息 10 元即告结束。

（5）建设储蓄——储蓄 1 元满 5 年后，如欲修房购地、添购农具，除取得本息 2 元外，可在金融处低息告借，额数还期临时酌定。

（6）喜庆纪念储蓄——生子、结婚、祝寿及各种义举，欲永留纪念而资不敷之储蓄。即储蓄 1 元满 6 年后欲作纪念之建设或购置时，除取本息 2 元外，可在金融处告借，以资助成。利息还期酌定。满 12 年后，本息可取 5 元外借贷与前同。

以上六种特别储蓄提前支取，概不付息，只取原本。特种储蓄每种每户最多储 10 元。

（五）放款

1. 放款种类：

信用合作社放款——对农村在金融流通处辅导下而成立的信用社因资金不足时的放款。

庄仓信用社放款——对在合作事业指导委员会组织下成立的庄仓信用社的放款。

特别放款——对农村农民的放款。又分直接放款与间接放款两种。直接放款债权属于金融处，间接放款债权属于县政府。

直接放款曾有“整理旧债放款”、“促进生产放款”等。1935 年共放出 400 多户，26750 元。

间接放款曾有“凿井放款”、“轧花机放款”、“蚕业合作社放款”、“机关放款”等，1935 年县府共为间接放款拨款 38460 元。

农村金融流通处的放款结构，根据 1936 年 6 月 30 日的决算表分析，呈如下比例：截止决算日，流通处共放款85584元。其中商号占25%，计21290元，棉业合作社占24%，计2万元；信用合作社占18%，计15359元；农户放款占31%，计26750元；庄仓社贷款占2%，计2185元。

农户放款用途有种子、牲畜、农具、肥料等等。

2. 放款规定：

（1）金融处对县府承认的各乡信用社放款为最先要务，通过信用社转对农民放款。

（2）对私人和商号放款不得碍于各合作社借用为最要。

（3）对私人和商号放款期限不得超3个月，商号放款不超过1000元，私人放款不超过100元。都需具保或抵押。

（4）对合作社之放款先征集申请书详审其用途，不当者拒贷。

（5）对整理旧债放款（合作社员），不超过总债的1/3。

（6）对社员贷款发现用途不正，一边记载信用程度，一边令其妥保并于最短期内归还。

（7）借款期限一般为一年。

（六）利率

农村金融流通处利率规定较繁。

1. 各项存款定期者分3月、6月、1年三种，利率参照市面及期限而定。活期存款存满1000元，并订明支取前20日通知者，按市面利率酌定，往来存款一概不起息。

2. 各项储蓄已有积算者（如特种储蓄），都以储蓄种类而异，也较繁杂，一般月息5厘。

3. 放款一般月息1分至1分5厘间。

农村金融流通处从建立到结束共4年多时间。邹平陷日军之手时，它与乡村建设研究院、实验县政府等人员一同逃亡。

40年代邹平地方伪六团将金融处的放款悉数收回。

二　信用合作社

乡建时期，在研究院的合作事业指导委员会与农村金融流通处的指导组织下，全县各地成立了农民历史上第一次的一批自己的金融组织——信用合作社。它的正式名称为："无限责任邹平县第×乡××村信用合作社"。信用社章程规定，每社必须有社员15人组成，多者不限，以贷放生产上必要之资金于社员、及为社员储金为宗旨。社员以在业务区域内居住，年龄20岁以上之农民，无恶劣嗜好者为合格。入社者要认交股金，每股2元，最多不准超过20股。设有理事会、监事会，每年召开社员代表大会一次。

（一）组织

从1934年冬，乡村建设研究院训练部学生下乡实验，宣传信用合作为始，至1935年7月研究院合作事业指导委员会接受指导为止，为邹平县信用社发展的萌芽时期。1935年7月至1936年3月为整顿时期。1936年3月至1936年底为发展时期。研究院训练部学生下乡宣传，时机选择得很好，正值1934年涝、旱、歉收，农民收入骤减，农民公私债务无法清偿，年关迫近，支出增加，金融迫紧，市场借贷利率由1分5厘涨至3分以上。信用社应运而生，1934年冬发展21社。由于成立急骤，手续制度不完备，所以有第二阶段的整顿、重新登记之举。到1935年冬，邹平县信用社的组织章程、办法、业务等方面都较健全。到1936年底已发展至48社。

邹平县信用合作社概况表（1934—1936年）

年度	1934年	1935年	1936年
社数	21	35	48
社员人数	314	614	1095
股金总数	870	1466	3807
贷款总数	6600	9803	23626

1936年邹平县32337户，170285人，土地人均3.39亩。

（二）业务

1. 储蓄：

种类有定期储蓄与零存整取两种。

（1）定期储蓄：

①节约储蓄——由社员发起戒烟、戒酒、冠、婚、丧、祭等节约运动。

②励农储蓄——在农户收获之后，分夏、秋两季存入，也可纳粮折款存入。

③纪念储蓄——选定重要纪念日，如国庆、国耻等日，社员储金以示纪念，金额最少 1 元或粮 5 升。

定期储蓄利率半年期月息 7 厘，一年期月息 8 厘，一年半 9 厘，最高不超 1 分 2 厘。

（2）零存整取储蓄：

此种储蓄可以随时存入，余额不得少于 0.5 元，期限不得少于半月，利率低于定期储蓄。

2. 放款：

按照章程给社员解决生产、生活上资金短缺，还包办社员集体向农村金融流通处贷款之事务。信用社的贷款只对社员，利率不超过 1 分 5 厘。

信用社贷款规定有六不贷：

（1）有烟嗜好之嫌疑者（烟指鸦片）；

（2）有游惰习气者；

（3）有奢侈习气者；

（4）不能约束家人者；

（5）旧债发生原因不明或用之不当者；

（6）旧债过多，无彻底整理之计划者。

3. 损益分配：

（1）股金计息，年息 7 厘，年终计付。

（2）盈余分配：纯益的 50% 留作公积金；15% 作职工酬劳；15% 作奖励储蓄；20% 发展业务与公益事业。

（3）亏损全体社员分摊。

三　庄仓信用社

庄仓信用社由庄仓合作社演变而成。1933 年始倡，1935 年共成立 58

处，社员 4000 余人，积谷 1700 余担，发行庄仓证券 3.8 万元。此项证券由农村金融流通处代兑 50%，自兑 50%。并从发行之日起，在金融处存入支付准备金 50%。

（一）庄仓社筹办宗旨：

1. 以促仓贮之充实；

2. 以救济农村之穷乏。

在于使农民合作储谷，一方面可备荒，又可抵押借款、流通金融。

（二）具体办法：

以乡为单位，农民以粮入股，集体仓储，成立庄仓信用社。庄仓社可以将所集之仓谷为保证，向农村金融流通处办理集体贷款，也可发行庄仓债券。这一办法的优点是农民所产之谷，存储后可得同价之“农村金融流通券”。此券系农村金融流通处发行的地方性货币，可在县内与邻县流通。也可向农村金融流通处兑换银元或其他券证。

（三）庄仓信用社的业务：包括吸收股金存款、贷款等。

贷款有 8 条规定：

1. 社员有借款之权利；

2. 公平借贷；

3. 贷过未还者不准再贷；

4. 先贷地亩较少之社员；

5. 月利 1 分 5 厘；

6. 期限半年；

7. 贷款额不超过 20 元（相当现在 200 元）；

8. 二人担保。

以上就是乡村建设在邹平致力于农村金融方面的一些情况。

30 年代初，山东省的金融业状况，绝大部分银行钱庄集中于城市，据山东省《实业志》记载：民国二十一年（1932），也就是山东省乡村建设研究院成立的第二年，山东全省共有银行 39 家，分布在青岛 12 家，济南 11 家，潍县 4 家，烟台 3 家，威海 2 家，博山 1 家，滕县 1 家。这些银行设在工商贸易发达的城市，对农村只起挤兑作用，而无实利。同一时期的钱庄，全省共有 688 家，邹平只有 8 家，而资本大大低于全省平均水平。全省钱庄每家平均资本 7974 元，而邹平的钱庄每家平均资本只 1219 元。

存款、贷款数额只占全省钱庄存款、贷款数额的万分之四与万分之六。在这种形势下，梁漱溟领导的乡村建设研究院建立了官办的农村金融流通处，成为邹平全县金融之中心，又创办信用合作社与庄仓信用社来融通农村资金，实在是难能可贵的。在国民党热衷于打内战而不管人民困苦的年代里，能够致力于农村社会改良，促民致富，都算用心良苦。

我参加邹平实验县户籍工作的情况*

田慕周

1932 年，我从燕京大学法律系毕业后，准备在北京做律师。忽然接到上海高等法院郭院长的电报，让我去上海做事。郭院长原是燕京大学的法律系主任。这时，航空署军法科正在筹备期间，林森的侄子林将我任科长。林让郭推荐人，郭便把我介绍给他，让我暂时在航空协会做宣传组组长。航空协会是全国性的组织，参加的会员要交会费，以准备建航空之用。会员发会员证和会徽。普通会员每年交 2 元，特别会员每年交 4 元，赞助会员一次交 500 元，永久会员一次交 1000 元。4 种会员中以普通会员最多，大都是教员、工人、码头小工等，连娼妓也参加。大家入会的热情很高，都是交的血汗钱。但是，林将我借机贪污会费。我看不过去，到航空署检举。航空署负责人不但不过问，反而让上海市市长吴铁城把我赶走。我不走，我说："他贪污，我检举出来，你们怎么处理?"吴又找上海青帮头子杜月笙，杜找了郭院长，郭很为难，动员我还是离开上海的好。1933 年 4 月，我离开上海到了开封。

在燕京上大学时，我就已经注意到梁漱溟先生主办的《村治月刊》。从《村治月刊》上，我知道梁先生在邹平搞乡村建设，并办了乡村建设讲习会。离开上海到开封后，我便主动给梁先生写信，介绍了自己的社会经历，并说："我看到现在的中国社会走不通，你从农村教育入手，通过办学，教育农民。农民是中国社会的基本，……我很想去参加您所领导的乡村建设活动。"不久梁先生回信说："欢迎你来。"我很高兴，8 月乘火车去了邹平。在邹平，我参加了研究院办的讲习班。这个讲习班六七十人，

---

* 此文原载于《梁漱溟与山东乡村建设》，山东人民出版社 1991 年版。

大部分是外地人，我是中间插进去的。听讲一个多月，9 月讲习班结束，梁院长把我留下做研究院编辑，负责出版《乡村通讯》和帮助梁先生整理讲话稿。每月薪水 20 元钱。

1934 年，我被调任为社会调查部调查员和训练部法律通论导师。社会调查部直接属研究院领导，主任叫万树庸，过去与我是燕京大学的同学，安徽人。不久，万树庸因事回芜湖，梁先生让我接社会调查部主任职，我因经验不足而推辞，仍担任调查员。调查部只有两个调查员：我和张玉山。我们经常下乡，小规模地了解情况，如了解合作情况，访问、抽样调查等。1934 年冬天，训练部学生要下乡实习，我向梁先生建议，趁这些学生下乡实习的机会，进行全县户口登记，并进而建立户籍行政。梁院长说："好，你办吧。"并让我先作了预算。于是，我开始着手筹备。

1934 年冬至 1935 年初，是户口调查筹备阶段。我首先写了八九千字的《户口调查须知》，刊印了 300 本。印了 3 万份调查用的表格，买了一些联络用的小本子和铅笔，发给每个下乡的调查员和老师，表格是在邹平监狱印的，那时邹平监狱监禁了五六十名犯人，大部分是因贩毒而被抓去的。当时在周村、长山、章丘等地的日本人做白丸子生意（俗称老海），一些不法商贩将毒品偷偷运往邹平出售。贩毒和吸毒是被研究院、实验县禁止的，特别对贩毒的就更严厉，逮住就送往监狱。对犯人，监狱负责教育他们学会一样技能，如印刷、缝纫、木工等。我们规定 1935 年 1 月 8 日为"户籍日"。真正调查时是富介寿帮我做的。富是我燕京大学时的同学，是我的亲戚，也是我介绍他去邹平的。当时燕京大学的同学有 3 人：万树庸、富介寿和我。1934 年春万树庸去安徽，我又介绍富介寿来院帮助我工作。

为做好这项工作，县里于 1934 年 10 月 10 日成立了户口调查委员会，作为主持这次全县户口调查之最高机关。委员额定 14 人。除县长为当然委员外，余额悉由县府在院县机关人员中聘任。委员会又互推主任委员 1 人，常务委员 2 人，处理会中日常事务；设计委员 5 人，组成设计处，掌理调查前以及调查中之指导工作；统计主任 1 人，组成统计科，专司调查后之整理统计分析诸事项。又经由主任委员提请，聘任事务主任 1 人，管理会中之一切庶务事项。户口调查委员会全体委员是：王怡柯、徐树人、窦瑞生（后因调走，其职由公懋洪补）、茹春浦、张梦华、李星三、田慕周、富介寿、张俶知、刘濯之、郝宝书、曹晋平、李守文、李玉仁。主任委员由王怡柯担任，常务委员为徐树人、窦瑞生，设计处设计委员有茹春浦、张梦华、李星三、田慕周、富介寿，书记是高光文，统计科主任是刘濯之（后因事去职，由设计委员田慕周、富介寿代），事务科主任是郎钟禄。

调查委员会成立后，设计处即依照该会规程条文，拟定了工作计划大纲，作为进行程序之纲领。为了便于指导，在户口调查之前，已将全县14个乡划为14个巡查区，每区各设巡查员1人，指导员2至8人。其中除首善乡一区巡查员由简易乡村师范学校校长担任外，其余各区，均由指导训练部下乡实习农闲教育的教员担任。指导员和调查员的分配额按区大小分配。由巡查员率领下乡，借办理农闲教育的机会，处处留心本区情况，结识本区人物，熟悉环境，宣传户口调查的意义。巡查区各设固定向导、联络员若干人。联络员以联庄会会员充任，向导由各区的村长、村理事、闾邻长、村学、村小学教师充任。听受巡查员、指导员、调查员的调遣使用，担负领路、介绍、递送文件、传达信息的任务。

在调查前，先对调查人员进行训练。训练分课室训练和户口试查两种方式。课室训练：先由研究院训练部主任排定授课时间，然后由调查委员会派员轮流讲课。讲课内容，由调委会主任委员王怡柯讲授入乡经验，提示学生入乡后的自处之道。由调委会委员兼设计委员茹春浦讲授户口调委会组织与调查员之职责。由我讲授“调查户口须知”。户口试查：在课室训练结束之后，同学下乡实习之前，调委会选定县城附近村庄举行试查，使学生的知识、能力与实际打成一片，不致在正式调查时措置失常。

为便于调查，调查前全县不分普通住户、机关、商店、寺院等，一律编贴县府新印门牌。调查部设有电话，以便和各乡联系。我们在办公室负责解释问题，训练部200多名学生在各乡学、村学实习居住3个月，对乡村情况已比较熟悉，与乡村学众结有情谊，这样工作起来就方便多了。调查工作进行得很细，表格内容填写得很翔实，为邹平户籍和人事登记工作打下了很好的基础。整个调查工作，我们只花了280元钱。当时，邹平全县共有村庄342个，调查员169人，平均每一个调查员须调查2.02个村庄；按户计算，每一个调查员须调查192.28户。

调查工作结束之后，我即离开邹平，到开封为我祖父茔葬。接替我进行资料整理的是吴顾毓、潘纯钧两位。邹平当时尽管是个小县，但调查资料的整理工作工程宏大，那时的统计设备简陋，只能利用算盘分析，工作很苦。吴顾毓在调查的基础上分析得很细。此后在原来的基础上，办了人事户籍室。吴顾毓将户口调查资料整理完后，张玉山拿着整理完的材料去开封找我，我看了很满意，并写了序言。吴是我的朋友，我视他若小弟弟，所以我写的序言就以他的名字发表了。那时，以县为单位进行人事登记的极少，出版部门找上门来抢着要。因为这项工作是征兵及一切工作的依据，当时国民政府所聘的意籍顾问斯提斐尼听说之后，特地由蒋方震（百里）先生陪同，到邹平参观过我们的户籍行政、教育设施等，已可知其为世所重。《邹平实验县户口调查报告》一书也于1935年冬由中华书局刊印。

1935年夏，我又回邹平担任实验县的第一科科长。我的前任科长是公竹川。第一科除改为掌理乡村自治（乡村自治人员及乡村理事的任免考核均归一科主管；乡学、村学学长的礼聘，归五科主管）、乡村区划、礼俗、宗教、救灾救济、行政诉讼、集会结社等外，还主管户籍及人事登记和卫生行政。我们对乡村自治人员的任免很慎重，挑一个人要倾听地方上的舆论，是否正派，是否能为大家办事，并且选那些家中生活得下去的，“衣食足知荣辱”，这样选择不至于出大差错。对学长任用，我们发聘书，乡理事、村理事也是干部，没有村学的村长也是干部。当时最头痛的是早婚陋习。那时邹平十一二岁的男孩，就娶十六七岁的女孩。我们劝不过来，让村学、乡学老师讲早婚之害，并规定凡早婚者罚款10元，并把早婚者的父亲抓来罚10元，由行政警打手心。我们坚持用教育开导宣传和行政手段矫正，终因习惯势力大而收效甚微。有的户主明着早婚，预先准备了10元钱，工作人员一去马上交上，真没办法。户籍方面在科之下设有户籍室，富有钻研开拓精神的吴顾毓先生担任主任，建树颇多。

卫生方面，设有县卫生院。该院刚创立时，是由县和卫生署洽定的，工作规划都经研究院审议核定。贯彻以防病为主的方针，有计划地注射各种疫苗针剂和训练乡卫生员，用新法接生等，有一定成效。院内亦设有少数病床，能为急诊病人抢救，为外科病人做些简单手术。当时有李玉仁、王福溢、徐铠3位医师，记得他们都是齐鲁大学毕业的学生，医德医术都很好。接生的是一个姓罗的，梁先生的侄子。护士长是牛宝珍，男护士是杨喜泉，东北人。一科所主管的户籍和卫生行政工作当时开展得都很顺利，因为这两方面的负责人事业心、责任心都很强，都很得力。

宗教方面，当时邹平有基督教、佛教、黄山庙会等，我们都未干涉。在救灾方面，记得我们经常骑自行车，骑马下去看灾。十乡、十一乡我们常去。到孙镇查看灾情时，洪水淹没了马肚子，老百姓都是领我们到水深的地方去。1937 年邹平撤守，我随梁先生一道去了四川。

（郭蒸晨整理）

邹平实验县的户籍工作*

张来亭

我今年73岁，邹平县新民村人。山东乡村建设研究院时期，我曾在邹平实验县政府户籍室担任户籍统计员。

我是第四乡学第一届学员，上了2年后，听说邹平城研究院乡村建设师范招生，我去报考被录取。那时的乡建师范设在南门里文庙内，师资力量不全，有时济云、郝宝光，还有一个姓贾的老师，不久又来了一个理化老师，姓冷，北大毕业生，30来岁，我们学生住在文庙前边的廊坊里，破门烂窗，我那时才十六七岁，晚上很害怕。乡建师范招收的学生很杂，有高中、初中、小学毕业的学生；有本县的，也有外地的，王怡柯的弟弟王一楷也在这里上学。上了两星期，我看教学不就绪，于是去找乡师校长杨效春，要求退学。杨校长不同意，说："小张，你怎么把乡村师范看得这么不好呢？这是刚开始，慢慢会好的。"他动员我继续在这里念，但我执意要走。回家两个月后，长山中学招生，我去报考，100人中取了40人，我以第二名被录取。那时上学是交银元，第一次上长山中学就交17块银元，其中5元钱的押学金，中途退学不给，待毕业时，才退还学生。我考的是长山中学初中班第九级。长山县那时富户较多，有钱人家的子弟都去济南上学。邹平县的富户少，所以，在长山中学中邹平的学生多。篆刻家陈左黄和王锡淳就是长山中学的学生。我担任九级的级长。当这种级长麻烦事很多，要负责学生自治会。学生自治会是长山中学中学部、师范各级抽人组织而成的，我只是中学九级参与学生自治会的一员。自治会分总务、壁报、阅稿等好几个组。我要管饭团的买菜过秤、算账，耽误了我许

---

* 此文原载于《梁漱溟与山东乡村建设》，山东人民出版社1991年版。

多学习时间。我在长中上了一年半的学，因脑子有病，退了学。

我从长山中学退学后，在家养病治疗。1933 年秋后，邹平实验县贴出布告，要招收户籍室统计员。我去报了名，32 人报考，考场设在县户籍室，考课有数学、语文和统计等。考试结果考中了我们 4 个：姜万松（七里铺人，长山中学七级学生）、宋承泉（杨塞村人，曾在长山中学上过学）、张隆庭（新五村人，长山中学师范四级毕业生）。时间不长，我就被通知到户籍室上班。

我去时，户籍室已经成立好久了，归县民政科管辖，户籍主任是吴顾毓，办事员是张辛斋，录事潘钝钩，巡回催报员是夏佐泉和杨兴源，只是没有户籍统计员。我们 4 个人来后，担任户籍统计员，每月 14 块银元。县府里设有食堂，那时叫吃饭团，就餐费每人每月 2. 20 元，8 至 10 人一桌。不论县长、科长、办事员都是同桌就餐，无上下级区别。我们 4 个统计员除姓宋的外，其他 3 人由于离家近，每星期六下午回家，星期日下午回户籍室。县里的领导很喜欢我们年轻人，愿意和我们在一块生活。我们 4 个户籍员有分工，我负责十三乡、十二乡、六乡。全县 14 个乡，各乡都装有电话，县里有总机，县、乡联系很方便。各乡由乡队副分管户籍，乡设户籍处，配两个户籍员，大乡 3 个户籍员。各乡户籍主任和户籍员均从壮丁训练队中选拔，并经过户籍知识培训后任用。村设户籍警，负责本村的人事变动。人口变动分出生、死亡、结婚、离婚、迁徙、继承、分居、并户、设籍、除籍、死亡宣告等 11 栏。死亡宣告指人失踪之后十年下落不明无音信者，其家属可向法院提出死亡宣告。当时户籍调查分两种：一是法定人口调查，这种调查只调查当地籍贯的人。二是实际人口调查，即在一定时间内，把当时当地现有人口一律登记，不分籍贯。邹平的户籍室对这两种调查同时进行。户籍中包括寄居户，凡当时在邹平实验县定居 3 个月以上而不往他地者，即报为寄居户，可添临时户口。

户籍簿分正、副两册，正册留在乡户籍处，副册由县户籍室保存。户籍警将村中人口变动情况，随时填表报乡户籍处。户籍处按村人口变动表，登入乡户籍簿正册，并用电话转报户籍室。变动情况上报最晚不得超过 3 天，否则要受到处罚。县户籍室统计员按乡人口变动报告逐一记录，每天晚上将当日人口变动增减情况报户籍室总统计员吴顾毓。登记时很麻烦，如某村出生了一个孩子，要添 × × 村 × 街 × 号，家长姓名，第 × 个孩子，或男或女，×日×时生。那时大家庭较多，有十几口人、二十几口人或三十几口。不分居同在一个户主名下登记，这样就有直系亲属与旁系亲属之别。如果家长有父母，户主填家长，再填配偶，后填父母、子女、兄弟姐妹。最后填叔婶、侄等旁系亲属。这样，当天晚上，从户籍簿上就能知道全县人口变动情况。

邹平的户籍及人事登记事务，始于1935年1月8日户口调查。但是，1月8日的户口调查，事实上不能作为人事登记的基础数字——基础人口底账。所以，在正式户籍登记时，只按照户籍法进行筹备。所谓筹备，不外乎训练人员，筹备成立户籍处，印刷各种表册以备应用等。

4月1日成立各乡学户籍处，县政府布告通知施行户籍法，举办户籍及人事登记。由于户籍登记是新事物，乡民配合是大问题，所以实验县政府一面贴告示，一面跑下乡去召集乡下首事人，如村组长，拼命演说，当然也说些好话，但也加上一句："不来登记要罚的，负责的甲总们不管事也要罚。"

先办人事登记、计算人口数目，当有一个底账，即所谓总清查之数，再以出生、死亡之数记载之，即可随时计算人口确数。但在记载上，当有一定的方法（如法定人口调查法、实际人口调查法），才不致有错。普通的所谓户口调查和人事登记，在法律的立场上，是不大一样的。前者是政府去调查，后者是由人民来申请登记。且表格规程都不同，故邹平之户口调查与人事登记，一方面因在户口调走时未有计及人事登记之事，两头均接不上，一方面又因法律的依据不同，而不相通。故自4月1日成立各乡户籍处后，1月8日之户口调查表上就不能体现户籍法上要求记载的人口变动情况，必须有一次依法户籍登记。依户籍法施行细则第四条规定："户籍法施行前之原有户籍，应于户籍法施行3个月内，……向本籍地或寄籍地户籍主任声请登记。"邹平亦依据此条法律，4月1日施行户籍法。

在人口调查前，邹平实验县政府对全县村街、门牌进行了整顿。有些村名进行了改动。如安家村改成爱山村，郭家洞改为李林村。实验县政府规定各村要有村庄名称，各村要有街道名、胡同名、门牌号。门牌原来是纸的，后来统一换成搪瓷的。换纸门牌时，由县户籍室协同各乡户籍处主任（即乡队副）、户籍员到各村，由村户籍警帮助，逐户将门牌钉在门口。门牌的编贴方法有4个原则：

1. 门牌号数之起讫，以各村的总户数为准；不得以间为单位编号。

2. 门牌不分普通住户、机关、商店、寺院等，一律接续编连。

3. 如一个大门内住有多户，则依其所住户数，编贴门牌。如一所院宇而有旁门者，则编贴“××号旁门”门牌。

4. 门牌编钉方法采用奇偶号编钉制，即街之北面东面，全用单号；街之南面西面，全用双号。

但事实上各村村长，多未遵照办理，故编贴之结果，亦极凌乱，因而很影响调查工作之推进。

各村村头或村学门口都挂有一个约一平方米的木牌，上面贴上“户籍、户口、人事变动登记说明表”，晴天挂出，下雨阴天摘下来。催报员夏佐泉、杨兴源对全县 14 个乡有分工，经常骑着车子到各乡催报、检查。那时车子是自己的，也没有自行车补助费。催报员因经常出发，很辛苦，所以工资稍高，每人每月 16.7 元。我们统计员开始每人每月 14 元，后来涨到 15 元。那时，外地来邹平参观户籍的很多，记得有丹麦、日本等国的人，来了解邹平的户籍情况，每次外国人来，由田慕周先生的爱人当翻译。

邹平的户籍工作意义很大。首先，有利于政府及时处理案子，社会治安明显好转。记得有个姓王的土匪，在外县经常绑票、抢劫，外地治不了，后来窜来邹平。因邹平乡、村户籍登记抓得紧，来人要马上报告，乡队去包围，户籍主任带着户籍员、户籍警去查，所以很快被逮、被处决。邹平的秩序好，所以邻县的许多人都想加入邹平籍。如蒙家村，是邹平和长山县的交界地，过去农民是按银两纳税，按土地划界限。有些户虽然住在邹平的蒙家村，但土地都在长山县，所以这些户都不能加入邹平籍。然而长山不搞户籍，社会秩序乱，而邹平秩序稳定，有了案子也会很快查清，所以这些户都要求加入邹平籍。

其次，搞好了户籍，有利于发展教育。户口调查中列有教育一项，极有用意。尤其学龄儿童为调查中最重要之一种。因为学龄儿童的数目调查清楚，统计入学未入学之数目，方能做增设学校之标准。原来邹平未搞乡村建设前，全县只有一处高等中学，设在邹平城里，校长是楚立阶，清末的进士，这所学校是他和王纳开创的。邹平划为实验县后，教育发展很快，各乡有乡学，各村有村学。这些对提高农民文化水平起了很大作用。

（郭蒸晨整理）

回忆山东乡村建设研究院的农场情况*

李元贞

1932年我在山东乡村建设研究院训练部毕业，在齐东县六区吴庄乡农学校任教半年，后调山东乡村建设研究院农场，在畜牧组工作。

乡村建设有“富、教、养、卫”四大任务，“富”为首要任务，所以院属农场与院同时建立。农场的场长是于鲁溪，于走后乔礼卿（平度人）任场长。农场主要任务是指导改良农业，发展农村副业，推广实验经验，繁荣农村经济，并为学生提供实习场所。虽然时间短，设备还不完备，但农场的各项工作都有较周详的计划：

1. 种猪改良设计：用波支种猪改良本地猪种，改良繁殖曹州猪种，一面用选种方法改良，一面用波支猪种杂交育成新种。

2. 鸡种改良设计：改良鸡种，用来杭白公鸡改良本地鸡种。推广方法是按每家农民分来杭公鸡一只，与之订立合同，从此不再养本地公鸡，由此方法逐渐杂交演变，5年后即可使邹平境内变为来杭性质的鸡种区。一面育来杭纯种，一面与来抗交配产生改良种。

3. 美棉推广设计：乡建院联合山东大学农学院及山东省立第二棉作实验场合作推广纯良美棉，以“托里斯”棉为推广品种，以优汰劣，以孙镇一带为植棉区。

4. 蚕业改良设计：当时邹平县一、二、三区（三官庙乡董家庄一带）副业以养蚕为主，蚕丝丰收时，每村平均产茧可达3500斤。但因病虫害及日丝大量倾销，当地茧无路可出，故当地蚕业一落千丈。乡建院划这3个区为蚕业改进区，由农场负责除害换种，改良饲养方法。有两种扶助蚕

---

* 此文原载于《梁漱溟与山东乡村建设》，山东人民出版社1991年版。

业的办法：一是催青合作，一是稚蚕合作。制定合作大纲，1931 年冬由所在蚕业改进区的乡农学校宣传，同时订立蚕业合作规程。

院农场是在黄山西北角的德国天主教堂一带。在天主教堂院内的左侧是轧花车间，大院中有畜牧组的牛栏、猪舍、鸡室、兔窝等。往北是五排房子，都是 8 大间一排。全场面积 20 多大亩，是南北长东西窄的长方形，场东有地 7 大亩，是农场菜地；场西有地 8 大亩，是棉花试验田；场北有地 7 大亩，有屋 5 间，是果树苗圃，农场专作各种育种及实验工作。

院农场内设：田艺、园艺、畜牧、养蚕、兽医 5 个组。并在东关设场属酱油厂，为农产品大豆深加工之用，于麟乡（临朐人、40 岁）任厂长，技师是金陵大学毕业的，用科学新法酿造酱油，记得 5 天能制造 300 瓶。

农场司务长叫金贵鼎，分管场内各种杂务及账目等。

院农场各组情况如下：

1. 田艺组：组长姓艾，大家叫他艾先生，有两个工人，忙时，临时雇工。田艺组引进外国优良作物品种，栽培实验后向当地推广，主要引进美国“托里斯”棉。在宋家坊子有实验田，孙镇为美棉推广区，倡导改良土壤，翻沙压土，以适宜棉花生长，自设轧花厂，自留棉种，防止棉种混杂，棉种免费给农民。另外，我们还培植了小麦优良品种“邹平洋麦”。

1932 年开始推广种植美棉，1933 年棉田数量激增 10 倍，美棉产量每大亩收籽棉 300—400 斤，其他棉种每大亩则不足 120 斤。据观察统计，美棉棉铃较大，每 150 棵收棉花 1 斤。

1934 年，棉田又增至 5 万余亩。那时，10 斤棉花的收入就顶一斗粮食（重 60 斤），一大亩棉花，亩产 400 斤，可顶粮食 2400 斤，而种粮食，产量只 200 来斤。棉区在研究院农场的指导下连续种了六七年美棉。提起这件事，有些老年人还说：“多亏梁先生来邹平办研究院，叫咱们过上了好日子！”

2. 园艺组：乔礼卿场长兼园艺组长，两个工人在农场种菜种树，培植苹果、梨、桃、杏等苗木，并引种芦笋。在唐李庵推广种植苹果树，树苗无偿的供给示范户。

场内种菜，开始试用化肥，那时叫肥田粉（日本产，价格很高）。观察氮、磷、钾对作物生长的影响。

3. 畜牧组：组长任文斋，两个工人，我当时是养鸡、孵鸡、养蜂技术员。在场内用孵卵器作试验，一次只孵 200 个蛋，孵化的温度是 30℃—40℃。大批孵鸡是到桓台县北营暖房。我在那里学习的全部孵鸡技术，在黄山安家庄设鸡场。鸡场管理都有饲养日记。畜牧组引进意大利来杭鸡（改名力行鸡）、寿光鸡（我曾到寿光收过鸡蛋），还有日本名古屋鸡和肉、蛋两用的罗岛红鸡，在范家有推广养鸡示范户。还有意大利蜂 17 箱，（又名黄金蜂），蜂场在唐李庵。瑞士奶羊 2 公 4 母，荷兰奶牛 1 公 2 母，安哥拉长毛兔、英国肉食兔 30 只。

4. 养蚕组：组长姓陈，是陈亚三老师的叔父，都叫他陈老先生。农场养蚕，实行科学饲养，防病治病，提高出茧率，在三官庙乡设养蚕推广区。

5. 兽医组：组长姓陈。倡导对牲畜疾病以防为主，为了给牲畜防疫，农场饲养荷兰豚（又名毛儿毛刀）70 只，以备给牛羊防疫注射时用。

我自 1932 年到 1937 年，在邹平山东乡村建设研究院农场工作 6 年，日军过黄河前乡建院解散，农场留王鸿亭留守，当时场库中尚存棉花 2000 多斤，大豆 20 石，都被日军、汉奸抢劫一空。

（王兆溟整理）

我在邹平乡建期间所从事的卫生工作*

牛席卿

我是湖北省老河口市人，先后毕业于中国红十字会第一医院护士学校和上海卫生局高桥乡村卫生模范区公共卫生护士训练班。毕业后曾在上海市卫生局高桥卫生事务所和上海市卫生局吴淞区卫生事务所从事公共卫生工作。

山东邹平乡村建设研究院成立后，很注意公共卫生事业，计划开设医院。梁漱溟先生为建医院各方奔走，筹措经费，物色人员。经内政部卫生署及全国经济委员会卫生实验处协助，与私立齐鲁大学医学院商得合作，又征得上海市卫生局长李廷安的同意，研究院聘请高桥卫生事务所副所长李玉仁为主任，医院的开设有了头绪。李玉仁找到我和湖南籍的女护士黎梦琪，问我们愿不愿意到邹平去工作。了解到梁先生办院的宗旨，我表示同意去。按说上海很繁华，为什么愿意去山东呢？因为我当时看到社会上一些现象，说明国民党很腐败，国民党那一套不行，救不了国。觉得梁先生搞乡村建设，从最基层的农村做起，是挽救中国的一条道路，所以我愿意到邹平去投身于救国运动。

两个月后，即1934年9月初我到了邹平，立即参加医院的筹建工作。那时年轻，很有劲头。记得参加建院的有黎梦琪，齐鲁大学医学院的医师章钊和他的爱人唐桂莲，高继孟大夫等人。卫生院成立时又从齐鲁医院来了张鸿琪管理药物（张不是药剂师）。以后又来了梁先生的亲戚助产士罗静娴，萧河沿大学（现沈阳医科大学）毕业的宫来泉等人。

医院经费由全国经济委员会卫生实验处、邹平乡村建设研究院、邹平

---

* 此文原载于《梁漱溟与山东乡村建设》，山东人民出版社1991年版。

实验县政府、齐鲁大学每月拨支1185元。齐鲁大学医学与邹平院、县合作支付经费，意在把邹平作为办公共卫生实验区和学生实习的基地。

9月底筹建工作大致就绪，门诊部对外营业。医院直属于研究院。

10月1日，山东邹平乡村建设研究院医院举行开幕典礼，地点在研究院后操场的礼堂。参加典礼的有研究部、训练部的教职员和同学300余人。梁先生首先讲话，他说：我们办医院的目的，就是为了注意公共卫生，医院办好了，院内同人、同学及全体邹平人民，生命都可以得到保障。同时我们这里作为齐鲁大学的公共卫生实验区，为学生提供实习公共卫生行政和研究学习的场所。随后医院主任李玉仁做了较长时间的讲话，他说：我们开设医院不仅是治病，还应该做积极的预防。医院要做好五个方面的工作：妇婴卫生——有健康的母亲才能有健康的婴儿，才能成为健康的国民，才能建起强盛的国家；学校卫生——学生是国家将来的主人，他们的健康，不但直接影响到他们的学业，并且关系国家的兴衰；家庭和社会卫生——在尽可能的范围内想法子搞好，使国民生活在一个好的卫生环境里；预防传染病——传染病甚于洪水猛兽，若不想法子扑灭，对整个民众都有极大危险；卫生教育——是我们工作中的先锋。最后他指出，做好上述工作，要从个人、学校、家庭、社会和训练人才五个方面着手。

典礼结束时，宣读了医院宣言，宣言明确指出办院的宗旨和办法，有两段是这样说的："使国家富强的基本条件是要国民有极大的工作能力和高尚的道德精神，欲使国民合乎这种条件，第一是要使国民有健康的体格和健康的心理。从小处说一个人的事业的成就也是如此。""促进人民健康的方法，当然以卫生为基础，也就是说要促进人民的健康程度，必须实行卫生建设。因为缺乏治疗机关，所以首先开设医院。不过若只办治疗不加预防则病将不胜其治，所以同时要成立卫生院治疗和预防并进。"宣言还指出工作的两个方面："消极方面以治疗为主，男女老幼都可以来看病，且收费很低，对十分贫苦的免费治病；积极的方面以预防为主。"这些都说到我们心里，我们到邹平来就是一心一意想为乡村建设多贡献点力量。我们在医院里天天很忙，做了许多工作，正是受到梁先生思想的影响。

为了配合医院的工作，10月3日、4日两天举办了卫生展览。展览设三个点：医院、研究院操场和农场。各个点扎彩坊，挂卫生宣传图画（苍蝇放炸弹、蚊子害死人等），陈列生理病态标本、药品和解剖器械等宣传品。还组织了电影、讲演、戏剧、国术等活动。在农场的家畜病防治的展览中，还展出了健壮的波支猪、来杭鸡等优良品种。农民们对这些东西见所未见、闻所未闻，引起极大的兴趣，参观者多达1.5万人。

为了推行公共卫生，确保地方卫生工作的开展，1934年11月成立了卫生院，它的全称是“邹平县政建设实验区卫生院”，作为卫生推行机关，直属邹平县政府。它和医院虽然是两个名字，属两个机构，但是一个团体。

我们在医院的工作是：

1. 诊疗工作：这是首要的，每天上午8—12时，下午2—5时门诊。治疗以免费为宗旨，初诊收铜元10枚，复诊收4枚，很贫苦的农民则不收费。注射药物除“九一四”外，均不收费。每天去看病的往往有几十人。

2. 妇婴卫生：建立首善乡妇婴保健会作为中心推广点，带动其他乡的工作。保健会由会长一人，顾问一人，公共卫生护士、助产士和热心妇婴卫生的地方妇女组成，负责本乡的妇婴卫生工作。后来又举办了家庭卫生训练班，宣传、讲授家庭卫生常识。

3. 新法接生：当时邹平沿用旧法接生，婴儿得破伤风死的很多，如11乡一妇女7个孩子都得破伤风死了。为了改变这种状况，妇婴保健会由会员中选出人员学习新法接生，并对孕妇一一登记，叫她们及时通知我们派人去义务接生。实行新法接生后，婴儿死亡率大大降低。我是搞公共卫生的，参加了这个工作，邹平的每个乡都留下了我们的脚印。

4. 学校卫生：一是培养具有相当卫生常识与技术的人才，以图将来能办理一村及村学的卫生工作；二是教育年龄小的学生养成卫生习惯，培养健康的学生。在简师、附小和11乡乡学儿童部搞试点。试点内容是，设立卫生室，开设卫生课，进行卫生教育，体检，预防接种等。

5. 预防传染病：分两方面，一为预防，如种牛痘、霍乱的预防注射等，记得曾到过100多个村。二是检查，随时注意传染病的发生，一旦发现马上采取措施治疗。

6. 开设11乡诊疗所：为推动各乡的卫生工作，1934年11月，由医院和11乡学合办了11乡诊疗所。每5天逢集日由医院派医师和护士各一人去，上午诊病，下午给学生讲解卫生知识。此外还负责接种牛痘和调查乡里卫生情况。我就经常到那里去。

7. 卫生教育：这方面进行了两项工作，一项是社会卫生教育，如设立卫生陈列室，组织巡回讲演队等，向农民进行卫生宣传和教育；第二项是1935年3月举办了卫生助理员训练班，为各村培养卫生工作人员，时间一年，招收了各乡初中毕业的学生20多人。学员中我记得最清楚的一人叫刘尚志，抗战爆发后他参加了革命，曾在陈毅的部队里当过后方医院院长和白求恩医学院院长。

1936年底，齐鲁大学第一教学实验区需要人，一个姓石的介绍我去，我就离开邹平到了一教实验区。抗日战争爆发，我参加了齐鲁大学组织的救护队。

（孟宪勇整理）

乡建时期邹平农村宣传、文体活动的片断回忆*

王向浦

我是邹平县明集乡王少唐村人，少年上学时正值邹平开展乡村建设运动。1931 年至 1935 年，我在本村上初小，对乡建运动开展的农村宣传、文体活动，至今还有较深的印象，今将其几个片断简述如下。

演文明戏：1933 年的深秋，学校接到乡学的通知，要老师带领全体学生去本乡（当时是第九乡）宋家村，观看研究院师生下乡演出文明戏。当时所谓文明戏，即通常所说的现代话剧。这天，演了两幕话剧，剧名记不清了，其内容：第一幕剧是关于开展社会教育的，剧情是：在未开展民众教育的社会情况下，群众愚昧落后，书信、文契不能看，须拿钱请摆小摊的代笔先生代读、代写；患病后，不相信医生，靠巫婆、术士，求神问卜，结果，花了钱，误了病，备受别人愚弄。后来，接受了宣传教育，参加了乡农学校，有了文化，能写书信、条据，能读书、看报，摆脱了文盲落后状态，识破了求神算命的骗术，不再受人愚弄欺骗。另一幕剧，是宣传缠足之害的，剧情是：一家财主有两个女儿，大女儿缠足，是闺阁秀女，二女儿是未缠足的洋学生。一天深夜，财主家遭到了绑票，其二女儿翻墙跳到院外逃走；大女儿脚小，跳不起，跑不动，被绑架，哭哭啼啼被绑票者架走。老财主为此花了一大批银元，最后醒悟到：还是天足好。

放无声电影：在上述同一次宣传的当天晚上，又放了无声电影。在坐南朝北的土戏台上挂上银幕，放映了一场外国影片。内容：①从正反两方面反映兴修水利的好处：正面映出兴修永利后的农田灌溉、水路交通情

* 此文原载于《梁漱溟与山东乡村建设》，山东人民出版社 1991 年版。

况；反面是不重视水利建设，雨季到来，山洪暴发，淹没农田，冲毁村舍，造成水灾。②关于牛羊猪兔鸡等优良品种的繁殖与饲养。荷兰牛、波支猪、安哥拉兔、来克亨鸡，成群满圈，体大膘肥，肉蛋奶的生产，超过一般品种好几倍。③农业机械生产情况。播种机、中耕机、康拜因等，机械化生产代替了人力耕作，生产效益事半功倍。④兴办社会教育情况。男女青少年及其他社会成员均入校学习，课外开展丰富多彩的活动，接受多方面的培养教育。影片无声，每隔几个镜头，就有一段外文说明，由研究院的工作人员解说。当时看过之后，增长了一些自然科学知识，对这种连续映出的活动画面——无声电影，也感到非常新奇。

开农民运动会：1934 年冬，乡村建设研究院在本县第九乡学所在地——吴家村（现属里八田乡）举办冬季农民运动会。运动项目在村内、村外两个场地进行：村外场地，在吴家村南的一片开阔地里，四周是400米的跑道。中央竖一高杆，向四面八方辐射悬挂着五颜六色的彩旗。由研究院的师生担任各项竞赛的裁判员。那天，因化雪后场地泥泞，我只看到了投掷、长跑和负重竞走。村内场地，设在乡学门前的农场上，比赛项目，有拔河、武术和射击。研究院的一位教师，还表演了理化魔术。各初小的学生，表演运动操，唱《朝会歌》、《运动歌》等歌曲。最后给各个运动项目的优胜者照相、发奖。这次运动会会期一天，参加规模是第九乡各村民众和学生。傍晚各村与会者结队返回。

惩罚坚持缠足者：1935 年夏季，这时我已到邻县章邱上学，在一个星期天回家时，刚吃过早饭，就听见街上锣响，说是来了游街的。对“游街”一词从来未听说过，好奇心促使我立即跑到街上。见有一个“地方”（是当时乡学和村办公处），听差的在前面敲着锣，中间一个 50 来岁的老者头戴高帽，边走边喊：“我是××村×××，因为我不让闺女放足，罚我游街，大家可别跟我学！赶快叫你们的闺女、媳妇放脚！”在他后面跟着手提“文明棍”（即手杖）的乡理事（相当乡长）押视这一罚诫的执行。受罚的老者，在众目睽睽之下，表现得羞愧、委屈、尴尬，啼笑皆非。

回忆三十年代我在邹平县从事教育工作的经历*

邹晓青

我今年75岁，离休前在中央广播电影电视部工作。

20年代，我的二舅父梁漱溟曾在北京、广州、菏泽等地从事教学和社会活动，1931年，他在山东省邹平县创办山东乡村建设研究院。他为什么致力于乡村建设运动，我当时不理解。那时，我17岁，没上学，也没有职业，面对腐败的社会现象，对若干问题找不到答案。研究院招收新生时，我跟着梁老在济南住闲，常帮着抄抄写写。招生结束，我跟着他到了邹平。

研究院开学后，我和梁老住在一起，有时相互谈论社会问题和人生问题，虽谈得不多，却感到他为探索挽救中国、改造社会的主观愿望是好的。然而，搞乡村建设运动需要吃饭，需要经费，也需要有一个相对稳定的局面，这些客观条件又决定了必须依附于当时的统治者——国民党政权。国民党政府腐败、倒行逆施的反动本质，使我对梁老乡村建设理想的现实性产生了很大的疑问。大约住了两三个月，我离开邹平去青岛大舅梁焕鼐家居住。

1931年，日本侵略者发动"九一八"事变，侵占我东北三省，全国人民掀起了抗日救亡运动。民族危机的严峻形势，对我震动很大。抱着探求救国道路的想法，我回到了北平。在北平，接触了一些进步青年，读了一些进步书籍。这期间，我因参加了学生运动，被捕坐牢，1933年初，托人保释后在北平住不下去，又投奔邹平二舅梁老处。

---

* 此文原载于《梁漱溟与山东乡村建设》，山东人民出版社1991年版。

在邹平，我考虑自己的前途，是继续求学呢，还是找个职业？当然，求学很方便，在研究院不用考试也可入学或旁听，但我不相信梁老那一套。想找个职业吧，到别处无门路不好找；在研究院或实验县找个工作倒很容易，但我觉得在梁老的乡建系统里要受他的束缚，没有自己发挥的余地，这也不是我情愿的。这样，我一直闲住了一年多。

1934 年下半年，我到实验县十三乡花沟小学去当教员。这里学生不多，教员只我一个，离县城又远，受控制相对小一些。10 月份到校，一学期很快过去了。那年我 20 岁，开始了自己的职业生活。

这时，我的表兄梁君大（培伟），基于和我同样的原因也来到邹平。梁君大思想进步，但也尊重梁老。到邹平后，他担任了县里小学的校长。梁君大刚开始工作，就将校名改为邹平实验小学，并着手进行一系列的改革。当地的田乐庭（老教师，曾任校长，此时担任教导主任）、张伯安、赵辅庭等老师，对梁君大的做法虽不甚理解，但也基本采取合作的态度，不过还算不得志同道合。梁君大要求我到实小来帮助他。1935 年初，我到了实验小学，一直工作到离开邹平。我的姐姐邹德惠、妹妹邹德馨也在实小工作。我任高级部五年级班主任，邹德馨任三年级班主任，邹德惠负责附属的幼稚园。

实验小学的改革，有以下几个方面：

1. 男女合校合班。邹平的小学，原为男女分校。后来虽合为一校，但仍分班分地上课。改革的第一步，就是把男女生合起来。当时的守旧势力很大，必须破除旧的习俗才能完成这一改革。经过做工作，初中的合并比较顺利，而高小的合并碰到一些阻力。高小的女生大都十四五岁，听说合班，有些学生便提出退学，家长也不同意，说这么大的女孩子怎么能和男孩子在一起学习呢！对此，我们采取了过渡的办法：先在合校里单独设了一个女生班，搬到一个院子里上课。经过一段时间相处，男女生关系融洽，校风端正，家长也就放心了。在这个基础上，我们加以必要的引导，暑假后就顺利地合起来了。家长看到社会风气变了，学校办得有起色，教学成绩也提高了，从而也就改变了看法，同意和支持这样办了。

2. 改革教材和教学方法。私塾的习惯教学是老师讲说，学生死记硬背。一般小学也只是灌入式，而不习惯启发式，对这些，就要变改一下。比如上课，老师不能光讲，要启发学生多想；不能光向学生灌输，要发挥学生的主观能动性，获取灵活的知识。我们除鼓励学生多看参考书，开扩知识面外，又办起地理、数学、自然等科的教学室。教学室陈设模型、挂上图画、图表等物，进行直观教学，并引导学生实际操作，从动眼、动脑到动手，获取全面的知识。课文的内容，也力求联系实际。我是教语文的，课文都是从上海新出版的杂志上选的。我记得选过夏衍的《包身工》和一些抗日救亡的文章作教材。这样，帮助学生进一步了解社会实际，激发同学们的爱国热忱，为一些学生走上革命道路作了思想引导。

3. 丰富课外生活。我们组织出墙报、唱歌、体育、野外写生、春游旅行等活动，很受同学们的欢迎。如到邹平县城西边的唐李庵、宋代范仲淹读书洞等地春游，一边欣赏祖国的大好河山，一边讲述历史文化，开阔了同学们的眼界，激发了同学的爱国热情。同学们对体育活动很喜好，女同学也打破封建意识的束缚，参加各种体育锻炼。现已离休的、曾在东北工会工作的高俊义（高扬）同志，就是在学校里热爱体育活动的积极分子之一。

4. 培养学生的集体生活习惯和自治能力。学校里按班编成中队、小队，全校为大队。各队的正副队长，全由学生担任。每早有晨会，升旗、做操、讲话的活动。集会的整队，行进时的维持秩序，上课时的维持纪律，全由学生自己负责，教师只在必要时加以指导。各班的墙报组、歌咏队、球队等，也都由学生自己负责，教师只尽辅导的责任。总之，一切活动都尽量发动同学自己去做，既启发了同学的主动精神，也锻炼了他们的组织能力，有些性格软弱的学生通过参加各种活动逐渐坚强起来了。

我们工作有些方面虽然依靠实验县，如经费需要教育科核发，任命老师也需教育科同意；但在改革方面又独立于实验县。我们根据实验学校的特点，顶实验的名，不受国民党的干扰，不受山东省教育厅的约束，与研究院也没有隶属的关系。怎样办学，可以说相对的自由，这也是梁君大更改校名的用意。

1935 年下半年，张宗麟先生来了。他是陶行知先生的弟子，是陶先生应梁老请求介绍来的。张宗麟来了后担任邹平县简易师范学校的校长。邹平简师原和小学没有关系。张宗麟来到后提出师范应该有个实习基地，大家很赞成他这个意见，遂把实验小学改为简师附小。梁君大除负责附小的工作外，还兼任简师的生活指导部长（相当于国民党时期的训育主任。生活指导部一说系陶行知先生倡导）。张宗麟觉得实验小学的做法，很接近陶行知先生倡导的“社会即学校，生活即教育”，教育要与社会实际相联系的做法，实小又把抗日救亡当作一件大事来进行教育，这一切都符合他的思想和主张，很同意与我们合作。

张宗麟和梁君大齐心合作，共同努力，大胆改革，积极宣传抗日救亡，使简师面貌发生了很大变化，在邹平教育界产生了很大影响。教师的政治面貌，政治态度虽然不一样，但还是进步面大。当时，简师里表现进步的教师有朱济藩（抱坚）、张立民、邹眠虹、黄省敏、韩剑秋等人。

简师经过改革，学生们活跃起来，通过读书会、歌咏队、宣传抗日救亡、野营等活动，使学生接触了社会，接触了实际，在实践中得到锻炼和提高。学生中涌现了一批先进分子，如刘怀璞（刘瑄，现离休，曾任军政委）、刘殿邦（建庵，已故）、苗柏杰、李振江、张继丙（罗琪）等人，他们关心国家大事，关注民族危亡，后来走上了革命道路。

日本帝国主义侵占我东北后，加紧了吞并中国的步伐。1935 年，日本帝国主义大肆收买汉奸，策动“华北五省自治”，妄图使河北、山东、山西、察哈尔、绥远变为日本的殖民地。“抗日则生，不抗日则死”，全国人民发出了救亡图存的呼声。为了领导全国人民团结抗战，8 月，中国共产党发表了著名的《八一宣言》，号召停止内战，一致对外。全国人民，首先是青年学生一致奋起，纷纷响应，掀起了抗日救亡运动的新浪潮。北平学生发动的“一二·九”、“一二·一六”爱国运动，在简师和附小引起强烈反响。我们积极响应。组织师生上街演讲、演活报剧、募捐、教唱抗日歌曲，掀起了邹平的抗日救亡热潮。我们最关心的事情——国家的前途、山东的前途，这时与简师以至个人的前途，都密切地联系在一起了。大家已不能平静下来，每个人心中都想着：关键的问题是救国，成了亡国奴一切都将失去，就更谈不上学习了。而研究院的领导态度恰好与我们相反。他们置身世外，反对罢课、示威游行，反对在邹平开展抗日救亡活动，仍然要学生们安静地搞乡村建设。他们那些年虽然做了不少新事，诸如办学，推广科学技术，发展农业生产，办合作社等，致力于开通民智，发展经济，但在半封建半殖民地的中国，在国民党的反动统治下，他们的做法只能对地主、豪绅有好处，而对真正的贫苦农民是解决不了什么问题的。更何况大敌当前、民族危亡的关键时刻，这样搞将会落得什么结果，可想而知。

在华北危机日益急迫之际，梁老于 1935 年底到济南找韩复榘，回邹平后召开了有研究院、县府各单位、简师、附小干部和学生参加的大会。会上，梁老讲了形势和研究院的对策。总的意思是要大家不要着急，形势虽趋紧张，政府自会应付，希望大家安心继续搞乡村建设；即使日本人来了，我们也继续搞，他们不能把我们怎么样。我们一听，这怎么行呢？国家面临存亡危机，怎么能安心搞建设呢！我们指出这是“亡国之论”，表示反对。会后，县里干涉我们，不要再上街搞了，马上复课。对此，我们没有接受，县里就酝酿要改组学校班子。

寒假前，张宗麟和梁君大商定找梁老说明情况，希望不要阻拦我们的做法，否则，我们只有辞职；日本侵略者如果来了，我们是不能当亡国奴的，进步教师都支持这一立场。但是没有谈妥，1936 年初放寒假的时候，张宗麟、梁君大和我都辞职走了。在邹平期间，我们与研究院最初没有关系，后来对立了，但有梁老的关系，我们和他们没有形成激烈的斗争。

抗日战争爆发后，经过沈钧儒先生介绍，南京十八集团军办事处给我开了去延安的介绍信，从此，我走上了革命的道路。

忆邹平实验县自卫训练及第五乡乡学*

王建五

我是邹平镇西关中兴村人，今年 77 岁。1933 年初，经人介绍到邹平实验县第一科当录事。半年之后，于 8 月考入邹平实验县民团干部训练所征训队。训练 4 个月毕业，分配到第五乡担任乡队长，直到 1937 年“七七”事变。在此期间，我参加了邹平实验县的乡村自卫训练和第五乡乡学的活动。虽已过半个世纪，有些事情仍历历在目。

民团干部训练所征训队概况

邹平在未划为实验县前，维持治安的是公安局和民团大队。1933 年 7 月 1 日划实验县后，7 月中旬裁撤了民团大队部及孙家镇公安局分驻所，成立了民团干部训练所，设立干部队和征训队两个分队。干部队有 3 个班，39 人，人员多是原民团大队和公安局孙家镇分驻所裁撤后选留的精壮人员，职责是维持地方治安。征训队成立后，贴出招生简章，招收学员简章抄录于后：

《解平实验县民团干部训练所征员送考简章》

1. 定名：本简章定名为邹平实验县民团干部训练所征训员送考简章。

2. 宗旨：以培养民团干部人才，训练农民自卫，普及民兵制度为宗旨。

---

* 此文原载于《梁漱溟与山东乡村建设》，山东人民出版社 1991 年版。

3. 名额：第一期以30名为定额。

4. 资格：身体健全，品行端方，并无嗜好，曾由高级小学毕业，或具有同等学力者。

5. 年龄：以20岁以上25岁以下为合格。

6. 征训办法：每乡由乡理事选送合格学员4名，经本所甄别试验，择优录取2名，实施训练；但第十三乡因区划特大，得加倍保送录取。

7. 试验课程：国文、算术、常识，口试，身体检验。

8. 待遇：服装、书籍、宿膳等费概由本所供给。

9. 毕业期限：以4个月为期，期满毕业后，分派各乡学、村学，训练民众自卫，并办理户籍事宜。

10. 试验日期：8月20日早8点到研究院候试。

11. 开学日期：8月28日。

12. 本简章自呈奉山东乡村建设研究院核准之日施行。如有未尽事宜，得呈请修正之。

我是在旧县府影壁墙上见到的招考简章。当时，我家中9口人，3亩多地。为了求得一个谋生的职业，我报考了征训队，经考试合格被录取。同期被录取的共33人。

征训队队长是龚蓝田（玉贤）。教官有：张东阁、王跃斋、高坤山、范镜吾等，都是河南人。

学习训练的内容很多，军事训练有学科、术科两种。学科讲步兵操典、野外勤务、射击、夜间教育等；术科每天两次军训，有制式教练、战斗教练、打拳、劈刀、刺枪等。除学习军事学术两科外，还有应用文、户籍法、自卫要义、经济常识、社会调查及棉业合作等课程。4个月的训练学习十分紧张，每天早晨4点多起床出操跑步，上午、下午都要出操训练，一天出3次操，吃两顿饭，晚上文娱活动。学习期间放假两次，每次回家都有宣传任务，如宣传征训队的性质、意义。4个月结业后，邹平实验县政府发给毕业证章。证章的图案是枪杆、笔杆、锄杆三样组成。我们33人由邹平实验县政府发给委任令，分配到各乡，担任正副乡队长。具体情况是：

首善乡：乡队长赵佐功（辅臣），西关黛溪村人；副队长胡明五（殿礼），南关人。

第一乡：乡队长田锡庆（如九），韦家村人；副队长孙凤书（聿亭），韦家村人。

第二乡：乡队长王允甲（乙青），西阿陀村人；副队长杨守河（星源），韩家村人。

第三乡：乡队长王泽良（子元），杨代村人；副队长贾兹九，南石村人。

第四乡：乡队长张德润（玉如），东赵村人；副队长刘以荣（华堂），新民村人。

第五乡：乡队长王志昌（建五），西关中兴村人；副队长王兆柯（冠英），中家村人。

第六乡：乡队长刘文襄（赞卿），杨村人；副队长毛宪章（子斌），毛张村人。

第七乡：乡队长夏树杰，波渣店树人；副队长夏尔源（佐泉），萧家村人。

第八乡：乡队长徐聿凤（纪元），明集村人；副队长王传法（约三），沧林村人。

第九乡：乡队长贺荣震（寅东），宰梁镇村人；副队长宋传功（云生），官宋村人。

第十乡：乡队长成春和（笑山），成家村人；副队长孟昭悦（心斋），木王村人。

第十一乡：乡队长李恒明（子亮），孙家镇人；副队长贾备祥，孙家镇人。

第十二乡：乡队长李朋长（益三），辉里村人；副队长何昌屏（镇藩），辛集村人。

第十三乡：乡队长吕树武（烈亭），石门村人；副队长刘玉堂（生楷），龙桑树村人；副队长孙丹臣（树风），副队长刘淑恩（泽谱），花沟村人。

王继斌、张若正、崔干臣3人调出本县。征训队训练的这30多人，后来都成了邹平实验县乡村自卫的骨干力量。

民团干部训练所征训队，1935年1月改建为警卫队。警卫队有，队长龚蓝田（玉贤）、军事教官范镜吾、军事助教1名，书记兼会计孙殿锡、号兵刘毅廷、传令兵1名，伙夫4名。学员4班，每班学员10名，设正副班长各1名。总计官长、学员、兵夫53名。学员是抽调的联庄会员，每期40人，集中县城学习训练，时间4个月。在此期间，征训会员同时担任地方警卫任务。这样，邹平实验县用征调训练联庄会员的办法，代替了过去招募雇佣兵的办法。这是研究院在邹平进行的民兵制度的实验。

联庄会训练自卫概况

邹平县在正式划实验县之前，根据国民党山东省府颁布的《山东各县联庄会暂行章程》的规定，山东各县各村都要建立联庄会，也建立了联庄会组织。在划为实验县后，县政府参照《山东联庄会训练简要办法》，制定了《邹平实验县联庄会训练暂行办法》，加强了联庄会员的训练工作。

当时，邹平县约计2.7万余户，以每25户为一闾计算，约计1200闾，每闾选拔2名18岁以上、25岁以下有身家田产者之青年，到各乡乡学考试，录取一人送县集中训练，名曰联庄会会员。这样全县计有1200人参加联庄会训练班。训练分两期，每期约为500多人。训练时间2个月。受训会员发放土制毡帽一顶、粗布蓝棉袄一件、裹腿一副。这些费用与伙食、杂费，每人两个月定为11元，统由会员本村公摊。受训时一次带来交县农村金融流通处备用，毕业后余者退还本村。

1933年12月，我们在征训队毕业后就参加了全县联庄会的训练。全县联庄会训练的组织情况是：每期训练班设总队长1人，由县长兼任。下设分队，分队长由研究院军事教官及民团干部训练所征训队毕业学员分别担任。然后再分班，班设正副班长，由征训队毕业学员或选拔受训人员中粗通军事者担任。全县联庄会员的训练编制，前六星期为混合编制，使全县会员互相认识，增进同伍之情谊；后两星期，按各会员所居之乡编制，由各该乡的征训队学员任排长，统一教练，协同动作。下面是第三届联庄会训练班组织编制情况：

邹平实验县第三届联庄会训练班总队部服务人员一览表

职别	姓名	职掌
总队长	徐树人	主管全县联庄会训练事宜。
总队副	龚玉贤	辅助总队长办理一切训练事宜。
总队副	窦瑞生	辅助总队长办理一切训练事宜。
总务主任	郝宝书	承总队长之命掌理训练费用及一切总务事宜。
教育主任	宋乐颜	承总队长之命掌理一切教育事宜。
总教练	谢绍周	承总队长之命掌管军事教育事宜。
民事总教官	公竹川	承总队长之命掌理民事教材事宜。
总医官	李玉仁	承总队长之命掌理一切医药卫生事宜。
医官	宫乃泉	秉承总医官掌理医药卫生事宜。
医官	任秉钲	秉承总医官掌理医药卫生事宜。
教材编辑	秦亦文	辅助民事总教官编辑民事教材。
教材编辑	王流柱、涂家英、常泰和、齐恩芳	
办事员	辛子安、张景儒、高香九、夏子云	
书记	孙庆锡、韩其耀、李守贞	

邹平实验县第三届联庄会训练班各队服务人员一览表

队别	队长	副队长	军事主任教官	军事教官	民事主任教官	民事教官	事务员
一	纪凌云	刘弼廷 鄢大勋	张德润	王志昌 赵佐功	高松岩	孙蛟峰 杜永辉 陈捷三	韩光志
二	孙玉书	赵永芳 刘子荣	王允甲	田锡庆 刘淑恩	武绍文	王勤庄 申冠朝 赵怀荣 于奎书	赵建功
三	马方午	王启义	李少石	毛宪章 刘文襄	张石方	翟锵甫 李少石	马维忠
四	孙逢寅	梁西田 张可钦	许聿凤	吕树武 孟昭悦 惠以兰	张次乾	孟辉峰 冯欣亭	郝恩滑

续表

队别	队长	副队长	军事主任教官	军事教官	民事主任教官	民事教官	事务员
五	刘佩三	蔡志芹	李恒明	李朋长 张金魁	李星三	王龙文 李会堂	李美亭
六	刘玉琅	成春和	成春和	郝荣震 刘以荣	许之华	张晶波 尹明甫	张子勤

邹平实验县自1933年冬开始训练联庄会员，至1937年共训练4届。第一届，1933年12月12日至1934年5月5日，分两期集中到县城训练，训练会员1130人；第二届，1934年冬在县城集中训练会员567人；第三届，1935年冬分乡训练会员579人；第四届1936年冬分乡训练，人数不详。另外，还对村组长进行补习训练，共训2期，每期4个月，训练107人。

联庄会训练的内容，以军事训练为主，同时实施成人教育。全期训练学科共42小时，其中步兵操典16小时、步兵野外勤务18小时、射击教范4小时、夜间教育4小时。术科共240小时，制式教练160小时，战斗教练30多小时，野外演习40多小时，射击10小时，夜间演习12小时，武术30小时。学科每日1次，为1小时；术科每日2次，第1次2小时，第2次2小时半，武术每日下午加操时实施，每次40分钟。夜间教育全期共6次，每次2小时，于每星期六自习时间进行。全期实弹射击1次，成人教育每日3次，每次1小时，全期为144小时。其内容有：党义教育（讲授三民主义和党国大事），乡村建设大意（讲村学乡学须知，使其了解乡学村学组织及如何当好学众），法律常识（学习法律手续及调解法，使其能服从法律，和睦乡里），史地教育（讲邹平乡土志，鸦片战争后国家大事和世界大势，使其明白自身在本县本省本国及世界之地位和义务），联庄会员须知（使知联庄会之意义、组织及会员之责任），识字明理教育，教唱歌（学会军歌、农夫歌及普通歌曲30首，使大家能唱，并能转教旁人，激发大众团结奋斗，救乡救国之精神），精神讲话（讲解中国民族历史概要，使其知道中华民国建国的历史及民族的领袖人物），棉业合作教育（讲合作纲要，使其明了合作之意义及合作之办法），自卫教育（讲自卫要义，使其明了农村自卫的意义及办法），农村问题教育（讲中国农村重要问题及其解决方案，唤起乡村人士团结自卫之信念），联庄会员的教育内容除上述科目外，尤其注重精神陶冶，以振奋其民族意识，养成其纪律生活，关于这点，所教唱的《精神陶炼歌》，反映得最明显。

《精神陶炼歌》歌词是：

思想、思想、思想，养成纯洁与清高。升官发财自私利，丝毫切莫要！效国救民此为本，应看作至宝。愿我同胞常自省，兽欲恶念全都消！

精神、精神、精神，养成牲牺和奋斗。直接献身与地方，间接把国救。本此精神去建设，丰功可立奏。愿我同胞齐努力，走此正大光明路！

行动、行动、行动，务要时时守纪律。吾人生在世界上，名誉为第一。秋毫无犯岳家军，到处民欢喜。愿我同胞齐效法，切戒妄为招人嫉！

工作、工作、工作，军人须要劳动化。操作而外习农工，自救不二法。各人手艺学精巧，能力真无价，愿我同胞俱热心，实行兵工救中华！

习惯、习惯、习惯，养成吃苦与耐劳。怠惰苟安畏难心，务须快除掉。贪诈虚伪恶根性，一切都莫要。愿我同胞时自励，提起朝气往前跑！

责任、责任、责任，第一肃清土匪患。自治自卫双方进，保障我闾阎。常备后备同奋勉，铲除匪根源。愿我同胞齐担负，捍卫地方作中坚！

目的、目的、目的，民团希望有两层。目前秩序能维持，社会得安宁。再为将来图建设，自治大功成。愿我同胞主意定，三民五权能实行！

联庄会会员除集中训练外，还每月定期进行补习训练，名曰联庄会乡会乡射。会员集中后，上午开会名为“乡会”，下午射击会操名为“乡射”，每月举行一次，每次一天。各乡的具体安排是，从第一乡至第十三乡，按每月 1 日至 13 日顺序进行，首善乡为每月 15 日，遇有必要时随时变更。届时，县政府亦派员指导或县长亲往参加。此项经费，按每次每名20元计算，由地方经费支出。

联庄会训练后的任务是：遇有火灾，领导村民灭火；遇有水灾，领导村民堤防；遇有盗贼，领导村民警戒；遇有土匪，领导村民抵御；有害于乡村之人，随时呈报；有害于乡村之物，随时查禁。其他如对于村民不良习惯的劝戒与纠正，对于成年军事训练之襄助与指导，都是会员应尽的任务，在夏防冬防期间，各乡征调会员于乡学，一面训练，一面警备，由乡队长率领去各村巡逻。每批10天，每次防期两个月，会员伙食费，10天共2.50元，其他无薪饷。

联庄会会员集中训练两个月毕业后，一律按所在之乡编为乡队。各乡队长直隶于乡学，受乡理事指挥监督。各乡队之会员，平时居住村，各村或邻近二三小村会员编为一村组，全县共107组。各村组选出正副村组长，直隶于各该村学，受村理事或村庄长指挥监督，并直辖于乡队。

乡学与第五乡学概况：

实验县的乡学组织是政教合一的组织，聘请乡里年事高、德高望重的人为乡学学长，五乡的学长是王传俭，字慎三，黄山前村人，有聘任的学董数人和当然学董数人，当然学董由各村村理事充当。乡理事由聘任学董和当然学董中选举产生，每年7月1日选举一次，由县里派员赴乡学领导学董投票选举。乡理事的职责是负责处理乡学的一切行政事宜。各乡乡学所在地与乡理事的情况是：

首善乡：地址城里，乡理事刘连英，西关黛溪村人。

第一乡：地址城西韩家坊，乡理事孙玉书（润生），韦家庄人。

第二乡：地址青阳店，乡理事赵增之，东阿陀村人。

第三乡：地址城南三官庙，乡理事胡继孝（克顺），东赵村人。

第四乡：地址新民一村，乡理事张墨林，以后是鄢大勋（竹明），北禾村人。

第五乡：地址黄山前，乡理事先后是张裕丰（景南），乔木村人；纪凌云（海鹏），南范村人。

第六乡：地址城东北小店村，乡理事王子和，刁郭村人。

第七乡：地址韩店村，乡理事杨继通（贯之），邱家官庄人。

第八乡：地址明家集，乡理事惠宏图，辛庄村人。

第九乡：地址城西北吴家村，乡理事吴××、张荣斋。

第十乡：地址崖镇村，乡理事张可钦（子敬），大张家庄人。

第十一乡：地址王伍庄，乡理事蔡泮亭，蔡家庄人。

第十二乡：地址辉里庄，乡理事刘佩三，东郭庄村人。

第十三乡：地址小清河北花沟村，乡理事刘淑林，花沟村人；毛会昌（兴白）。

第五乡辖18个村，乡理事开始是张景南，大约是1935年改选时，张景南落选，纪海鹏当选，一年之后，张景南又再次当选为乡理事。

乡学有乡队长一人，副乡队长一人。我从1933年一直担任第五乡乡队长，副队长是王兆柯。乡队长的职责是负责联庄会员的训练和乡村自卫，副队长除协助乡队长工作外，还兼管户籍工作。

乡学有助教一人，协助乡理事办公。第五乡的助教是侯殿魁（字聚五，侯家庄人）。有辅导员一人，辅导员是县里派来的，负责管理指导乡学及村学的教员，每月在乡学里召开一次会。第五乡的辅导员叫孙蛟峰，是原邹平蚕业职业学校的校长，第十乡孙家庄人。

第五乡乡学有高年级学生一个班，大约三四十人，有教务主任一人，教员一人。教务主任是王志忠（字晋升，东关村人）。教员王德贤东范村人。我负责给该班学生上军事体育课、音乐课。每年实验县政府集中各乡学的学生在研究院大操场开观摩大会，各乡的学生由各乡队长带队，在大操场作军事操练，县的领导进行讲评。有一次操练，我们第五乡得了第一名。

乡学工作人员的工资收入是：学长每月8元伙食费；乡理事每月25元；乡教务主任每月25元，乡学教员每月20元；乡队长、副队长每月17元；乡丁每月12元。按当时的物价计算，1元等于8吊，1吊等于50个铜元。在第五乡每人每月的生活费需3元。1吊钱可以买3斤馒头，买1斤猪肉也花不了一吊钱。

乡学的财政，先由乡学召开村理事会研究造出预算，各项开支一条条定下来。例如炭费、柴火费、自卫训练费、办公费等，都定得清清楚楚，专款专用，不能随便挪用。单据单存，账目清楚，手续严格，如另有他用，需再开村理事会研究。账目一方面按时呈送县政府审检；另一方面要向各村公布，接受监督，这样避免造成贪污，群众反映较好。

乡学当时的口号是："大家齐心向上学好求进步"。从第五乡的情况看，在研究院和实验县政府的领导下，乡学做了一些好事。例如：

禁赌。乡学严格禁止赌博，采取的办法是先教育劝导，后抓捕处罚。第五乡周乔村赌博风一度很厉害，该村张玉红家是一个赌场，夜晚聚集很多人，周围第三乡、第四乡也有去打牌的。他们为了防止乡学抓捕，村头派人放哨，发现来人马上散开躲避。一天晚上，我带10名联庄会员去"抓局"，还没到庄头，被他们放哨的发现，参加聚赌的人马上跑散，桌上的骨牌赌具也没来得及收拾。我们到后，将其赌具全部没收烧掉，对张玉红提出警告。在东范后街也抓获过一起赌博团伙，对为首的罚款5元，其他人罚劳役，令其为乡学体育场地跳远、跳高的沙坑推沙子一天。通过查禁，加上当时各村均成立联庄会，组织青年训练、学习，结果刹了赌博风。

禁缠脚。实验县成立女人放足督查委员会，下设督查处，主任是张景南，有十几个工作人员，多是妇女。督查处派一名妇女到乡学，同乡队长一起挨村挨户地检查，不允许女孩子再缠足。到第五乡来的叫赵会芳，中兴村人。她同我一起到各村检查。有一次查到乔木村张玉楷家，张的女儿没放足，而且不让我们看，说："俺家这么大的闺女，怎么能随便让你们看。"态度不好。我们把这一情况向县里报告后，县府对张玉楷罚款5元。这件事对其他人震动很大。

兴修水利。当时提倡打井，还挖了杏花沟。挖杏花沟时，反对的人很多。县里召集各乡理事研究挖沟事宜，赞成的有第七乡、第八乡、第十一乡、第十二乡；反对的有山区和杏花沟下游第三乡、第四乡、第五乡、第六乡。第四乡、第五乡反应最大，曾到县里请愿。后来事实证明，挖杏花沟对消除邹平的水患、发展生产很有好处。

改良推广新品种。最受欢迎的是改良推广"托里斯"美棉。在第四乡、第五乡推广的洋麦也很好。这种洋麦，麦秆粗、不易倒伏、麦粒大、成色好，产量高，出面多。过去的小麦在第四乡、第五乡每一大亩一季产700多斤，改种洋麦后，产量有很大提高。不过那时都是单干，各家各户的情况不一样，收成也有区别。另外，还改良鸡种，研究院在第五乡盖家村、鄢家村进行鸡种试验，并把第五乡划为杂种鸡推广试验区。邹平本地鸡种，身体小，出肉不多，每年产蛋不过80个，将来杭优良品种鸡与本地母鸡杂交，一年可产蛋170多个。

调解民事纠纷。乡学很注意对民事纠纷的调解，尽量将问题在乡里就地解决，不诉讼到县府。如第一乡郭庄王志严的儿媳，因与婆母不和服毒自杀。儿媳姓刘，是第五乡西范村人。自杀后，其娘家人纠集全家要同王志严家算账。此事牵扯到第一乡、第五乡两个乡，当时第一乡乡理事孙润生、第五乡乡理事纪海鹏直接出面调解，对双方做说和工作，总算平息了一场纠纷，没有形成官司。

（成学炎整理）

邹平实验县第七乡姚家村训练壮丁纪实*

张为春

姚家村隶属邹平实验县第七乡（现在韩店乡）。按照邹平实验县训练壮丁的指令，从1935年开始，组织壮丁进行军事训练。其具体做法是：首先由县、乡训练会员。姚家村先后选派我和释修勤、释春和、邢传忠4名青年分别到山东乡村建设研究院训练部和分设在第六乡小店村的调练分部接受军事训练。经过县、乡训练的人员，称联庄会会员。会员们身着蓝色军装、军帽，下缠绑腿，腰际束一条皮带（武装带），手持土造步枪或汉阳造钢枪。我们回到本村后组成了姚家村训练壮丁的中心，担任教练员，负责组织全村壮丁的军事训练任务。

姚家村很小，当时只有50户人家，18—30岁的青年共21人。由村理事（即村长）会同4名军事训练教练员把他们编入壮丁花名册，编成班、排，然后由教练员组织训练。训练时间集中在冬春两个农闲季节。训练内容和方式，按照具研究院训练部制定的训练大纲的要求进行。早上，由司号员吹起床号，闻号音立即起床，到村头大场院里集合，由教练员到场进行整队、跑步、队列教练。傍晚再次集合进行队列教练，其课目主要是整齐报数、四面转法、行进步伐、操枪瞄准，射击要领等军事动作和知识。当时只有4个教练员有枪支，壮丁们只能用教练员的枪支，几个人一组，轮流操练，在队列行进中唱进行曲。晚上，壮丁们进夜校读书，借用姚家村小学校的教室，由村小学教师任教，1935年韩志斋老师任教，1936年释振声老师任教。以杨效春主编的《乡农的书》为课本，壮丁们人手一册。有时读报纸，讲新闻，讲解学校墙壁上的挂图（防空知识挂图、我国

---

* 此文原载于《梁漱溟与山东乡村建设》，山东人民出版社1991年版。

被列强侵占国土的地理图等），以此激发壮丁们的爱国主义思想。姚家村派人到周村给壮丁们统一购买了黑色绑腿、毡帽。

联庄会的主要任务是乡村自卫、防范。姚家村在村中心盖了一幢房子作为联庄会值班巡逻人员聚集处所，每天晚上抽5个人组成打更巡逻队，绕村巡逻打更，如发现情况（小偷、水险、火警等），立即采取措施制止或扑灭，或者鸣号集合全村壮丁们起来应付情况，捕贼灭灾。结果几年间，社会秩序较为安定，小偷蟊贼基本上绝迹。

（张振龙整理）

邹平实验县第二乡乡学*

耿巨吾　宋一平

一　第二乡概况

乡村建设研究院时期的邹平实验县第二乡，即现今的青阳乡。改乡以前是邹平县第二区的一部分。原二区韩坊一带改为第一乡，冯石一带改为第三乡，青阳一带改为第二乡。

第二乡有19个自然村，行政村是17个，即：陈家、化庄、徐家、郭庄、东阿陀、耿家、刘家、马埠、浒山铺、钟家、贾庄、代庄、辛立、韩家、青阳店、西阿陀、西董。杨家泉归西阿陀、山坡归浒山铺。

第二乡东西南三面环山（总称长白山），北面是湖，原叫浒山泺，有史以来就积水成湖。除山岭湖泊以外，可耕地面积2.4万余市亩（土地陈报数字）。第二乡那时人口近1万。区改乡以前，青阳店有个区公所的派出机关，设在村北头真武庙内，挂着牌子“邹平县二区保卫团青阳店分局”。局内文职官员是刘来亭（刘家庄人），武职队长是刘介臣（钟家庄人）。行政村内，村有村长、闾有闾长，全乡较大的行政村是青阳店、西阿陀、刘家庄，当时人口各在两千左右。最小的行政村是贾庄、代庄、辛立三村。各村都有小学，唯贾、代、辛三村合设一处小学。青阳店有区立高级小学一处，归县教育科管理。

1933年夏季区改乡后，乡设乡学，村设村学，完全按梁漱溟先生乡建理论中《乡学村学须知》搞的组织。乡学、村学就是视一个乡、一个村为一个学校。组织有学长、学董、教师、学众四部分。乡学、村学均设学董

---

* 此文原载于《梁漱溟与山东乡村建设》，山东人民出版社1991年版。

会，5—7 人组成。第二乡乡学学董 7 人，即：赵鸿钧、赵增之、刘子丰、刘复元、张香坡、王新三、王庆熙。乡学董会的常务学董即是乡理事，由县政府礼聘加委。乡理事是赵增之，任期 5 年（1933—1937 年）。

乡学是“政教合一”的组织机构，包括行政、教育、农村武装自卫、卫生事业以及各种合作社。第二乡乡学以青阳店为乡学所在地，是因为青阳店从 1931 年就设立区立高级小学一处，校舍 20 余间，是由青阳万寿寺高僧相亭捐献良田 30 余亩，经青阳店开明士绅王子明先生与小学教师王庆熙先生操办的。加上万寿寺佛殿僧舍的 50 余间，可为乡学所利用。1931 年 7 月招收第一届学生 50 名，至 1933 年 7 月毕业。1933 年 8 月改为第二乡乡学高级小学部，学董会学长由本乡德高望重的人担任，第一任学长是西阿陀赵鸿钧先生，任期是 1933 年 8 月至 1934 年底。第二任学长是耿家庄刘子丰先生，任期是从 1935 年春至 1937 年 11 月日军入侵。

乡学设辅导员一人，辅导全乡的一切事宜，是研究院直接派出的巡视人员，监督乡学、村学的一切，相当于乡顾问、导师、参谋长，权力最大。第一任辅导员叫张象坤，又名张次乾，寿光县人。任职从 1931 年 8 月至 1933 年底，后调任 12 乡辅导员。第二任辅导员叫许之华，又名许粹年，莱芜人，任期从 1934 年 2 月至 7 月调回研究院。第三任辅导员叫吴绍文，绥远省人，任期从 1934 年 7 月至 1937 年 11 月。

乡学设助理员一人，是乡理事的助手，第一任助理员是赵华南，西阿陀人，系研究院训练部毕业生，自 1933 年任职至 1934 年底，后调任青阳店村学教师。第二任是高镜塘先生，耿家庄人，从 1935 年 2 月任职至 1937 年 11 月。

乡农自卫队队长是王允甲，又名王乙青，西阿陀人；副队长杨守河，字星源，韩家庄人。此二人均系研究院征训队学员，专学军事、农村自卫、社会治安事宜。结业后被委任第二乡乡学自卫队正、副队长，自 1933 年冬至 1937 年 11 月无间断。

乡户籍处主任叫胡明五，邹平南关人，也是征训队学员，结业后从 1934 年夏到青阳乡任职直至 1936 年春天。

乡学卫生所主任是夏若之，肖家庄人，中级卫生学校毕业后参加邹平县卫生院工作，被分配到第二乡乡学任卫生所主任，从 1935 年至 1937 年

11 月任职。在卫生所实习的医生有王印堂、张玉兴，是县卫生院培训的医生。

第二乡乡学全部机构于 1936 年夏季由青阳店万寿寺搬往醴泉寺，究其搬迁原因有二：1. 青阳店当时叫青阳镇，镇长王××是全镇权势代表，思想守旧，利欲熏心。镇上有乡学就显示不出他镇长的权威身份，他是坐地虎，从政务及私人关系方面与赵增之有些矛盾，一时不能解决，赵不欲和他较量。2. 赵敬仰范仲淹的好学精神，醴泉寺范公祠等庙宇宏伟，房舍较多，足够乡学全部机构住用，所以他主张把乡学迁往醴泉寺。

二　第二乡乡学高级小学部概况

1933 年 8 月青阳店的高级小学改为第二乡乡学高级小学部。原区立第一高小毕业生还有 17 人要求留校复习功课，准备继续升学，称为乡学第一级学生，由张象坤、赵增之、赵华南等老师辅导，基本上是自学辅导，复课一年后基本上全部升学。

1933 年 7 月招收第二期新生 50 名。第一任教务主任张永芳，又名张渭南，南陈村人；教员有何绍源，绥远省人；赵子玉，菏泽人；赵仁村，邹平西关人。以上 4 人于 1934 年 7 月均调出青阳任其他工作。第二任教务主任是苏达三，原名苏学德，泰安大汶口人，教员常运五，莱芜人。他二人系研究院训练部学员，从 1934 年夏至 1937 年 11 月任教，直至日军入侵才离开乡学。

1935 年 7 月乡学第二期学生毕业后，招收高三级学生 50 名，1937 年 7 月底毕业。同年 8 月招收第四期高小生 50 名。高四级学生在醴泉寺学习 3 个月后即逢日军入侵，乡学被迫解散。

学生在校期间，对乡学的教职员一律称老师，当时这些老师在学生心目中都是可钦可敬的。

乡学高小部学制是 2 年，即小学的五六年级。课程设置：国语、算术、公民、自然、历史、地理、卫生、音乐、体育、美术。每天 6 节课，按时作息。并建有严格的点名、考勤、备课、请假、会议等制度。学校纪律较好，学校教育质量较高，倍受群众赞扬。

关于乡学工作人员的工资情况：乡理事、辅导员的工资最高，每人每月银元30元。乡学教务主任每月25元。乡学、村学教员、助理员每月20元。乡队长、卫生所主任、户籍室主任每月20元以下。小学教员分3级：一级每月18元，二级每月15元，三级每月12元。工资薪金由乡学开支。

联庄会员是抽调集训，轮流值班值勤，只管吃饭无薪金，每月补贴3元。

乡学学长每年由乡财政奉送银元120元以作报酬。学董是名誉职。

三　乡学学董会的业绩

乡理事赵增之是本乡东阿陀人，原名赵守贻，也叫赵永芳，初中文化水平，系研究院训练部第一期学员，研究院称他是优秀学生，深受梁漱溟先生等人的器重，毕业后被礼聘为第二乡乡理事（相当于区长的职务）。他任职以来，忠诚于梁先生的乡村建设事业，立志领导第二乡的人们办好乡学、村学，建设好乡村。他作风正派，善于团结同仁，无旧官僚习气。从1933年夏至1937年秋后，连续5年的时间在以他为首的乡学学董会努力下，第二乡出现了清平的局面，他们做了几件有意义的事：

1. 兴办乡学、村学。根据梁先生关于改造旧中国必须从乡村教育入手的乡建理论，先办好乡学、村学，除上述办好乡学的高级小学部及各村初小以外，还大办农民学校。办农民学校主要是村学教员的事，村学教员不是小学教员，他们都是研究院委派的，是训练部毕业生，象村上的指导员，辅导村学学董会。当时第二乡地区17个行政村，设村学的村庄有9个，这些村都派有村学教员。冬季农闲时节，全村人除老年人外，分编成壮年班、妇女识字班、失学儿童共学处，用选能者为师的办法进行教学。当时任村学教员的有于兴文、张景文、孙子玉、吴其昌、肖永福、赵华南、赵子玉等。

初小教员受村学教员的领导，初小教员也在农民学校成人班、妇女班上辅导课，并组织四年级学生办儿童共学处，实行小先生制，这是从陶行知先生那里学来的。

2. 兴修水利。30年代的第二乡，山地常年遭旱灾，洼地则经常遭水灾。治旱主要靠打井灌溉，提倡打水车井。乡学管财政的人从县金融流通处贷款，每井200元现大洋。第二乡贷款打井者30余家，连同私人自己出钱打井，共打水车井60余眼。在干旱时节起了一定的作用。

第二乡遭水灾多，浒山泺长年积水成湖，东起浒山铺，西至芽庄，长约10华里，南北水面近5华里，数千亩良田长年浸在水中。乡理事写呈文请研究院和县政府设法挖沟顺水，将湖水导入小清河。呈文引起梁先生和王怡柯县长重视，立即转呈山东省政府主席韩复榘请求批复，韩批复动工挖杏花沟，经过两年两次动工挖成。挖杏花沟对第二乡一带农民最有利，但挖修的阻力很大，首先是长山县长不让通过长山县境，再者是邹平北部几个乡怕水淹不同意挖，邹平东南部几个乡不愿出工挖等。其间经过梁先生与王县长费心努力，并争得韩复榘支持，派第三路军两个师协助，才挖通了杏花沟，给第二乡一带增加了数千亩良田，浒山泺的湖底成了第二乡的粮仓。

3. 植树造林。赵理事非常关心青阳一带山区造林，在冬春之时与各村理事研究制订造林计划，从1934年春开始造林。1936年春，组织乡学学生到醴泉寺范公祠南，造了“范公纪念林”，植松柏6000株，亦称“少年林”。日军入侵以后，历经战火，全被破坏。

4. 办各种合作社。研究院和县政府提倡办各种合作社，有美棉运销社、庄仓社、信用社、蚕业社等。引进良种斯字棉，产量高于本地的小木棉，农民得利不小。

信贷社会乡有8处，与县金融流通处联系低息贷款给农民，用于支援打井等生产事业。贷款必须联保，即以组织的名义，或结成团体才能贷款，私人贷款不给。贫困之家如不能取保，不参加合作社就贷不到款。

5. 办户籍处，禁早婚、缠足。旧社会乡村人口没有确切数，全是估计数。研究院建立后，才开始组织清查人口。户籍处主任胡明五到职后就组织各村理事、小学教师及有文化的人普遍清查户口，新生死亡者登记造册，青年结婚也要进行登记。县政府规定男女青年不足16周岁者不允许办结婚登记。首先在乡学学生中推行。当时乡学禁止早婚抓得很紧。记得乡学学生刘××、李××，不办结婚登记自行结婚，乡学把他们的家长拘留教育，令其退婚。这对废除早婚习俗起了很大作用。

女孩缠足在青阳地区特别普遍，为禁止缠足，组织乡学学生及各村小学学生上街宣传放足。先进行教育，然后按乡户籍室登记名册挨户清查女孩放足的情形。如有不放或再缠等情况就严加训斥，并反复查禁。

6. 办卫生所。青阳当时是有名的落后地区，巫婆盛行，庸医杀人，群众迷信，百姓受很大苦难。特别是旧法接生，小儿死亡率很高，有些人家贫病交加，苦不堪言。县里办起卫生院，乡里办起卫生所，提倡讲卫生，减少疾病，病人不再上庸医、巫婆的当。各村村学、小学教师及爱好医学者建立卫生箱，当时各村都有卫生箱。有病人就动员他到乡卫生所去看病。卫生所特别注意培训新法接生人员，每村 1 人至 2 人参加，学习新法接生。

7. 重修范公祠，兴建乡学校舍。第二乡乡学学董会以赵增之为首，组成重修范公祠募捐委员会，在全省内发起募捐。由梁先生协助，旧山东省府即捐得 2000 余元。韩复榘捐银元 500 元，各厅长以下皆有捐款。梁先生捐银元 100 元，研究院、县府机关，政、教、工、商各界以及社会名流，共募集银元 5000 元以上。经过一年多的时间，将醴泉寺范公祠、大佛殿、乡学校舍计 100 余间房屋重新修整，焕然一新。并为唐代高僧“志公碑”建了碑亭（志公碑建于唐代开元二年）。

8. 办其他事业。当时社会上还有吸毒贩毒者，吸海洛因、鸦片的都有。先向吸毒者进行教育，禁止吸食，对贩卖者实行严禁，不听劝阻者送到县里究治。

另外还大力宣传科学种田，发展多种经营，如养蚕、养蜂、养牛、养羊，选用农场优良品种，饲养者都得到了好处。

乡学、村学在第二乡作了不少有益于人民的事情。但由于总体上走的是梁先生改良主义的道路，因而不能从根本上解决问题。日军入侵后，兴旺一时的乡村建设即告解体。

忆邹平实验县第十二乡乡学*

卢资平

1934年，邹平实验县第十二乡乡学设立在邹平北部的辉里庄，它的前身是邹平县第六区辉里镇镇立高级小学。全乡所属大小自然村16个。梁漱溟先生讲，乡学是一个团体组织，而这处乡学就是这个团体组织的中心枢纽，引导全乡乡民齐心向上，求进步，走自治合作道路。

乡学概况

清朝中盛时期，辉里村大族李姓先后出过知州11名，知府16名，知县20名，为此荣膺“五子登科”“兄弟同榜”两匾及退仕返里晋京赴宴的“千叟宴”九龙匾一架。乡学就设在辉里庄南首远近闻名的“五子登科”宦家住宅。

乡学校门坐北朝南，古老而庄严，外悬“五子登科”巨幅横匾，内挂“兄弟同榜”和“进士”两匾。自校门内向北约50米的墙上，挂着“山东省邹平实验县第十二乡乡学”校牌。学校分东西两排院。西排前院是乡理事、辅导员的办公室、寝室和教室，北大厅教室的前托厦下，横悬着山东省主席韩复榘为研究院举行全县农业展览会赠送给乡学的一架黑底红字大木匾，上写“地不爱宝”四个大字。大厅圆柱上挂着刘墉写的一副白底黑字木刻对联：“风来花自舞，春入鸟能言”，上款书“葛峰嘱”，下款是“刘墉石庵”，这是送给辉里村李葛峰的。中院是乡队部、户籍室和教室。再往后有旧式砖楼一幢，一楼是阅览室，二楼是教室。楼前的大操场是学

* 此文原载于《梁漱溟与山东乡村建设》，山东人民出版社1991年版。

生开会、朝操和晚会活动的场所。后院是卫生室、教室、夜校、贫儿夜校教室。在卫生室的北面有一石碑，是为纪念该村20年代末期全村村民集资兴学而建立的，上面镌刻着梁漱溟先生亲笔题写的“共成斯举”四个大字。后院是靠东西大街的后校门，这在当时是全村比较新式的大门。东排院前院是伙房和会计室，后院是房主家的祖先神主房，常年不开。

校门靠东路南，是旧房主的马厩，后被开辟为乡学的体育场。体育场的北面是新建的乡学大礼堂，礼堂可容纳四五百人，供乡民集合开会使用。

乡学的组织

各村选出的学董组成乡学学董会，再由学董会选出的常务学董3人组成乡学。乡学的常务董事是：德高望重的李北辰（辉里村人）任学长；办事能力较强又富有事业心的刘佩三（东郭村人）任乡理事，负责与各村学董联系；襄助乡学各项工作的是于月庭（于何村人）。上述3人中，只有乡理事一人住校并享受工资待遇，主持乡学一切行政工作，其他两人既不住校，也不支付工资，只发给少量生活补助。教导主任李会堂（辉里村人）负责全乡教育工作，但重点是管理乡学。此外还有辅导员1人，先后由张振之（新泰县人）、刁伟民（肥城县人）、李菊轩（寿光县人）担任。他们都是研究院的学生，由研究院推荐，县政府委任。辅导员的责任只从侧面引导，监督乡学中的一切工作，主要掌握乡建政策的正确贯彻，他们是整个乡学中的灵魂人物。乡学是乡建理论中所讲的“政教合一”的新型组织。

乡学的活动

1. 乡学中的教育。乡学中的正规班有初级、高级各两个班，学生共有200名左右。初级班学生大都来自本村，是复式班。高级班学生来自全乡，是单式班。课程基本是当时全国通用的，如国语、算术、史地、自然、体育、音乐等。所不同者是教材可以根据需要自己编写，如新闻消息，乡建活动，精神陶炼，人生向上等。此外还采用各类教育形式，如编写乡土教材，唱植树歌，农夫歌，放足歌，戒烟歌，吃饭歌，朝操歌等。朝操歌的歌词是："淡淡的阳光照着，空气清且新，英伟的少年，兴起壮志定乾坤，好兄弟，好姐妹，大家有精神，一堂欢聚，来过这美好的清晨。"课外活动时间，经常由教师带领高年级学生，通过演讲办黑板报、喊口号、演活报剧等形式，宣传男子剪发、女子放足，禁止早婚，破除迷信，新法接生等。通过这些活动，学生不但巩固运用了课本上学到的文化知识，还对乡民进行了宣传教育。

定期的乡农学校培训。每年冬春两季，在乡学中轮流训练各村 18 岁至 40 岁的男子。乡学教师任文化课，乡队长任军事课，辅导员、乡理事、学长分别担任乡建知识、识字明理和时事新闻等课程。

冬学。每年冬季，在乡学后院的北教室开办冬学。晚饭后，辉里村的男女老幼均可参加。绝大多数是男性成年人，妇女很少。原属长山县的辛集、杨家两村青年，也有自动前来参加的，一个班最多时达七八十人。课本以《乡农的书》为主，全书 100 课，每晚一课，一冬学完。教师是乡学初级部老师，县里派来的冯新亭、侯景韩两位老师也来上课。有时，研究院的高赞非来讲合作，一位姓邢的教武术，郝营州老师还教乡农织棉线袜子。

2. 乡队部。乡队长李益三（辉里村人），负责全乡治安和训练联庄会员工作。1932 年至 1934 年，我在乡学任教期间，记得有三次防匪治安事件：第一次，有一夜得知第十一乡乡学以东发生情况，第十二乡乡队立即会同第十一乡乡队联防，抓获了一名在公路上抢劫自行车的坏人；第二次，是在小三户村北发现一名骑自行车的匪徒，乡队长立即率车子队前往追去，匪徒见势不好，弃车潜入青纱帐逃窜，车子队获自行车一辆，后来县政府将车子奖励了乡队部；第三次，一名韩复榘驻齐东县台子部队的逃兵，妄想敲诈学长李北辰，被乡队察觉，当即逮捕送县府。

全乡联庄会员每月一次集中于乡学，举行会操和打靶演习，并带领吸毒者去接受检查，当众焚毁烟具，对吸毒者戒清的表扬，继续吸的打板子。那时仅辉里一村就有烟枪三四十支，经过乡队查禁，大半年时间基本禁止了。在乡队的检查、督促下，剪辫子和放足也取得了一定成效。仅半年时间，男子全部剪了发，20 岁以下的妇女都放了足，小女孩不缠足了。禁止早婚虽有成效，但不彻底。乡学师生和乡队还为配合这些工作，自己编演了《戒烟歌》《回头是岸》《一个眼的大闺女》等歌曲、剧目，在乡校中演出。

3. 户籍室。乡队副何镇藩（曹家村人）任主任，李海亭（由里村人）、王田学（五户村人）任户籍员。全乡人口生死变化，外出迁入等情况，每晚用电话向县府户籍处汇报，每旬一次总报。另外也配合乡学做剪发、放足、禁毒等社会工作。

4. 卫生室。卫生员张升符（大三户人）、刘镜堂（13 乡人）负责全乡乡民防病、治病，只收药费，不收手续费，并建有病历档案。每逢辉里村三、八大集，乡民来看病的很多。卫生员常趁乡民赶集的机会，向乡民宣传卫生保健知识。此外，还为各村培训了一批新法接生员，降低了婴儿死亡率。

5. 乡调解委员会。由辅导员、乡理事、学长兼管委员会的工作，主要调解各村调委会解决不了的各种民事纠纷，尽量使其不成讼到县。

结　语

由于乡学的建立和开展活动，使得乡村的各种工作都有了不同程度的提高，尤其是生产、教育、治安、乡情民俗、人际关系方面成效较大。那时辉里村的村民，确实比邻近的辛集村、杨家村的活动得多。辛集、杨家两村原属长山县，与辉里村相距不足一华里，乡民无事可做，而辉里村则不然。秋后场院门一关，每天天不亮，全村青年、联庄会员集合列队，满街跑步，喊口号，作操、唱歌，学生上朝操，开朝会，鼓号齐鸣，十分活跃。白天，联庄会员训练，共学处儿童在街头、巷口上课，操练声，唱歌声不断。晚上，村里锣鼓钟声齐鸣，通知村民上夜校，学校里学生上晚自习、开会，热闹非常。到 9 点钟，村民才能安静入睡。当然，也有些老年人看不惯。但是，乡学毕竟是想让人学好、向上、求进步，所以许多人还是愿意接受和欢迎的。

简述邹平实验县第十三乡乡学*

王峻明

现属高青县的花沟乡一带，30 年代是邹平实验县的第十三乡学。我曾任该乡乡理事多年，今将旧事回忆如下，供大家参考。

一 我被选为邹平实验县第十三乡乡理事的过程

我生于 1911 年，今年 80 岁。19 岁那年，我担任花沟镇镇长（相当于村长）。1933 年我 22 岁，即任第十三乡乡理事。乡理事是选举产生，选举时先从各村镇长中选出候选人，然后参加选举。十三乡选举地点是在乡学民众大礼堂。我当时年轻，文化水平低，并不想担任这一职务，但最后还是选中了我。在选举过程中还发生了选举事件，并牵扯到邹平实验县和研究院的上层人物梁漱溟、徐树人等人。事情是这样的：

当时，十三乡有个人叫刘书林，他曾在山东乡村建设研究院学习过，后来曾任十三乡乡理事，人们称他为研究院派。选举前，徐树人等人前来参加，并希望刘书林当选。但选举结果，刘书林的票数只占总票数的 35%，我的票数占总票数的 65%。这时，有人从中舞弊，颠倒黑白，说我的票数少，结果刘书林当选。为此，地方人士十分气愤。选举人中有一个名叫王明斋的一声喊："打了吧！"一时众人起哄，砸了票箱，烧了选票，打了徐树人县长等人。混乱之中，徐树人等人骑着马走了。

徐树人回县后，马上向梁漱溟作了汇报，约在农历七月初六的上午，梁漱溟乘汽车来到了邹平十三乡驻地花沟镇。午饭后，他叫人借来了苇

* 此文原载于《梁漱溟与山东乡村建设》，山东人民出版社 1991 年版。

笠，粗布裤褂，布鞋布袜等。完全是一副老农民的打扮，进行私访。他先到了花沟西的任马寨，找到了一个拾粪的老农民攀谈起来，然后又转到吉祥、杏行等村。他接触的人，有老人，有青年，也有妇女。梁向他们询问了选举情况，有的说知道，有的说不知道。梁也了解了我在当地的为人，前后共访问了三天。第四天上午才回到乡学驻地，从花沟裕盛德饭庄，订了35桌菜饭（菜饭费用由省研究院经费中开支，不给地方增加负担），召集各村长、教员等近400人，其中也有妇女，还有他访问的部分人员，共进晚餐。然后，梁把南乡北乡的人员搭配编组，每组五六人不等，由梁漱溟亲自主持，当晚进行选举。一直选举到夜间12点才结束，结果百分之百的选票投了我。选举结束后。梁漱溟当夜找我谈话，对我说：你很得民心，大家选了你，你认为怎样？我说我年轻，没文化没经验，很难担任乡理事工作。梁漱溟说，民众选你，说明你有长处。还说："匹夫能治田百亩者，必有过人之才。"又鼓励说："晋甘露十二岁为宰相，石敬瑭十八岁拜将登台，皆少年英才。你也是有才干的年轻人，就不必推辞了。"第二天又召开了全乡村理事大会，我在会上仍旧推辞，在大会上又通过举手和喊口号表决了一次，大家一致同意。我无法再推辞了，遂发表意见表示接受任职。梁漱溟说，好了，明天回去就下委任状，以后工作中有什么困难可直接找我，我是全力支持你的。从此我当上了邹平十三乡的乡理事，一直担任到七七事变。梁漱溟在邹平时期，由于他对我的信任，支持我的工作，我与他结下很好的友谊。以后我每去县城开会就去看他。

七七事变后，梁先生离开邹平，很久没有见面，一直到建国前，我在淄博经商，有一天，当时的淄博市长刘矫非，突然来邀我说："梁老师来了（刘矫非曾是山东乡村建设研究院的学生），我们赶快去看看他。"我们急忙赶到淄博西北面的赵庄，见梁漱溟乘的直升机刚要准备起飞。匆忙中，我们与梁老师谈了10分钟的话。他关心地问我现在做什么？我说经商开商店，他问我此处有亲友吗？我说举目无亲，个人奋斗！他再没说什么，随后登机挥手起飞而去。

二　邹平实验县十三乡乡学的建置

十三乡的乡理事，在我之前已有几任：李成德、刘书林、禚敬斋等，但他们都任期较短。乡助理先后有刘子连、王祝三等人。乡学学长先后有李幼山、禚敬斋、岳炳南，任期较长的是岳炳南。乡里还设有户籍处，任务是管理户籍、婚丧嫁娶、出生死亡及户口迁移等。

全乡共有57个行政村，村村有村理事。村以下设有闾（25家为一闾，闾以下设邻，每5家为一邻），闾有闾长，邻有邻长。花沟、田镇称镇，设镇理事。乡里设有民众大礼堂，每有大事，全乡民众代表，在此开会议决。另有稽核委员会，由各村村理事兼任委员。乡理事是该会的主任。任务是预算决算全乡每年的经济收支。

县里规定乡理事每月一次到县开会，任务是各乡理事对县长叙职（汇报工作），同时县里也通报情况，布置工作。乡理事到县开会，伙食费一天补助三角（或称三吊），相当于现在人民币5元。请客吃饭个人开支，“贪小利者不成大事”，大家甘心公益，出差开会按规定报销不贪小利。

三　十三乡的军事组织及地方治安

十三乡有乡队长4人：吕树武、刘玉堂、赵福臣、贾子久。他们中有的是由乡保送到县，经训练回来任职的；有的则是县直接派来的。这些人是乡武装的负责人，但真正负全乡责任的还是乡理事。全乡有两个中队，人人有枪，身着蓝色军服。全乡经过受训的武装人员约1000人。这些人常住乡学驻地，每月打靶一次，作为军事训练演习，成绩优秀者获奖。他们的任务是维持地方治安，同时也是为了备战。实行寓兵于农的政策，人人皆兵，村村皆营。花沟北首有一座镇武庙。就是乡常备队的营舍。

乡队长负责组织全乡各村壮丁进行训练，规定年满17—20岁的青年必须参加训练。各村适龄应训青年，每天早晨上操。各村定期从青壮年中，抽精干者2—3人去乡学训练，训练返回为乡队骨干，一旦有事，马上集合。此项工作由县派来的辅导员进行指导。训练是严格的军训，记得有两件事：我村有一个青年经常出操迟到或不到，屡教不改，并素有劣迹，族人、家长已无办法。乡队长于出操训练时数其劣迹，当场责打军棍40。事后该青年的家长、族人对乡领导人表示感谢。又有一次，一青年上操迟到5分钟，县大队长谢绍周罚他在操场下跪。时值隆冬，大雪纷飞，平地积雪盈尺，这个青年的家长跑来找我说情，但谢绍周却坚持惩罚。我责备谢绍周对青年不先进行教育就施以重罚是不对的，“不教而诛为之贼”，让谢将青年释罚归队，中间发生争扯，他甩手骑马回县向梁漱溟报告。后来梁漱溟召我去县，问明原由，我如实报告谢绍周不教而诛之残忍，违背对民众以教育为先导的主旨，梁听后深为赞叹。县里派来的这位谢绍周队长，经常在全县巡查指导，也不断到十三乡来。不知者，说他不徇私情为人正直，但我则认为他是位酷吏，人们私下称他为“谢阎王”。

四　十三乡的文化教育

十三乡只有一处乡学，学制二年，村学四年毕业即可报考。乡学也招收女生，男女同校同班，这在当地是前所未有的事，打破了妇女不得与男性平等受教育的陈规陋习。当然由于乡民们思想上不够解放，报名读书的女生只有六七名。

十三乡乡学校，共有三届毕业生，其中有不少后来成为八路军的重要干部。如：王治平投马耀南参加黑铁山起义，后任华东局第一政委、参谋长等职务。王秀前参加淮海战役，后在黑龙江北大荒任团长职务。高登甲随大军南下，任团长职务。还有贾在同、毛廷辉、宋保三、贾巨川、韩朝贵等均为老革命干部。一时记不起来的还大有人在，其中有的人就是我送他们投向革命的，这也应当说是十三乡乡学对革命的贡献。

那时乡学校每天早晨有朝会，朝会时首先列队举行升国旗仪式，然后学校领导人讲话。我作为乡理事也常去讲话。讲话内容无非对学生进行教育，内容大多是：求学不忘治国，治国必先始自乡村建设，国治源于农村。对学生也进行时政教育，如当时发生的“西安事变”，“宋哲元抗日”。也讲日本对我国蚕食鲸吞，抵抗日本保卫国家。也讲修身治国平天下，也讲博爱，天下为公，世界大同。这种形式对农村青年教育效果很好。

村学。当时十三乡有57个行政村，80处小学。乡里有教育辅导员，县里有督学，定期去各村学检查教学工作。各村学自聘教师，但所聘教师必须经过县教育部门鉴定，合格者方可聘用。全乡各村学每年春季集中于乡学驻地举行学生讲演、体育等各种文化课目表演观摩大会。藉以促进教师教学、学生学习的积极性。

夜校。各村学设一处夜校，对成年人进行教育。各村学教师每天晚上讲课两小时。这种夜校，除进行文化教育外，还进行时事政治教育及道德教育。

识字班（又称共学处）。各村学每次派一二位学习较好的高年级学生对识字学员进行识字教学，教育对象是文盲或半文盲及无力上学的少年儿童。农闲时间或午休时间，在村头、街头树下挂块小黑板即可进行教学，男女老幼皆可参加。

报纸。邹平实验县出版县公报，刊登政府命令、文教改革、财政金融、国际国内新闻、乡建理论、乡规民约、移风易俗、好人好事等。自1932年开办，1935年曾扩大版面。为了使重大消息能及时传播，有时也出版“号外”，如：“西安事变”、“七七”事变、“八·一三”抗战、上海“七君子”被捕下狱等，都有号外。1937年12月，因日寇入侵而停办。

五　农业生产及土地陈报

为了提高农业产量，当时提倡学丹麦、学日本。记得有一句口头禅说：“效法丹麦发展农业，建设乡村救中华。”因为棉花是经济作物，尤特别提倡种植。实验县成立了“梁邹美棉运销合作社”。总社设在孙家镇，十三乡设有分社。从西方引进优良品种，名叫“脱里斯棉”，其产量、质量都居全国之首。为鼓励农民种棉花的积极性，实验县向农民发放低息贷款，一年两次，年息8厘。当时农村私贷也有，以元为单位，是2—3分的利息。实验县政府的贷款利息比私人贷款低得多。还根据棉花产量的高低，进行奖励，在县城开展览会，分甲、乙、丙三种奖励。奖励品有银盾、银瓶、字画等。展览会上还展出农具的改良及创造发明。十三乡任马寨张仲孚发明了两个头的耕锄，工效提高一倍，得过一等奖。花沟王云章发明插砘子，这种砘子，既能震碎板结的地皮，又伤害不了小苗，方便得很，得了甲级奖。

发展水利。主要是打井和挖沟。为了提倡打井汲水灌溉，县府备有凿井贷款。1935年自春至夏数月不雨，人心焦急，县里推广打井，解决水源。县府发放的贷款，一律无息贷出，以资鼓励。实行这项抗旱措施，十三乡获益匪浅。

挖沟。主要是挖杏花沟。杏花沟是横穿邹平中部的东西河道，其下游宣泄不畅，工程量很大，又加这年天旱民困，工程分两期完成，第一年开宽，第二年落深。开挖时韩复榘曾派兵一旅前来协助，每月民夫平均有上万人，逾时两月，第一期工程才得告竣工。为了开挖杏花沟，还引起了上游浒山铺湖区一带群众的闹事。浒山铺湖区的种藕业，是当地民众的一项较大的经济收入。部分民众担心杏花沟挖通后，湖水下泄畅通，湖水浅少，影响藕的生产，因而聚众阻止。后经县政府派人作了深入细致的工作，说明挖沟不会影响藕的生产，小局要顾大局等，方平息闹事，工程得以顺利进行。

提倡发展优良牲畜品种。县农场向十三乡推广的优良牲畜品种有波兰牛、波支猪等。波支猪每只可长500斤。为了推广优良品种，农民到农场配牛，配猪不收配种费。

土地陈报。就是让各家各户将自己所有的土地，向政府陈述报告，政府按其所陈报情况，进行核实、清查、登记、定税。实际上是对农村土地的大清理。当时在土地问题上，存在着多年积累下来的种种弊端。那时土地是私有制，有的人有地无粮（地税），有的人名下有粮而无地；有的人好地轻粮；有的人劣地重粮，有的地多粮少；有的地少粮多。这就造成了纳税的极不合理，农村常因地税不公酿成事端。这种状况，既影响农民的生产积极性，也影响了政府对赋税的征收，这是社会治安的不稳定因素。但这一问题，牵动着全县千家万户的实际利益，所以解决起来难度大，费事多。梁漱溟决心解决这一问题，事先作了充分准备，县里成立了“土地陈报办事处”作为解决土地问题的专设机构。同时又成立“调解委员会”，专门解决土地陈报工作中出现的纠纷。十三乡土地陈报的专职人员有5—7人。调解委员分布于四乡各地，有问题就地解决。另外还专门训练土地陈报员，这些人大都从农村选拔，经过实验县较长时间的专门训练后，担任土地陈报工作的骨干。土地陈报从1937年春开始，先由县派陈报人员到各村，配合村负责人，挨户实地勘查。各户的土地，每块都经过丈量，插牌画地形图，标明亩数和四邻，按土地肥瘠划为上、中、下三等，按等级确定上交银两。上地四亩一两银子；中地五亩一两银子；下地六亩一两银子。

还有一种特别类型的土地。如花沟南乡官庄一带的土地称“官庄地”，粮称“官庄粮”。这是历史上多年遗留下来的问题。这里的土地原来是无粮地或轻粮地。有粮地是28.5亩一两银子，这里的土地税，比其他地方的土地税轻得多。经过土地陈报以后，全乡统一对这些官庄地进行合理的统一定税。但就在这一年（1937年），“七七”事变发生，日寇入侵未及完成。

还有一种“落星村”的土地。“落星村”是单独一个村，像孤岛一样，坐落在邹平辖区之内，但不属于邹平县地方行政管辖。如花沟南乡的曹家坡，在行政上属齐东县管辖，却坐落在邹平境内。这一类不在土地陈报之列。还有一种是属于邹平十三乡的行政村，但坐落在其他县的“落星村”，如花沟北乡的石槽村，它行政上属邹平县十三乡管辖，但却坐落在周围，是青城县的辖区之内。这一类既然在行政上属邹平十三乡管辖，因此也就在土地陈报之列。

这场复杂而又困难的土地陈报工作，经过较长时间的努力，虽也有官司纠纷，但总的说是比较顺利的，而且收到了较好的效果，解决了很多多年的积弊。但终因日寇入侵不得已而中辍。

六　工业、商业、金融、物资交流

工业。那时就全国来说，工业水平很低，邹平十三乡也无甚工业可言。有的只是个体小手工业，如木匠铺、铁匠铺、染坊、油坊、轧棉花等。各行各业，有的还有行会组织。这些人中有许多能工巧匠，对农民生活和生产服务，甚为方便。

军工业。这是一项特别的工业，是配合军事组织而进行的。研究院号召各乡学兴办军工，有的乡学合办，有的乡学单办。为开展这项工业，我们从章丘县聘来了四十几名铁工，建立了兵工厂，厂址设在花沟三村。该厂造出来的枪支，供武装乡队员使用。同时也分给各村联庄会员使用，以维持地方治安。那时规定二两银子一支枪，每支枪随带50粒子弹，全乡共造1300支枪，枪名“仿汉阳造”，连发30粒子弹不坏。打枪练习和打靶试枪时，事先贴出安民告示：“乡民勿惊！”该厂也造马拐子枪，这是骑马用的一种较短的枪。还生产一种单打一枪，每次只发一粒子弹。

商业。花沟有各种小商小贩，布商、棉商、杂货商、药店等。县里有商会，各乡学有分商会，十三乡的商会会长就是我。当时全乡商号大小有六七百家之多。其中花沟我家的“永泰成”、花三村李子明的“德信成”较为兴旺，远近闻名。

商业税收。政府只收烟酒税，其他货物有的只贴印花，也算是一种税务。以我的记忆，花沟全镇每年向政府所交商业税，约35—45元。

金融。十三乡有“金融流道处”，向全乡民众发放贷款，村负责人作保即可贷出。贷款利息，比农村私贷利息低。

当时，还允许私人开设钱庄出纸币，以个人的财产作本位抵押，并向政府呈报批准。呈报时须有两家以上殷实富户作保方可。较为出名的钱庄有：李明章的“太和堂”、宋庭芳、秦子久的“恒丰”，我自己办的“永泰成”等。所出纸币均称“吊票”。一张纸币，票面上印有壹吊、贰吊、叁吊不等的字样，最大的伍吊。一时之间，私票纷出。据我的回忆，十三乡有百来家钱庄票号，但后来因经营不善倒闭者甚多。独“永泰成”的吊票，信用较高，使用时间较长，使用地区较广。

物资交流。每年全乡有几处定期举办物资交流大会，那时俗称“起会”，群众叫“赶会”。过会期间，公家雇一台戏，筹办会的人不售票，赶会的人看戏不购票，在空旷的场地上搭戏台，俗称“野台子”，任人观看。不但白天演戏，晚上也演戏，晚上演戏叫作“看灯戏”。会场由乡队员维持秩序。

雇戏用的钱，由赶会的经商人负担，这种会一般是五至六天的会期。组织会的人称会首，会首派人向来会经商人收税，一般是收经营资金的3%。每会期结束，可收入六七百元。这些钱除用于会上必要开支外，还可用于修学校、铺道路、赈灾荒等公益事业。遇上年景较好，商业繁盛，会期可延长。这种会既方便了当地群众的生活，也繁荣了地方经济。

七　移风易俗，改革不良陋习

梁漱溟提倡“新生活”。新生活的徽标为心图“○”。新生活的内容是：讲清洁，讲简朴，讲孝悌忠信，讲礼义廉耻，讲和睦乡里，团结友爱，守望相助。社会生活，讲究人人为我，我为人人的公德。为政提倡公正廉明。这些都是儒家思想，传统的道德观念。梁漱溟自己身体力行，生活简朴，平易近人。

十三乡各村头标明村名；各村街道标明街名；各村各户的门楣标有门牌。各村主要路口处用大字标明村庄名称，行路人一看便知这是什么村庄，同时也便于记录户口，投递信件，查询人员住处等。

各村夜间有更夫，更夫夜间按时敲梆子。一夜分五更，按更数打点。更夫走街串巷打点时，也负有巡夜治安的任务，防止坏人夜间偷盗。

剪发辫。清朝时，男子留发辫。入民国以来明令废除。但尚有许多思想顽固的人，仍留发辫不剪。为革除此项陋习，政府派人持剪刀于集场会场，发现有留发辫者，冷不防抓住予以剪掉。

禁止缠脚。妇女缠脚由来已久，而清朝尤盛行不止。这是一项摧残妇女的恶习。十三乡根据县里的命令设“放脚委员会”贯彻县府命令，严加禁止缠脚。老年妇女，小脚久缠成型固定，无法再放。但严加禁止青年妇女特别是少女缠足，如有再缠不放者，施以罚款。我家近族二妹，缠足违禁不放，被罚 5 元（银元）。我是乡理事，大娘托我说情，我晓之以理，婉言回绝。

提倡晚婚，杜绝早婚。那时邹平县盛行早婚，十三乡也不例外，小女婿大媳妇。小女婿十一二岁，大媳妇十七八岁。实验县对此陋习严加矫正。此项工作，由各乡户籍处具体管理。政府明令规定，男 20 岁，女 18 岁方可结婚。结婚时需报乡户籍管理处，瞒岁早婚或结婚不报者受罚。当然实行起来，也并非容易，偷婚不报者有之，冒名顶替者亦有之。

严禁赌博、吸毒贩毒。十三乡派武装队员察访，查禁赌博。若有赌博被查获的，第一次打板子，第二次罚款，持续不改第三次被查获的惯赌者，要受政治处分，送县“自新”。“自新”即送县“习艺所”改造，学习一种技能，学成后，以正当手段自谋新的生活。吸毒的人，一经查获，收缴毒具及毒品，如大烟枪、大烟膏之类。收缴的毒品毒具当场当众销毁，轻者罚款，重者送县司法机关判刑。

记得有过这样一件事：韩复榘部下一位旅长叫曹福林驻防周村。曹的副官贩运私货，押运 13 辆大马车，满载货物经过花沟镇。黄昏时分住花沟毛家店过宿。经乡武装人员检查，车的上部装的是白糖、丝绸。再细查，发现车底双层内装有毒品海洛因。事关重大，乡里不敢单独处理，一面派乡武装扣车，一面向县内报告梁漱溟，梁漱溟指示：不怕得罪曹福林，坚决扣押听候处理。我身为十三乡的乡理事，只有执行命令。后来听说梁漱溟找了曹福林，曹推说不知此事，乃副官个人私自所为。后来将货物卖掉，奖给十三乡一部分，我们用这部分款修了大礼堂。

八　梁漱溟的风度和为人

经较长时间与梁漱溟接触，我认为梁漱溟没有官僚架子，平易近人。他有学问，温文尔雅，与人谈话，不使人感到晦涩难懂。讲话语调不高不快，每句话都能送入人心。使人感到他既和蔼可亲，又严肃端庄，气度不凡。他生活简朴，穿布衣，吃平常饭。来乡里吃饭，每饭两样菜，自己付钱。出门没有卫兵，只有一个通讯员随行。

我任十三乡理事期间，与县里派来的辅导员许华年有矛盾，主要是许为人不正。有一年外县有灾，难民们来我乡度灾荒。县拨来的救济款项被许扣押，知情群众给他贴了标语、漫画进行揭露。1937 年国家征兵，征兵费按银两摊钱，这本属正当，但许在群众中制造混乱，说鬼子快来了，已经过了天津，不要征了。为此我与之抵牾。后来他离任临走时，我为他“送行”。所摆碗盘内，尽是草根、葱皮、瓜巴，有意气他。他说我骂他，愤愤而去。此人是当时县内吴绍文派来的，吴绍文是研究院梁漱溟的高足，许的靠山是很硬的。我得罪许华年，但梁漱溟并没有为此给我难堪。这说明梁漱溟的为人豁达大度，心胸宽广，不搞官官相护，不拉拢私人小圈子。我对他十分敬服。我是他的下级，我与他比是个小人物，但他对我也很器重，聘我为邹平实验县的县委员。他赠我的中堂字画上写道：“山高人矮，山矮人高”。字迹苍劲，寓意深刻，我一直保留着它，可惜“文革”时毁掉了。那时我还领有梁漱溟的书画奖品，上面写道：“振兴农业法丹麦，建设乡村救中华。”他还对我说：人在社会上作事，只要是正义的，与国与民有益的事，就要大胆去做。他引用明朝于谦的诗说：“焚身碎骨浑不怕，只留清白在人间。”可见梁漱溟的为人与风格是高尚的。

九　毗邻各县对十三乡实行乡村建设的反应

我记得有一年，邻近青城、齐东、高苑、长山等县县长来十三乡参观。他们参观后座谈时普遍反映：十三乡社会治安形势好，如禁止吸毒、贩毒以及赌局赌棍等，犯罪分子在十三乡无法容身，有许多窜到邻县去了。每年夏秋季节，青纱帐起，邻县区队长定期到十三乡来会访，以联合制止犯罪案件发生。有些坏人在十三乡作案，却逃往邻县为非作歹，使邻县的治安任务加重。记得他们反用成语，开玩笑说，大有“唇亡齿寒”之感。

十三乡有联防队，没有盗匪。人们冬天买的炭堆在场里，夜间无人偷。我制作酒曲的麦子，放在场里，夜里无人看管，老人们说我大胆，但也没人偷。那时大家白天干活，夜晚睡觉，走路外出，行商贩运，都有一种安全感。夜校识字班对不务正业者，也进行教育。人各安其分，因而可以说，大有一种“道不拾遗，夜不闭户”的景象。外县来十三乡走亲戚的人说，十三乡太平，没坏人，过日子安稳！再如十三乡不许早婚，但在邻县却无此禁令，跨县早婚者很多，相比之下，十三乡就比较先进。外县附加税多，对农民的各种摊派多。十三乡无县里的部署，是不敢妄加乱收的。相比之下十三乡民众负担就轻。

（高青县政协供稿）

邹平县简易乡村师范学校师生的抗日救亡活动*

罗　琪　戈　华　程雨村

1935年，我们作为邹平县简易乡村师范学校第二届新生入学就读。

邹平简师的前身是邹平县学师范部，创办于1933年。它的创办，开创了邹平办中等普通学校的历史。由此开始，凡取得高小毕业以上文化程度的青少年，可以不再远去省城济南，或者到办有中学、师范学校的长山、惠民、益都、曲阜等县就读，能够直接就近在本县升学了。

邹平简师，位于县城南门里路东的文庙（孔庙）内，这是一个单独的大院子。校舍虽简陋，但自然环境优美，确是一个读书求学的好地方。当时的邹平县，正处在梁漱溟推行乡村建设运动时期，邹平县被划为乡村建设实验县，因此，邹平简师的一切活动，都要受乡村建设研究院的制约。

1935年，邹平简师请来了张宗麟担任校长，张积极提倡“生活即教育、社会即学校”，“教、学、做合一”的教育思想，积极倡导各项教育改革，大力开展民众教育。当时日军正大举入侵华北，加紧吞并中国的步伐，全国人民响应中国共产党“停止内战，一致对外”的号召，掀起了抗日救亡的热潮。邹平简易师范全校师生也群情激昂，举行大规模游行示威。游行队伍出发前，在操场召开大会，同学们慷慨陈词，反对《何梅协定》，反对国民党政府反共反人民、对日妥协投降的行径；要求停止内战，团结抗日。

邹平简师的这些进步活动，得到社会上有爱国思想和正义感的人们的同情和支持，同时也引起当局的不安，他们扬言简师赤化了，要赶走张校

---

* 此文原载于《梁漱溟与山东乡村建设》，山东人民出版社1991年版。

长，抓进步师生。眼看事态就要扩大，在这样的紧要关头，如果一味硬干，并不一定有好的结果，张宗麟先生在同学们中，解释说服，要大家从长计议，采取更加策略的斗争方法。张宗麟校长被迫离校时，同学们都来送行，表示要团结起来，斗争到底。

张宗麟校长走后，邹平县简易师范并入乡村建设研究院师范部，以后，又将师范部并入“山东省第一乡村建设师范学校”，成为该校的简师部。表面上，张宗麟被赶走了，学校被合并了，实际上斗争并未停止。

1936 年初，简师部高年级同学刘瑄、苗柏杰和低年级同学罗琪（张继丙）、戈华（郭念春）等，深深感到有在同学中建立骨干带头的核心组织的必要。于是把张宗麟校长在校时由梁君大、邹德馨、邹晓青等进步老师帮助秘密建立的读书会，恢复了活动。读书会设法订阅各种进步书籍杂志。如《大众哲学》《社会科学》《世界知识》《中国农村》《海上述林》《铁流》《现代哲学基本问题》《大众生活》《新生》《永生》《中日力量对比》等等，供大家阅读，并定期在一起交流读书的心得体会。读书会实际上逐渐成为广泛团结同学和联系青年的群众性组织。读书会组织同学们出墙报，宣传停止内战、团结抗日的主张，揭露社会上和研究院内部的一些倒行逆施及黑暗的东西，在学校颇有影响，屈忆原先生为此付出了不少心血。

邹平的黄山，每年农历四月初八日有庙会，是传统的农副产品贸易交流场所。庙会期间，我们组织同学们到集市上作调查，通过调查，进一步了解了社会情况，增长了社会知识，同时结合调查进行抗日救亡的宣传教育，唤起民众反对日本帝国主义。

我们还举办工人夜校。在进步青年教师的协助下，读书会组织一部分同学，开办了工人夜校，一方面教工友们识字学文化；另一方面向大家讲时事，宣传抗日救国道理。

随着全国革命形势的发展，简师部在共产党员訾乃全、柳远光的领导下，以读书会为基础，正式建立了“中华民族解放先锋队”，刘瑄、苗柏杰、罗琪、戈华、李振江、霍方侠、石一慎、柴启尧、韩万煜、孙化利等是第一批加入民先队的队员。当时民先队的组织是秘密的，主要活动是：领导读书会，宣传党的抗日救亡主张，反对国民党的卖国投降政策；组织领导学校的学生运动；团结广大教师和同学，广泛联系社会上的进步人士和力量，开展抗日救亡运动。

1936年快放暑假的时候，乡村建设派的焦萤晶在简师部课堂上讲数学课，竟然说什么“学不好代数还谈什么抗日救国!”这种不准学生抗日救国的言行，引起了全班同学的义愤，同学们向学校提出解聘焦萤晶的要求，改变不让学生进行抗日救国活动的状况。校方则扬言要开除带头罢课的同学。当美术教员王子正先生把学校要开除学生的消息告诉大家时，同学向他打听开除谁，他风趣地说：“锅饼!”即指郭念春和张继丙。同学们听说后，公开宣布：要开除学生那就把全班同学一起开除！并表示与校方斗争到底。最后焦萤晶终于离开了研究院，但校方却在暑假贴出了开除学生的布告。开除的学生有石一慎、刘瑄、苗柏杰、罗琪、戈华、李振江、石宗玺（石钟）、韩万煜等，并派人送信通知被开除的同学按期到校谈话。这几位同学回到学校，看到布告上写的令学生退学的理由是：“领导学生、组织团体，图谋不轨，违犯了乡村建设研究院宗旨。”这次校方与同学的谈话不同寻常，梁漱溟亲自出马，双方展开了激烈地辩论。同学们坚持抗日救国的立场，理直气壮地批驳国民党“攘外必先安内”和学校当局要求学生只准埋头读书，不准反对日军侵略的做法。这样的辩论进行了几次，每次的气氛都相当紧张，往往在双方各自坚持自己意见的对立气氛中散去。最后，研究院当局不得不改用动员同学们“以后要好好读书”而作罢。

“西安事变”后，同学们利用一切机会，到农村中去，向农民宣讲日本帝国主义的滔天罪行，宣传誓死不当亡国奴和打败日本侵略者才能过好日子的道理，在有群众集会的地方，唱抗日歌曲、演出小型话剧。同学们积极为县合作社罗子为等人出版的《抗战报》写稿，宣传抗日救亡的主张，积极开展抗日募捐，慰问去前线抗战的将士。

在民族存亡的紧要关头，全国人民把眼光转向延安，把希望集中在中国共产党身上。一批批进步青年，从四面八方涌向延安。“到延安去，到前线去”成为当时最流行、最响亮的革命口号。

邹平乡村师范革命师生，经过串联，想去延安的有十几个人，但是由于交通联络不便，时局急剧变化等等原因，按照事先约定的时间、地点最后到兖州乡师集合一起奔赴延安的只有刘瑄、罗琪、戈华、苗柏杰、李振江、霍万侠、张玉山7人。他们到了延安后，得知教师邹晓青、何卫之都已先期到达延安，研究院军事教官杜永辉也已进了延安抗大。

邹平县简易乡村师范学校与张宗麟老师*

宋一平　王景五　耿巨吾

张宗麟是1935年8月至1936年春，应聘到山东省邹平县简易乡村师范学校任校长的。在半年多的时间里，他以陶行知先生提出的“生活即教育”、“社会即学校”，“教学做合一”为指导思想，大胆进行了教育改革，积极宣传抗日救亡，在乡师两班学生中传播革命的火种，引导青年走上抗日救国的革命道路。张宗麟在邹平虽然时间不长，然而他像“酵母”一样，感染诱发了乡师的有志青年，在邹平教育界产生了很大影响。

改造校园

邹平简师在县城南门里路东古文庙内。前边是大成殿，东西两廊，东廊东面有两处小院；后面还有两排宿舍、一座教室。两处小院，没有一处大的活动场地。面对这一个独立的小院，张校长风趣地说：“这分散割据的小小院落，象征着不团结。现在全国不团结，我们全校不团结，男女同学也不团结。我们要拆除这些残墙断壁，把学校改造成花园式的校园。我们还要拆除师生之向、男女同学之间那些封建残余意识的‘墙’，实行男女合校，大家团结和谐，共同进步。”张校长亲自动员，并以身作则，带领大家改造校园，拆掉了小院的墙，小院变成了大院；整修了两廊作教室，开辟了体育场，筑造了一个大讲台，在校门内旧影壁处建立了一处办公室，满院广植树木花草，学校面貌一新，一扫过去的古刹气氛。

---

* 此文原载于《梁漱溟与山东乡村建设》，山东人民出版社1991年版。

改革教学

在张校长到任前，学校的教学方法是先生讲学生听。张校长到任不久，即实行了“道尔顿制”，主要方法是讨论式。教室内除教桌外，设了4张长方形课桌，学生分4组围坐，各科任课教师事先把学习的内容告诉学生，学生经过自学提出问题，然后教师做总结式的讲解，再布置必要的作业。这样就避免了填鸭式的教学，发挥了学生的学习主动性。

为培养专门人才，把学生分为文学、数学、史地、理化、教育学、社会学、军事、音乐美术等学习组，对参加各组学习的同学分别提出不同要求。如学历史要求弄通中国历代农民起义失败的原因、辛亥革命的教训等；学地理要算一算中国还有多少干净土地，帝国主义侵占了我们多少领土？军事组要学会步枪、手枪、冲锋枪、手榴弹的使用，学习阵地战、游击战知识、练习露营野餐，学习战地救护。很快改变了过去死读书的状况，学生的精神面貌发生了很大的变化，学习积极性空前高涨。

张校长对师范的改革，在社会上影响很大。记得当时香山幼儿师范的校长戴自安先生，带领北京香山幼儿师范的一班学生来邹平简师参观教学，在邹平住了3周的时间。

开辟阅览室

在张校长到来之前，学校没有阅览室，更没有进步报刊。张校长来后，在改造校园的同时，把大成殿开辟为阅览室，备有：《大众生活》《大众哲学》《铁流》《社会科学》《世界知识》《中日力量对比》《中国农村》等进步书籍、刊物。还有《大公报》《中央口报》《邹平实验县报》等报纸。同学们在课外时间阅读书报、刊物，开扩了视野，增长了知识。

在此基础上，张校长组织学生办壁报，由语文老师帮助指导。二年级的壁报名称是《野火》，一年级是《萌芽》。师生们纷纷在壁报上写文章，画漫画，大声疾呼抗日救国。记得有一次，乡师建设研究院院长梁漱溟先生在谈话中说：“当前中国有三条路，第一条是蒋介石先生领导的国民党的路；第二条是毛泽东先生在延安领导的共产党的路；第三条是乡村建设的路。”这次讲话后，引起了议论。刘殿帮（建庵）同学在《野火》报头上画了一幅醒目的画，画面上有三条路，左边一条是布满荆棘和陷阱的路，右边一条是弯弯曲曲的小路，中间一条是通向延安的光明大道，为首的一名男青年学生昂首阔步踏在中间的大道上。无疑是针对梁先生的讲话画出来的，这幅画当时吸引了许多师生观看。

教唱进步歌曲

简师过去要求大家闭门读书，不问政治，整个学校死气沉沉，很少听到歌声。即使有点歌声也不过是《毛毛雨》《孔子纪念歌》《梦中情人》《道情十三首》之类的东西。张校长到来后，组织大家大唱进步歌曲。音乐教师郭德馨教我们唱《开路先锋》《大路歌》《渔光曲》《打回老家去》《毕业歌》《满江红》等，张校长还亲自教唱《锄头舞》《凤阳花鼓》。这些新歌同学们唱起来歌声嘹亮，情绪激昂，有力地激发着人们斗争向上的精神。那时，在校园，在回家的途中，在劳动的田野，到处都可听到同学们的嘹亮歌声。

除大唱进步歌曲外，在课余时间老师还领导我们排演话剧，其中有《放下你的鞭子》《雷雨》。大型话剧《雷雨》是潘一尘老师领导我们排练的，演出后在邹平轰动一时。

办午学、共学处

1935 年暑假开学后，张校长组织一部分同学去办午学共学处。具体做法是，在附近农村选一处适当的地方，在中午饭后，召集村内失学的男女儿童或青年，由师范的学生教他们唱歌、识字。当时，王景五同学被分配到南关村，他第一次去时，选择了大街路西一棵大槐树下，有几位男女小孩好奇地围到跟前，他便和蔼地同小孩们攀谈起来，告诉孩子们他是城里师范学校的学生，以后要常到这里来教唱歌、识字，请告诉那些没上学的孩子每天中午饭后到大槐树下学习，接着就唱歌、讲故事给孩子们听。就这样办起了午学，一直坚持到秋天。

那年秋天，鲁西南菏泽一带黄河决口，闹水灾，许多灾民流离失所，山东省当局把这些灾民分配到铁路沿线各县暂居。分到邹平县的灾民，县当局把他们分到南关、北关和黄山的庙里住。在灾民中间有许多失学的儿童，张校长就组织我们一部分同学利用中午、傍晚轮流去教他们，共设立了十余处共学处。第一次张老师领着同学们去的。到了那里，张老师首先对灾民的孩子们作了简短的讲话，然后同学们就教孩子们唱歌、识字，这样一直坚持到灾民返乡。这一行动使灾民很受感动，1936 年元旦时，灾民派了代表到学校来表示感谢。

露营锻炼

1935 年秋，张校长组织一部分高级师生到乡里露营旅行。他们带着帐篷、行军锅，晚间住在帐篷里，轮流站岗放哨，白天分组宣传，向群众讲演、教唱歌曲、作社会调查，有的调查农民生活情况，有的调查学龄儿童就学情况，有的在野外由生物老师朱抱坚指导采集植物标本。晚上，在荒山旷野点上篝火，尽兴娱乐。他们先后经过全县 13 个乡。

组织抗日救亡

1931 年“九·一八”后，日本帝国主义侵占我东三省，进而窥视华北，妄图吞并我全中国。1935 年，汉奸李守信组织热察防共自治；《何梅协定》出笼，汉奸殷汝耕在通州组织“冀东防共自治政府”。在国难当头，民族危亡之际，中国共产党发出了抗日的号召，而南京政府则忙于“剿共”，一味执行“攘外必先安内”的反动政策。全国学生激于民族义愤，纷纷到南京政府请愿，要求停止内战，枪口对外，打倒日本帝国主义。先后爆发了“一二·九”、“一二·一六”学生爱国运动，抗日救亡运动席卷全国。

当时在邹平教育界，同全国一样也存在着抗日救亡和拥蒋卖国两种势力的激烈斗争。以张宗麟校长为首的进步教师、学生主张抗日救国。大讲“兄弟阋于墙而外御其侮”的“安内必先攘外”的道理；有些人则积极宣传蒋介石的“攘外必先安内”的反动政策。张校长启发教育学生要分清敌我，明辨是非。有一次他讲的题目是：《谈谈人的眼睛》。他说：“人的眼睛有三种：一种人的眼睛是佛眼，这种人把天地间的人和事都看成是好的、善的、美的，在他们眼里，天地间没有坏人坏事。另一种人的眼睛是鬼眼，这种人把天地间人和事都看成是坏的、丑的、恶的，在他们眼里，天地间没有好人好事。以上两种人的眼睛看人看事都不对。第三种人的眼睛是科学眼，这种人用科学的、分析的方法去看世界、看问题，能具体地分清先进与落后，民主与反民主，好就是好，不好就是不好，思想上不盲目，行动上不盲从。”这次寓意深刻的讲话，给我们留下了很深的印象。

张校长曾积极组织全校师生参加抗日救亡运动。“一二·九”运动之后，全校师生群情激昂，马上响应，举行了大规模的游行示威。游行队伍在大操场开会，大家慷慨陈词，反对《何梅协定》，反对国民党反共反人民对日妥协投降，要求停止内战，团结抗日。最后大会通过永远下半旗，致电南京政府。抗日救亡的热潮也在邹平掀起。

愤然离去

简师师生的抗日热潮吓坏了邹平实验县县长等人。他们扬言：简师“赤化了”，张宗麟是共产党嫌疑分子，要赶走校长张宗麟，逮捕革命的教师和带头的学生，封闭学校等等，他们的言行激起了广大师生的义愤，学生举行了罢课，要求张宗麟校长继续主持简师工作。同学们组织纠察队，维护学校秩序。

1936 年 2 月底的一天中午，校内外来了警察，空气十分紧张。这时，刘怀璞、刘建庵同学吹哨紧急集合，指挥同学们站好队。怀璞同学说：“咱们的张校长要被赶走，咱们送一送。”同学们列队站在师三教室门前面向东，师一在前，师三在后。张校长整理好行装，先到师三教室，在黑板上写下了一个斗大的“酵”字，然后从师三教室昂首阔步走到同学们队伍面前。他满脸怒气，沉闷了约 3 分钟。面对这紧迫恶劣的气氛，同学们实在受不了，“哇”的一声，大家都哭了起来。这时张校长两眼放光，嘴唇颤动地说：“同学们，哭，是没用的！哭是弱者的表现，大家不要哭！你们要知道，世界上是没有平坦的大道可走的，前进的道路是曲折的。你们今后要努力学习，用知识武装自己。要加强团结，奋斗下去，你们的前途是光明的！”说罢，伸出双手和前后两排同学一一握手告别。然后张校长在前来送行的邹眠虹、林云侠、朱抱坚、张立民等几位老师与简师 8 位同学代表的护送下登上了院、县早已准备的汽车。车子开动时，大家慷慨激昂，高喊口号，表示要团结起来，斗争到底。汽车到周村车站后，张校长和护送的老师同学们一一亲切握手告别，而对站在一旁代表研究院“礼送”的黄某却一眼不睬。就这样张校长愤然离开了邹平。

山东省第一乡村建设师范学校及邹平乡村建设实验情况*

贾巨川

我原是邹平县人（现在是高青县），从 1933 年暑假后至 1937 年暑假前，曾在山东省第一乡村建设师范学校乡师部当学生。结业后，干过半年多的“村学”教员。

山东省第一乡村建设师范学校是 1936 年成立的，校址设在山东乡村建设研究院里。当时研究院正门朝南，挂有两个牌子，一是“山东乡村建设研究院”，一是“山东省第一乡村建设师范学校”，两个牌子都是梁漱溟亲笔写的。第一乡建师范校长由梁漱溟兼任，教务长张俶知，总务长黄艮庸。下设特师部和简师部，部设部主任，班设班主任。富眉生（燕京大学毕业，研究部的学生）当时是简师部的班主任，特师部是招收初中毕业生，学习时间 3 年。简师部招收高小毕业生，学习时间 4 年。特师部与简师部的学生结业后，都分配充当乡农学校、乡学、村学的教师。特师部当时招有 6 个班，学生约有 300 余人。简师部前后共招收了 3 个班，分一、二、三年级，学生约有 150 名。

第一乡建师范的前身，是 1933 年按照梁漱溟先生乡村建设理论上讲的“县有县学，乡有乡学，村有村学”的意见成立的“县学师范部”。这个师范部招过一个班，作为初步实验，学习期限定为 3 年，由研究部刚结业的学生张石舫任师范部主任，郝宝光（南开大学毕业，江苏沛县人）为班主任，侯子温、张云川为教员，再加几位行政事务人员。1933 年暑假，在邹平县南门里文庙“明伦堂”，招考了第一期新生。1935 年，这个师范

* 此文原载于《梁漱溟与山东乡村建设》，山东人民出版社 1991 年版。

部改为简易乡村师范学校，招收了第二期学生（一个班）。先后任校长的有张宗麟、于一尘，宋乐颜（研究部毕业的学生）。1936 年第一乡建师范成立，乡师的两个班，并入第一乡建师范学校的简师部，从此，对学生实行军事管理，每人发一套蓝制服，按时出操、打靶和野外训练。

邹平实验县是研究院直属的“乡村建设实验区”，目的在于实验梁漱溟所讲的乡村建设理论的第二部分，即“解决问题部分”（第一部分是认识问题部分）。邹平实验县政府在县长之下设县政府秘书和 5 个科，研究院实验区主任由实验县县长兼任。

在县政府的机构设置之外，在县一级，还建立了乡村师范学校、卫生院、苗圃和征训队等单位。

邹平乡村师范学校的前身是县学师范部，是根据梁漱溟先生乡村建设理论的设想而建立的。梁所提的县学，不只“师范部”一个部，还有其他部，因各方面条件不成熟，其他部并未得到实施。后来，虽然建立了山东第一乡村建设师范学校，也有特师部、简师部之分，但已经不属于原来所设想的“县学”的范围了。乡村师范学校的课程内容也和其他普通乡师大体相同了。因为当时省教育厅规定，学生毕业时，必须参加全省会考，会考不及格的不发给毕业证书。所以，不得不有如此的改变。

征训队是 1933 年建立的，主要培训农村自卫武装基层干部。招收了初中毕业和具有相当文化程度、身体健康的青年学生 40 名，由韩复榘部队里抽调七八名团、营长来进行训练，培训时间一年。结业后，全部分配到各乡学，建立乡自卫队队部。主要任务是组织训练农村壮丁，协助乡农学校搞学员的武装训练，有的还担任了乡学户籍室的主任，专管本乡的户籍登记和迁移事宜。他们都着蓝色制服，束布腰带。队长佩戴武装带。县长王怡柯很重视农村自卫，他还写有农村自卫的专著，论述农村自卫的重要性和农村自卫的组织与训练等问题。他曾说过，我在邹平搞农村自卫，曾栽了 40 棵小柳树（指征训队培训的 40 名学生），谁也不能给我拔掉。可见，他对这部分武装势力是怎样的重视。

每乡一处乡农学校，全县 14 个乡学机构，人员配备大都比较健全，都是按照梁漱溟乡建理论的设想要求建立的。梁漱溟先生意图将政治上的统治者与被统治者的关系，纳入乡学、村学的师生关系中去，认为有了这种师统政治的组织，就可以将“相对之势”转化为“相与之情”。事实上，几年的实验结果，乡村的师统政治未见有什么灵验，相对之势仍是相对之势，并未见转化为相与之情。

村学人员的设置和组织，按梁漱溟先生乡建理论的要求，大致和“乡学”差不多。除设学长、理事、董事会外，不设辅导员，而设村学教员。村学教员在一个村学区（五六个或七八个自然村划为一个村学区）的工作任务和具体职责，与乡学辅导员在“乡学”的任务职责相同，只是地区范围小了一些罢了。

全县村学工作的开展，很不平衡，靠县城近的几个乡，开展得好一些，距县城远的一些乡，开展得差一些，有的乡因未派村学教员，连村学区都未划定，工作如何开展，那就更谈不上了。有的村学，虽然有村学教员，也确定了学长、理事、董事会等，但仅是挂名的，并无实际工作，形成上边呼呼隆隆，下边无形无声。所以乡村建设理论中的农村组织，几年来在邹平的实验表明，此路行不通。

1935 年 10 月 25 日，梁漱溟先生在研究部曾做过一次讲演。他指出，我们有两大难处：一是高谈社会改造而依附政权；二是号称乡村运动而乡村不动。旁处的乡村工作，也许没有这个矛盾，因为他们是在做一方面的或某一项的改良工作，根本就不提社会改造。我们既谈社会改造，就不应当接近政权和依附政权。现在我们不但接近它，而且还依附它，还有什么社会改造可言呢？

梁还指出，号召多村运动而乡村不动，这从在无锡开的乡村工作讨论会，乃至在定县开的年会，以及在邹平的实验，都可以看出，其间乡村农民的代表和人员差不多没有。农村人不热心，不积极参与，光靠农村以外的人浮在上边喊运动，这足见没有代表农村人的要求，而农民怎么能动呢？又加各处乡村运动者，各有其来历、背景，各有其意见、主张，不能合成一个力量。这三个问题（一是与政府应分而不分，二是与农民应合而不合，三是彼此不能合成一股力量）不解决，我们如何工作下去呢？此乃梁漱溟先生自己作的结论，亦是说的实话，至于下一步如何解决，他也拿不出一套切实可行的办法来。

五　山东其他实验区

我所了解的菏泽乡村建设实验县*

任德宽

菏泽乡村建设实验县时期，我任县政府建设科科长，对县里的情况比较了解，现将自己的所闻所见，回忆如下：

一　菏泽乡村建设实验县的建立

1933 年春，山东省第二次参政会议决定，划菏泽县为乡村建设第二实验县，由山东邹平乡村建设研究院副院长孙则让出任县长，并于是年 3 月到菏泽进行筹备工作。他首先对县政府机构进行改革，裁撤了原来县政府以下的各局，另行组建民政、财政、建设、教育四科。增设视导室一处，合并公安局、保安队为警卫队，县政府政务警察队改为县政府政务警卫队。而后，废除了区乡保甲制度，将全县 10 个区划为 21 个乡，每乡设立一处乡农学校。同时改变了原来的土地、财政管理办法。土地由县收归县财政科统一管理，征收税金，设立地方钱粮征收处和地方金库。

21 个乡的名称是：南华乡，乡农学校设在城内；平陵乡，乡农学校设在东阳寺；乾元乡，乡农学校设在解元集；青丘乡，乡农学校设在青丘寺院内；长明乡，乡农学校设在大李寨；灵圣乡，乡农学校设在姚堂村；离明乡，乡农学校设在晁八寨的晁寺村；水绥乡，乡农学校设在辛集；崇厚乡，乡农学校设在沙土集，宝镇乡，乡农学校设在都司集；永和乡，乡农学校设在阎什口东门外寺院里；同和乡，乡农学校设在洪庙村；新成乡，乡农学校设在后黄罡集的普陀寺；德化乡，乡农学校设在小留集；西河

* 此文原载于《梁漱溟与山东乡村建设》，山东人民出版社 1991 年版。

乡，乡农学校设在吴店东门外庙内；义聚乡，乡农学校设在高庄集；临河乡，乡农学校设在李庄集；岗峰乡，乡农学校设在葭密寨西长固堆上的古庙中；巽德乡，乡农学校设在崇福集；永顺乡，乡农学校设在侯集村；东平乡，乡农学校设在陈天官集的寺庙内。

乡农学校是县以下的乡政府。每个乡农学校设有校长一人，教育、军事、政治、总务主任各一人，但也是人不敷用，实际只有两个班主任。教育主任负责管理本乡的教育工作；军事主任分管训练壮丁和率队剿匪；政治主任由校长兼任。此外，县政府还派人常住各乡指导工农业生产工作。

乡农学校的职员，绝大部分是山东邹平乡村建设研究院训练部结业的青年学生。校长中有几位老人，西河乡乡农学校校长葛象一，原是菏泽六中的重要职员，学校开学后，他就辞去校长职务回到六中去了。德化乡乡农学校校长侯次公不久也辞职了。南华乡乡农学校校长王衡如先生和永和乡乡农学校校长杨宝光先生，都是濮县德高望重的名人，他们两人直至实验县撤销后，才回归故乡。

二　实验县和菏泽专署

1933年，各乡农学校成立后，县长孙则让开始筹备专员公署，实验县的一切工作委托陈亚三代理。1935年专署成立。新建一座大办公楼，专署和县政府同室办公，因此，专员公署和实验县政府只有一套组织，其组织情况是：

（一）秘书处。主任赵玉波，以后赵调至聊城专员公署工作，秘书主任由皮达吾继任。秘书处下设会计、庶务、收发、录事等四室。

（二）视导室。主任张筱珊。室内常设数人，其工作任务是巡回检查指导各乡农学校的工作，考察更换乡农学校的各级工作人员。

（三）民政科。科长姜子珍。科长以下设有审理员、管狱员。公安、司法也归民政科管理。

（四）财政科。科长俞玄荪。科下设两处，一为征收处，主任张雪庵，负责征收农业税和各行各业的税收。二是金融流通处，主任刘星之，刘患疾故后，赖执中为主任。该处的任务是借款、贷款，储蓄和汇兑，并且代理现金库，为运销合作业提供资金。

（五）建设科。科长任德宽。科内设技术室，张学增、张福田为技术员，负责工农业建设。

（六）教育科。科长高其冰，其任务是管理教育工作。

（七）在专员及县长的直接指挥下，设有两个政警小队，一是以胡保贵为队长的警卫队；二是以魏保全为队长的县政府政务警卫队。另外，还有一个营的武装部队负责全县的治安和保卫工作，专署中还设有参谋处和副官处。

三　实验县时期的经济建设

菏泽实验县当局为了巩固政权，全力于建设村治，对经济建设很少顾及，但也做了一些工作，主要有以下几点：

（一）农、林、畜及水利方面

1. 推广优良品种。1933 年实验县之初，山东大学农场赠给果树苗一批。其中有国光、红玉、和祝 3 个苹果品种，还有花梨和棕色梨品种，栽植于县农场，繁殖和推广数量不大。山东大学农场还赠给小麦良种，因逢水灾，环境条件不宜试种而失败。

1936 年从齐东棉场输入脱籽棉 36 号棉种一批，分别在岗峰、乾元、青丘 3 个乡推广，优质高产，得到农民的称赞。当即派技术员张学增常驻马岭岗，指导组织棉花运销合作社。同年，县府确定，在城西各乡推广优质棉，我又从农场提出一部分资金，在马岭岗建设一处轧花保种打包厂。厂长名义上让我担任，但主其事者为技术员张学增。

2. 建立储粮仓。1934 年，菏泽大豆丰收，价格甚低。为使农民获得较高的收入，经县政府同意，由我负责在县政府内建立一座简易储粮仓（示范用）。建成后随即通知各乡农学校派人前来学习参观，说明建仓的意义和组织储粮合作社的办法，并号召各乡农学校照此行动。各乡农学校按照储存数量建立起足够的粮仓，将大豆收存起来。1935 年，粮价上升，专署召集城内大商投标，把大豆输出销售，并将获利分别交给各乡农学校转发至储户手中。农民的大豆获得了较高的价格。

3. 兴办农场。1933 年，我在济南备下苹果树苗、梨树苗各一批，良种小麦一袋，改良水车一部，赠给菏泽县第一农场。菏泽原有农场两处，面积约千亩。但农场内无房舍，租用村内民房，耕种制度仍是佃种制。第二农场曾利用积水试种旱稻，收获颇好，但因灌溉没有水源，旱稻种植栽培就搞了一年。1936年在第一农场内建立了部分住房，划出一部分田地改为自种。两个农场的场长，因当时找不到适当的人选，由我一人担任。

4. 植树造林。实验县之初，首先号召指导全县各乡栽植行道林。计有从东关起，通往巨野、定陶的行道树；从西关起，通往马岭岗、王浩屯的行道树；从北关起，通往高庄、黄河、小留、黄罡的行道树；还有从黄罡通往小留的行道树，都长势良好。桑堤口至赵楼的杏花路，更是花枝招展。护城大堤的树木，由于管理不力，植树成绩不佳。此外，还协助沙土集农民组织了防风固沙、植树造林合作社，收到了良好的效果。由于当时提不出一个全面的交通运输网和农田灌溉网，因而也就不可能制定出一个造林的全面规划来。

5. 畜牧兽医。实验县期间，从邹平引来了波兰猪，但未能大量推广。在保畜方面，曾经办过一次短期的兽医讲习班，并在县农场和离明乡农学校附设了兽医室，效果尚好。

6. 兴修农田水利。菏泽自历史上就是一个旱涝多灾的地方，五年差不多三旱两涝。为解决旱灾问题，实验县时期，曾提倡打井、穿泉、改良田井，利用地下水。那时由于资金困难等问题，各乡没有大行动，唯有南华乡在城内打了几眼新井，改造了几眼旧井。当时绝大多数人没有见过水车，由我赠给县农场一部熟铁制的链斗式水车，轻便易修，意在示范推广，但没引起农圃的兴趣。后来，我协同李珍璞研制成一部具有4个唧筒的水车，因缺点较多，没有继续研制。双管风力水车和单管链式水车，已列入平民工厂生产计划，未及生产，工厂即停办。

（二）工业方面

本地除手工作坊外，可以说没有工业。1934年县府筹资（其中我从农场存款中提出部分现金），建立一所平民工厂。省政府建设厅任命我兼任该厂厂长。厂内设有发电、翻砂、锻工、车工、钳工、木工等车间。分为3个组，一是发电组，有100马力的发电机组，专供城内照明之用；二是机械组，当时为适应本地军政需要，首先制造了一批枪械，质量低劣，以后停产，只做修理工作；三是木工组，专门制作自行改良的织布机，并在农村设立3处织布传习机，让学生学会，回家织布。不久，他们都向我提出要求，要县政府负责销售产品，供给原料。我当即和南华乡乡农学校校长王衡如商议，在乡农学校门前开设两间门面，组织了一所棉布供销合作社，产品由该社自行销售，棉纱暂由我设法供应。

（三）其他方面

1. 修筑城内街道。菏泽城内街道弯弯曲曲。高低不平，实在不成样子，急应改建修筑。但民生凋敝，无力及此，只有择其不花钱或少花钱的小工程，勉强为之。工程再小，也要花钱。不费分文，把路加宽轧平，谁敢承担这一重任呢？在南关管理劳改队的杨子斌郑重地声称："我愿负责承建。"杨子斌接受了委托，立即行动起来。

首先，杨子斌率领劳改队，在南关建大窑。我赴开封调查几座大砖瓦窑，雇来两个老工人，指导传授烧砖技术，为修筑道路做好准备。大窑建成后，即投入生产，烧制的砖瓦数量和质量逐渐提高，耗煤量降低。

接着，按照县政府研究确定的第一期修路工程，加宽路基，清除两侧障碍。清末两江总督马新贻祠堂和镇署辕门及照壁突出街心，经杨子斌据理动员，才得以清除。石碑隅首中心的"三贤故里"碑和小楼，以及小楼对面"聚太隆"新建的大楼，经他耐心说服都拆除了。至于其他小房的部分拆除，就一呼百应，迎刃而解。

障碍拆除后，即动工筑路。杨子斌带领劳改队从东门里开始分段修筑，修筑时把路面掘松混以石灰、碎砖、石子，整平后压实，在路两边又挖沟，用自烧的砖砌成排水沟，一段一段的修筑至西门。全路同一宽度，东西笔直。干线修成后，又修支路。从石碑隅首往南拆除一座栅栏门。修平宋隅首，并把小障碍物拆除一段，从大隅首往南拆除第二座栅栏门，把路修到考棚前十字路口。从铁货隅首又拆除一座栅栏门，把路修至栅栏门以外，从石碑隅首往北拆除了不少小型障碍物，把路修到潘隅首。从潘隅首迤西又拆除了一座栅栏门，把路修到小隅首。第一期修路工程到此完成，使数百年难行的菏泽旧街道，面目一新。

2. 兴办武训小学。1934年，从山东堂邑县来了一位老人。他是武训的曾孙，名叫武延栋，来菏泽县府找主管教育的负责人，要求在菏泽募捐兴学。他在我和南华乡校校长王衡如先生的帮助下，买了一辆小平顶独轮推车，又请专署孙专员为武老先生写了一封募捐证明信。武在单县等地募捐一个多月之后返菏，把募捐簿、账簿和现金全部交给王校长。王校长核看后，大吃一惊，当即对武延栋先生说："武老先生，月余来，你在生活上花钱太少了，生活太艰苦了。"不几天，我和王衡如先生、武老先生即到南关勘察建校基地，确定校址建在曹伯祠。利用原来3间祠堂做教室，后来又用募捐款建设两座教室，一座办公室，又制作了教具，准备工作完成后，随即宣布开学。在开学典礼上，请武延栋先生讲了话。武老先生对办学速度之快表示赞赏，看到教室门前挂着写有"菏泽县私立武训小学"的匾额非常高兴。该校到日军入侵菏泽时停办。

3. 兴建电话事务所和广播电台（有线广播）。电话事务所在1933年之前即建立，但通话面不广。实验县成立后，各乡农学校安置了电话，县政府与各乡农学校可以直接通话，并可召开电话会议。广播电台是1936年建立起来的，电台的组织问题尚没提到议事日程，实验县即告结束。

4. 推广新制度量衡。在实验县成立之前，本县设有新制度量衡推广处，推广成绩不佳。1934年，我开始负责新制度量衡推广工作。在推广中，曾遇到严重困难，如离明乡和永绥乡的孔府佃户抵制推广工作，不听从政府法令。后来，经过两个乡农学校的校长召集孔府佃户进行说服教育，推广工作才得以顺利进行。

谁都知道，实验县是以军阀为后台的。当时山东因日军侵略，已四面楚歌，菏泽闭关自守，人才、资金和物资都受到很大的限制，而欲改变旧制，发展经济，都是势所难能的。又加天灾屡至，民生困苦，无人帮助，欲效"文王百里而王"，岂非梦想！屈居军阀膝下，乞食其余，从根本上来说，道路已错，还"实验"什么？

（菏泽市政协供稿）

回忆菏泽实验县的乡农学校*

傅理轩

1932年暑假，我考入由梁漱溟先生亲自主办的山东邹平乡村建设研究院（乡村服务人员训练部第二期）学习，次年6月结业，由训练部主任陈亚三带领，赴菏泽乡村建设实验县实习，同年10月实习期满，即被分配在菏泽参加乡村建设工作，一直到1937年“七七”事变。在这中间，我先后在灵圣乡、宝镇乡、永顺乡、东平乡担任乡农学校的小学部主任、教务主任和校长等职。对梁漱溟先生乡村建设理论指导下的菏泽乡村建设运动，尤其乡农学校的具体情况比较清楚。

一　乡农学校的组织概况

菏泽乡村建设实验县开始于1933年7月。在这之前，山东邹平乡村建设研究院副院长孙则让，受命出任菏泽乡村建设实验县县长，并先期到达菏泽进行筹备。在筹备期间，对县一级撤局建科，县以下废除了旧的区、乡、闾、邻、里制度，重新规划了乡村区域，将全县原来的10个区改为21个乡。计有南华乡、离明乡、灵圣乡、长明乡、青丘乡、乾元乡、平陵乡、岗峰乡、义聚乡、临河乡、西河乡、德化乡、新成乡、同和乡、宝镇乡、永和乡、永绥乡、永顺乡、崇厚乡、东平乡、巽德乡。并分别在每个乡建立了乡农学校，作为领导和管理乡村政治、经济、教育、民事等各种事宜的基层政权机构。

乡农学校设校长一人，负责全乡的工作。辅助校长做具体工作的有：

---

* 此文原载于《梁漱溟与山东乡村建设》，山东人民出版社1991年版。

教务主任（或称教务长）一人，管理本乡的教育工作；军事主任、军事教练员各一人。主要任务是举办自卫训练班和维持社会治安；总务主任一人，按其职务性质，应该是管理后勤及行政事务，而实际上做的却是民事调解工作。乡村建设运动开展不久，乡农学校成立了民事调解委员会，总务主任一职被取消。当时担任这一职务的人员，大部分是过去的区长、乡长，让他们到乡农学校任职，主要是为了稳定当时局势。此外，还有小学部主任一人，负责本乡的小学教育；高级部主任一人（相当于高级小学校长），负责高小或初级中学、简易师范方面的教育，为小学教育培养教师。菏泽乡村建设时期，建立高级部的乡农学校仅有宝镇乡、永绥乡、同和乡、灵圣乡、南华乡和离明乡。

乡农学校各级工作人员的任选，尤其校长的任选，在实验县初期多为地方上有名望、有势力的人物充任。孙则让一开始就把这些人任用起来，到乡农学校任职，其目的是为了稳定局势，保持他的地位，巩固和发展实验县的政权。随着乡村建设运动的逐步深入开展，乡农学校组织中的各级工作人员，逐步被撤换为以乡建派为骨干的人员充任。其来源主要有两个方面：一是选用邹平乡村建设研究院和菏泽分院的教师任职，他们对梁漱溟先生乡村建设理论有比较深的造诣，对开展乡村建设工作态度坚决。如让邹平乡村建设研究院研究部的教师裴雪峰（河北人，清华大学毕业生，后在菏泽分院任教）充任灵圣乡乡农学校校长；邹平乡村建设研究院军事教官靳子钦任巽德乡乡农学校校长；邹平乡村建设研究院训练部助教傅诗甫充任离明乡乡农学校校长等。二是选用邹平乡村建设研究院和菏泽分院毕业的学生任职。如邹平乡村建设研究院毕业的学生许雨农接任永绥乡乡农学校校长；张天如接任平陵乡乡农学校校长；阎维斗接任同和乡乡农学校校长；傅理轩接任永顺乡乡农学校校长；阎世周接任乾元乡乡农学校校长，王相臣接任宝镇乡乡农学校校长；菏泽分院毕业的学生阎惠一接任巽德乡乡农学校校长（靳子钦到专署任职）。另外，还有一批菏泽分院毕业的学生，接任了乡农学校的军事主任、教务主任等职。至1935年，全县21处乡农学校的校长以及教务主任、军事主任等职，几乎被撤换一遍，唯独与孙则让、陈亚三来往甚密的南华乡乡农学校校长王衡如、永和乡乡农学校校长杨保光等人继续留任。

乡农学校还设有校董会，负责监督和检查乡农学校的工作。校董会由本乡名望高、有恒产的人士（即当地绅士，过去的乡长、里长）参加组成，一般为10人左右。校董会的每个董事，在乡农学校组织中不担任实职工作，在没有选出村学区理事和村学区校长之前，管理所在村庄的行政事宜。校董会不设董事长和副董事长，乡农学校校长是董事会当然的组织者和领导者。校董会每月举行一次会议，听取乡农学校各方面工作汇报，在乡农学校校长主持下进行。县政府每月按时拨给校董会活动经费（5元现洋），主要用于每月一次会议时的生活费用。其他方面的活动费，由乡农学校从办公费中开支。

乡农学校所辖的村庄，按规模大小设立村学（也称村学区，大村庄单独设立，小村庄几个村联合设立一处），村学设有理事和校长各一人，管理所辖范围的行政、教育、社会治安及民事等各项事宜。理事和校长要由德高望重、办事公道的人担任。当时规定，要由民众选举产生，而实际多是乡农学校指名担任。由于菏泽乡村建设实验县一开始就把组织地方武装，举办自卫训练班作为乡村建设的中心内容，乡村基层组织组建的比较晚，村学理事选配得早一些，并曾在乡村做过一些工作。村学校长选出后没有到任，正集中在菏泽城里培训，“七七”事变就发生了。紧接着菏泽又闹大地震，村学没有来得及正式开展工作，乡村建设运动便宣告结束。

二　乡农学校的性质

乡农学校是梁漱溟先生在乡村建设理论中提出的“乡村组织”的一种组织形式，这种组织是在取得实验权的地方设立的。它是一个机关，又是一个团体。它以教为主，以教统政，政教合一。行政机关教育化、社会学校化。表面上看，它是一个教育组织或教育单位；而从其进行的实际工作和所处的地位与作用看，它却是一个以教育面目出现，通过教育形式和手段，统掌农村政权的政、教、副、卫合一的组织机构。

所谓“政”，就是行使原来区公所的职权，管理本乡的民事、社会治安和下级机构的人事变换等事宜。

所谓“教”，就是将社会学校化，把民众组织起来，按性别、年龄分别编为各种名称的组织，如儿童部、小学部、高级部、成年部、妇女部等，分别进行文化学习和乡村建设理论以及旧道德、旧礼制观念等方面的教育。乡农学校组织中的各级工作人员、校董会董事、村学理事和校长等社会上层人物均称之为老师，所有民众均称之为学生。社会中剥削与被剥削，压迫与被压迫的阶级关系也被改变为师生关系和同学关系。乡农学校和村学的各级工作人员，都可以以老师的身份去教管学生（即民众），去处理农村中发生的一切具体问题。所谓“以教统政”，其含意就在于此。

所谓“副”（也称之“养”），就是训练和指导民众种田；组织运销合作业，解决生活之需，发展生产。

所谓“卫”，就是组织训练地方武装，举办自卫训练班，维护社会秩序，保卫地方治安。

总之，乡农学校相当于过去的区公所，但与区公所又有些不同。因为它多了教、副、卫诸方面的职能，并且是以教育的形式出现的。

三 乡农学校的活动内容

（一）组织地方武装，举办自卫训练班

菏泽乡村建设实验县在普遍建立乡农学校的基础上，首先把组织训练地方武装，举办自卫训练班，作为开展乡村建设运动的中心内容。

组织训练地方武装，主要是以乡农学校为单位举办自卫训练班。这是每个乡农学校必须首先要做的工作。其办法是按地亩抽人出枪，集中到乡农学校所在地，学习训练。开始举办时，规定凡有百亩以上土地者，抽青壮年一人，带枪一支，到乡农学校受训。办了几期以后，又改为凡有50亩以上，百亩以下者，抽青壮年一人，带枪一支受训。最后，不足50亩土地者，两户或3户合并一起，抽一人一枪受训。还规定，入自卫训练班者，必是男性，年龄为18—30周岁，有无文化皆可。凡被抽人出枪的人家，均是农村中的富户，他们当中大部分能够带枪支参加训练。个别的富户，因怕受训或担心抽去当兵打仗，则出钱雇人参加训练。

自卫训练班设有军训课和文化教育课。每天训练学习8个小时，大部分时间由军事主任或军事教练员带领，在操场上学习步兵操练、刺枪等军事常识，有条件的乡农学校还专门聘请拳师，学习武功，打拳劈刀等。县政府教育科统一编印了文化课本，其内容主要是如何为人，如何处事，如何保家卫乡等一些名人格言。如“全家一条心，泥土变黄金，全家心不

同，万贯家业变穷”等等。以此教育青年，要和睦邻里，尊老爱幼，孝弟力田。经过几个月的学习，一般都能识上几百字，并且熟悉和掌握一些军事常识。

自卫训练班有比较严格的纪律。按时上、下课，迟到或早退，要受到严肃的批评；不经许可，不准随便离校，强调食宿一律在校。县政府每月每人拨给3元（现洋）钱，作为生活费用。另外，凡参加自卫训练班者（包括乡农学校组织中的各级工作人员及各小学教师在内），每人发给一套由县政府统一制作的粗布蓝色制服（当时称之校服。训练结业后，穿戴此服回乡，为乡村建设的骨干力量），当时菏泽一带群众称呼的“蓝麻嘎子队”，就是指身穿蓝色制服的自卫训练班。这个诨号充分反映了贫民百姓对孙则让在菏泽大搞地方武装训练的不满情绪。

自卫训练班每期训练4个月。每期开学和结业，均举行开学典礼和结业典礼，校董会全体成员参加，乡农学校校长讲话，鼓励学员团结自尊，努力向上。第一期结业后再办第二期，一年举办几期没有具体规定，一般是根据农村忙闲季节和本乡具体情况自行安排。有的乡一年举办一期，有的乡一年办两期。每期训练班的人数不均，乡与乡之间也有差别。大乡多者在百人以上，分为两个班或3个班训练，小乡也不少于30人。东平乡当时属于比较大的乡，全乡有800多顷土地，举办了7期训练班，每期都在百人以上，累计训练青壮年农民900人左右。全县21个乡农学校，大都举办7期训练班，只有个别的乡多一期或少一期，全县训练的人数不少于万人。

（二）举办小学教育，成立农民识字班

在开展乡村建设运动以前，菏泽一带农村教育比较落后，全县（包括城内）仅有小学12处。东平乡陈天官集一带农村，90个村庄，三四万人口，才只有单级小学一处。那时候，贫富差别很大，富裕人家孩子求学不出家门，聘请秀才在家设馆，供其子弟读《四书》《五经》。而贫穷人家的孩子则无力上学。乡村建设运动时期，开始在农村兴办小学教育，最大的困难是没有校舍。乡农学校的各级工作人员，到各村联络学董、村理事，动员德高望重的年长者，组织民众拆扒改造当地破旧庙宇，设立小学。部分乡农学校（如宝镇乡、永绥乡、同和乡、灵圣乡、南华乡、离明

乡）还设立了高级部（相当于简师），招收小学文化水平的中青年学习训练，培养师资，解决本乡小学教师之不足。东平乡乡农学校划分了 18 个村学区，利用改造了的破旧庙宇建立单级小学或多级完小 18 处，每个村学区都有一处小学或完小。师资缺乏，就组织利用农村的旧知识分子任教，有的还从菏泽城里聘请了教师和初中毕业生到乡下任教。为了便于学生购买书籍读物，又专门与菏泽“世界书局”联系，在东平乡开设“东光书社”一处，自此，农村小学教育开始兴旺。

在兴办小学教育的同时，各乡农学校根据本乡的具体情况，采取以大村庄单独办、小村庄联合办、完小附近以完小为基础办的原则，成立农民识字班。从学习文化入手，向民众灌输梁漱溟先生的乡村建设理论，进行封建宗法、礼制等方面的教育。东平乡以 18 处小学和完小为基础，以农村中老年知识分子和自卫训练班毕业的学生及小学教员为骨干，以男性成人为对象，各村普遍成立了农民识字班。利用农闲或晚上时间上课学习。县政府教育部门还为农民识字班专门编印了识字教材，内容是名人格言，处事接物的各种常识，教人识字明理，如“尊师重道”、“兄友弟恭”、“父慈子孝”、“和睦邻里”、“孝弟力田”、“打虎还是亲兄弟，上阵还是父子兵”等。

（三）组织同学会，维护社会秩序

菏泽乡村建设时期，乡农学校所辖的各村学机构设立得比较晚，或者说有名无实，作用不大，而真正起到作用的，则是“同学会”。同学会是以村庄为单位成立的，由各期自卫训练班毕业学员组成的，以防匪防盗、禁毒禁赌、护青护坡、维护社会秩序为己任的组织。它的口号是：“人人皆兵，村村为营。”每期自卫训练班结业之后，学员均带枪各回本村参加同学会，在乡农学校直接领导下活动。平时分期分批带枪到乡农学校值勤，并规定每月集中到校表演一次军事操练和武功，借以联欢。遇有特殊情况，可立即抽调部分或全部同学会成员执行任务。例如 1935 年秋，我任东平乡乡农学校校长时，大股巨匪刘黑七（即刘桂棠）和黄河惯匪李新场过境窜扰，得知情况后，乡农学校立即集合精壮同学会成员百余人，全带枪支，组成一个连，我和军事主任亲自带领，赴郓城黄安一带截击追剿，使菏泽一带免受骚扰。

节日期间及“非常”时期，同学会配合民众实行日夜值勤，防贼防盗，保家卫乡。当时东平乡全境位于巨（野）南、成（武）北、定（陶）东、金（乡）西，距菏泽近百里，处于4县交界处。过去曾称之“雁过拔毛”的地方。在乡村建设时期，由于同学会组织的作用，这个偏僻荒凉的地方，社会秩序比较安定，曾有一段时间，百姓彻夜不闭户没有偷盗；夜间出门无抢劫，行路安全，各村栽植的行道林，一行行无有残缺；打架斗殴、牛羊啃青等恶习基本杜绝。

在禁毒禁赌方面，同学会配合乡农学校，先是进行广泛的宣传，而后检查、禁止、捕抓。在一些大的集镇和交通要道，都画了一些漫画。记得比较清楚的是，菏泽四门门洞墙上，画了一幅幅吸毒危害人体健康，赌博对家庭、对社会有害的漫画，教育人民起来共同反对和禁止这些恶习。在宣传的同时，同学会不断组织人员巡回查禁。当时县政府设立了戒烟所，吸毒者比较多的乡，乡农学校设有简易戒烟所，同学会每抓到吸毒者，轻的关在乡农学校戒烟所，让其家人送吃送喝，自费配药，戒上十天半月，立下“军令状”，找到保人，才放其回家；重者则送往县政府戒烟所劳动改造，待改掉恶习之后才让回去。我在东平乡曾集中办过两期戒烟班，每期都是十几人，时间为一个月，对吸毒者一方面进行教育，另一方面服药治疗。禁赌方面，抓到又打又罚，有时还游街示众。尽管如此，由于上层某些人物和地方豪绅，有权有势，置禁毒禁赌于不闻，吸毒赌博照吸照赌，同学会不敢查禁，因此收效甚微。

（四）改良旧风俗

菏泽乡村建设时期，唯一改良农村旧风俗的是让裹脚妇女放足和剪去男人留的辫子。当时，乡农学校有一名剪发放足委员，是县政府直接派驻到乡农学校帮助做这项工作的（薪水由县政府发），在乡农学校的配合下，依靠各村同学会组织和村理事开展工作。开始，先是进行宣传，说服教育，劝剪劝放，之后采取强迫的办法，勒令男子剪去辫子，妇女放开裹脚，特别是年轻者，一律不准缠足留长辫（年长者不强制）。乡农学校的工作人员，经常和剪发放足委员到各村宣传检查，如发现对象，要求他（她）们必须剪放，违者罚款。尽管当时订立了比较严的“法令”，但由于村学机构没有建立起来，乡农学校工作人员稀少，工作进展缓慢，剪放者寥寥无几。

（五）农、林、畜及合作业情况

1. 农业方面：乡村建设时期，县政府对改良品种，消灭作物病虫害等，曾作过一些号召和部署，但各乡农学校没有多大活动。县里在城北关花园建立农场一处，也没见改良出什么优良品种。以后，又在离明乡试验种植美国脱棉，并聘请专家张汉才为技师，取得了一定成绩，但没有及时推广，效果不大。

2. 林业方面：是乡村建设时期搞得比较好的一个方面。当时提倡植树，群众也喜欢植树，不少乡农学校在大小路旁，都栽植了一行行杨柳树。菏泽通往定陶、巨野、郓城、鄄城的大路上，也栽植了行道林。尤其宝镇乡，全境大小路旁都植了树。我所在的东平乡在这方面稍差些，但在柳林至边境苏集一段，也栽上了树木，个别村庄在村前村后，还栽植了烧柴林。由于当时村村订立护林公约，并有同学会组织检查看管，树木保护比较完整。

3. 畜牧业方面：主要提倡饲养波兰杂交猪（繁殖快，生长快）和寿光鸡。当时只在县农场试养，未能分蘖推广，畜牧防疫上，听说在某一个乡设立了防疫室，进行试点，其他乡没能实行。

4. 运销合作业：主要以合作社的形式，搞棉花、大豆运销。以低息贷款在当地收购棉花、大豆，运出销售，获取利润。专署设立了“金融流通处”（刘星之任主任），在中国银行贷款，为运销合作业提供资金。但这种运销合作业，一般都是有钱有地的商人或地主参加，穷人无条件，金融流通处也不为他们服务。因此，运销合作业仅仅限于富裕人家，广大百姓则不能参加合作获取利润。

四　菏泽乡村建设实验县任职人员情况

县长：孙则让，后换陈亚三、王合轩。

秘书主任：赵玉波，后换皮达伍、马汝梅。

视导室主任：张筱珊。

民政科长：孙殿卿，后换姜子珍。

财政科长：刘省三，后换李勉斋、俞玄荪。

建设科长：任德宽。

教育科长：金植芳，后换高其冰。

警卫大队长：胡保贵。

政务警察队长：魏保全。

（菏泽市政协供稿，沙德廷整理）

山东乡村建设研究院菏泽分院回忆片断*

国启民

我是山东乡村建设研究院菏泽分院第一届的学生，将我所能回忆起来的一些事情叙述如下：

山东乡村建设研究院菏泽分院建院时间是1934年，训练部当年暑假招生，学生大部分是考试录取的，少部分是有关人员推荐的，学生100余人，训练时间定为一年。不久山东省警官学校干部班100人也交给了该院培训，由张筱珊负责，训练时间定为4个月。当时院长是孙则让，教务长陈亚三，副教务长高赞非负责训练班，班主任裴雪峰。干部班学生于1934年冬结业，分配到菏泽专区各县接管各区区部；训练部学生没到下年暑假就提前结业，被分配到各乡农学校。

山东乡村建设研究院菏泽分院，因“七七”事变，抗日战争爆发，只办了一、二两届就结束了。当时开设的课程，我记得有乡村建设理论、精神陶炼、军事课、小学教育、法律常识、应用文，有时还临时请要人演讲。当时，军事课占重要位置，整个训练过程中，军事是主课，课堂上讲步兵操典，操场上训练各种步法，转法、枪法和队形变换，即所谓排、连、营教练；另外，还学刺枪、打拳、劈刀，每周约占一半的时间。除军事以外，乡建理论，精神陶炼是主课。乡建理论每天两节，精神陶炼每周6节。军事课是一位姓吴的老师担任，他是保定军官学校毕业的。陈亚三讲精神陶炼，裴雪峰主要讲经学、作诗、古典文学等。因为当时孙则让、陈亚三都是在分院兼职，分院的事情基本上由高赞非负责，另外，他还担任着一些课程。分院专职教师不多，有不少课程都是临时或事先约定一些

---

* 此文原载于《梁漱溟与山东乡村建设》，山东人民出版社1991年版。

要人、名人来讲。记得，法律课是专区司法科长讲，政治性的课是视导室主任张筱珊讲。从外地请的名人有胡石青等。名人讲课都是学校命题，梁漱溟也曾来讲过课，邹平乡村建设研究院院长梁仲华、济宁专员公署长官王冠军（绍常）也来讲过课。专员、菏泽分院院长孙则让也来讲课。孙则让主要讲做官之道，印象最深的是他在讲课时举的一个例子。他说：以后要到省府去办事，第一，别得罪了传达室，你别看他们不是官，得罪了他们，不让你进门，你没有办法；第二，不能得罪收发室，要得罪了他们，该往下发的公文，他压住不及时发，你往上呈报的信件，他压住不给你转，这样会误你的大事；第三，不能得罪侍从室，如得罪了他们，你去找省主席，他不给你通报等等。

梁漱溟先生的乡村建设理论，我记得总的精神是要救国救民，西洋路、东洋路都走不通，只有孔孟之道才行，要以伦理治天下，即所谓君君臣臣、父父子子、上下有序。在施政上，寓政于学，寓兵于农，作之师，作之君，实行全民皆兵。当时在菏泽县搞实验，取消区部，开办乡农学校，就是这种理论的体现。乡农学校实际上就是区政权，乡农学校其他职员均以民众的老师自居，民众犯了错，动不上法律，屡教不改的，校长可以以老师的身份对其进行罚款、打板子惩罚。我毕业后被派往巨野县玉山乡乡农学校担任军事主任，协助校长负责治安工作，即抓土匪、小偷，查禁赌博和吸毒，禁止牛羊啃青、剪辫子、放足等。

（菏泽市政协供稿）

乡村建设运动在济宁*

刘瑞明　黄茂琳整理

梁漱溟先生领导的乡村建设运动。在济宁的开展，历经数年，办起了不少乡农学校。现把有关方面的情况略述于后。

一　乡村建设运动是怎样延伸到济宁来的

山东乡村建设研究院建立以后，随着乡建活动的推广和发展，鲁西地区开始也有了乡建派的活动，不少乡建派人员在济宁教育界供职。1935年，当时的山东省政府正式决定在济宁建立“县政建设实验区”，济宁的乡建活动进一步得到发展。山东省政府建立济宁“县政建设实验区”的决议原文：

民国二十四年（1935）7月，山东省政府第413次政务会议议决通过：设立县政建设实验区。以济宁、郓城、菏泽、曹县、单县、巨野、鱼台、东平、汶上、金乡、嘉祥、鄄城、定陶、成武14县为管辖区域，区长官公署设在济宁，区长官一人为简任职。派王绍常为实验区长官，由省政府咨请内政部转呈行政院备案，总揽本区一切行政事宜，并直接指挥监督各县政府之行政。

从这时起，济宁一带正式成为乡村建设活动的基地之一。“县政建设实验区”设立以后，长官公署于民国二十四年7月即发布重要工作报告：

——本署以济宁城区五方杂处，门禁至为重要，制就出入城门证，

* 此文原载于《梁漱溟与山东乡村建设》，山东人民出版社1991年版。

分发因公出入人员应用，以示区别。

——核准济宁等14县乡农学校校长98名，饬各县聘任。

——委任王伯平等11员为济宁等县教育指导员。

——委任翟薪传等22员为济宁等县自卫指导员。

——核准王连溪为济宁县市民学校校长，饬该县聘任。

——奉令饬知：简易乡师毕业，会考及格学生充当小学教员，姑准无试验检定，转饬各县知照。

——分饬济、汶、金、嘉四县将应征应摊联立乡师专款编入24年度地方预算，按期拨付，不得挪作他用。

——令发乡农学校校旗、钤记、长戳、校牌及职员符号各样式，饬县制备，转饬乡校备款领用。

——令县立中等学校、小学校及职业补习学校，均由巡回导师视察指导，饬各县知照。

——奉令转饬遵照中央民运指委会规定之公民训练实施纲要，饬济宁县转令市民学校采用此项纲要此项纲要训练市民。

——讨论改各县自卫训练班为乡农学校。

——规定自卫训练班会考日期及地点。

——各自卫训练班举行毕业考试，派员分赴各县监考。

——编印乡农学校各种书籍。

为了进一步加强鲁西实验区的活动，1936年，“乡村建设研究院”又将山东8个师范学校的应届毕业生，分别集中在邹平和济宁两地加以训练。来济宁的师范毕业生入“济宁乡村服务人员训练处”受训，原燕京大学教授杨开道任教育长，受训人员毕业后分配各县成为乡建活动的骨干。

二　乡农学校的办学办法、目的及办学情况

关于乡农学校的办学办法，在梁漱溟的《教育文录》中说：我们的办法，是在大小范围的乡村社会——200户以上500户以下的自然村落成一范围者，为最相宜。乡农学校在成立之初，必须先成立乡农学校校董会。校董人数5至10人。由校董会公聘当地知识较开明、品行较端正者作校

长。学生就是当地的全民众。教员1至2人，由作乡村运动的来充当。济宁的乡农学校大都照此办法建立起来的。例如济宁南照寺附近有一个数百户人家的自然村，适宜办这类学校。办学之初，首先成立了校董会。校长赵鲁丰是乡村建设研究院的毕业生，教员也都是受过乡建训练的，参加受训的学员，几乎都是拥有二三百亩地的富户子弟。

梁漱溟先生的办学目的，归纳起来主要是两个方面：一方面通过办乡农学校搞“地方行政改革”，把乡农学校搞成“政教合一”的组织。这个组织大体上相当于原来的区公所，对本区里发生的无论什么事情都管起来，成为区一级的政府组织；另一方面，通过乡农学校的教学活动，把乡农学校办成“自卫训练班”，这种“自卫训练班”可以作为归军队补充的来源。在济宁，事实确是如此，1937年“七七”事变爆发后，韩复榘就从乡农学校中拨去一个团的兵力补充他的军队。

济宁乡农学校的办学情况：

1. 十学区乡农学校概况：

十学区共办1处市民学校、9处乡农学校。

第一学区（城区）：市民学校　校长王莲溪

第二学区：南照寺乡农学校　校长赵鲁丰

第三学区：南贾村乡农学校　校长冯树滋

第四学区：石桥乡农学校　校长周延柱

第五学区：鲁桥乡农学校

第六学区：谭口集乡农学校

第七学区：唐口乡农学校

第八学区：王贵屯乡农学校

第九学区：安居乡农学校

第十学区：大长沟乡农学校

此外，尚有村农学校200余处。

2. 学生来源：

济宁乡农学校学生的来源，皆来自本乡本土。入学条件是：有50亩土地的家庭抽调一人，100亩者抽调2人，余类推。入学参加训练的人员，每人自备枪1支；无枪者，设法自购，否则，拒绝入学。若是有地亩本人不能入学受训者，必须上缴枪1支，以枪代人或雇人代替。

3. 学校的课程：

乡农学校的课程，按规定分为两大类：一类是所有乡农学校共同开设的课程，如识字、唱歌、精神讲话。一类是各乡农学校根据本地需要，因时因地制宜开设的功课。例如有匪患的地方，需要成立自卫组织，作自卫训练；如山地造林设造林课；棉区种棉设种棉课，还可以随时组织职业补习班、讲习班等等。当时的识字课本，只有小学程度。

4. 军事训练：

军事训练是乡农学校的主要课程。济宁所有乡农学校的军事训练，皆是由韩复榘军队中派来的班、排长负责。每日 3 遍操，进行徒手持枪等各种军事知识训练，如劈刺、刺枪、打靶、野营、夜间值勤等，有时还进行军事演习。

每期学员毕业时举行毕业会操。各乡农学校的学员，都在济宁西关潘家花园集中，由济宁实验区长官和韩复榘驻济宁的军官检阅、讲话，发给每个学员一份《毕业同学录》和一尺两寸大的全体毕业学员照片一张。

5. 学员训练期限及毕业后的去向：

济宁各乡农学校学员在校受训的时间，多是 3 个月或 4 个月。每校每期人数，少则 1 个班，多则 3 个班不等，每个班的学员约 50 名。各乡农学校都举办过 6 期。

学员毕业后，其去向不同。有的参加乡村政权建设；有的去办村农学校，成为推行乡村建设运动的骨干。当时，乡村政权人员皆为乡农学校毕业生所取代。

6. 社会活动：

济宁所有乡农学校除在校内进行各种训练外，在乡间还进行抓差办案；土地陈报；抓偷、禁赌；排解民事纠纷；禁止妇女缠足等等。

7. 学校组织情况：

学董——常务学董及其他学董。

学长——学校的校长。

教员及辅导员——负责教学及训练之人员。

学众——学生（即村中或乡中一切人等。以一村之众为村学学生，以一乡之众为乡学学生，所以称“学众”）。

8. 校规校约：

乡农学校订有具体的校规校约。这些规约皆是为保证实现其办学目的而订的。梁漱溟亲自制定的校规有这样几条：

第一、要知道以团体为重。

第二、开会必到。

第三、有何意见即对众人说出。

第四、尊重多数，舍己从人。

第五、顾全少数，彼此迁就。

第六、要知道应为团体服务。

第七、好人要勇于负责，出头做事。

第八、遵规约，守秩序。

第九、要知道敬长睦邻。

第十、要知道尊敬学长。

第十一、要接受学长的训饬。

第十二、要知道信任理事。

第十三、要知道爱惜理事。

第十四、要知道推村学之义于乡学。

（济宁市政协供稿）

回忆在济宁县南贾村乡农学校的军训生活*

焦化民

乡农学校是30年代初期韩复榘主鲁时，梁漱溟先生在山东推行的“乡村建设”、“地方自治”、“政教合一”的地方基层组织。

乡农学校的宗旨，根据梁漱溟的理论，概括起来是：“谋求农民和社会共同进步，培养农民树立自治精神，达到遇有灾荒、急难，人人都有自救的能力。”所以乡农学校提出：“互助合作”、“敬业乐群”，“澄清吏治”、“建设农村”、“人人皆兵”、“村村为营”、“打击坏人”、“保护民众”等一系列的口号。这些理论，在当时与韩复榘时时想扩张军事实力是十分吻合的。因而，乡农学校也就在山东应运而生。

1931年乡村建设研究院在邹平县成立，开始分批培训从事乡村建设的骨干人员，此即为在全省普遍推行乡农学校的前奏曲。1935年山东省政府又在济宁设立了县政建设实验区长官公署，委任王绍常（王冠军）为区长官，准备把该区所辖济宁、汶上、东平、巨野等14个县全部划为推行这一运动的实验区。1936年冬调原燕京大学教授、当时任邹平研究院的院长梁仲华来济宁，并改实验区长官公署为山东省第一区行政督察专员公署，由梁仲华任专员。重要使命是改革县政，推行“乡村建设”。梁仲华为学者，又系“乡建”学说身体力行的人，上任伊始，即着手对行政机构进行改革。专、县两级合署办公，并委专署秘书长王怡柯兼任济宁县长。撤销了济宁全县原有的8个行政区及区公所，分划为10个学区，作为乡校辖区。乡农学校的职权很大，主要是负责推行法令，集训武装学生，主持乡村建设，处理地方民事，维持各村治安，征收地丁田粮等工作，以各乡农

* 此文原载于《梁漱溟与山东乡村建设》，山东人民出版社1991年版。

学校取代了区、乡基层政权。

南贾村乡农学校，居济宁县的第三学区，并被定为全县开展乡村运动的试点。该校建立的速度快，配备的人员整齐，一切条件较为优越。当时勘定的校址是在南贾村的西部庙基上。新建房屋30间（每排10间）以第一排为教室、礼堂、办公室，校长、主任及教练的住室。第二排为学生宿舍。第三排是伙房、庶务、文书、电讯兵、伙夫的住室。第一期学生入学时因校舍尚未竣工，暂在班村苏家胡同东头的天齐庙里开学集训。到了一期结业，二期入学时即全部迁入新址。

南贾村乡校的组织是：设校长1人负责领导全校的行政业务。首任是冯树滋（邹平乡建研究院的毕业人员），继任是魏永清（北平燕大毕业生），三任是师××（由邹平调来）。教育主任是邹其康（主持组训、教学全盘事务）。军事主任是郭耀峰（由韩复榘的第三路军派来的现役军人），他亲自主持术科的军事训练事宜。教员若干人负责学科。庶务主任1人，文书、事务2人，电话兵、通讯兵各1名，伙夫5名。每期抽调学生50名。

当时，各校集训学生的统一办法是按地亩多少，分期依次征调。第一期为10顷地以上居住在各该校辖区内，年满18岁至25岁的青壮年农民，自带步枪一支，分别各该校报到。但必须本户子弟，不得雇用顶替。如仅在该辖区内有如上数之地亩，而居住城里或外地之户，须送枪一支，不征学生。第二期的条件如上，只是土地在三场至五顷者。第三期是80亩地以上者。第四期是50亩地以上者。第五、六期是剩余之零星小农户，无力购枪者由学校发给。

我是该校第三期的集训学生。是在1936年秋季被征入校的，这一期也是50人，开班之日我们按时人枪俱到。到校后首先学会校歌。歌词是：

> 南贾村区，在济宁县东部，人口3万有余，乡镇12，村庄106个。丁银5千余两，大多数人务农业，既贫苦，近年来更可虑，水旱灾，纷纷遇，最可怕，乡村金融日蹙，一般农民无衣食，那有机会受教育。望大家，快觉悟，团结起，将互助。

我们这期共分两个班，我班的班长是李鸿栾，另一班长是王福堂。每天的正常课业是“三操两讲堂”，即是术科、学科相结合。以3次军事训练为主，上、下午两次讲堂教授学科。文化课是使用小学程度的教材，兼学珠算。还有精神讲话、唱歌。讲话的重点内容是“服从命令”，“遵守纪律”，“团结互助”，“敬老睦邻”，“管理地方事务尽忠职守”。唱歌课不学谱，只要求按照多年来的军歌调子学会歌词。

术科是各乡校的主要课程。一切都是军事化，以《步兵操典》为标准。首先是以徒手各个教练开始，随后循序渐进为：持枪的基本训练，四刺枪（训练克、碰、打、推刺四面的刺枪术），两套劈刀（按西北军的劈刀术，达到人人娴熟），全套小红拳（必须路数熟练，招架正确），班排教练（以步法、转法、变换队形为主）。以上这些科目每人必须在一至三个月内熟练掌握，如有不及格者要在课余加班补训。进入第四个月后，主要课程是“打野外”，进行以连为单位的“连教练”。内容根据《步兵操典》，检查劈刺教范、筑垒教范、野外勤务。同时还学习游击战术，贯彻“声东击西、避实击虚、化整为零、化零为整、吃苦耐劳、行荒走僻”等一系列的理论与技巧。要求每个学生都要掌握这些知识。

我们的军训生活，每天严格遵照作息时间进行活动，都以吹号为令，行动非常敏捷。早晨起床后集体唱《早起歌》，一日三餐要唱《吃饭歌》，熄灯前要唱《睡觉歌》。每天讲堂上的文化课，上午两节中间休息10分钟，下午一节。内容是识字教学、珠算练习、精神讲话（有时讲历史知识，有时讲时事新闻，乡建大义等）。术科为训练重点，按上述科目逐步进行。有时术科训练紧张，把讲堂的学科机动为操场训练。每星期一上午的讲堂课照例举行“纪念周”，也称“周会”。由全校师生齐集礼堂，校长领导唱《国歌》，向党旗（国民党旗）、国旗及总理（孙中山）遗像行三鞠躬礼，集体朗诵《总理遗嘱》；然后由校长、主任作党务、政治、校务报告及讲话。因乡校还负责防匪、防盗和处理地方民事纠纷及凶杀、斗殴等违犯治安的刑事案件，学生有轮流值勤、各路巡逻和抓烟、抓赌等抓差办案的任务，训练后期还有熄灯后紧急集合练习夜行军的训练，所以我们一直是保持紧张的战斗作风。

由于受到了军事化的训练，要求学生具有爱集体、守纪律的精神，每天起床号响后各班很快地唱起了《早起歌》，歌词是：

黑夜过去天破晓，朝日上升人起早，扫庭院，修路道，要内外整洁，晴光无限好。团结一齐，努力奋斗，挺身逞英豪。

一日三餐前都在饭厅里齐唱《吃饭歌》，歌词是：

这些饮食，民众供给，一粥一饭，当思来之不易，我们应当努力，救国救民，吾辈天职，愿大家要顶天立地，步伐整齐，救我同胞四亿。

熄灯号响后我们齐唱《睡觉歌》，然后上床熄灯。《睡觉歌》歌词是：

枕戈待旦，月正中。鸡鸣起舞歌《大风》。气薄星河，准备出征，我们要提高警惕；及时猛醒，待命奔征程。

我们这期的学生与上两期同样是4个月学完全部课程，举行结业时集合9个乡校的毕业生在大校场举行大会操。由第一区专员兼保安司令梁仲华偕同驻军军官，专署、县府的主要官员为检阅官。全县400余名本期毕业生全副武装，进行分列式、阅兵式、排连操演、实弹射击等各种作业。最后集合训话，合影散会。

在这4个月的集训中，我们完全是军事化生活。开学后，每人发蓝军装一套，裹腿一副，每人每月发给3元的伙食费，被褥自带，集体吃住。我校当时大部分吃细粮、熟菜；青黄不接时也曾吃过短期的黑白面花卷。每10天或年节还有肉鱼等犒赏。南贾村乡校，由于是全县乡建运动的试点，各地检查、参观、实习者经常此来彼往，络绎不绝。如“邹平研究院”，“华北农业改进会”和兄弟校的人员来时都与学生同吃同住，所以我们的伙食标准只有逐渐提高从未下降，相应的训练和工作也始终是紧张和刻苦的。后来在第三、四期学生毕业后，曾在全县9个乡校的历届毕业生中选拔出3个营的人数，送至兖州，为韩复榘的第三路军补充了兵源。

1937年的春季，第一区专员公署又成立了“师资训练班”，设在济宁学门口街文庙内，选拔专署所辖各县的农村小学教员和历届乡校的优秀毕业生集中训练。我被选拔到该班又受了3个月的师资训练，结业后被派往南贾村本校任第四期以后的班长。这个训练班的主任是龚玉贤，派赵道一主持教务，文科教员是姓成的和姓杨的2人。军事教练由驻兖州的二十师派来两个连、排长担任，并聘有专署秘书、参议。张向山、杨天竞等不定期地来班作精神讲话。本班的教学内容仍然分军训和文科。但比起乡校来不单纯是重武轻文了。文科所学的大致是乡建理论、历史知识、文学修养之类的课程。所以我经过这3个月的训练，在知识领域里开扩了不少。我被派回南贾村乡校当班长时，已经调训到第四期和第五期的交替时间。不久，“七七”事变的消息传来，接着各地抗敌救亡的旗帜纷纷竖起，华北各县的流亡学生也如潮水般地向南涌来，宣传救国救民的道理成了当时各阶层的中心任务。此时我校也曾接待过一批批的过路学生。一时，“起来！不愿作奴隶的人们”、“工农兵学商一齐来救亡”、“到前线去吧！走向民族解放的战场”等救亡歌声，响彻我们校园的上空。这些全国人民发自肺腑的怒吼，很快地激发了广大乡校学生救亡图存的民族正义感，到了1937年底，我县不少乡校毕业生，随着广大爱国人民涌进了抗日救国的洪流。

（济宁市政协供稿，袁静波整理）

寿光县乡农学校*

蔺景南　桑鸿滨

在抗日战争前夕，我们分别在寿光各区参加过乡农学校训练。我们一起回忆，将其记载下来。

寿光县乡农学校是从1936年农历6月开始筹建的。县里成立了指挥部，总指挥由县长宋宪章亲自担任。军事指挥是王美生，北洛乡王家庄人，据说过去干过旅长。教育指挥是刘梅村，北洛乡野虎村人，县内有名文人，是原十五联中校长刘和亭的父亲。办公地点设在县街以东文庙内，负责指导全县各区乡农学校工作。

全县10个区都办起了乡农学校。乡农学校校长由县府委派，负责学校全面工作。设军事主任一人，负责学员的军事训练；教育主任一人，负责思想教育和教学；文化教员一人，负责文化课；庶务员一人，主要负责总务生活；班长二人，负责班务及训练。一律穿军装戴三角形的胸章（学员戴方形胸章）。

乡农学校的学员来源都是本区的富家子弟，按地亩多寡摊派，先派村内最富的，然后派地少的，年龄一般在20—35岁，个别的有到40岁。文化程度不限。当时选训学员，社会上都风传是拔兵打仗，所以一些富有之家就花钱雇一些贫苦青壮年去顶替。有的雇一个人要花四五百大洋。像七区一班长王效仁就是被雇的。学员受训3个月毕业回家，每月集训一次。

学员的生活比较艰苦紧张。入校后即发军装一套，冬季是灰色棉衣，夏季是蓝色单衣。鞋袜被褥一概自备，军衣也是自己拿钱统一制作，一套军衣要花三四元钱。每日两餐，集体吃饭，自己拿钱。饭全是白面馒头，

---

* 此文原载于《梁漱溟与山东乡村建设》，山东人民出版社1991年版。

不定量。菜是普通青菜，像菠菜、白菜、萝卜、豆角之类，有时吃咸菜。伙食由学生推选 3 人管理，一月一选，账目公开，每月每人约交三四元生活费。那时农民习惯一日三餐，乍改为两餐，等不到开饭，肚子饿得咕咕直叫。学员一律睡通铺，木床苇席，几十人一间屋。铺盖虽然各不相同，但还整齐清洁，无跳蚤、虱子、臭虫之类。有的区碗筷、脸盆、手巾、肥皂、牙刷等统一置办，整齐一致，比较卫生。每日集体统一时间起床、上操、吃饭、上课、睡觉，很少自由活动时间，生活比较紧张。农民生活松散惯了，乍过集体军事生活很不习惯，特别是那些富家纨绔子弟，很有些受不了。

学习和训练用的东西都是统一发给，每人发给《乡农学校课本》、算盘及纸笔一类，用后归己所有；每人七九步枪 1 支，子弹 30 粒，手榴弹 5 枚，刺刀、大刀各 1 把。训练结业后收回。据说每个学员每月还发给 5 元的津贴，不过我们都没记得领过，可能由校内统一使用。

学习和训练是认真和严格的。每日三操三课，操练方面由军事主任指挥，班长喊队，除跑步外有立正、稍息、四面转法、齐步走、正步走、队形变换等，做起来很认真。一区学员有的学正步走脚都摔肿了，还要坚持训练。站队不齐，或步伐紊乱，军事主任要打人，轻则用拳捅，重则打军棍，四区有的学员因犯纪律就挨过军棍。所以操训起来十分严肃，很像小军官学校的样子。此外还学习一些军事动作，如瞄准、刺杀、投弹、劈刀、打小红拳、野外作战练习、利用地形地物等。主任讲，这是学的德式步兵操典，那时我们都觉得很新鲜。特别打小红拳格外有兴趣。一有闲空就伸拳踢脚，自动练习。

文化课主要学《乡农学校课本》，此外还学地理、历史、珠算等。

《乡农学校课本》是为乡校学员特别编写的，其深浅程度仅及初小一、二年级。因为当时学员文化水平极不一致，有的是文盲，有的是初小，有的是高小或初中，为了照顾文化程度低的，就编写了这样一个特殊课本。在内容上是按乡建理论的要求选的，我们记得有农村谚语、常用语和进行爱家乡爱国家的短文歌词，如：

人之初，最无能，
能学习，万事成，

活到老，学到老。
一样不学拙到老。
一二三四五，
六七八九十。
如果不肯学，
什么也不识。
玉不琢，不成器，
人不学，不知理。
有理走遍天下，
无理寸步难行。
上山打虎亲兄弟，
临阵杀敌父子兵。
多种三亩地，不如一亩园。
礼义廉耻，国之四维，
四维不张，国乃灭亡。
人人是兵，村村是营。
强盗土匪，不敢横行，

此外还有些歌词，边学字边学唱，有：苏武牧羊歌、岳飞的《满江红》、造林歌等等。当时我们学习这些课文都很认真，常常考试记分，所以都背得熟，写得出。

乡农学校也很注重思想教育，每星期一都开周会，会上唱《国歌》（当时的国歌是用国民党党歌代替），默诵《总理遗嘱》，然后由校长、主任训话。一般是总结上周情况和提出新的要求。现在回忆起来，他们讲话的内容大致有以下几个方面：

1. 团结互助。他们认为中国当时的病症是“贫愚弱散”，特别是农民一盘散沙，互不相助，因此遭受强人欺凌。所以提倡要“守望相助”，“德业相劝”、“敬业乐群”、“患难相恤”。

2. 遵守纪律。他们看到当时军阀部队，随意抢掠财物，污辱妇女，使农民遭受重重灾难。遭到农民反对，因此常讲守纪律。象：严守军纪，服从命令，不准私入人家，不准私拿什物，不准押亵戏谑，不准轻慢乡人，借物归还，损物赔偿，宁厚勿薄。

3. 勤劳生产。他们认为农民穷的原因，不是封建剥削所致，而是懒惰不爱生产（这是他认识上重要片面性）。所以常讲：“忍苦耐劳”、“敬业乐群”、“孝弟力田”、“勤于耕作”等。

4. 讲究礼貌。他们认为“礼”是搞好上下左右关系的关键，是搞好团结的基础。只要有礼貌就会取得对方的好感，就会增进友谊，加强团结。常讲：“尊师重道”、“礼俗相交”、“诚恳谦和”，“进宅须先通报”，“路过村庄，问事问路，须下车下马，持请教态度”。

5. 革除恶习。他们认为陋习是当时农民愚昧的表现，是贫弱的病源（有一定片面性）。常讲：改掉乡间陋习，如早婚、缠足、赌博、吃烟、喝酒、吸鸦片、迷信鬼神、烧香拜佛、抽签算卦等。

6. 治安防卫。乡农学生要维持地方安宁，防匪防盗，外人入侵，抵御外侮。1937 年下半年，就只讲抗日救国了。

7. 其他常讲的是讲究卫生、爱惜时间，爱惜名誉、勤学苦练等。

乡农学校还有唱歌课，在当时来说，贫困落后的农村很少听到歌声，所以学员唱歌很感兴趣，群众也感到新鲜，都愿来听。在操场上列队齐唱，激昂慷慨，声彻原野。不仅提高学员们情怀，同时也受到教育，有些歌我们唱得很熟，直到如今还记得住，如：

《乡校学生歌》

乡农学校学生，
个个是好农民。
受了自卫训练，
看家保乡望门。
识字明理，和睦乡邻。
讲求进步，办事认真。
人人学好，大家齐心。

《阶级服从歌》

军人首重服从，命令何等森严。
纣有兵丁亿万，何敌周臣三千。
一心同德，胜败昭然

切忌藐法，任意抗顽。
切忌藐法，任意抗顽。

《战斗歌》
战斗时，杀敌为第一。
选择地物难超之地。
爱怜兵，发枪击。
要注意，最忌是蚁聚。
《战斗动作歌》
战斗动作切要，目兵军训牢记，
一闻前进命令，奋勇冲锋杀敌，
战有伤亡，除去子弹，
没有命令，切莫射击，
没有命令，切莫射击。

此外各区乡农学校的教员还教一些从别处学来的歌曲。如《站岗歌》、《锄草歌》、《劝军歌》、《军事要领歌》等，我们回村后还教农民，农民都乐意学。

梁先生所倡办的乡农学校，在寿光举办了6期，共训练了2500多名学员，对寿光有一定的影响。首先是给寿光人民组织抗日产生了一定的作用。虽然1938年1月，日军初次掠境，乡农学校学生一枪未发就闻风逃散，但后来这些学生中的进步分子都参加了抗日游击队。其次对唤起民众，革除旧习，维持治安，爱国保乡等也有一定的影响。

我们这些人大多出身于富裕之家，娇生惯养，知识很低，对梁先生所办的乡农学校，当时都说不出什么好坏来，只觉得很新鲜，对国对民有好处的，也觉得受训不自由，太拘束人。现在回过头来想一想，梁先生办乡农学校，想改变农村“贫愚弱散”的穷白面目，其动机是好的，但是，在半封建半殖民地的旧社会里，采取对现实作某些改良的办法，是行不通的。

（蔺嘉德整理）

安丘县乡农学校始末*

马守约

我县乡农学校是从1936年冬季开始创办的。发起和领导人是张公制、于益甫两先生，并得到当时县长金鸿良的支持。他们几个人在取得山东乡村建设研究院院长梁漱溟的同意以后，由县政府选派人员到邹平学习，结业回县进行乡村建设工作的。当时被选派的人员有：于益甫（入研究部）、马资评、马守约、周硕资、时宝和、李纲正、徐乐图（以上几人入训练部）等。

30年代初期，韩复榘为积极扩充自己的兵力，以保住自己独霸山东的地位，便采取了训练联庄会的形式，把有土地有枪支的民户青壮年，组织起来进行训练。1934年成立了山东省联庄训练总会，安丘县于1935年秋组建起联庄会训练分会，县长兼任大队长，主持在县内开办联庄会训练，全县共分16个点，每点训练100人，3个月为1期，每期有4个点同时训练，全年共训练1600人。1937年夏季开始改办乡农学校，可以说联庄会是乡农学校的前身。安丘乡农学校共设6校，每区一校（全县共6个区），每校设有校长、军事训练教师、文化教师、事务员、炊事员各1人，共5人组成，校长还带勤务1人。一区设在牟山观，校长周丹庭；二区设在逄王，校长王学勤（亦名王嘉铭，海阳人）；三区设在甘泉，校长马守约（字文博）；四区设在凌河，校长周硕资（字丹初）；五区设在平原，校长马资评；六区设在召忽，校长曹次銮。其中周丹庭、曹次銮两个校长是由张公制先生介绍的地方人士。其余4人都是曾经在邹平乡村建设研究院训练部学习过乡建理论的学员。各区乡农学校学员都是100人，全县共有学

* 此文原载于《梁漱溟与山东乡村建设》，山东人民出版社1991年版。

员600人。一区牟山观乡校开学较早，时在1936年冬，其余5校都是在1937年春季开始的。各校军事教练员有的是院方派的，有的是县里派的，其他教员多数是乡建学员。县里还配有巡回指导1人，由孙执中（字子端）担任，负责到各校检查工作。

各校的训练定为一年一期。训练内容有术科、学科两种。每天的正常课业是“三操两讲堂”。以3次军事训练为主，上、下午两次讲堂教授学科。文化课是使用小学程度的教材（有专门课本），兼学珠算。还有精神讲话、唱歌等课。精神讲话的重点是“服从命令”、“遵守纪律”、“团结互助”、“敬老睦邻”、“管理地方事务尽忠职守”等。所教歌曲有《早起歌》、《吃饭歌》、《睡觉歌》等。术课是主要课程，一切都要求军事化，以《步兵操典》为标准。从徒手各个教练科目开始，循序渐进，及于持枪基本训练（包括刺枪、劈刀）、班排教练（以步法、转法、变换队形为主），最后项目是“打野外”，进行以连为单位的“连教练”。同时还学习游击战术，要求学员掌握以上军事常识。

我县乡农学校，第一期尚未结业，“七七”事变即爆发了，日军逐步逼近安丘，为应付时局，要求各校添设游击队组织，每校计划60人。一区牟山观乡校以韩寿臣为游击大队长，队员多由县联庄会员或退伍兵充当。韩寿臣的游击大队便是他以后组成“韩十团”的基础。其他各乡校因种种原因，游击大队尚未组织起来，时局吃紧，乡农学校便自行解散了。

（安丘县政协供稿）

忆临沂县相公庄乡农学校*

何文廉

我是汶上县河湾村人，曾经是山东乡村建设研究院菏泽分院的学员，毕业后被分配到临沂县相公庄乡农学校任校长。

1935 年暑假，我考入了山东省乡村建设研究院菏泽分院被分配到甲班学习。开设的课程有农村经济合作、乡村建设理论、珠算、军事训练、体操等。1936 年春菏泽分院结业后，我被分配到临沂县相公庄乡农学校任校长。

我当时任校长的相公庄区，是临沂县最大的区，南北长 110 华里，东西宽 70 余华里，全区人口近 11 万。当时选乡农学员（俗称“拔学兵”）是按地亩摊派，选拔对象都是富家子弟。我在那里当校长共办了 4 期，每期 4 个月，分为 4 个班，共 150 人。第一批学员选拔的对象都是一顷地以上的户，到第四期时 20 多亩地的户都有被拔着的了。“学兵”的对象虽系按地亩摊派，本应都是富家子弟，而实际上各期在校学员大多是穷苦的青壮年，他们都是被富家花钱买去顶替富家子弟名额而去的。学兵每人自带一条枪，当然都是应征富家出钱买的。

乡农学校设校长一人，总揽乡农学校和全区各项工作，并兼乡农学校的乡建理论课，我亦是如此；教育主任一人，负责乡农学校的文化课并全区的乡村礼俗（婚丧大礼等）的兴革，符合社会进步的即兴，不符合的即革；军事主任负责学员的军事训练，如体操、打拳、刺枪、劈刀等；指导员主要负责思想教育工作；事务主任则主要管好总务、生活等。

当时，相公庄乡农学校的校舍在临沂城东 35 华里的一个大庙院里，

---

* 此文原载于《梁漱溟与山东乡村建设》，山东人民出版社 1991 年版。

前后两出院落，有近30间房子。乡农学兵都穿着军装，打着裹腿，每天按程序上课、操练，学生轮流站岗，两个小时一班，白天黑夜不断岗，较正规，颇有点小军官学校的样子。

乡农学校除开设乡建理论、军事课外，并特别注重礼俗、道德教育，学员们如在校外看见老师都要打举手礼，并问声“老师好!”给学员们讲礼俗、道德课也都是按在菏泽分院学习的孔子及其他先贤们的正统思想，如“先天下之忧而忧，后天下之乐而乐”和“人之有德于我者不可忘也，我之有德于人者不可不忘也”等，故学员之间、师生之间团结颇好，没有打架、纠纷现象。

当时办乡农学校之目的，除准备抵御外侮外，还有维持社会地方治安之作用。那里不但各区办乡农学校，而且各村也都相应的建立了治安队，每村治安队人数，根据村庄大小20人、30人不等，村长兼任治安队长，都归乡农学校领导。治安队也讲点乡建理论课并上操训练等，有的队有枪，有的队没有枪，多数都用梭镖。

乡农学校及治安队的建立，当时对维持地方治安确实起到了很大作用。办乡农学校前，那里土匪猖獗，又是山区，单人白天都不敢走远路。而办起了乡农学校后，地方上很快便平静下来了，黑天走路也不要紧了。

1937年7月，在我所在的乡农学校第四期学员即将毕业时，便爆发了震惊中外的“七七”事变，日本帝国主义长驱直入，侵占了我国大片领土。乡校瓦解以后，我便和乡农学员投入了抗日战争的行列。

（临沂市政协供稿）

沂水县乡农学校简况*

张之栋

乡农学校的权力很大，校长即是区长，掌管全校和全区事务，并兼任所在乡的乡长；教育主任除担任乡农学校的文化课外，还掌管全区乡村小学的视察指导任务；指导员协助教务主任工作；庶务员是校长的秘书，在校长的领导下承办上下公文和所在乡的民政事宜；教练员负责军事训练和保卫地方事宜。因而，院方规定，乡农学校人员必须由乡农研究院毕业的学员担任。但沂水县的乡农学校则不然。如沂城区乡农学校校长刘粟斋（长安庄人，原民众教育馆股长）；教育主任李贯一（后升任校长，七里铺子人，原教育科视学员）；指导员相蔚之（后升任教育主任，全美官庄人，原民众教育馆职员）；庶务员韩锦荣（阳西街人，原民众教育馆职员），均不是毕业于乡村建设研究院的。这一安排是由当时的县长范筑先决定的。尽管院方对此极为不满，奈因范县长德高望重，院方亦无可如何。

乡农学校的课程设置：课堂教学有党义、乡村建设、法令、史地、步兵操典、射击教范等；操场训练有队列、劈刺及散兵群、散兵行、冲锋的演习等等。作息以军号为令。

学员的各项费用全部自理。设有食堂，内选 2 人管理，按人摊派生活费。制服军帽统一为深蓝色，所需款项由学员负担。枪支子弹亦均由学员自带。

乡农学校的学制为 4 个月一期，学员须是各村年满 18 岁至 35 岁的壮丁，并以土地的多少先后调集（先调训地多者），每期 40 人，不准雇人顶替。如沂城区乡农学校第一期学员就有城内士绅刘邑周、肖占初、王皋

---

* 此文原载于《梁漱溟与山东乡村建设》，山东人民出版社 1991 年版。

文，田庄大地主牛某之子牛培武、武家洼地主豪绅武克潜、武小峰等。当时还有一项规定，在校学生可以缓训或者免训。此规一定，不少大户为了免吃苦头，便将20岁左右的子弟送往小学“念书”，以逃避训练。

第一期学员毕业后回各乡充任教练。如法开展下一学期的学员的训练。沂水县各乡农学校都办了5期，每期结业后均齐集县城接受检阅、考核、评比。

1937年“七七”事变起，乡农学校即停办。沂城区乡农学校校长李贯一联络了一批受训学员和有志青年成立了“沂水县抗日游击第一中队”。后沂城沦陷，李即带队开往西部山区继续抗战。

（沂水县政协供稿）

滕县羊庄区乡农学校回忆*

薛海云

1936年农历12月，我在济宁“山东省乡村服务人员训练处”受训期满后，被分派到滕县羊庄区乡农学校任职。起初在该校任教育主任，4个月后升任校长。现将这段亲身经历回忆如下：

当时，与我一块分到滕县去的同学近10名。我们在济宁“行政督察专员公署保安司令部”一位军人的带领下，乘火车到达滕县。滕县县政府安排我们在城里住了一夜，并给我们每人发了一张“委任状”。我的那张委任状上写着：“兹奉委任薛海云到羊庄区乡农学校任教育主任”。

拿到“委任状”后，我们便各赴任区而去。那时，我花钱雇了一头小毛驴驮着书籍、衣服等赶赴羊庄。这个庄在县城东南约45华里处。羊庄区东邻峄县，西北紧靠城关区，西南接壤官桥区，东北是山亭区。它的东西北三面有山，属于半山半平原地区。该区管辖60多个自然村，划分为8个乡：羊庄乡，乡长蔡敬学（字子文），石万乡，乡长沈子良；杨村乡，乡长杨子达；庄里乡，乡长刘岳如；冯庄乡，乡长杨福礼；韩村乡，乡长韩玉岚；大赵乡，乡长李××；黄庄乡，乡长黄××。

我到达羊庄区乡农学校后，该乡农学校校长祝璞斋置办丰盛的宴席，召集所辖各乡乡长及乡农学校教职人员，为我接风洗尘，以示欢迎。在宴会上，祝校长将我向大家作了介绍，在座的各位人士也将姓名、职务向我作了介绍，并说了一些寒暄的话。

乡农学校是当时进行地方行政改革后，以其代替区公所，直属县政府的一级行政机构，负责管理一个区的“政、教、富、卫”工作。这个机构

---

* 此文原载于《梁漱溟与山东乡村建设》，山东人民出版社1991年版。

主要有5人组成。羊庄区乡农学校校长祝璞斋（单县人，菏泽乡建研究院毕业生），负责该区的全面工作，月薪35元；教育主任薛海云（兖州王因区人），负责协助校长视导全区的教育、军训工作，月薪30元；指导员郭××（东平人），负责向受训学员讲授《农民识字课本》及《明耻教战教材》上的内容，月薪25元；事务员刘融村（菏泽人），负责教职员工的工资、伙食等庶务，月薪25元；军事教练贾仰圣（字希贤，邹县郭里集人），负责乡农学校受训学员的军训工作，月薪20元。此外，还有3个军事班长，协助军事教练开展军训工作，每人月薪12元，一班长姓李，邹县人；二班人姓马，滕县沙土村人；三班长刘子浩，滕县城里人；炊事员一人，月薪9元。上述人员的工资皆由县财政局负责拨发。

羊庄区乡农学校设在羊庄村内。校址在刘献三家的槽油坊大院里。因过去曾有人在此处酿酒、榨油，所以村民称之为“槽油坊”。此院落占地五六亩，有房屋50余间，东南方建有瓦房大门。

这所乡农学校创办于1936年初，共集训青年4期。我到该校前已办了两期，我到后又办了两期。每期50人，时间4个月。每年的春、秋两季为入学时间。学生的来源是乡农学校向各乡分配名额，各乡再将名额分配到村，然后各村按地亩多少，依次将满18岁至25岁的青年选派到乡农学校受训。受训学员须自带步枪一支，交生活服装费12元。无枪者可想法向别人借。入校后，学校向每个受训学员发一身蓝制服（单衣）、一顶蓝军帽、一副蓝裹腿。当时，乡农学校的校长、教育主任、指导员、事务员、军事教练等人也有统一的服装。一年两套，单衣蓝色，冬天的棉衣是青色。每人左胸前佩戴着一个三角形的胸章。上面印有县名、校名、姓名、职务。冬季，下身是五扣马裤。此外，还有统一的军帽和裹腿。

那些有地而无人去受训的人家，如果家中有枪，可向乡农学校交枪一支，以枪代人。否则须交15元，以补充乡农学校的训练开支。

受训青年入校后，一律在校食宿，过严格的军事化生活。学校制定了作息时序表，大致内容是：黎明起床、盥漱、整理内务、早饭、吹号上课，先上学课、再上术课。然后中午饭（夏季午饭后有午休），再吹号上课，先上学课、再上术课。然后吹号吃晚饭，晚饭后安排部分学员外出巡逻，维护社会治安。其余由学校组织集体活动，晚9点左右吹号熄灯。在熄灯前，乡农学校门口设岗把守，严防学员及外人随便出入。

学员上课受训的大致情况是：上午一节学科，然后两节术科。学科是在乡农学校院内教室里进行，时间约一小时。主要由指导员或教育主任讲授《农民识字课本》《明耻教战教材》及《时事讲话》。《农民识字课本》有国语拼音部分，课文部分的主要内容是宣传邻里和睦、尊老爱幼、团结合作、打击坏人、建设农村、保护民众、破除迷信、讲究卫生、早婚有害、禁止赌博、禁止吸毒贩毒等。《明耻教战教材》的主要内容是宣传人人皆兵、村村为营、救亡图存、反对侵略、保家卫国，以培养学员热爱家乡、热爱祖国的思想。《时事讲话》主要是宣传：东三省已经沦陷，华北正面临危机，日军搞什么“华北自治”，阴谋吞并华北，吞并整个中国。我们中国正面临着“亡国灭种”的危险。国家兴亡，匹夫有责，一切不愿做奴隶的人们，要团结奋斗，打败日本侵略者，建立独立富强的新中华等等。

学科结束，课间安排 15 分钟的休息后，吹号集合，进行术科训练。50 名受训学员分为 3 班，每班班长由校方指派专人担任。全体受训人员，在军事教练的统一指挥下，整队前往羊庄村北的大操场上进行军事训练。军训的科目是按照《步兵操典》的规定，首先进行步伐、转法、队形变换的训练，要求动作迅速、整齐、准确。继而进行持枪的训练，包括枪放下、枪上肩、各种射击姿势等。然后进行刺杀术的基本训练，包括突刺、防刺、前进刺、后退刺、转身刺等。要求姿势正确，迅猛有力，动作娴熟。与此同时，军事教练还向全体受训学员教授全套小红拳，要求架势正确，路数熟练。教授方法，有时采取全队集体进行，有时以班为单位进行，有时也采取单兵教练。总之，要求受训人员将所规定的军事项目全部学会。

下午的课程安排是：1 节学科，3 节术科。训练的内容、方法大致与上午相同，其不同处是：常在第三节术科安排学员自己复习熟练所学过的动作，或学员之间相互帮助练习军事动作。

受训学员进入第 4 个月后，在军事训练方面，除熟练掌握上述所学内容外，还增加了“打野外”、“夜间紧急集合”的项目。“打野外”这项训练，是将学员带到山地、田野里，让其学会在战斗时巧妙地利用地形、地物，挖掩体、筑工事，阻击敌人，追击敌人，包围敌人，以及相适应的匍匐前进动作。“夜里紧急集合”是训练学员在特殊情况下的应变能力。号令发出，大家迅速起床、穿衣、打裹腿、背枪，在规定的时间内到指定地点集合，然后在军事教练贾仰圣带领下进行夜行军，以加强学员机智勇敢、动作敏捷、吃苦耐劳的训练。

为了使受训人员振奋精神，逐渐培养出爱集体、守纪律的观念，每天要唱《早起歌》《吃饭歌》《睡觉歌》。学员除每天高唱上述三首歌曲外，在进行军事训练来回的路上，还常常铿锵有力地高唱《大刀歌》《伏尔加船夫曲》《流亡三部曲》，有时也唱《桃李迎春》等歌曲。

每周的星期一上午是“总理纪念周”活动，早饭后，全校师生集合在教室里，校长带领大家高唱《国歌》，向党旗、国旗及孙中山总理遗像行三鞠躬礼，背诵《总理遗嘱》。嗣后，由校长或教育主任作时事报告。

每期学员受训期满，都要举行郑重的结业典礼。校长在典礼大会上作政治报告，并向受训学员提出殷切希望。要求他们回去后要尊老睦邻、团结民众、勇于负责、打击坏人、扶弱济贫，发现贩毒吸毒以及土匪盗贼要及时向乡农学校报告，共同担负起搞好地方治安的职责，努力把自己所在的乡村建设好等等。每逢这天，学校全体师生还要举行一次丰盛的会餐。然后，受训学员携带自己的枪支回家，就这样，一、二、三期受训学员圆满结业。

我校第四期受训学员在结业前发生了一件出人意料的事件。招收这期受训学员时，正值“卢沟桥事变”之后，日军大举南侵，国内形势一片混乱。因此，一些该来乡农学校受训的富家子弟，怕受训后被韩复榘扩军抽走，便花钱雇觅外人前来冒名顶替。这样一来，混进了许多无极道分子。他们在学员中秘密发展道徒。在一天夜里，竟煽动、胁迫受训学员暴乱，用枪把睡在床上的教练贾仰圣打伤后，接着把人员拉进山里，自立山头，搞起所谓“游击”来。第四期训练班就这样被迫结束了。

那天夜里，学校发生“暴乱”时，我因携带家眷，住宿在校外一家私人房子里，因而没有出现意外事故。

在此之前，韩复榘为扩充军队，曾指令地方当局，要征调我校受过训练的一、二、三期学员入伍，补充其第三路军。对此，济宁行政督察专员公署曾授意我们，允许受训学员花钱雇人，用冒名顶替的方法应付韩复榘的征调。其目的是想使受训学员留在农村，以便将来更好地开展乡村建设工作。

“七七”事变后，国土不断沦陷，许多同胞被迫离乡背井，扶老携幼逃亡到山东境内。面对这种情况，我们羊庄区乡农学校曾积极参加了“救亡”活动，想方设法将来到本区的难民安置到各个村庄，并尽力帮助他们解决衣食住行方面遇到的困难。

1938年初，日军占领滕县城后，乡农学校结束，我告别了滕县，回到了已经沦陷的家乡。

（滕州市政协供稿）

记滋阳县第三区乡农学校*

徐铭绅

滋阳县（今兖州县）第三区乡农学校建立于1936年3月。我曾在该校第二期受训4个月。

一　乡农学校的建立与征训学生

我县三区乡农学校设在颜村店南首庙院内，有房20余间，分前后两院。前院北屋3间，为办公室，两廊房共10间，为学生寝室。后院居中北屋3间，为校长室和教导员室；偏西北屋两间，为事务员室。后院东侧有新建平房6间，其中四间作教室，两间作厨房，靠街有门房3间，分别为传达、勤务等室。人事配备计有，校长1人，教育主任1人，教导员1人，教练员1人，事务员1人，班长3人，勤务2人，传达1人，炊事员2人，共13人。校长许庆桢，嘉祥县人，总管校内一切事务及地方行政；教育主任曹乃爵，汶上人，负责管理学生；教导员郝承钊，肥城人，负责给学生上课；教练员张复生，河北省人，负责学生的军事操练；事务员孙炳勋，汶上人，主管全校伙食及杂务。上述人员除教练员张复生系从驻兖二十师学兵连调来外，其余都是从乡村建设研究院菏泽分院分配来的。校长就职伊始，就撤销了区公所，其区长职务即由校长取代。本区9个乡镇长仍照旧供职。乡农学校的任务是总管全区的民政、建设、治安、教育等各项行政事宜，而更主要的是训练学生，补充兵源。

乡农学校所训练的对象都是农家子弟。其征训办法是以农产地亩多少

---

* 此文原载于《梁漱溟与山东乡村建设》，山东人民出版社1991年版。

为先后标准，即地多者先征，地少者后征，有地无人者须雇人代替受训。应征的学生入校时要每人带步枪1支（当时枪支民间可以自由购买），交服装费3元，伙食费每月2元5角。训练时间4个月，每期50人。3区乡农学校自开办至1937年底解散，共训练了5期，计受训者250人。1937年5月即开始选抽学生，补充兵额。至“七七”事变爆发后，抽补更加频繁，每次十余人或数十人不等。富家子弟怕上前线，也可出钱雇人代服兵役。直到韩复榘军队退出山东，训练才告结束。

二　我在受训期间的亲身经历

1936年7月，我区乡农学校第一期受训学生结业，接着征训第二期。一天，本乡乡长臧进修通知我家要去一青年受训。那时我正在村塾上学，就退了学，按照乡长的嘱咐，带了枪支、费用，按时去颜村店报到。教育主任把我的姓名、年龄等写入“箕斗册”，收了我应交的服装费、伙食费等，当即发给一套蓝制服，并把我安置在西廊寝室住下。我从此开始了乡农学校受训生活。

训练的内容分术科和学科两项。术科是在操场进行军事训练，做步法、四面转法、变换队形以及刺枪、打拳等基本动作的演习。学科是上讲堂听课，每天早晨听“精神讲话”，中午学《农民识字课本》、珠算。一天的作息时间安排一般是：早晨5点半由勤务打起床铃，各班班长随即吹哨站队，齐唱《起床歌》。唱完，由班长带领到操场跑步。回来进课堂听许校长的“精神讲话”。许校长或讲些国内外时事，或谈些政治理论，或说些乡建“政教合一”的意义。有时则东拉西扯，漫谈一阵。讲话约一小时即下课休息。9点钟用早餐，由班长吹哨站队，齐唱《吃饭歌》。唱完，分组用餐。回寝室约10分钟即整队上操场。教练员张复生做总指挥，由各班班长带开做步法、四面转法、变换队形等的演习。约两小时回校休息。10分钟后又上课堂。教师是郝承钊，教授小学程度的《农民识字课本》，内容有常识、国语拼音等。有时也学珠算。下午1点半下课休息，用午餐。4点钟又出操，科目是刺枪、打拳。至6点，演习停止，整成二路纵队绕操场（有时绕村）齐步走，并由各班长分别领唱《满江红》、《铁血歌》、《我们武装老百姓》等“三大军歌”。其中《我们武装老百姓》

一歌通俗易懂，富有民间防匪自卫的意义，其歌词是：

我们武装老百姓，头戴凉草帽，手拿是锄杆。
五更起，半夜眠，田野冒风寒。
忽然土匪来，大家逃避远。
房屋被烧，妻子离散，提起真惨然！
从此大觉悟，全家受训练
穿制服，拿枪杆，劈刀又打拳。
再有土匪来，奋勇争向前。
家园平靖，安居乐业，快乐真无边。

返校后自由活动，9 点钟鸣铃就寝。寝前齐唱《睡觉歌》，歌词是：

男儿名誉要看珍，每日三省在我身。
欲修身，先正心。
深夜睡眠时，莫把邪念存。
有事急起切莫困，值勤还充卫士军。
严守纪律，爱护乡邻，团结一心，做一个模范军人。

每天都是三操两讲堂，就这样一天天过下去。一个多月后，教练员张复生被调回二十师，接任者是在某训练班受过训的本县人关朝墉，教练项目也没有改变。

4 个月的训练将近期满结业时，一天校方集合我们全体学生，说是赴城参加全县 6 个区的乡农学校大会操。于是我们带上枪支排队出发了。会操地点是书院小学大操场（今少陵西街路北公安局址），县长周侗亲自做检阅官并讲了话，接着即宣布会操开始。各区学员把所学本领分别做了一番表演、比赛，结果我区却因刺枪、打拳动作不一致而落了伍，竟弄了个扫兴而归。回校后，次日早晨举行了结业典礼，校长赠给每个学生名片一张，还合了影。至此 3 区乡农学校第二期训练就结束了，大家各自回家。

1937 年 5 月的一天，乡农学校忽来通知，叫我赴济宁专员公署受训（实为征兵）。我区应去 6 人，全县共 50 人。我遵令备好行装，先去本区乡校打过招呼，就按时赴城会同各乡镇应征学员，由县府派人带队，一起到了济宁。报到后被安置在玉露庵庙院内住下，并有专署派来保安队作警卫，（实为监视，以防逃逸）。过了几天，专署第一科科长郭平等十余人乘车前来，带领各县学员约 500 人，到东南郊区大校场集合。郭科长讲话后，就让我们排成横队，开始检查学员们的身体。虽云“体检”却无医生，只采取逐人目测的方式依次进行，当检查到我的时候，郭科长见我面黄肌瘦，便问我：“你有病吗?”我说：“有病，还没好。”他说：“你身体不行，回去吧。我给你县写封信，另来一名补充。”我于是回到寓所，立即束装返兖，又到村塾上学去了。后得知此次征调到济宁的 500 余人，全部分派到驻兖二十师孙桐萱部五十八旅和五十九旅，被编入了正规军。

三　乡农学校对民事的管理及其结局

乡农学校也管理民事。乡村民众发生纠纷，校长许庆桢多次秉公处理，起初颇受爱戴。但后来因事件烦琐，常令传达推诿拒绝，致使校门前常有群众滋扰，且啧有烦言，一度呈现混乱状况。教育主任曹乃爵有维持地方治安的责任，他经常带领学生分头各处巡逻，防匪防盗，间或抓赌抓差，做了一些成绩。农业建设方面只在 1936 年秋季发过一次凿井贷款，受领者每乡不过十几户，每户不过 20 元，为数甚微。其他也没有什么创举。“七七”事变后，日军迫近山东边境，局势日趋紧张。专署嫌许庆桢校长怯懦不振，将他调离，又派来一位姓薛的继任。薛到校后严抓纪律，夜间加班值勤，并令前几期受训学生轮流返校服务，一时颇有起色。

10 月的一天，薛校长忽然召集全区各期受训学生及乡镇长在校门前广场开会。这是一个动员青年人入伍抗战的大会。开会时间定为 12 点，可是到了 13 点人员仍没到齐。薛校长大为恼火，大声疾呼地说：“国家兴亡，匹夫有责。现在日军已经侵入我们山东，前方将士都在血泊中拼命杀敌，为何开一个会还有人来得迟迟延延呢?”当即把到的最晚的两名学生喊出罚了跪。会场气氛顿时严肃起来。薛讲了些抗战救国的道理和报名手续等，时间不长就散会了。谁知翌日早晨，乡校竟起了一场风波。

这天 5 点半，值勤人员吹起床哨时，两廊却空无一人。原来夜间在校学生经过密商，写了薛校长的一些错误行为；并在校外墙上贴了一张丑化薛的漫画，写着“铲除薛秃子”；乘夜结队赴济宁专员公署控告去了。

乡校学生到了专署，递上状子，经负责人问话后，叫住下听候处理，被安置在东院一间屋子里，设了警卫，不准外出。十余天后，专署宣布批示：“滋阳县第三区乡农学校学生，值此强敌入境，国难当头，局势紧张之际，不仅不积极从戎御侮，反而不守纪律，制造事端，结队控告校长，实属不法行为。而该校校长薛××，不能团结同学，使上下不协调，致引起学生闹事，亦属操之过急，治校无方。”等等，处理结果是把为首的3名学生扣押起来，其余放回了家；薛××调走，其校长一职由教育主任曹乃爵代理。到了11月间，日军迫近黄河，韩复榘带军南撤。乡校代理校长曹乃爵与班长陈风山等见局势危急，就带着部分枪支，离校到外地去了。持续了一年零8个月的乡农学校，至此结束。

（兖州县政协供稿）

曹县乡农学校回忆*

逯哲仁

1933年冬，曹县县长魏汉章，在孙则让、陈亚三的支持下，将全县10个行政区的区公所取消，改建为10处乡农学校，开始实施乡农学校的具体规划。

乡农学校的校长、教育主任、军事主任、指导员、事务员都是经山东乡村建设研究院培养或经专业训练后委派的。乡农学校对上受县长的直接领导，对下仍保留乡、保、甲的原有组织机构。在校本部内设有小学部、合作社、自卫班3个直属组织。乡农学校实质上是政、教、军合一的行政组织，只是以学校的名义出现而已。

小学部由乡农学校教育主任亲自掌握。所谓小学部，即各区原有的完小（当时各区只有一所完小）。小学部设主任一人，教师若干人，均由教育主任决定聘用。各村小学教师和教学业务统由教育主任负责视察督导。当时，小学部在课程上尚无变更，教材仍沿用原有课本。

合作社是在乡农学校所在地进行筹办，从当地筹集资金，合股经营。合作社分消费合作社、农业生产合作社、信用合作社3类。重点办消费合作社。先从便利农民生活着手，在基础稳固后，再试图兴办农业生产合作社和信用合作社。当时，曹县各乡农学校都办起了消费合作社，农业生产合作社和信用合作社办成的寥寥无几。

自卫班是乡农学校的武装力量，担任学校警卫和地方治安工作，由军事主任直接掌握。“寓兵于农”是乡建派在军事上的指导思想。因此，乡农学校对农村青壮年的军事训练抓得很紧。凡是18岁到35岁的青壮年，

---

* 此文原载于《梁漱溟与山东乡村建设》，山东人民出版社1991年版。

都要分批、分期集中起来进行军事训练（俗称壮丁训练），每期 3 个月或半年。枪支由乡农学校统一支配。受训的青壮年，自己家中如有枪支必须携带，受训期满后，人枪一齐回家，但乡农学校有权留用或抽调受训人员，编入自卫班服役。当时，一部分富户人家，认为壮丁受训吃苦受罪，不忍让子弟参加，他们用钱或土地雇贫苦青壮年顶替受训。贫苦青壮年卖身替富家子弟受训，称之为“卖壮丁”。

乡农学校在开展上述三项工作中，所需经费、衣食、枪支等等，统由农村按地亩、人口分摊，每 40 亩地出 1 人，带 1 支枪，交 10 元军装费。受训期间，每人发一身蓝军装，16 人编一排。口号是：“人不离枪，枪不离人，人人皆兵，村村皆营”。平日里以军事训练为主。

乡农学校除了以上三项工作外，又大抓“土地陈报”，为此，特抽调大批人员进行专业训练。乡建派欣赏孟子所说的“王政必自经界始”，认为进行“土地陈报”，将土地丈清，划清界限，绘图注册，立案存档，把土地所有权巩固下来，农民就可安居乐业了。事实证明，这种“土地陈报”，使土地私有和官僚地主占有大量土地的不合理现象更加合法化，让缺地的农民永远遭受地主的残酷剥削。

1937 年，“七七”事变后，日军侵入山东，孙则让把经过训练的几千名青壮年集合在菏泽，编为一个旅，跟韩复榘向河南撤退。轰动一时的“乡村建设”，于此而告终。

（曹县政协供稿）

参加金乡县乡村建设活动的情况*

秦丹亭

我于1931年考入山东乡村建设研究院，1933年8月毕业。

我为什么要考研究院呢?

1928年，我在本县师资训练班受训时，有一位共产党员张长濬老师，给我们讲共产主义的道理，我觉得讲的有理，就积极参加了革命活动，秘密成立了青年团，我被举为青年团长。在张老师的指导下，计划举行全县农民大暴动。后因事泄，被当时的县长王恒年带队“围剿”，张老师夜间逃走。1931年，我24岁，任本县农协常委。当时全县各区、乡都成立了农会和小组，约有会员6000余人。就在这一年，县大队无理抓了柴庄农民谭元聚，严刑拷打。我便发动了全县农民武装约四五百人，拥进城去，高呼“打倒贪官污吏”的口号，把县大队压住了，他们龟缩屋里，不敢对垒。最后被迫将人释放。事后，县党部知道是我领着农会干的，逼我交出农会，开始我抗拒不交。后来，县国民党部和县长陈省三一齐挤我，停发农协的经费。我被迫交出农协后，在本县连个小学也教不上啦！适值山东乡村建设研究院在济宁招生，因系公费入训（管伙食），我遂考入该院。考入研究院后，我认真地听梁先生的乡村建设理论课。他从人类原始社会开始，讲到现代，对各个时期的政治社会，都作了分析。讲到当代，他认为中国走西洋的路子不行，走共产党和国民党的路子也都不行，只有走乡村建设的道路才能救中国。就是这一条，我一直搞不通，共产党领导穷人翻身闹革命的路走不通，还有哪条路能通？我们这一期到1933年8月份毕业。此时，菏泽已划成乡

---

* 此文原载于《梁漱溟与山东乡村建设》，山东人民出版社1991年版。

村建设实验县，二届同学300多人都去菏泽县实习。该县县长换成了陈亚三。那时，正是黄河决口之后，黄水搭淤，达一米多深，有的瓦屋在地面上只露半截。我分工是到城东北30里侯集去放饭。由于国民党金乡县党部，派人到邹平研究院去告状，说我反动。1933年12月份全省乡校学生都分配了职务，唯独没有给我分配。无奈我于1934年初，在金乡县东大观办了个民众学校，直到该年夏季，才利用关系，到鸡黍乡农学校当了个司务员。

当时县以下设乡农学校，总管一切。全县共划了5个乡农学校，计有城关乡校、鸡黍乡校，羊山乡校、胡集乡校、化雨乡校。另外，大程楼又设一个分校。乡农学校普遍搞农民轮训，各校每期都是150名学生，抽调年龄在18—30岁的青年男子去受训，4个月为一期。各村先从地多的富户抽调。开始抽调是有一顷地以上的户，第二期是有90亩地的户，再往后是有80亩地的户，往下类推，每人各带步枪1支。有的有地没人的，也有的雇觅；有的虽有人，但怕打仗，就花几亩地雇人替他去。毕业后，有时有事也调集过去的受训学生集训和会操，雇觅的人，须长期答应这个差使。

1935年秋，鸡黍乡乡农学校长张毅民到职后，作威作福，非常跋扈，竟把多年的古迹鸡黍，改用他的名字为“毅民”镇，我实在看不下去。适值那年，乡校要求农民除每亩地完粮纳税外，还要每亩地再加2斤麦子的教育粮。群众不愿拿，乡校催得很紧。开乡长会时，我鼓动大家坚决不拿。并动员各庄农民，都到鸡黍乡去请愿。

乡校设在二贤祠，到了约定的那一天，全区老百姓约有三四千人，从北、东、南3面一齐拥进。高呼：“打倒贪官污吏”，“打倒害民贼”，“坚决不拿麦粮”等口号。150名乡农武装人员见势不好，从西墙越墙逃走，(事先也通知了几个班长)。一些农民扒墙登屋，把大门弄开，一拥齐上，把校长、主任等打了个一塌糊涂，有的几乎被打死。事件发生以后，县长郑发经，报告了菏泽二专署专员孙则让及山东省主席韩复榘。国民党省政府派了一个委员王星五，菏泽二专署派了一个委员吴克亭，连同国民党县党部书记李展亭，以及县长郑发经，都到鸡黍集调查。这次事件我是幕后指挥，本来郑就怀疑我，又加上有个墨嘴子宗筱泉作了个打油诗说：“抗拨麦粮三百村，三番两次闹衙门，领头不是无名者，赫赫铭书本姓秦。”

这首诗传出去以后，不到两天，菏泽二专署向金乡县县长来电："将鸡黍乡校秦铭书镣解来署。"秦铭书是我的原名，我闻讯逃走，便改名秦丹亭，到外地教学去了。到1937年冬，日军打到兖州时，因兵荒马乱，国民党政府的通缉已不起作用，我又回到本县参加了抗战。

（金乡县政协供稿）

六　追忆和悼念

悼念梁老师*

段继李

早在去年（1987）党的十三大开会之前，我就打算去北京访问杨献珍、梁漱溟等老人，了解一些与革命史料有关的问题。由于我身体不好及其他原因，拖到今年春季。今年5月得武昌区教委老干部科通知，组织去北京旅游，我就报了名。不料30日检查身体时忽然通知因为我已82岁（实际为81岁），不同意去旅游。后来我即决定由我的三女儿陪我自费去北京。三女儿又要毕业考试，又拖到6月底。25日晚我和她商定26日买票，27日动身。就是26日，四女儿由单位赶回家，告诉我她在二十四五日听到广播说，梁漱溟老师因病医治无效病逝了。我听后如晴天霹雳，立刻站起来问她，是否听清楚了？为什么我们没有听到？后来证实这消息准确无误，我突然感到血液上涌大脑，眼睛随之昏花，不禁放声大哭。四女儿赶快放下手中饭碗，扶我坐下，并劝慰我。父母去世时我也悲痛不已，但梁老师的去世令我悲痛有过于此，其原因将叙述于后。

我原是武昌中央农讲所学生，共产党员。南昌“八一”起义后，1928年回到武汉，在武昌中华大学复学，为参加地下工作，同年下半年还在武昌湖北省立乡村师范高级班就读。1929年起至1933年，由于国民党反动派及国民革命军第十九军（军长为原湖北省清乡总督胡宗铎）、武汉卫戍司令部（司令陶钧）不断破坏党的地下组织，血腥屠杀共产党人和革命青年及进步知识分子，我连续三次被特务机关密捕，再也无法在武汉地区隐蔽，遂请当时中华大学校长陈时和湖北教育学院教授唐现之（唐由山东乡村建设研究院借调而来，同时也在中华大学兼授“乡村教育”）写信，介

* 此文原载于《梁漱溟先生纪念文集》，中国工人出版社1993年版。

绍我于1933年夏末经北京转山东，投考山东乡村建设研究院公费研究生。梁老师（当时为研究部主任兼导师）和杨效春教授见我来自湖北，情况比较困难，考试成绩合格，在25名名额已满的情况下，破例上报批准增加一个名额，将我录取。那次我逃往山东，身上只带了50元钱，待我到了山东邹平，只剩下12元，如果不录取，我连返回的路费都不够。录取后，我每月可得25元银元的公费，生活有了保证。我在研究院前后有两年，有这座大庙，既可以避风雨，又可学习，同时探听消息，以便与组织取得联系，再参加战斗。想到这里，我感到梁老师是我的救星，是我的恩人，恩重如父母。当然我那时不能暴露自己的身份，所以梁老师始终不知道我是共产党员。向梁老师讲明此事，正是我打算这次去北京的目的之一。

1934年秋末，高一宇同志（湖北黄冈县人）到山东乡村建设研究院看望梁老师，因为听说我是湖北人，有一天傍晚特地访问我。他说他也是湖北人，原是黄埔军校第四期学生。1927年蒋介石在上海公开反共后，他因共产党员关系遭逮捕。后来他写密信，请黄冈熊十力老人营救。当时梁老师和张难先先生正在广东，梁老师与张老是熊老的好友，经他们联合将他保释出来，得免遭杀害。这次他来山东，就是专为感谢梁老师救命之恩的。随后，他又找我深谈了两次。我觉得他所谈真实可信，我也就以自己来此前后的实情相告。他在告别了梁老师返回湖北之前，要我和他取得密切联系，并在毕业之后回湖北参加革命工作。后来我回到湖北，直至抗日战争爆发，一边在严立三、张难先、石瑛等老人主持的湖北省政府工作作为掩护，一边从事地下党的工作，这都是高一宇同志为我联系的，因他同时与严、张、石三位老人有密切的社会关系。从高一宇同志得到梁老师的营救，更加深了我对梁老师的崇敬之情。

1935年春末，梁老师为我们学习“乡建理论”课程作总结指导。总结之前要我们学习的人先提出问题。我也用书面提了一个，大意是说乡村建设的理想是好的，但实现这一理想必须有政权在手。那天梁老师在解答其他同学的问题之后，将我所提的问题作为一个中心问题或是一个“严重问题”来解答。当时他的态度十分严肃认真，引起了到会的师生的注意。他大意是说乡村建设运动的实施的结果是乡村运动组织的大联合，大联合的成功之时政权即置于联合中枢指导之下，可见不实现乡建理论就无从实现它的政权。当时我只是洗耳恭听，未再提出不同意见，而实际上我的看法与梁老师有根本的不同。我这次打算去北京，本想就这个问题向梁老师谈谈我的观点和看法，不料因梁老师的逝世，失去了交换意见的机会。

在学习总结大会之后，我们研究部的学生为作毕业论文，多外出作社会调查或搜集资料，我和李竞西、许莹涟同学分途去山东、江苏、河北等实验区参观调查，后来将调查结果加以整理，共同编写了《全国乡村建设概况》一书，共上下两册，就作为我们三人的毕业论文。李、许二位是我们这届研究生中的佼佼者，为编辑此书，他们二人出力也最多。许莹涟同学已于1960年病逝。李竞西同学解放以来始终未能取得联系。

记得在1935年，红军二万五千里长征到达陕北时，我正在研究院学习，有一天举行朝会，梁老师特别讲到毛主席、中国共产党领导工农红军长征到陕北的胜利意义。他认为共产党和工农红军今后将会取得很大发展，全国各地拥护中国共产党和工农红军的人将会奔赴陕北，特别是青年们。他还说，革命需要大量的知识分子，搞乡村建设也要许多知识分子，会出现两方面都要争取知识分子参加的局面。同时梁老师在会上很有感情地提到他在北大教书时，毛主席正在北大图书馆工作，因此那时即相识了。梁老师这天在朝会上的讲话引起我们大家的注意，我还作了扼要的笔记。我自研究院毕业回到湖北后，将笔记存放在武昌家中，日寇侵占武汉时这笔记连同许多书籍都损失了。本来我想这次去北京见梁老师时，共同回忆一下这次讲话的日期和内容。这个愿望现在已不可能实现了，这也使我更为老师的逝世感到悲痛。

抗日战争爆发时，我仍在武汉工作。1938年初，国民党政府由南京撤退到武汉，梁老师此时也到了武汉。不久他准备去延安访问。在去延安之前，他曾在武昌省政府招待所与我和许莹涟同学谈过两次话，都是关于为团结抗敌而去延安见毛主席的事。梁老师高度的爱国思想和积极为团结抗日奔走的行动，给我留下了深刻的印象。

1947年我在武汉参加了迎接解放的运动，为了工作的需要，通过本省民主人士聂国青、周菊村等人的关系，我又加入了中国民主同盟。大家都知道，梁老师是民盟的创建人之一，他与其他民盟领导人在为团结抗日、制止蒋介石发动内战、争取和平建国等方面，都做了不少工作。由于蒋介石破坏重庆政协决议，决心发动内战，和谈无望，梁老师退出了和谈，随后又退出了民盟。近年来我常想到，和老师共同创建民盟的几位老人，张澜、黄炎培等都已先后去世，唯有梁老师尚健在，我要告诉他我已是他参与创建的民盟的盟员，同时我还想建议民盟中央欢迎他回到民盟来，共同为建设有中国特色的社会主义而努力。当然，现在这些话都不可再与梁老师面谈了。（下略）

梁老师的生活作风一向是朴素的，待人态度一向是诚恳的。梁老师的人生观和哲学思想是佛家的人生哲学和儒家的理性哲学，所以他爱人类、爱祖国、爱和平、爱民主，反对暴力，反对压迫。他不相信武力能统治人。他认为只有尊重人性、讲理性，实行和平、民主，才能解决人与人之间的冲突，如果以武力和权力压服，其结果是压而不服。因此他一贯反对阶级斗争，反对战争。梁老师这种主观愿望难以实现，在此姑且不论，但这种慈善为怀的感情和热爱和平民主的思想是可贵的、值得尊重的。

老师病逝至今日已有十一天。老师的音容宛在。老师的精神永垂千古。我在万分悲痛之中，谨将自己的回忆简要写出如上，以志哀悼。

1988 年 7 月 3 日

沉痛悼念梁漱溟先生*

于长茂

梁老先生逝世将近两个月了。悲痛之余，回忆亲承教泽之日，历历如在目前。我亲听先生教诲是由景仰而到亲受教育的。远在1925年春，梁老师为求救国救民的路向和发扬中华民族传统文化遗产，辞去北大哲学系教学工作，到鲁西南的郓城县陈坡村进行调查和体验。我家离陈坡村仅两公里，听到有一位出身封建官僚家庭的大学教授到穷乡僻壤的农村工作，真是一位了不起的人。在我幼小的心灵里便产生了深深的景仰和崇敬之情，并憧憬着将来如能追随先生学习，那将是莫大之荣幸。

1931年，梁先生和梁仲华、孙则让等，在山东邹平县创办山东乡村建设研究院。是年夏，我就考入山东乡村建设研究院训练部学习，多年的夙愿终于实现。在两年学习中，每日亲听先生讲授《中国民族自救运动之最后觉悟》和《乡村建设理论》等课。在讲授时梁先生忧国忧民的心情每每流露于言表。每日授课三四个小时，其苦口婆心谆谆诲人的精神，以及那精湛的论述和铿锵有力的语言，深深打动着每一个受教育者的心。由于先生耳提面命，言传身教，我和同学深受感化，过去热心向往城市生活的同学，经过一二年的教育，结业后都愉快地到贫穷落后的农村去工作。

1932年梁仲华院长的父亲七十寿辰时，梁老师送给他一副寿联，上联“老吾老，以及人之老，愿天下之大老皆得其养”；下联“幼吾幼，以及人之幼，望全社会儿童皆得其所。”可见先生心里时时装着旧中国劳动人民老安少怀的社会问题。先生生活朴素，在邹平办学期间，和研究部同学同吃同住从不另起小灶，在他的影响下，到农村工作的同学都能坚持勤俭朴

---

* 此文原载于《梁漱溟先生纪念文集》，中国工人出版社1993年版。

素的作风，颇为农民赞赏。先生终日遑遑不安于处，盖为从中国传统文化中寻求改造旧中国建设新中国的途径，并为之奔走奋斗。

先生不仅孜孜不倦地教育青年一代，同时他还虚心向别人学习。研究院训练部主任陈亚三先生（系梁先生的北大哲学系学生），每周上一次儒家哲学讲座，先生经常列席听讲。他这种虚心好学，不耻下问的学风给全院同学影响很大。当时研究院的学生学习和研讨的学风非常浓厚，都不愿浪费大好时光。先生常对我们说，我一生最大的乐趣就是学习，再就是思索“人生”和“社会”两个问题。古人说：“教不倦仁也，学不厌智也”，先生可谓既仁且智。

1933 年，我在山东乡村建设研究院结业后，即在先生倡导的乡村建设实验县设立的乡农学校工作。在研究院的指导下进行乡村建设活动。“七七”事变后先生号召乡村工作者要到抗日前线去，我于 1937 年底就离开寿张县乡农学校到抗日的第一线。在八年的抗日战争中转战大江南北，在先生爱国精神的鼓励下，每次战斗都能完成歼灭敌人的任务。抗战初期，先生由重庆经西安、洛阳到山东临沂地区视察敌后抗日活动情况和慰问游击队工作人员。国民党反动派发动“皖南事变”，先生斥责国民党政府制造分裂破坏抗战的行为。1941 年与黄炎培、左舜生等组织“中国民主政团同盟”，并在《光明报》发表民盟成立宣言和政治纲领，明确主张“实践民主精神，结束党治”，“厉行法制，保障人民生命财产及身体之自由”。1943 年先生不满国民党独裁专制，拒绝参加国民党一手操办的“宪政实施协进会”。

先生一生无私无畏，表里如一，浩然正气，肝胆照人。1946 年他发表《李闻案调查报告》和《李闻被杀真相》，旗帜鲜明，义正词严，痛斥国民党特务的暴行，在白色恐怖面前不畏强暴，表现出崇高气节。

1949 年我又回到四川北碚勉仁文学院梁老师身边，每日随学院学生亲听先生讲授《中国文化要义》一书，朝夕承教使我进一步懂得中国传统文化的精神实质。

1949 年夏国民党代总统李宗仁派内政部长到北碚勉仁文学院，邀请先生去重庆会晤，先生当即回信拒绝说：“邀我去渝非我所愿，总统如来北碚，则我愿陪总统一游北碚公园也。”先生的高风亮节可见一斑。

全国解放以后，先生为国家统一和经济发展的形势所鼓舞，庄严宣布：我已经认定跟共产党走。并对他的政治主张，进行认真的反思，觉悟到自己所走改良主义的道路是行不通的。

1974 年“批林批孔”运动中先生反对以非历史的观点评价孔子，反对把批判孔子与批判林彪相提并论，当即写了一篇《今天我们如何评价孔子》一文（后在《群言》杂志第一期发表）。在十年浩劫期间，先生不顾个人身处逆境，尚仗义执言为刘少奇、彭德怀辩护，显示了一位爱国知识分子刚正不阿，敢于坚持真理的高尚品格。

先生曾两次访问延安，与毛泽东主席和中共中央领导人多次推心置腹地交换意见。他在北碚勉仁文学院曾对我们说：第一次到延安时和毛主席谈话的时间最长，我们畅谈了十几个夜晚，（当时毛主席白天休息，夜晚工作）交换了对旧中国社会问题分析的意见。

先生一生经“出世”“入世”两个过程，走完了近百年的坎坷之路，终身基于不安之念和济世救民之怀，一生心血、全副肝胆，从中国传统文化中寻求改造旧中国，建设新中国的途径，其奋斗不懈的精神和嘉言懿行，使我们亲承教泽的后辈终生难忘，其光辉遗著将永世不朽。

先生患病期间，我不能侍疾左右，逝世后收到讣告又晚，没能亲临灵前致哀，使我抱恨终身。

（1988 年 8 月 10 日）

悼念梁漱溟先生*

千家驹

梁漱溟先生逝世了，终年九十五岁，如此高龄，逝世并不出于我们的意外。梁先生逝世后，评论不一，但对他的高风亮节，则举世同钦！我与梁先生相识在1935年，距今已半个世纪以上了。那时他在山东邹平办乡村建设研究院。在三十年代，我国掀起了一阵“乡村建设”和“农村复兴”运动，这些运动的领导人大多是中国高级知识分子中的志士仁人。他们鉴于当时中国农村在帝国主义与中国军阀统治下经济破产，民不聊生，阶级矛盾空前激化，想用一套改良主义的办法来挽救中国的农村经济。他们所开的药方不同，其中最著名的派别有梁先生所领导的“乡村建设派”，有晏阳初所领导的“平民教育促进会派”，有高践四的“江苏教育学院”派，此外还有国民党C. C. 所控制的“实验县”派等等。1934年10月在河北省定县召开全国第二次乡村工作讨论会，我和巫宝三代表社会调查所的陶孟和先生前往参加。回来之后，我就写了好几篇文章批评当时的乡村建设运动，认为这些改良主义的办法不可能解决中国农村的根本问题。我的文章分别在《申报月刊》《中国农村》《农村周刊》上发表，引起了许多朋友的注意。

1936年我去了南京，在中央研究院工作。有一次梁漱溟先生写信给我，说这一问题非笔墨所能争，他拟去南京时与我当面讨论这一问题。当时梁先生是鼎鼎大名的“社会名流”，去南京蒋介石必亲自延见，优礼有加。但他不惜屈尊枉驾，来到寒舍，与我研讨中国农村的出路问题，这也可见梁先生对问题是非常认真的。我约了梁先生到我家里谈了两个半天，

---

* 此文原载于《梁漱溟先生纪念文集》，中国工人出版社1993年版。

谈话时有孙晓村与李紫翔参加。

在讨论时，我发现梁先生的主观很强，自信力很深。他根本否定中国农村有阶级存在，更不用说有阶级矛盾了。他说阶级斗争是共产党制造出来的。他认为中国农村的唯一出路就是他所倡导的乡村建设运动，说这是“天造地设”，“实逼处此”，是“中华民族自救运动的最后觉悟”，“舍此没有第二条路”。他又说，“中国军阀是最没有力量的”，只要乡村建设运动成功了，“他们就非跟着走不可”。我们引用了许多材料证明中国农村确有阶级，并且阶级矛盾日趋尖锐，同他辩论，结果只是徒劳。而且他的自信心是惊人的。他往往说，这个问题是他经过几十年的思考而“一口咬定如此”的。他相信再过二十年或三十年之后，我们一定会得出与他同样的结论。

1936 年底，因救国会“七君子之狱”，我一度去青岛山东大学作政治避难，趁此机会，我顺便参观了梁先生在山东邹平所办的乡村建设研究院。研究院是政教合一的组织，他不单纯是个“学院”，同时也掌握政权，研究院以邹平为实验区，实验区内一切用人行政均由研究院决定，故有“第二省政府”之称。研究院设有“乡学”、“村学”，分设“学长”、“学董”；“学长”主持教育，“学董”主持行政。掌权者均当地乡绅。所有的村民，叫“村众”，同时亦是“学众”。他们都要受“学长”的教化。“学董”即根据“村学”教学的要求，在行政上贯彻执行，美其名曰“行政机关学校化”，“社会学校化”。

老实说，这是梁先生设计的一套乌托邦的组织，如果在太平年代，未尝不可以有所成就。我临走时，梁先生还给我写封信，介绍我去见当时的山东省主席韩复榘，他信上写得很简单：“千家驹研究经济有名，请予延见”。果然，我拿了介绍信去济南山东省政府投送，韩一见信立刻请我进去，并非常客气，可见梁先生在韩的心目中地位是很尊崇的。

不久，抗战爆发，我去了桂林，任教于广西大学，梁先生所苦心经营的乡村建设研究院亦毁于日本帝国主义的炮火。他在邹平以自卫名义组织起来的民众武装，一部分被韩复榘所带走，一部分投降了日寇，当了汉奸。当地群众恨之入骨，甚至不少乡建干部被群众所杀。梁先生于 1938 年写了一篇《告山东乡村建设研究院同人书》（应为《告山东乡村工作同人同学书》——编者），在武汉发表。我想，经过这个惨痛的教训，梁先生应该有所省悟于乡村建设之此路不通了吧。因此，我在桂林由我主编的《中国农村》月刊上，又写了一篇文章，指出乡村建设终于失败的原因，并引梁的《告同人书》以为证。梁先生当时已去了重庆，他在重庆的一份报纸上（《新蜀报》或《新晚报》我记不清了）对拙文有所答辩。他文章开首便说，他是一向不愿与人论辩的，只因千家驹的文章代表一派人的意见，所以作此答复。（大意，非原文）。梁文是连载的，他先引用了我的一段原文，然后加以反驳。哪知重庆的新闻检查老爷把梁先生引用我的原文开了天窗（即不许发表），但对梁的反驳文字则一字不删，这样我究竟说了什么，读者莫名其妙，梁先生的批评，岂不等于无的放矢了吗？登了几期，梁先生大概也感到滑稽，就不再发表下去了。这些材料都是重庆的朋友寄给我的。我知道了之后，就写信给梁先生，要他把全文寄到桂林来，我在《中国农村》上全文为之发表了。

以上就是我和梁先生的一段文字因缘。

1940 年冬，国民党政府掀起第二次反共高潮，许多文化人在国内不能立足，流亡香港。当时太平洋战争尚未发生，香港纸醉金迷，一片太平景象。我于 1941 年春来了香港，在香港卖文为生。不久梁先生亦自重庆到了香港。梁先生是负有中国民主政团同盟的重要使命来的。中国民主政团同盟是中国民主同盟的前身，是由国共两党以外的几个小党派联合组成的。初成立时包括“三党三派”。所谓“三党”是指以张君劢为首的“国社党”，以章伯钧为首的“第三党”（农工民主党）和以曾琦为首的“青年党”。“三派”是指梁漱溟的“乡村建设派”，黄炎培的“中华职业教育派”以及“无党派”民主人士。而救国会不与焉。救国会是由沈钧儒领导的，包括史良、邹韬奋、章乃器和我这些人。民主政团同盟认为救国会太“左”，和中国共产党的关系太密切，所以请救国会暂时不参加，以便“政团同盟”成立时可以得到蒋介石的谅解。哪知就是这样一个三党三派成立的灰色的政团同盟，国民党政府也不予承认，在国民党区没有公开的可能。于是他们想出一个办法，即把中国民主政团同盟先在海外公开，然后在国内争取合法地位。于是就派了梁先生来香港筹备出版一份《光明报》。梁先生就是负着这一重大使命于 1941 年 5 月下旬抵达香港的。9 月 18 日中国民主政团同盟的机关报——《光明报》正式创刊。《光明报》三个字是梁先生亲自题签的。梁先生任《光明报》社长，俞颂华任总编辑，萨空了任总经理，在《光明报》的创刊号上发表了“中国民主政团同盟对时局主张纲领”和“中国民主政团同盟成立宣言”。并由陈翰笙、陈丕士两位先生将宣言译成英文向国外记者发表。这就打破了国民党当局对民主政团同盟不许成立的封锁局面。这是梁漱溟先生对民主运动的重大贡献。曾有人批评梁漱溟，说他“一生一世对人民一丝功也没有，一毫功也没有”，这决不是实事求是的说法。

太平洋事变后，香港沦陷。流亡在香港的文化人经中共地下党的多方营救，都先后返抵大后方。梁先生和我都在桂林住了下来。有的朋友去了重庆。但梁先生回到桂林后给他儿子写了一封公开信，他说“是不会死的”，他如果死了，“天地将为之变色，历史将为之改辙”。所以他到任何地方都有相识或不相识的人伸出救援之手，认为这是“天意”云云。这又未免把自己估计得太高了，他的自信力之深，于此可见一斑……

在桂林期间，我们经常有所来往。我们虽打了多年的笔墨官司，但不影响私人的友谊。每逢春节，我们总要互相拜年。梁先生说，拜年是很好的风俗习惯，平时大家工作忙忙碌碌，难得见面，借春节农闲季节，互相访问，联络感情，所以“拜年”是很有道理的。梁先生是在桂林时期续弦的，我和一些朋友去参加他的婚礼。在宴席快要结束时，梁先生起来说，他会唱京戏，他唱了几句京戏（什么戏我记不清了），戏文的最后一句是“我去也——”（拖长声），他就离席而走了。

不久日寇又进犯桂林，桂林沦陷后，我和梁先生分别疏散到桂东南的昭平贺县一带，梁先生去了贺县，住在八步临桂中学（应为“临江中学”。——编者）。我疏散到昭平的黄姚镇，黄姚新创办了一个中学，当地乡民推我当黄姚中学校长，黄姚离八步一百二十华里，交通不便，除步行或坐轿外没有别的交通工具。我曾去过八步一次，梁先生也来过黄姚一次。当时中国民主政团同盟已改名为中国民主同盟，吸收个人参加，梁先生是中国民主同盟的秘书长，我是在1944年冬参加民盟的，介绍人即为梁先生。与我同时参加民盟的还有欧阳予倩、莫迺群、陈此生、张锡昌、周匡人、徐寅初诸同志。我们都填写了入盟志愿书，并签名盖章。志愿书写好后，当场焚毁，因为在当时国民党统治下，民盟还是地下组织，我觉得这个办法很好，既履行了正式入盟手续，又不露痕迹。我不知道这一办法是不是梁先生想出来的。

在抗战胜利之后，我去了香港，梁先生去了重庆。1946 年他以民盟代表身份参加旧政协，他于 1947 年退出民盟，从事讲学与著述，以后即未再参加民盟工作。我不知道他何以退出民盟，因为在这一段时期，我一直住在香港。

1949 年新中国成立之后，我们再次在北京见面，但这时他已退出民盟，办了一个什么“文化书院”，我们除政协开会外，就很少见面的机会了。以后听说他犯了“错误”，挨了毛主席的一顿臭骂。……

我对梁先生的著作，除了乡村建设理论曾详细拜读并与之论战以外，其他关于中国文化方面的著作了解得很少。我只读过他的成名之作《东西文化及其哲学》以及一些片断文章。老实说，我对梁先生的学说是不很欣赏的，他著作中引用的材料大多是五四年代的东西。他企图把中西文化纳入几个简单公式之中而评价其得失，这开风气之先容或有之，但在学术上的价值如何就大有问题了。梁先生与其说是一个大学问家，不如说是一个思想家、一个哲学家。

我最佩服的是梁先生那种“富贵不能淫，贫贱不能移，威武不能屈，此之谓大丈夫”的高贵品质，是那种“士可杀而不可辱”的高风亮节。这是中国知识分子的历史传统，优良美德，值得我们向他好好学习。梁先生不屈于任何人的淫威，不屈于全国人民有领导有组织的“口诛笔伐”，不屈于任何暴力，铮铮铁骨，屹立如山，在当今中国，并世无第二人！这才是中国真正的儒家，中国真正的知识分子！我向他膜拜，我向他顶礼！

于此我写我对梁先生的哀思，写我对梁先生衷心的怀念，梁先生永垂不朽！

（1988 年 7 月 14 日深夜

《文汇报》（香港），1988 年 7 月 21 日。）

记梁漱溟先生*

胡应汉

先生身材不高不大；中年体渐结实；晚年项微隆，若偻然。前脑圆耸开阔，后脑恰如半球，很圆。眉疏似高，眼有威严，鼻阔稍平，口常严合。行步安详而轻灵；坐则端坐。一生不留发。茹素，每日黎明即起，上灯阅书；寒暑如一。自谓“吃苦耐劳，屏绝嗜好，食色都很淡泊”。生活简约一如持戒律之僧人。

先生面目上透出者是自信；无所愧怍；诚恳而严肃。骨子里则一腔悲悯之念。当吾人自反，所行或未安于心，未契于理；所知或杂乱无序，徒以自欺。此时面对先生，不期然而忸怩局促。以故，先生名满天下，谤亦随之；愚暴者于先生之讥评尤放恣。

先生智慧尽高，而不止于聪明。（智慧从心之灵妙敏活来，聪明但止于感官之利。）析事极细，悟理极深。故能说明儒佛之学。然先生一向谦虚。尝谓于当世言佛学者，止言欧阳竟无先生、梅撷芸氏、吕秋逸氏。至于阐释儒家之学，则果于自任。

先生所撰论文，富气势而词优美。尺牍简洁潇洒；书法秀整遒逸。应汉尝代先生作书，每苦意疏词涩。经先生点定后，而即条理可诵；辄不胜其悦服。然先生犹谓“汝斟酌斟酌”。

丁亥（民国三十六年）重九，先生55岁生日，门徒会食为乐。有青年英语教师（非先生门生）敬先生酒，不一次，先生皆勉答之。或问“先生能饮”？答曰：“平日绝不饮，但亦可应酬，多饮似不醉。吾尝谓：吃饭是应酬自己，饮酒是应酬人家。”应汉谛视先生，果无酒容。忆及先生：

* 此文原载于《梁漱溟先生纪念文集》，中国工人出版社1993年版。

“心强”之说（见《朝话》：“心理的关系”），盖非徒言“心为身主”者。

从先生“吃饭是应酬自己，饮酒是应酬人家”之言，机体几乎全听命于此心。那身外的什么名利毁誉，自是根本不足以扰此心的了，真可谓冷静极了。可是，先生为了国是向其尊公日以继夜去讨论；为了一二门生的不长进而生气；为了用错人而垂泪；为了尊公年年忌日而泣然欲涕！能冷吗？然而先生衣服止求蔽体，饮食但解饥渴；可谓毫无世俗情趣。名利毁誉固不足动其心，生死得丧复何不可置之度外。凡属于身体的事，身外的事，先生几可全不措意。凡属于心灵的事，人生大道文化前途的事，所谓“宇宙内事即己分内事”，那怎能置之度外！读者参看先生《精神陶炼要旨》所说大问题小问题真问题假问题一段，自得其解。

先生对人类最大的贡献，在其“理性至上”一说；在其确认中国文化是理性文化。先生之理性说，原即是儒家的心理学，亦即先生的心学或曰理学；上承孔孟暨宋明诸哲的理学而来。（说见《中国文化要义》，此不及引叙。）人，初不倚本能生活，有待后天的学习。而学习有待人之心思作用。心思作用之开出有两面：知之一面曰理智，情之一面曰理性。理性者，即无私的感情。心理而清明安和，自然不困于忿、欲。一部廿五史，正不外一般为忿、欲所蔽者的相斫史。先生之高明宁未见到！先生之所以强调人类的理性，盖谓从乎理性，则“向上之心强，相与之情厚。”悖乎理性，则莫解“强暴冲动之气”，莫移“愚蔽偏执之情”。一正一反之间，而人禽界判，善恶途殊。先生发乎悲悯之深心，必指出美善光明的人生大道，要大家合力实现一个正常形态的人类社会。更耐心教导愚暴而好自用之徒，要将他们引向皈心仁贤之路。即此一念，即当受吾人至高之推崇，至诚之顶礼！

梁任公先生尝谓：“《东西文化及其哲学》是一部名著”。胡适之先生尝谓：“梁先生思想之成熟和社会之受其影响，实开始于民国十一年。”先生学行影响当世者既巨，而论先生者亦多。或谓先生为新儒家，新陆王派，新法相宗；亦有谓先生乃所谓“封建主义复古思想”之唯一代表者。先生诚自信为儒家；但儒家焉有所谓新旧？此诸头衔，非诬即罔，先生固不任受。忆1953年（民国四十二年）暑期，应汉晤唐君毅氏于九龙，相与太息，念先生之不得来。唐氏云：“四十多年来，梁先生一直走在时代的前端，而常反对这时代；总是站在时代的更前端。最初主张立宪，旋即参加革命。民国成立，却信佛要出世。民国十三年不肯再教大学，要办新教育。民国十八年后，实践其乡治之主张。民国三十五年后，一心办文化研究机构。时代并跟不上梁先生，人家却说梁先生跟不上时代；遂不幸成为一时代夹缝中之悲剧主角。梁先生何以反时代？是从中国文化之反省而反时代，望时代再进一步。时贤多留在现时代而不复进；在这一点上，似皆不及梁先生。”善哉唐氏之言，可谓真知吾师者矣！

先生尊公，清末任职学部。有清之亡，老先生即拟一死以劝世。隐忍六年，目击民初政坛种种丑恶之态，愚暴之徒益横行无忌；人心放肆之极，社会善良风习垂垂尽矣。深痛固有风教之凌夷，卒不忍偷活须臾而以身殉之。老先生之亲家彭氏，为北京第一个办报之人；他因批评政府，被罚充军新疆。老先生家无余财而为亲家还债千余元，并直送他到良乡才回。有世谊与内亲的夫妇皆死，老先生运用两家仅存财产，送死抚孤，直到两家后人完全成立为止。民初任过司法总长等职的张耀曾氏，即为老先生教养出来的。这些事，最使林琴南先生感佩。老先生曾任“那苏公”家西席，军机大臣那氏原是同年，翁叔平相国则以年伯而兼座主，而老先生从不干谒这些时贵。民国七年农历十月初十日，为老先生六十生日。家人想将房屋粉刷一下，以便聚宴亲友。老先生乃于生日前三天，暂居亲家彭氏别墅。初六日通夕未眠，初七日黎明，从容整理衣冠，自沉于别墅前的“净业湖”中。老先生既逝，小门生等例于每年农历忌日祭祀。应汉尝被命撰祭文；文末云：“得时则驾，而公不竞；舍之则藏，而公不退。必于衰龄沉水以劝世。发海潮音，作狮子吼；大仁大勇，宁俗儒之可望！诚哉震越乎宇宙，而垂身教于千秋！”老先生之潜德幽光，祭文前段一一叙列；此不及录。

先生与熊十力先生交厚，尝谓熊先生为真人。熊先生住过邹平与北碚。（应汉赴邹平与北碚时，皆值熊先生刚去不久。故黄艮庸、云颁天两兄长笑谓应汉与熊先生无缘。）熊先生尝述与先生暨林宰平先生论学之乐。有云：“民国十四、五年，余与宰平及漱溟，同寓旧京，无有暌违三日不相晤者。每晤，宰平辄诘难横生，余亦纵横酬对；时或啸声出户外。漱溟默然寡言；间解纷难，片言扼要。”又与人书云：“漱溟先生尝过存，与言及甘地，彼慨然有振厉群俗之意。余曰：中国人非印度人之比；仁者孤怀宏愿，姑以自靖。使后世知今日犹有巨人，延生机于一线；功不唐捐，又何馁焉。”又与林宰平先生书云：“漱溟愿力弘大，思想多独到处。年来研究乡村建设问题，不欲问政权，却虑迂缓难有济也。”“漱溟及平叔、艮庸二子，本约之共聚于宁。渠既留粤，则彼尚有四五人堪慰寂寞。……近移来西湖广化寺；高楼俯瞰明湖，前对吴山，后倚葛岭。凭栏而望，苍苍者天，明明者水。况复钱江若带，帆舟往来。时闻鸟声，犹如梵呗。会此众妙，几忘乱离。兄与漱溟皆不得偕；以此相思，何堪惆怅！”（见《十力语要初续》）

先生与胡适之先生于民国六年同到北大任教，同事七年；而所见不同，主张亦异，常有辩论。从先生之文化三分法，西方人的人生态度，不出“逐求”之义。能将此人生态度理智化，使之成为一种哲学，其代表者是美国杜威之实验主义。胡先生则杜威之弟子，善说实验主义者。先生于杜威哲学虽表示欣赏，然谓其“止见用未见体，止见相对未见绝对，止见变未见不变。”先生承认胡先生有主见，但谓其所见浅。（先生云：“詹母士的哲学很浅；胡适之先生的更浅，亦很行。”见《朝话》：“如何成为今天的我”。）从两方著作中，可寻出不少辩论学问与讨论问题的文章；此不及引叙。胡先生不幸于1962年2月去世，应汉鉴于胡先生与先生谊，因挽以联云：“务教化信至上人生乐事；初忱固外政圈。曰动、曰静、曰智、曰仁，惠夷风概原相应。唯理性启正常社会文明；立基宜从形下。即体、即用、即心、即物，陆朱主见将无同。”附注云：“民国六年，适之宗丈与吾师桂林梁先生同到北大任教；同事七年。主见容或相异；而于人类正常前途之祈向则一。至其诚于作人，毕生治学；名满天下，见疾权奸；又所同焉。今宗丈遽归道山，而吾师亦年七十矣。率布辀章，曷禁伤逝怀仁之感！壬寅春月。”

先生毕生讲学，直至民国三十八年为止；弟子何止三千。应汉虽几度从游，而于同门并不尽识。尝从同门前辈黄艮庸先生治唯识学。艮庸先生之学极博富；人品纯粹淡泊，高而不亢。从未见其有疾言厉色，总是一团和气，温煦可亲。民国二十三年，他初见应汉即太息云：“你未免早熟些啊！”应汉时在青年，意气正盛。但一见他，即不知不觉心平气静，勉能谦虚。先生于他深所欣赏器重，亦最信纳他的话。如一次上书先生云：“读《村治》一期”主编本刊之自白一篇，是吾师一向的精神态度，全体甚好。唯微觉仍有几分客气，此即生对吾师未放心处。青年易为气所动；

稍一不慎，恐人人以意气相高，而恻怛悲悯之怀无从以见；然恻怛悲悯之怀乃村治运动之真骨髓。吾师其以为有当于万一否？”如林宰平先生熊十力先生皆极亲厚他。他从不著书，世人知道他的或少。可是如有机会接近他，相信必生如坐春风中之感。先生与艮庸先生诚然是理学家，心地光明正大，行为如义合理；却从来不自标榜在作性理功夫。盖认为做人原该如此，所谓“践形尽性”而已。另一位同门前辈陈亚三先先，规矩，谨厚，讷讷如不能言；劲气内敛而赴事勤慎。常为学生讲述古圣先贤的行事，似少强调所谓四维八德。但他为人行事确是儒家典型，令人敬服。或谓艮庸先生德似颜子，亚三先生德似曾子；此言实可信。还有一位云颂天兄长，他从先生暨熊十力先生马一浮先生游，绩学务实，特重践履。夫妇皆极耐贫刻苦。他在北碚，为勉仁诸生讲论孟；那时复旦文学院设在北碚，很诚恳地聘他讲论孟，他却辞让不遑。如郝心静、侯子温几位，不失儒者气象。公竹川、黎涤玄几位，是踏实作事的人。另一位卢康济，头颅奇大，天分高而颇有玩世味，欲写《家族论》说明中国社会结构，书未成而不幸早逝。黄省敏状态朴鲁，却善散文，作事尽力，惜为宵壬所害。又有王静如其人，鬓发虬髯，常挂木剑而行；无事不可告人，而每以庄容说笑话。饭团同人偶有添菜者，辄鞠躬致谢曰：“是那一位破费？静如叨扰无以为报，但有杀身以报耳！”应汉记述至此，一辈贤者、狂者、狷者，其言其行，乃历历赴目。东望邹平，西望北碚，河山依旧，而人事全非！真有恍同隔世之感。

先生在北碚，为勉仁国专（即后来之勉仁文学院）诸生讲“中国文化要义”。每星期三下午，则为国专、中学教职同人讲论学问两三小时。民国三十六年十二月廿四日，应汉曾拟“明日之文化的两个原则”（人本与学治——以人为本、从学求治），呈定于先生，先生不以为非。旋又呈一说帖，认为人性原无善恶可言，当其动时则可善可恶；孔子教人以非礼勿视听言动，或以订正人之行为也。时先生已辍讲，即通知同人于民国三十七年一月十日（是日为星期六）下午临时集会。指出应汉所见之非；问所谓订正由谁来订正。因谓：“孟子说性善，是点出性善是一种趋势。善是出于理性，善便是无私的感情。失去理性，由本能机械之动作主，乃有所谓恶。恶，止是迷糊错误。”

先生之门学风纯朴，彼此开诚相见。盖大家共赴一个理想，合作互助之不暇，遑言钩心斗角，争权夺利！（事繁薪薄；实亦无权可争，无利可夺。）先生之于门生，同门生前辈之于后进，诚有如先生《办学意见述略》所云："乐于青年为友，照顾到生理与心理的全生活。"先生得暇亦过门生居处，或噢咻有如家人。民国二十三年，应汉在邹平偶病，卢康济、罗子为相候而知，先生随来问讯。民国三十六年残腊，应汉将离北碚，告先生父母年且六十，恳求赠言，先生许之。寿言有云："胡生以甲戌秋从愚游于邹平，少年而甘求寂寞之学，意其家教不同乎俗。试观其行，颇自刻苦，似能立其大端；信必有贤父母已。……"应汉结婚，先生赐以条幅；有云："男女居室，西人言爱，中国主敬。敬则爱斯久也。……"应汉得先生手书数十函，什袭藏之。南来之后，极念先生。每当渡海舟次，对浩渺烟波，辄不禁感世运以兴悲，望燕云而陨涕。戊戌贱降自述有诗；结句云："最后心所愿，长蒙化雨沐；顽徒述师说，百岁树万木。"哀此苦心，彼苍其相之耶！

（香港《人生杂志》，1963 年。）

梁漱溟*

李竞西

梁漱溟先生是我的老师，我愿意把我心里的老师写出来。只是这样写出来，不说好，不说坏；否则，非“标榜”，即“背本”也！

先说一段故事。他的侄女出嫁了，新姑爷是他的得意门生；于是便请他训词。他说了一段夫妇应当相敬如宾的理论后，举例说明之：“如像我初结婚的时候，我对于她——手指着在坐的太太——是非常恭敬，她对于我也十分的谦和。我有时因预备讲课，深夜不睡，她也陪着我：如替我泡茶，我总说谢谢，她也必得客气一下。因为敬是相对的，平衡的……”，话还没有完，忽然太太大声的叫起来：“什么话！瞎扯乱说！无论什么到你嘴里都变成哲学了！……”太太很生气了，他便不再说，坐了下来完事。“无论什么到他嘴里都成了哲学”，这是一个的评；他是哲学化了人生的。

但我们明白，单是嘴不能成就哲学，梁太太的这句考语只算是就其外现者言之了吧。漱溟先生的嘴，的确也不坏，无论在什么场合，自叫他站在讲台上，永远不会使听众的注意散失。他是那样慢腾腾一句一字的重复述说，好像铁弹般一颗一颗的嘴里弹出来，打在各个人心的深处；每一句话下文，都无可捉摸，不是与你心里高一着，即站在相反的理由上，而这理由，在两三分钟后，你必得点头承认，不由的说：“他思想真周密！”

所以我说他不单是嘴好，要紧的是思想周密，肯用心。我觉得哲学家之所以异于人者，肯用心而已！所谓观察深刻，见解高超，思想周密……一切哲学家所必具之特点，均可由肯用心训练出来。一事一物，在旁人不

* 此文原载于《梁漱溟先生纪念文集》，中国工人出版社 1993 年版。

成问题者，哲学家以为成问题，研而究之，哲学以出。其所以成问题不成问题者，在肯用心与不肯用心而已！漱溟先生常说他是问题中人；有问题就得思索，就得想；问题未得解决前，他比什么还要痛苦；他可以不吃饭，不睡觉。他告诉我们说："我初入中学时，年纪最小。但对于宇宙人生诸问题，就无时不在心中，想到虚无处，几夜——简直是常常睡不着觉。那时我很憔悴，头发有白了的，同学们都赶着叫我"小老哥"。这位小老哥一生就是找问题，想问题，钻问题，解决问题，又生问题，循环无已。

漱溟先生无时不在问题中，无时不是很用心的去求得解决问题。因为他用了心，很周密的想过，他的结论自然为他宝贵，咬得极真极透，不轻易因为人的反对而动摇；那就是说他有时过于固执与夸大。他是见得到，说得出，信得及，做得真。等到若干时以后，他自己感觉到不对时，他也可以很快的改变，改变到和以前相反的方面去，于是他又可以说出他转变了的这一套来，叫人首肯。梁任公不惜今日之我与昨日之我挑战；漱溟先生是今日之我常新，过去了就让他过去了的。有人批评漱溟先生的哲学前后不对嘴，其实这正是他的可爱处。他常常说起以前的那里不对，那点理论不通，幼稚；他一样的说他前后不对嘴，他说："前后一致那是说永远的错误！"

我们说漱溟先生是哲学家，其实他并不如一般哲学家们的大谈其哲学；他是一个社会主义者，是一个实践者，是一个努力于现世的人。他对于现社会的热忱恐怕很少人及得他。我们不会忘记了"五四"前后有一本《吾曹不出如苍生何》的小册子传诵遍了知识界，那便是漱溟先生的热忱的流露，他痛嫉当时社会的污浊而毅然以天下大事为己任，他主张接受西洋文化，他也主张复兴民族精神。

他曾经一度——七八年的长时间——暗中出了家，到现在还以不茹荤为习惯。我们说他出家是指出他心理现象和思想的归趣言，形式上并未和俗人两样。《印度哲学概论》便是他研究佛学的发表为书者，后来有《东西文化及其哲学》的演讲，他的思想便开始变迁，直到现在的"乡村建设"。

这变迁很简单：因为人生问题感到烦闷，便往佛学中走进寻，稍有所得，便徘徊忘返；可是佛学能救一人（？）而不能救天下人，他便研究到儒家和西洋哲学，发现东西文化之趋异，亦即发现了今日中国问题的主因。他以为中国百年来的所以混乱，是东西文化相冲突的结果，是社会组织构造的崩溃，所以一切都陷入无秩序状态中；要中国有办法，根本上是建造新的社会秩序，而此新社会秩序必然是东西文化的沟通调和，必然是中国绝对多数的农民自动起来本着固有民族精神，容纳外来科学技术以组成一最进步的团体。乡村建设运动即是本此意念而努力。他抛弃了都市生活到一个偏僻的乡村里去——邹平。他很高兴的天天念着为中国开前途。

漱溟先生是很崇信中国的儒者之道了。现在，他由出世的佛家转到入世的儒道；由全盘接受西洋文化转到复兴中国民族精神，这点使赞美他的人赞美他，攻击他的人攻击他的。他酷爱和平，想在维持现状的和平下培养民族生机，有人说他是不免太中庸了些；但我很赞成他，甚至于他再信佛开佛会，跪在佛前祈祷赐给和平，以待乡村建设的成功，我也赞成。我也是只求和平的人，和平得到了，什么都有办法了！

他还有个性格，就是不很会生气，而且相信人人都是好人。他讲哲学会转弯，可是他待人却是直来直去。他有一种诚恳的微笑，使见者有很大的感动。分明你想去欺骗他一件事情，到了他面前时，你便不由的会把实话说出来了。关于这，他很满意，他说："我相信人，可是我也没有吃过相信人的亏。"自然，他是老相信人，他永远不会觉到吃亏的。有些人说他是个怪物，很神秘，我不承认这话。我只觉得他是个平常人，一举一动都不超出人所应有之外；在他旁边，可以得着不少的道理，可以得着日常生活最好的处置法。他有宽容，有谦虚。我最爱他的两段话，顺手抄在下面：

"对于与我方向不同的人，与我主张不同的人，我都要原谅他。要根本以为对方之心理好，不作刻薄的推测。因自己之知识见解也不必都对。我觉得每个人对自己之知识见解，都不要太自信；应觉自己不够，见闻不多，尝觉自己知识见解低过一般人，人人都比我强。这种态度，最能够补救各种方向（派别）不同的彼此冲突之弊；冲突之所由起，即在彼此各自为路。如此，则你妨碍我，我妨碍你，彼此牵掣牴牾，互相拆毁。各自为路，就是各人对自己之方向主张自信得太深，太过；对对方人之心理有过于苛薄的看法，有根本否认对方人的意思。此种态度，为最不能商量的态度，不能取得对方人之益。看不起对方人，根本自是，就不能商量，流于彼此相毁，于是大局就不能不受影响了。故彼此都应在心术上有所承认，在人格上有所承认，只是意见须商量；彼此能商量，然后才可有多量的对的成分。我叹息三十年来各党派，各不同运动的人才，都不可菲薄，但他们有一个最大的缺点。此缺点就是在没有上面所述的那种态度：对对方不能相信相谅；而自己又太自信。所以虽是一个人才，结果，毁了别人，也毁了自己。毁在哪里？毁在态度上。人本来始终是人与人互相交涉的，越往后其人生关系就越复杂，越密切，彼此应当互相提挈合作才是对的。可是和人打交涉，相关系，有一个根本点：就是必须把根本不相信人的态度去掉。把此种意思放在前头，才是彼此往来相关的根据；否则，就没有往来交涉的余地了。如从不信任的地方对人，就越来越不信任人。转过来从信任的方面走，就越来越信任人。不信任人的路，是越走越窄，是死路；只有从信任人的路上去走，才可开出真的关系和事业的前途”。（见《朝话》一书中《对异己者的态度》。——编者）

“对旁人人格总不怀疑，对自己知识见解总觉得不够，人类彼此才可以打通一切。这态度是根本的，顶要紧的……彻始彻终不怀疑人家心术，彻底怀疑自己的知识见解不够。彻始彻终追求下去才能了解各派；了解各派到什么程度，才可以超各派到什么程度。最后的真理是可能的，只怕你不怀疑，不发生问题，不去追求。真理同错误，似乎极远，却又极近，任何错误都有对，任何不对都含真理。他是错，已经与对有关系，他只是错过了对。如何的错，总还有一点对。没有一丝一忽的对，根本没有这回事。任何错都有对，任何意见都含有真。较大的真理是错误很少，最后的真理是错误的集合。错就是真，种种的错都集合起来，容纳起来，就是真理。容纳各种派，也就超越了各种偏，他才有各种偏。最后的真理是存在这里。我说每种学说都有他的偏，并不是说没有最后的结局。凡学问家都是搜集各种偏，而人类都是要求统一。不断地要求统一，最后必可做到统一。最有学问的人，就是最能了解错误来源的人。最高见解的人，他能包括种种见解。人类心理有各种的情，常常在各种的偏上，好恶可以大相反。可是聪明一点的人，生命力强，感情丰富；这样的人，能把种种错都包容进去，所以他就能超。圣人能把各种心理都容进来，他都有，所以他才能了解旁人。圣人最通天下之情。真理是通天下之意见，是一切对或一切错误的总汇。孟子说圣人先得我之同然（孟子所谓同然，有所指；现是借用他的话)。圣人都有同然。性情极怪的人，圣人也与这同然。圣人完全了解他，所以同然，圣人与天下无所不同然。最有高明见识的人，才是能得到真理的人；对于各种意见都同意，各种错误都了解”。(见《朝话》一书中《真理与错误》一文。——原编者)

这当然也是很普通的话，但生乎今之世，见了一切人与人间，更觉得有意思。似乎每个人必有细想一下的必要。

这便是我心里的梁老师了。他的学说与主张，自然非简单的可以随便批评；我只觉得他有许多可学的地方，如像用心，认真，干，相信人，找问题，建设“合理人生态度”，不倦的教人“齐心向上学好求进步”，能和我们青年打得拢，不骂执政者，不做政客，不要钱，不迷信外国人和中国古人……

(录自《二十今人志》，上海良友图书公司。)